Dieter Bode

LEXIKON
Geschichte

Grundbegriffe
Daten
Fakten

westermann

1. Auflage   Druck   5   4   3   2   1
Herstellungsjahr   2005   2004   2003   2002   2001

© Westermann Schulbuchverlag GmbH,
Braunschweig 2001
www.westermann.de

Konzept und Gestaltung: Gina-Höhm-Design
Herstellung: Peter Hudy
Druck und Bindung: westermann druck,
Braunschweig

ISBN 3-14-**11 0950**-8

Liebe Leserin, lieber Leser,

wer hat es nicht schon erlebt, dass beim Lesen eines Buchs, auf einer Reise oder während einer Fernsehsendung Fragen zum historischen Hintergrund auftauchen: Wer waren noch gleich die Salier? Wie verlief eigentlich der Bauernkrieg und wann fand er statt? Was verhandelten die europäischen Mächte auf dem Wiener Kongress?

Solche und andere Fragen beantwortet das **Lexikon Geschichte**, das sich an Schüler, Studenten und alle an Geschichte interessierten Leser wendet. Im Gegensatz zu vielen anderen Nachschlagewerken konzentriert sich das **Lexikon Geschichte** auf zentrale historische Begriffe, die im Unterricht oder Alltag wirklich von Bedeutung sind. Diese Konzentration auf das Wesentliche bietet manche Vorteile: Viele Begriffe konnten sehr ausführlich kommentiert und mit reichhaltigem Daten- und Faktenmaterial versehen werden, komplizierte geschichtliche Zusammenhänge sind verständlich dargestellt und eingehend erläutert.

Angesichts der ungeheuren Materialfülle aus Steinzeit, Antike, Mittelalter und Neuzeit musste unter den Stichworten eine strenge Auswahl stattfinden, sodass der Benutzer diesen oder jenen Begriff vermissen wird. Um alle wichtigen Ereignisse, Begriffe oder Entwicklungen zu erfassen, hätte es eines mehrbändigen Lexikons bedurft, was aber den Charakter des kleinen Handbuchs gesprengt hätte. Da die Konzeption aber die Lehrpläne der Bundesländer berücksicht, ist auf jeden Fall sichergestellt, dass das gesamte schulische Grundwissen Eingang gefunden hat.

Der Einordnung mancher Artikel in größere Zusammenhänge dient der Eingangsteil **Weltgeschichte in Stichworten**. Wie schon der Titel sagt, handelt es sich dabei um einen ganz knappen Abriss, der keinerlei Anspruch auf Vollständigkeit erhebt. Er soll lediglich einige große Leitlinien der Weltgeschichte transparent machen und zur gezielten Suche in Handbüchern oder der historischen Fachliteratur anregen.

Als reines Begriffslexikon enthält das **Lexikon Geschichte** keine Stichwörter mit Personennamen, doch finden sich innerhalb der Artikel vielfältige Angaben zu Herrschern, Politikern, Künstlern usw. Solche Namen wie z. B. MARIA THERESIA sind durch KAPITÄLCHEN hervorgehoben.

Aspekte oder Begriffe, die uns wichtig erschienen, sind innerhalb eines Artikels durch *kursive Schrift* hervorgehoben. Da diese Klassifizierung häufig eine Ermessensfrage ist, mag der Leser nach Gutdünken andere Schwerpunkte setzen.

Querverweise zu anderen Stichwörtern sind durch einen Verweispfeil ⇒ gekennzeichnet. Er zeigt an, dass sich dort ergänzende Informationen befinden oder weitere Zusammenhänge dargestellt sind.

Ein großer Vorteil des **Lexikon Geschichte** ist die reichhaltige Ausstattung mit Bildern, Grafiken und Karten – natürlich durchgängig vierfarbig. Dies trägt nicht nur zu einer anschaulichen Präsentation bei, sondern macht historische Entwicklungen und Zusammenhänge transparenter.

Auf Abkürzungen wurde weitgehend verzichtet und wo sie erscheinen, ist ihre Bedeutung klar und unzweideutig: so z. B. „Jh." für Jahrhundert, „griech." für griechisch oder „lat." für lateinisch.

Wir hoffen, dass Ihnen das **Lexikon Geschichte** jederzeit eine verlässliche Hilfe bietet und wünschen eine erfolgreiche historische Spurensuche.

Steinzeit und erste Ackerbauern

Die ersten menschenähnlichen Wesen sind seit etwa 3 Millionen Jahren in OSTAFRIKA nachweisbar. Aus ihnen entwickelte sich im Verlauf eines riesigen Zeitraums allmählich der heutige Mensch.

Die frühen Menschen lebten von der Jagd, sammelten essbare Pflanzen und folgten dem Wild als *Nomaden.* Sie stellten Werkzeuge aus Stein, Knochen oder Holz her und lernten die Beherrschung des Feuers. Ihre Lebensgemeinschaft war die *Horde,* da der Kampf um die Versorgung nur so zu bewältigen war. Diese älteste und längste Epoche der Menschheit, in der das Klima auf Grund von *Eiszeiten* und *Warmzeiten* mehrfach wechselte, wird *Altsteinzeit* genannt. Sie endete mit der letzten Eiszeit um 10 000 v. Chr. In der nachfolgenden Zeit erlernten die Menschen den *Ackerbau.* Zuerst in Vorderasien, später in Europa. Aus Nomaden wurden *sesshafte Bauern,* die in dorfähnlichen Siedlungen lebten. Mehrere Großfamilien bildeten eine *Sippe.* Die Menschen errichteten Häuser, zähmten wilde Tiere, züchteten Getreide und bestellten Felder. Außerdem legten sie *Vorräte* an. In dieser Zeit wurden auch zahlreiche neue Werkzeuge und Geräte erfunden, die für die bäuerliche Wirtschaft nützlich waren. Unter anderem der Pflug, das durchbohrte und geschliffene Steinbeil, das Rad und der Webstuhl. Außerdem erlernten die Menschen die Kunst der Töpferei.

Diese Epoche der ersten Ackerbauern und Viehzüchter nennt man die *Jungsteinzeit.* Der Übergang zu einer bäuerlichen Lebensform stellt einen tiefen Einschnitt in der Geschichte der Menschheit dar.

In der *Metallzeit* gelang den Menschen die Gewinnung und Verarbeitung von Metall. Aus einer Legierung von Kupfer und Zinn stellten sie zunächst *Bronze* her und fertigten Waffen, Geräte und Schmuck. Ein ausgedehnter Fernhandel entstand und auf Grund der notwendigen *Arbeitsteilung* entwickelten sich die ersten Berufe.

Seit etwa 800 v. Chr. wurde in Mitteleuropa die Bronze durch das *Eisen* verdrängt. Besonders die *Kelten* verstanden sich meisterhaft auf die Verarbeitung dieses Metalls und wurden Träger der eisenzeitlichen Kultur in Europa.   *(Werner Hamann)*

Rekonstruktion eines Altmenschen.

Keltischer Helm.

Höhlenmalerei: Wildpferd, Höhle von Niaux.

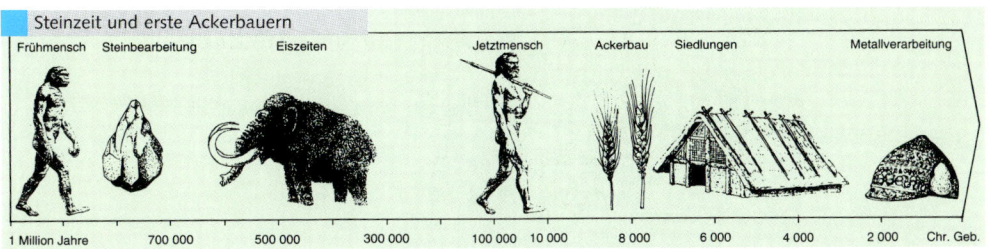

Steinzeit und erste Ackerbauern

Frühmensch   Steinbearbeitung   Eiszeiten   Jetztmensch   Ackerbau   Siedlungen   Metallverarbeitung

1 Million Jahre   700 000   500 000   300 000   100 000 10 000   8 000   6 000   4 000   2 000   Chr. Geb.

Goldmaske des Pharao
Tutanchamun

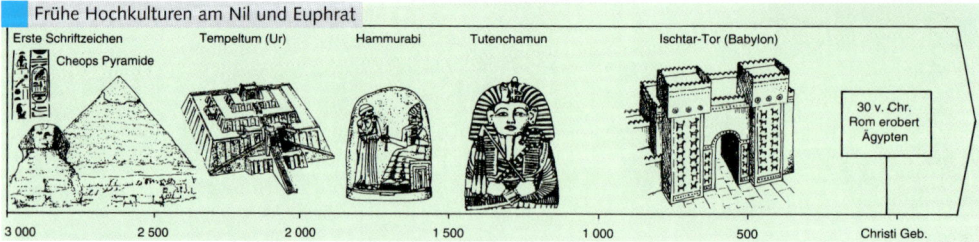

Felsentempel von Abu
Simbel mit Statuen von
Ramses II.

Frühe Hochkulturen am Nil und Euphrat

Während sich Europa noch auf der Entwicklungsstufe der Steinzeit befand, entstanden in den Stromtälern von NIL, EUPHRAT und TIGRIS die ersten *Hochkulturen* der Menschheitsgeschichte.

Die Flüsse erzwangen das gemeinschaftliche Arbeiten ihrer Anwohner. Nur durch aufwändige Bewässerungsanlagen konnten sie das Leben spendende Wasser nutzen und *Nahrungsüberschüsse* erzielen. Nun mussten nicht mehr alle Menschen als Bauern auf dem Feld arbeiten. Viele konnten sich spezialisieren und ihre Fähigkeiten als Handwerker und Händler, Beamte und Priester, Wissenschaftler und Künstler einbringen.

Die Religion spielte im Leben der Menschen eine große Rolle und jeder Ägypter glaubte an ein *Weiterleben* nach dem Tod. Die Pyramiden, deren Errichtung eine technische Meisterleistung darstellt, entstanden als riesige Grabstätten für den verstorbenen Pharao. Die vielen gut erhaltenen Gräber sind unsere wichtigste Informationsquelle über das damalige Leben. Der Herrscher galt als Stellvertreter des jeweiligen Stadtgottes oder als Sohn des obersten Gottes. Somit war die Herrschaft religiös begründet. Schriftkundige *Beamte* und *Priester* überwachten die Durchführung der königlichen Anordnungen. Sie zählten zur Oberschicht des Landes. Die Gemeinschaftsaufgaben und die Versorgung vieler Menschen auf engem Raum erforderten eine straffe Lenkung. So bildeten sich Staaten mit einer leistungsfähigen Verwaltung. In ÄGYPTEN entstand ein von der Hauptstadt aus zentral gelenktes *Großreich,* in MESOPOTAMIEN bildeten sich mehrere kleine *Stadtstaaten* nebeneinander. Die Städte als politische, kulturelle und wirtschaftliche Zentren waren gekennzeichnet durch Mauern und Tore, Tempel und Paläste, Speicher und Kanäle.

Vor etwa 5000 Jahren erfanden die Menschen in den Stromkulturen die *Schrift*. Sie ermöglichte die Kontrolle und Überprüfung aller Vorgänge sowie das Festhalten wichtiger Gedanken und Erfahrungen. Neben der Schrift, wissenschaftlichen Erkenntnissen, technischen Erfindungen und einer eigenständigen Kunst und Literatur gehören Recht und Gesetz zu den Merkmalen einer Hochkultur. *(Klaus Wohlt)*

Steinplatte
mit dem
Horus-Falken.

Frühe Hochkulturen am Nil und Euphrat

Erste Schriftzeichen	Tempeltum (Ur)	Hammurabi	Tutenchamun	Ischtar-Tor (Babylon)	
Cheops Pyramide					30 v. Chr. Rom erobert Ägypten
3 000	2 500	2 000	1 500	1 000	500	Christi Geb.

Das antike Griechenland

Ab etwa 2000 v. Chr. zogen griechische Stämme auf die Balkanhalbinsel und besiedelten auch die Inseln und Küsten des Ägäischen Meeres. Politisch bildeten sie viele kleine, unabhängige *Stadtstaaten*; doch kulturell verstanden sie sich als Einheit, weil sie die gleiche Sprache sprachen und die gleichen Götter verehrten.

Aus der Vielzahl der griechischen Poleis hoben sich zwei ganz gegensätzliche heraus. SPARTA verkörperte den Kriegerstaat der Einwanderungszeit, *Athen* entwickelte im 6. Jahrhundert v. Chr. die erste *Demokratie*. Spartaner und Athener waren stolz auf ihre Freiheit und wehrten Anfang des 5. Jahrhunderts v. Chr. gemeinsam mit anderen Städten die drohende Vernichtung durch das persische Großreich ab.

Danach errichtete Athen eine Oberherrschaft über die Griechen im Raum des Ägäischen Meeres und schuf in der Zeit des PERIKLES die klassische griechische Kultur: Athens Akropolis wurde mit Tempeln geschmückt, die Vasenmalerei errang Weltgeltung, das *Theater* entstand und die *Philosophie* als Wissenschaft entwickelte sich.

Nach einem langen Krieg verloren Sparta und Athen ihre Vormachtstellung an die *Makedonen*. Der junge Makedonenkönig ALEXANDER organisierte am Ende des 4. Jahrhunderts v. Chr. einen gesamtgriechischen Feldzug gegen das *Perserreich* und eroberte den ganzen Orient bis zum Indus. Zwar zerfiel sein Reich sehr schnell wieder, aber die griechische Kultur breitete sich im ganzen östlichen Mittelmeerraum aus; die Weltkultur des *Hellenismus* entstand.

Bis heute beeinflusst die Kultur der Griechen Kunst, Literatur, Wissenschaft und Politik auf der ganzen Welt. Wie kann man das erklären? Die Griechen der Antike standen von Anfang an ihren Göttern sehr frei und selbstbewusst gegenüber. Nie haben sie wie die Ägypter ihre Herrscher zu Göttern gemacht. Deswegen konnten sie immer mehr Freiheit – sogar bis zu den ersten Ansätzen einer *Demokratie* – erringen, den Menschen in den Mittelpunkt ihrer Kunst stellen und die Welt überhaupt nach ihren eigenen Beobachtungen und Gedanken deuten.

(Dr. Bernhard Askani)

Homer, Schöpfer der Ilias und Odyssee.

Parthenon auf der Akropolis in Athen.

Münzbild der Athene (um 480 v. Chr.)

Das antike Griechenland

Wagenrennen (Olympia) · Zeus-Statue · Spartanischer Hoplit · Perikles · Parthenon · Alexander

800 v. Chr. · 700 · 600 · 500 · 400 · 300

Gaius Julius Caesar

Das römische Weltreich

Das römische Weltreich verband zwischen Schottland und der Sahara, zwischen dem Schwarzen Meer und Gibraltar Menschen verschiedener Völker und Rassen miteinander: zunächst durch *Verkehrswege* und eine einheitliche Sprache, dann durch das allen gemeinsame *Bürgerrecht* und das *Christentum.* In welch kleinen Anfängen dieses Weltreich seinen Ursprung hatte, war den meisten Menschen bei seiner Auflösung im 5. Jahrhundert nicht mehr bekannt. Immerhin lag die Zeit, in der ein kleines Bauernvolk allmählich Italien erobert und erschlossen hatte, schon etwa 1000 Jahre zurück.

Auch wusste niemand mehr so genau, wann seine eigene Heimat in die Reihe der fast 40 *Provinzen* aufgenommen worden war. Für alle, ob sie nun in Köln oder Alexandria, in

noch in den Händen des *Senats* und der *Volksversammlung* lag und in der wenige hochadelige Familien die Ämter und die Provinzen verwalteten. Inzwischen waren mehr als 400 Jahre vergangen, seit AUGUSTUS alle Macht in seiner Person konzentriert und das römische *Kaisertum* begründet hatte. Viele hatten die Kaiser in den darauf folgenden Jahrhunderten den Göttern gleichgesetzt und ihnen sogar Tempel errichtet.

Der Siegeszug des *Christentums* seit dem Toleranzedikt des Kaisers KONSTANTIN hat dann die römischen Götter verdrängt. Die römischen Tempel mit ihren Götterstatuen mussten christlichen Kirchen und Symbolen weichen. Als Oberhaupt der Christenheit trat nun der *Papst* neben den Kaiser des Römischen Reiches.

Die kapitolinische Wölfin (um 500 v. Chr.)

Kaiser Augustus

Spanien oder Kleinasien lebten, gehörten Spiele, Thermen und Theater zum Alltag. Die römische Lebensart hatte bald mehr noch als die römische Armee die Welt erobert.

In Vergessenheit geraten war allerdings die Zeit der *Republik*, in der alle Macht im Staat

Das Römische Reich ging zwar unter, doch entstanden auf seinen Fundamenten die Grundlagen des heutigen Europas. Vielfältige kulturelle, sprachliche und religiöse Wurzeln reichen in jene Zeit zurück.

(Elmar Wagener)

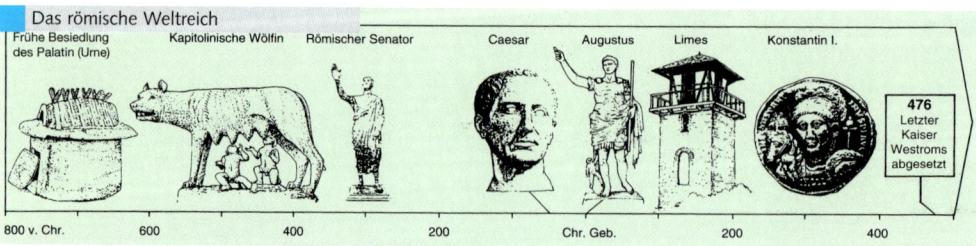

Das römische Weltreich

Frühe Besiedlung des Palatin (Urne) — Kapitolinische Wölfin — Römischer Senator — Caesar — Augustus — Limes — Konstantin I.

476 Letzter Kaiser Westroms abgesetzt

800 v. Chr.   600   400   200   Chr. Geb.   200   400

Die oströmische Kaiserin Theodora.

Grabmal des Theoderichs in Ravenna.

Die Erben Roms

Die *Germanen* waren ein Volk von Bauern, das von *Ackerbau* und *Viehzucht* lebte. Anders als die Römer kannten sie keine Städte. Fast alles Lebensnotwendige stellte die Familie selbst her. Nur für wenige Bereiche waren spezialisierte Berufe wie der des Schmiedes notwendig. Was man nicht selbst produzieren konnte, wurde im *Tausch-handel* erworben. Der einzelne lebte im Verband seiner *Sippe*, die ihm Fürsorge und Schutz bot. Eine stammesübergreifende Ordnung gab es nicht.

Mit dem Vordringen der *Hunnen* begann die *Völkerwanderung* der Germanen. Das Römische Reich zerbrach, die Einheit des Mittelmeerraumes endete. Auf dem Boden des Römischen Reiches kam es zu zahlreichen germanischen Staatsgründungen, von denen jedoch – bis auf das Frankenreich – keines Bestand hatte.

Einen letzten Versuch zur Wiederherstellung des Römischen Reiches in seinem alten Umfang machte der oströmische Kaiser Justinian. Die eroberten Gebiete gingen unter seinen Nachfolgern jedoch wieder verloren.

Zu den Erben des Römischen Reiches gehörten auch die Anhänger der Lehre Mohammeds. Der *Islam* breitete sich um das südliche Mittelmeer bis Spanien aus, das zur blühenden arabischen Provinz wurde. Von hier gelangten später die Ergebnisse arabischer Wissenschaft ins Abendland.

Eine dauerhafte Gründung der Völkerwanderungszeit war das Reich der *Franken*. Folgenreich für die Zukunft war dabei der Übertritt des Merowingers Chlodwig zum römisch-katholischen Glauben und das Bündnis, das der karolingische Hausmeier Pippin mit dem Papst in Rom einging.

(Dr. Ingeborg Seltmann)

Moschee in Cordoba.

Die Erben Roms

Germane · Hunnischer Reiterkrieger · Grabmal Theoderichs · Justinian · Islamische Moschee

300 n. Chr. · 400 · 500 · 600 · 700

Deutsche Reichskrone.

Das Hochmittelalter

In der Epoche zwischen KARL DEM GROSSEN und FRIEDRICH II. waren Kirche und Staat, Religion und Herrschaft eng miteinander verbunden. Die Menschen im Abendland, die römisch-katholischen Christen, betrachteten sich als Volk Gottes, als die Erben des Volkes Israel und des von Kaiser KONSTANTIN christianisierten *Römerreichs*. Ihre Herrscher sollten wie die Könige der Bibel im Auftrag Gottes regieren.

Als Karl der Große im Jahre 800 vom Papst zum *Kaiser* gekrönt worden war, schien diese Einheit von Herrschaft und Christenheit fast erreicht, auch wenn sein Reich nicht alle Christen umfasste. So wurde Karl zum großen Vorbild. Seine Nachfolger aber teilten das Reich. Es entstanden mehrere christliche Königreiche in Europa. Ihre Könige aus hochadligen Familien stützten sich auf adlige *Vasallen* und auf die *Bischöfe*, die sie in ihr Königsamt eingesetzten.

Im 10. Jahrhundert erneuerte der deutsche König OTTO I. das römische Kaisertum Karls des Großen. Seine Nachfolger behielten zwar die Kaiserkrone, konnten aber die Herrschaft über die Könige Europas nicht erringen. Sie gerieten vielmehr mit den Päpsten in einen schweren Konflikt um das Herrschaftsrecht über die Kirche *(Investiturstreit)*. König HEINRICH IV. wurde so-

unten:
Löwenstandbild Heinrichs des Löwen.

rechts:
Kaiser Friedrich Barbarossa mit seinen Söhnen.

gar aus der Kirche ausgeschlossen. Das deutsche Königtum verlor dadurch viel von seinem Einfluss auf die Kirche und geriet in stärkere Abhängigkeit von den weltlichen Fürsten.

In der gleichen Zeit erfasste die *Kreuzzugsbewegung* ganz Europa, die Sarazenen wurden aus Spanien vertrieben und die Völker Nord- und Osteuropas teils friedlich, teils gewaltsam missioniert. Ritter aus dem Westen eroberten das Heilige Land. Der fast 200-jährige Kontakt mit der überlegenen Kultur des islamischen Orients wirkte befruchtend auf den Westen zurück.

Den Kaisern aus dem staufischen Haus gelang es zwar Burgund, Italien und Sizilien mit dem Deutschen Reich zu vereinen; aber sie scheiterten schließlich am Widerstand der Fürsten, der italienischen Städte und des Papsttums. *(Dr. Bernhard Askani)*

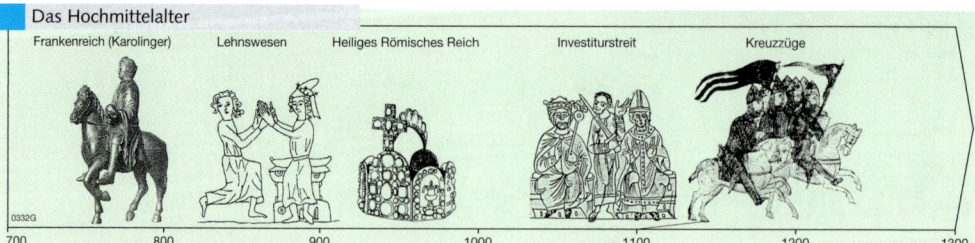

Das Hochmittelalter

| Frankenreich (Karolinger) | Lehnswesen | Heiliges Römisches Reich | Investiturstreit | Kreuzzüge |

| 700 | 800 | 900 | 1000 | 1100 | 1200 | 1300 |

0332G

Menschen im Mittelalter

Trotz Hunger, Krankheit und frühem Tod nahm die Bevölkerung in Mitteleuropa bis ins 14. Jahrhundert stetig zu. Ermöglicht wurde dies vor allem durch verbesserte landwirtschaftliche Anbaumethoden. Der Bevölkerungszuwachs führte zu einem tiefgreifenden Wandel in allen Lebensbereichen. Auf dem Land rückten die Menschen in der Dorfgemeinschaft näher zusammen. Noch unerschlossene Räume wurden urbar gemacht. Aus der wilden Urlandschaft wuchs damit eine von Menschenhand geprägte *Kulturlandschaft*, wie wir sie kennen. Mit dem Aufblühen der *Städte*, wo Menschen sich auf engem Raum sammelten, entstanden neue Lebens- und Wirtschaftsformen.

Unter dem gemeinsamen Dach des christlichen Glaubens lebten die Menschen jahrhundertelang in einer festgefügten *ständischen Ordnung*, die man für gottgewollt hielt.

Der überwiegende Bevölkerungsteil bestand aus Bauern, die ihr karges Leben in Abhängigkeit von einem *Grundherrn* führten. Sie waren *unfrei* und mussten *Frondienste* und *Abgaben* leisten.

Mönche und Nonnen in den *Klöstern* lebten nach der Forderung „bete und arbeite". Das Kloster war so zugleich Ort der Andacht und Gelehrsamkeit, Wirtschaftsbetrieb, soziale Einrichtung und politischer Machtfaktor.

Die *Ritter*, die sich in einem eigenen *Stand* abschlossen, sahen sich nicht nur als Herren über Land und Leute. Sie setzten sich selbst das Ideal eines christlichen Kämpfers, der gegen Gewalt und Unrecht zu Felde zieht und „ritterlich" um seine frouwe wirbt – ein Ideal, das bis heute nachwirkt.

Mit dem Aufblühen der *Städte* kam Bewegung in diese festgefügte Ordnung. Die Stadt verhieß ihren Bürgern Friede und *Freiheit*. Für alle Unfreien bedeutete das die Möglichkeit zum persönlichen sozialen Aufstieg. Die Stadt selbst erreichte vom Grundherrn allmählich ihre Selbstverwaltung, neben die *Patrizier* traten die *Zünfte* beim Stadtregiment. So lassen sich hier Vorformen unserer heutigen demokratischen Ordnung erkennen. *(Dr. Ingeborg Seltmann)*

Mönch bei der Ernte.

Verteidigung einer Burg.

Holzschuhmacher..

Menschen im Mittelalter

Landesausbau   Rittertum im hohen Mittelalter   Aufstreben der Bürger   Hanse

700   800   900   1000   1100   1200   1300   1400   1500

0333G

Hermann von Salza,
Hochmeister des Deut-
schen Ordens.

Eine Epoche klingt aus

Im Namen „Spätmittelalter" klingt das Ende eines Zeitalters an. Alte Entwicklungen versiegen und es werden neue Ansätze sichtbar, die bis in unsere Gegenwart fortwirken.

Die beiden Universalgewalten *Kaiser* und *Papst* hatten sich in ihrer Auseinandersetzung verbraucht und verloren ihre bestimmende Rolle. Das Reich erfuhr eine *Territorialisierung* mit einer gewissen Widersprüchlichkeit: Die Fürsten setzten gegenüber dem Kaiser ihre reichsständische Freiheit durch, unterwarfen jedoch die Stände ihrer eigenen Territorien der *landesherrlichen Gewalt*. Die *Kurfürsten* verankerten ihre Stärke in der *Goldenen Bulle*, bewirkten damit jedoch eine Schwächung des Kaisers bis zum Ende des Reiches. Durch Bildung einer *Hausmacht* suchten die Kaiser eine neue Machtbasis; dabei erheirateten sich die *Habsburger* eine europäische Großmachtstellung.

Kirche und Papsttum gerieten in eine tiefe Krise. Alle Versuche, die nötigen *Kirchenreformen* auf Konzilien durchzusetzen, scheiterten am hinhaltenden Widerstand von Papst und Kaiser. Der Boden für die Reformation war so bereitet.

In langen Kriegen entstanden im Westen *Nationalstaaten*. Mit dem Stolz auf die eigene Unabhängigkeit und Besonderheit kam es jedoch oft auch zu Vorbehalten gegenüber anderen Nationen. Andererseits bot die deutsche *Ostkolonisation* ein zumeist friedliches Beispiel fruchtbarer kultureller Durchdringung und Entwicklung.

Osteuropa hingegen erfuhr tiefgreifende Erschütterungen: einmal durch den bis Schlesien vordringenden Ansturm der *Tataren*, deren langjährige Herrschaft über Russland dessen Isolierung von Europa bewirkte; zum anderen durch das Vordringen der *Türken*, die das *Byzantinische Reich* vernichteten und den Balkan eroberten.

Eine andere Erschütterung traf alle Völker jener Zeit: die *Große Pest* des 14. Jahrhunderts! Und dennoch erreichte die Kultur des späten Mittelalters im 15. Jahrhundert noch eine hohe Blüte.   *(Jürgen Klöckner)*

Symbolträchtige Darstellung des alten Reichs mit dem Adler als Symbol weltlicher Macht und dem Gekreuzigten als Symbol des christlichen Imperiums. Unter ihnen die Wappen der einzelnen Territorien.

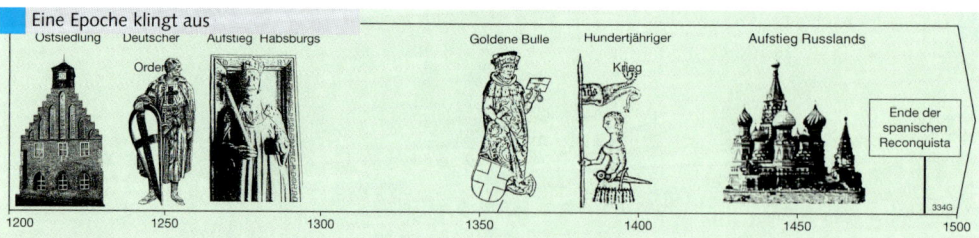

Ein neues Bild von der Welt

Im Jahre 1492 landete KOLUMBUS auf der Suche eines Seewegs nach INDIEN auf der mittelamerikanischen Inselgruppe der Bahamas. Ohne es zu ahnen, hatte er damit das Weltbild der Europäer entscheidend verändert. Aber nicht nur Seefahrer wie Kolumbus, sondern auch Forscher, Künstler und Gelehrte waren im 15. Jahrhundert auf der Suche nach neuen Wegen. In den reichen und politisch unabhängigen Städten Norditaliens und dann bald in ganz Europa erlebte die Antike eine Wiedergeburt *(Renaissance)*. Mit einer neuen Sicht schienen Kunst

teurer, sondern eröffnete auch einen weltweiten *Handel*. Mit einem bisher nie dagewesenen Gewinnstreben sprengten einige wenige *Kaufleute* den bis dahin üblichen Rahmen. Als Fernhändler, Verleger, Grubenbesitzer und Bankiers ähnelten sie modernen Unternehmern. Die klassischen Zentren des mittelalterlichen Handels traten ihre führende Stellung an die aufblühenden Hafenstädte Westeuropas ab.
Die Berechnungen des KOPERNIKUS und die Beobachtungen von GALILEI hoben das bisherige Weltbild aus den Angeln. Ihre Lehre,

Christoph Kolumbus
(1451 – 1506)

und Wissenschaft den Menschen und seine Welt aus einem finsteren Mittelalter zu befreien. Indem alte Ängste nüchterner Überlegung wichen, fassten die Menschen größeres Zutrauen zu ihren eigenen Fähigkeiten. Erfindungen wie der *Buchdruck* und die Uhr zeigten die neue Rastlosigkeit und Neugier. Neue Techniken in Bergbau und Schifffahrt verrieten den Willen die Natur zu beherrschen und auszubeuten. Die Eroberung fremder Kontinente lockte nicht nur Aben-

nach der die Sonne den Mittelpunkt unseres Universums bildet und nicht die Erde, setzte sich gegen den Widerstand der Kirche durch. Mit den neuen Erkenntnissen setzte das Zeitalter des Umbruchs gerade in einer Zeit der Seuchen, des Hungers und der Gewalt auch Ängste frei. Denn wer die gewohnten Bahnen verließ und bisherige Bedenken in den Wind schlug, büßte damit auch die vertraute Sicherheit ein. *(Klaus Wohlt)*

Schiffe der Ostindischen Handelskompanie in Jakarta.

Zeichnung des Mondes, wie ihn Galilei durch sein Fernrohr sah.

Ein neues Bild von der Welt

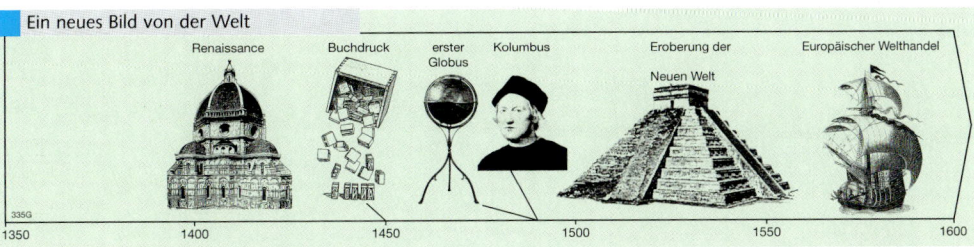

Renaissance   Buchdruck   erster Globus   Kolumbus   Eroberung der Neuen Welt   Europäischer Welthandel

335G
1350   1400   1450   1500   1550   1600

Thomas Müntzer
(1490 –1525)

Die Reformation in Deutschland

Höllenangst und Todesfurcht prägten im ausgehenden Mittelalter das Lebensgefühl der Menschen. Trost und Beistand suchten sie bei der Kirche vergebens, denn viele Geistliche kümmerten sich vornehmlich um ihr eigenes Wohlbefinden und boten längst kein Beispiel mehr für eine echte Frömmigkeit. So wurde der Ruf nach einer Erneuerung der Kirche immer dringender.

Mit seinen 95 *Thesen* zum *Ablasshandel* leitete MARTIN LUTHER 1517 die *Reformation* ein. In der Auseinandersetzung mit der Kirche, die sich auf seine Reformvorschläge nicht einließ, entwickelte er in drei großen Programmschriften seine neue reformatori-

Das Gemälde vom Jüngsten Gericht von Stefan Lochner (um 1400 –1451) zeigt die Ängste und Hoffnungen der Menschen jener Zeit.

sche Lehre. Wegen der Verbreitung von Irrlehren belegte ihn der Papst zu Beginn des Jahres 1521 mit dem Kirchenbann. Im gleichen Jahr verhängte der Kaiser auf dem *Reichstag zu Worms* über den Reformator die *Reichsacht*. Dennoch breitete sich Luthers Lehre rasch in Deutschland aus. Be-

schützt von seinem Landesherrn, übersetzte Luther auf der Wartburg das NEUE TESTAMENT und förderte damit entscheidend die Entstehung unserer heutigen hochdeutschen Schriftsprache.

Luthers Lehre ermunterte *Ritter* (1522/23) und Bauern (1524/25) für bessere Lebensbedingungen zu kämpfen. Beide Aufstandsbewegungen scheiterten an der militärischen Macht der Landesfürsten. Im Gegensatz zu THOMAS MÜNTZER hatte sich Luther dabei ganz auf die Seite der Fürsten geschlagen. Von ihnen erhoffte er die Wiederherstellung der kirchlichen Zucht und Ordnung, die im *Bauernkrieg* verloren gegangen war. Er ermunterte sie *Landeskirchen* zu gründen und als „Notbischof" an deren Spitze zu treten. Das verschaffte den Fürsten, die die Reformation unterstützten, reichen Gewinn an Kirchengut und einen weiteren Zuwachs an Macht und Ansehen.

Kaiser KARL V. war ein Gegner der Reformation. Seine Absicht, die sich ausbreitende reformatorische Bewegung in Deutschland mit militärischer Gewalt zu zerschlagen, scheiterte, weil er mit seinen Truppen ständig an ausländische Kriegsschauplätze gebunden war. Auf dem *Reichstag von Augsburg* wurde 1555 das gleichberechtigte Nebeneinander des katholischen und des lutherischen Bekenntnisses beschlossen und damit die *religiöse Spaltung* Deutschlands festgeschrieben. Sie dauert an bis in unsere Tage.

(Werner Hamann)

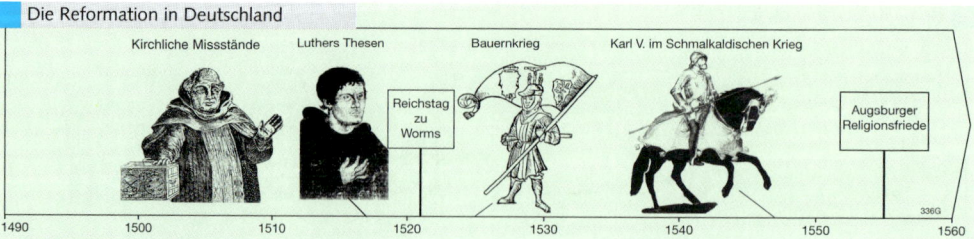

Die Reformation in Deutschland

Kirchliche Missstände   Luthers Thesen   Bauernkrieg   Karl V. im Schmalkaldischen Krieg

Reichstag zu Worms

Augsburger Religionsfriede

336G

1490   1500   1510   1520   1530   1540   1550   1560

Das Zeitalter des Absolutismus

Dem französischen König LUDWIG XIV. gelang es in der zweiten Hälfte des 17. Jahrhunderts, die politische Mitbestimmung des mächtigen Adels und der Stände auszuschalten. Er regierte sein Land so, wie er es für richtig hielt. Die Adligen wurden zu bedeutungslosen Höflingen, die ohne politischen Einfluss in VERSAILLES lebten. Alle Bereiche seines Staates versuchte Ludwig XIV. zu vereinheitlichen und mit Hilfe von königstreuen Beamten *zentral* zu lenken.

Die Regierungsform des *Absolutismus* prägte die ganze Epoche: Viele Herrscher in Europa ahmten das französische Vorbild nach. Sie ließen sich neue prächtige Residenz-

Friedrich II. von
Preußen (1712–1786)

Krieges zählte Preußen zu den europäischen Großmächten.

Je mehr sich der Absolutismus in Europa durchsetzte, desto lauter wurde die Kritik der *Aufklärer* an dieser Herrschaftsform. Im Gegensatz zum absolutistischen Herrscher, der von seinen Untertanen Gehorsam verlangte, erklärten sie, jeder Mensch besitze grundsätzliche *Freiheitsrechte*. Unter ihrem Einfluss wandelte sich die Regierungsweise vieler Fürsten. Sie betrachteten sich – wie FRIEDRICH II. von Preußen oder JOSEPH II. von Österreich – als „erste Diener des Staates". Dies galt auch für den russischen Zaren PETER I., der sein rückständiges Land nach europäischem Vorbild zu modernisieren versuchte.

Indem die absolutistischen Monarchen ihre Länder neu ordneten, legten sie die Grundlagen für die moderne Staatsverwaltung. Die Könige forderten von allen Untertanen in

Paar in der Mode des
18. Jh.

schlösser errichten, von denen aus sie ihre Staaten ordneten. Als besonders erfolgreich erwiesen sich dabei die Kurfürsten von *Brandenburg-Preußen*, die ihr kleines, unbedeutendes Land durch eine geschickte Politik und erfolgreiche Feldzüge ständig vergrößerten. Am Ende des *Siebenjährigen*

gleicher Weise Pflichterfüllung. Damit ebneten sie, ohne es zu wollen, den Weg für die heutige *Demokratie*, in der alle Staatsbürger gleiche Rechte besitzen.

(Dr. Ralph Erbar/Dr. Sylvia Fein)

links:
Maria Theresia, ihr
Mann Franz I., Kronprinz Joseph (Mitte)
sowie die übrigen Kinder (um 1754).

Das Zeitalter des Absolutismus

Ludwig XIV (Absolutismus)	Aufstieg Russlands	Ausbreitung franz. Kultur	Aufklärung	Maria Theresia	7 jähr. Krieg / Friedrich II

338G

1650	1700	1750	1800

George Washington,
von 1789–1797 erster
Präsident der USA.

unten:
Go west – Besiedlung
des Westens der USA
im frühen 19. Jh.

rechts:
Erste Münze der USA
mit den symbolisch
verketteten 13 Staaten.

England und die Vereinigten Staaten von Amerika

Die *Vereinigten Staaten von Amerika* waren das erste Land der Welt, in dem nicht mehr ein König an der Spitze stand, der als Regierungschef, Gesetzgeber und oberster Richter alle Macht in seiner Person vereinigte. Eine *Verfassung* gab die ausführende Gewalt im Staat an einen für vier Jahre zum *Präsidenten* gewählten Mitbürger, die gesetzgebende Gewalt an den *Kongress* und die richterliche Gewalt an den *Obersten Gerichtshof. Gewaltenteilung* und wechselseitige Kontrolle der Verfassungsorgane galten in Europa als vorbildlich. Zwar blieben Indianer, Schwarze und Frauen sowie etwa ein Viertel der ärmeren weißen Bevölkerung vom Wahlrecht ausgeschlossen; doch lag in den Vereinigten Staaten alle Macht in den Händen des Volkes und machte sie zu einer *demokratischen Republik.*

Viele Amerikaner dachten vor allem im erbitterten Krieg um die Unabhängigkeit nicht mehr daran, dass sie die Demokratie in Amerika letztlich dem Mutterland verdankten. Auch wenn England weiterhin eine Monarchie blieb, so war doch seit der *Glorious Revolution* 1688 der englische König an an eine Verfassung gebunden. Ein Mitspracherecht bei der Gesetzgebung gab es in England schon seit 1295, auch wenn zunächst nur ein kleiner Personenkreis Einfluss nehmen konnte. Und die erste Urkunde, in der der einzelne vor der Willkür des Königs und damit des Staates geschützt wurde, war die *Magna Charta* von 1215. Auch erinnerte der amerikanische Kongress mit Senat und Repräsentantenhaus an das englische Parlament mit Oberhaus und Unterhaus.

Trotz vielfacher Bande zu England in Politik, Sprache und Religion lagen die Vereinigten Staaten in einer neuen Welt, wo die Gesetze einer neueren Zeit galten. Die Weite des Kontinents, der ununterbrochene Einwandererstrom aus aller Herren Länder und deren Pioniergeist ließen Amerika in den Augen vieler zum Land der unbegrenzten Möglichkeiten werden.　　　*(Elmar Wagener)*

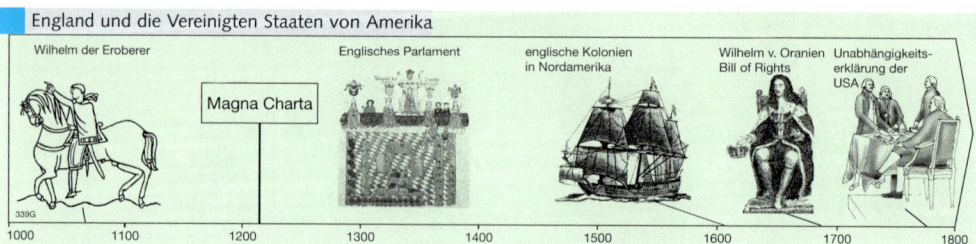

England und die Vereinigten Staaten von Amerika

Wilhelm der Eroberer

Magna Charta

Englisches Parlament

englische Kolonien
in Nordamerika

Wilhelm v. Oranien
Bill of Rights

Unabhängigkeits-
erklärung der
USA

339G

1000　　1100　　1200　　1300　　1400　　1500　　1600　　1700　　1800

Robespierre
(1758–1794)

Kaiserkrönung
Napoleons in Paris.

Die Französische Revolution und das Zeitalter Napoleons

Ende des 18. Jahrhunderts stürzte Frankreich in eine tiefe Finanzkrise. Ludwig XVI. berief daher 1789 die *Generalstände* ein, die Steuerreformen bewilligen sollten. Die Abgeordneten des *dritten Standes* forderten eine Abstimmung nach Köpfen und erklärten sich – als dies unerfüllt blieb – allein zur *Nationalversammlung*. Diese entwarf eine *Verfassung* auf der Grundlage der *Menschenrechte*, Frankreich wurde *konstitutionelle Monarchie*. Die Erstürmung der BASTILLE am 14. Juli 1789 zog Unruhen auf dem Land nach sich. Wirtschaftskrisen und der Aufmarsch ausländischer Truppen bewirkten radikale Strömungen und führten schließlich zur Abschaffung der Monarchie. Frankreich wurde *Republik*. Ein 1792 neu gewählter *Konvent* schaffte die *Gewaltenteilung* ab und erließ Gesetze, die die Gleichheit aller Bürger verwirklichen sollten. Unter ROBESPIERRE gelangten 1793 die *Jakobiner* an die Macht, die Frankreich mit revolutionärem Terror überzogen. Erst 1795 stellte eine neue Verfassung die Gewaltenteilung wieder her und ein *Direktorium* übernahm die Regierung.

Militärische Erfolge bewirkten den Aufstieg von NAPOLEON BONAPARTE, der 1799 das Direktorium stürzte, als Erster Konsul die Macht übernahm und die Revolution beendete. Er begründete mit dem *Kaisertum* eine neue Monarchie und leitete Wirtschafts- und Rechtsreformen ein. Dank einer überlegenen Armee zwang er Europa unter französische Vorherrschaft, besiegte Preußen und Österreich und brachte das *Heilige Römische Reich Deutscher Nation* zum Einsturz. Die Beseitigung der deutschen Kleinstaaterei und die Gründung des *Rheinbundes* waren Folgen dieser Politik. Preußen brach durch seine schwere Niederlage zwar zusammen, konnte sich aber nach umfassenden *Reformen* allmählich erholen. England hingegen entzog sich dank seiner überlegenen Flotte einer französischen Invasion und bildete trotz der *Kontinentalsperre* das Zentrum des Widerstands. Der verlustreiche Russlandfeldzug 1812 leitete Napoleons Sturz ein. Die europäischen Völker erhoben sich und vertrieben ihn bis 1815.

(Werner Hamann)

Der Brand Moskaus
1812.

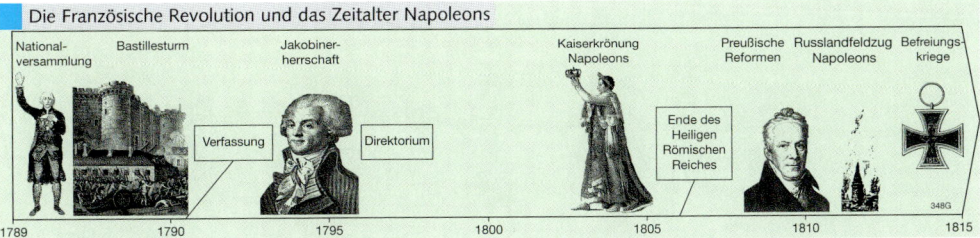

Die Französische Revolution und das Zeitalter Napoleons

| National-versammlung | Bastillesturm | Jakobiner-herrschaft | | Kaiserkrönung Napoleons | | Preußische Reformen | Russlandfeldzug Napoleons | Befreiungs-kriege |

Verfassung | Direktorium | | Ende des Heiligen Römischen Reiches

348G

| 1789 | 1790 | 1795 | 1800 | 1805 | 1810 | 1815 |

Straßenkampf vor der Frankfurter Paulskirche.

unten:
Revolution 1848 in Baden unter Führung von Friedrich Hecker.

rechts:
Fahne der Jenaer Burschenschaft.

Für Freiheit, Recht und Einigkeit …

Der Versuch des *Wiener Kongresses*, durch die Wiederherstellung der vorrevolutionären Verhältnisse eine stabile Ordnung in Europa zu errichten, war von Anfang an zum Scheitern verurteilt. Denn durch Polizeimaßnahmen wie die *Karlsbader Beschlüsse* ließ sich das Streben des europäischen Bürgertums nach verfassungsmäßigen politischen Rechten und der deutschen *Liberalen* nach einem *Nationalstaat* nur vorübergehend unterdrücken. Die Ideen der Französischen Revolution von Freiheit, Recht und Vaterland wirkten vor allem im Bildungsbürgertum weiter. Sie äußerten sich überall in Flugblättern, politischen Schriften, Liedern, Demonstrationen oder Festen wie dem *Wartburgfest* (1817) oder dem *Hambacher Fest* (1832). Zweimal, nämlich 1830 und 1848, entluden sich die Spannungen in *Revolutionswellen*, die, ausgehend von *Frankreich* und PARIS,

nahezu ganz Europa erfassten. Aber beide Revolutionen hatten keinen durchschlagenden und endgültigen Erfolg, obwohl sie sich wegen der Not in den Unterschichten vor allem in den Großstädten auf breite Volksaufstände stützen konnten. Die bürgerlichen Liberalen waren gespalten; ihre Mehrheit hatte Angst vor dem Umsturz und vor dem Radikalismus der Volksmassen.

Deshalb konnte sich die Monarchie, wenn auch nicht in absolutistischer Form, immer wieder festigen. Ein deutscher Nationalstaat wurde trotz anfänglicher Erfolge der Revolution 1848 nicht geschaffen. Die Bestrebungen der deutschen *Nationalversammlung* in der *Frankfurter Paulskirche*, ein neues deutsches Kaiserreich mit parlamentarischer Volksvertretung zu gründen, blieben erfolglos. Das Scheitern der Revolution 1849 verschärfte die Rivalität zwischen den beiden Großmächten *Österreich* und *Preußen*, die nun versuchten die nach wie vor offenen Fragen der *Verfassung* und des deutschen *Nationalstaats* in ihrem Sinne zu lösen.

(Dr. Bernhard Askani)

Für Freiheit, Recht und Einigkeit …

Wiener Kongress

Deutscher Bund

Biedermeier

Julirevolution

Hambacher Fest

Massenarmut

Deutsche Nationalversammlung

349G

1810   1815   1820   1825   1830   1835   1840   1845   1850

Die Industrielle Revolution – Aufbruch und sozialer Wandel

Fortschritte in der Landwirtschaft, Bevölkerungswachstum, technische Neuerungen und menschliches Gewinnstreben setzten zunächst in England einen Prozess in Gang, der um 1830 Mitteleuropa und auch Deutschland erreichte: die *Industrielle Revolution.*

Nach den frühen Erfindungen der *Industrialisierung* wie Spinnmaschine und mechanischer Webstuhl traten alsbald die Dampfmaschine und Eisenbahn ihren Siegeszug an. In Industriezentren wie dem RUHRGEBIET wurden der Bergbau, die Eisen- und Stahlindustrie sowie der Maschinenbau zum Vorreiter einer neuen Phase industrieller Entwicklung. Die deutsche Aufholjagd ließ *Industriestädte* aus dem Boden schießen, in denen die stark angewachsene ländliche Bevölkerung Arbeit fand. Doch zeigten sich auch in Deutschland vor allem um 1850 die Schattenseiten der Industrialisierung am Elend der neuen *Arbeiterklasse.* Sie wurde bei der Heim- und Fabrikarbeit durch extrem lange Arbeitszeiten und unzumutbare Arbeitsbedingungen geknechtet und ausgebeutet. Eine ganze Bevölkerungsschicht geriet in Not und Armut.

Die Gefahr einer Spaltung der Gesellschaft in reiche Fabrikherren und Grundbesitzer sowie mittellose *Proletarier* veranlasste einsichtige Unternehmer zur *sozialen Hilfe,* die auch weitsichtige Vertreter der christlichen Kirchen forderten. Doch erst als sich die Arbeiter zu *Parteien* und *Gewerkschaften* zusammenschlossen und die staatliche *Sozialpolitik* eingriff, besserte sich allmählich die Lage der Arbeiterschaft. Freilich stärkte auch der rasante technische Fortschritt in der Schwerindustrie, im Maschinenbau und der elektrotechnischen Industrie die Arbeiterklasse – besonders in Zeiten der Hochkonjunktur. Zudem hatten Arbeitsteilung, Arbeitszeitverkürzung und bessere Entlohnung viel sozialen Zündstoff der frühen Industrialisierungsphase entschärft.

Dieser tief greifende Wandel im Leben und Denken aller Menschen verbirgt sich gleichfalls hinter dem Begriff *Industrielle Revolution.*   *(Elmar Wagener)*

James Watt (1736–1819), Erfinder der Dampfmaschine.

Der Beginn der Industrialisierung: Kohlenzeche in England um 1790.

Freiheit, Gleichheit, Brüderlichkeit!

Einigkeit macht stark!

Traditionsbanner der SPD mit dem Symbol der Arbeiterverbrüderung.

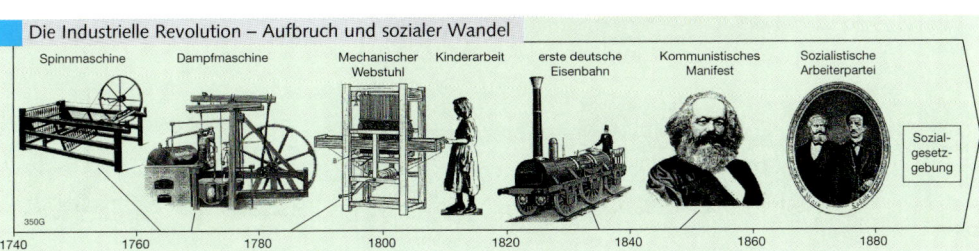

Die Industrielle Revolution – Aufbruch und sozialer Wandel

Spinnmaschine	Dampfmaschine	Mechanischer Webstuhl	Kinderarbeit	erste deutsche Eisenbahn	Kommunistisches Manifest	Sozialistische Arbeiterpartei	

350G

| 1740 | 1760 | 1780 | 1800 | 1820 | 1840 | 1860 | 1880 |

Sozialgesetzgebung

Bismarck bei einer Rede im Reichstag.

Die deutsche Reichsgründung 1871 im Spiegelsaal von Schloss Versailles.

Das Wappen des neuen Deutschen Reichs.

Das deutsche Kaiserreich

Das 1871 in VERSAILLES proklamierte *Kaiserreich* war der erste deutsche *Nationalstaat*. Er war aber nicht der von den Demokraten erhoffte liberale Verfassungsstaat, sondern das Ergebnis mehrerer Kriege und diplomatischer Verhandlungen BISMARCKS, des preußischen Ministerpräsidenten und späteren Reichskanzlers. Die Einigung Deutschlands erfolgte „von oben", durch *Preußen*.

Bismarck schnitt die Verfassung ganz auf die Zusammenarbeit zwischen *Kaiser* und *Reichskanzler* zu und hatte für die im *Reichstag* sitzenden Volksvertreter wenig Verständnis. Diejenigen, die er für Feinde der protestantischen Monarchie hielt, bekämpfte er mit allen Mitteln. Die Vertreter der katholischen Kirche, liberale Demokraten und die Sozialdemokraten bekamen dies besonders zu spüren. Um die Arbeiter für das Reich zu gewinnen führte Bismarck die *Sozialversicherung* ein und legte damit ungewollt die Grundlage des modernen Sozialstaates.

Adel und *Militär* galten als Leitbilder, an denen sich das *Bürgertum* orientierte. Doch begehrten immer mehr Gruppen gegen die überkommene soziale Ordnung auf: *Arbeiter* kämpften für bessere Arbeitsbedingungen und politische Rechte, *Frauen* organisierten sich und forderten Gleichberechtigung, Schriftsteller und Maler befreiten sich von der staatlichen Bevormundung der Kunst.

Während die Gesellschaft in traditionellen Vorstellungen verharrte, entwickelte sich die Wirtschaft so rasant, dass das Reich um die Jahrhundertwende zu den führenden Indus-

trienationen der Welt zählte. Deutschen Forschern und Technikern gelangen bahnbrechende Entdeckungen und Erfindungen, die von der Industrie erfolgreich genutzt wurden. Die daraus erwachsene wirtschaftliche Stärke sollte auch zu politischer Weltgeltung führen. Vor allem nach dem Regierungsantritt WILHELMS II. trat das hochaufgerüstete Reich immer selbstbewusster auf und scheute auch vor einer militärischen Konfrontation nicht zurück. Damit entstand in Europa ein gefährliches Spannungsfeld, in das alle Großmächte verwoben waren.

(Dr. Ralph Erbar/Dr. Sylvia Fein)

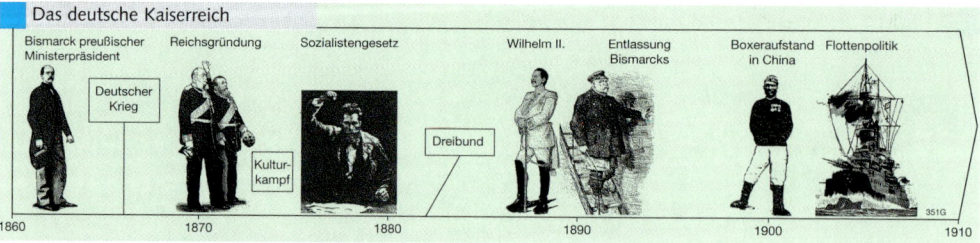

Das deutsche Kaiserreich

Bismarck preußischer Ministerpräsident · Deutscher Krieg · Reichsgründung · Kulturkampf · Sozialistengesetz · Dreibund · Wilhelm II. · Entlassung Bismarcks · Boxeraufstand in China · Flottenpolitik

1860   1870   1880   1890   1900   1910

351G

Das Zeitalter des Imperialismus

Der moderne *Imperialismus* prägte die Epoche, die auf die Industrielle Revolution und die Gründung neuer Nationalstaaten folgte und mit dem *Ersten Weltkrieg* endete. In dieser Zeit teilten die Großmächte fast die gesamte Welt in *Kolonien* und abhängige Gebiete auf. Erst nach dem *Zweiten Weltkrieg*, der Europas Machtstellung endgültig beendete, konnten sich die unterworfenen Völker von europäischer Vorherrschaft befreien.

Wegen der Rückständigkeit seiner Industrie ging *Großbritannien* dazu über, das *Empire* stärker als Absatzgebiet für seine Waren zu nutzen. Dagegen haben die *USA* niemals den Aufbau eines Kolonialreichs angestrebt. Von ihrer wirtschaftlichen Überlegenheit überzeugt, orientierten sie sich an dem Leitbild einer „Politik der offenen Tür". Da *Russland* zur See schwach war, zielte seine Expansion vor allem auf Zentralasien und die weiten Räume Sibiriens. Das *Deutsche Reich*, der Neuling unter den europäischen Großmächten, gefährdete durch seine aggressive „Weltpolitik" das *Gleichgewicht der Kräfte*. Bis 1914 hatte sich das europäische Bündnissystem so zu seinen Ungunsten verschoben, dass sich Deutschland von den anderen Großmächten „eingekreist" sah.

Um den *Boxeraufstand* in *China* niederzuschlagen verständigten sich acht imperialistische Mächte im Jahr 1900 auf eine Strafexpedition. Das wehrlose China wurde in *Interessensphären* aufgeteilt.

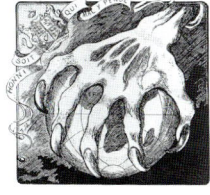

Karikatur zum britischen Imperialismus.

Nach seiner Niederlage im Krieg gegen Japan und der Revolution im Jahr 1905 konzentrierte sich Russland wieder stärker auf Europa. Insbesondere auf dem BALKAN, wo österreichische und russische Interessen hart aufeinanderprallten, entstand eine explosive Lage. Sie wurde verschärft durch den von Russland begünstigten *Panslawismus*, der den Zusammenhalt des Vielvölkerstaats *Österreich-Ungarn* bedrohte. Als es für die zahlreichen Konflikte in Europa keine friedliche Lösung zu geben schien, wuchs die Bereitschaft zum Krieg. *(Dieter Gaedge)*

Theodor Roosewelt als „Weltpolizist" (Karikatur, 1905).

Links:
Deutscher Imperialismus als Hochseilakrobatik (Karikatur, 1912).

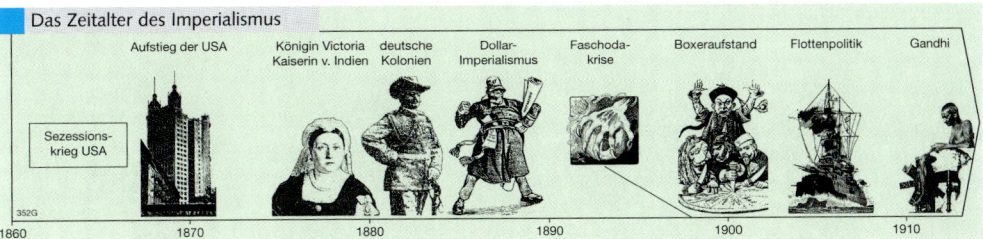

Das Zeitalter des Imperialismus

	Aufstieg der USA	Königin Victoria Kaiserin v. Indien	deutsche Kolonien	Dollar-Imperialismus	Faschoda-krise	Boxeraufstand	Flottenpolitik	Gandhi

Sezessionskrieg USA

352G

1860   1870   1880   1890   1900   1910

Nachricht vom Soldatentod (Lithographie von Käthe Kollwitz).

Der Erste Weltkrieg

1918 endete der erste weltweite Krieg. Er hatte nahezu alle europäischen Staaten erfasst, darüber hinaus eine Vielzahl außereuropäischer Länder – von China bis nach Südamerika. Nie zuvor hatte ein Krieg in so kurzer Zeit so viele Menschenleben gekostet und ein solches Ausmaß an Zerstörung angerichtet.

Der *Erste Weltkrieg* ist der erste „totale Krieg". Er fand nicht nur auf dem Schlachtfeld statt, wo der einzelne Soldat seine Verlorenheit und Ohnmacht gegenüber einer gigantischen Zerstörungsmaschinerie erlebte. Er war auch ein Krieg der Völker, der von der Zivilbevölkerung schwere Opfer verlangte. Sein Ziel hieß nicht nur die gewonnene Schlacht, sondern die völlige Niederwerfung des Gegners, den man mit allen Mitteln der Propaganda bekämpfte.

Der Erste Weltkrieg fegte die Monarchien in Deutschland, Österreich-Ungarn und Russland hinweg und bedeutete das Ende der monarchisch-autoritären Herrschaftsform. Die Vielvölkerstaaten der Habsburger und Osmanen zerbrachen, auf ihren Trümmern entstanden zahlreiche neue Staatswesen. Hier gärte oftmals ein aggressiver *Nationalismus,* der sich auch gegen die nationalen Minderheiten im eigenen Land richtete und neue Probleme entfachte.

In Deutschland stieß der Frieden von Versailles auf heftige Kritik, denn er stand nicht mit den Idealen in Einklang, die in Präsident Wilsons *14 Punkten* sichtbar geworden waren. In vielen Bestimmungen noch nationalistischem Denken und dem Sicherheitsbedürfnis der Sieger verpflichtet, trug der *Vertrag von Versailles* bereits den Keim bedrohlicher Entwicklungen in sich.

Das geschwächte Europa begann durch den Ersten Weltkrieg an Bedeutung zu verlieren. Neue Großmächte betraten den Schauplatz der Geschichte und stiegen zu *Weltmächten* auf: Zunächst die *USA*, die 1917 in den Krieg eintraten und seinen Ausgang entscheidend beeinflussten. Weiterhin das revolutionäre Russland, wo sich allmählich ein neues Gesellschaftssystem herauskristallisierte, das zur kommunistischen *Sowjetunion* führte. *(Dr. Ingeborg Seltmann)*

Die verheerenden Folgen des Gaseinsatzes im Ersten Weltkrieg (Gemälde von John Singer Sargent).

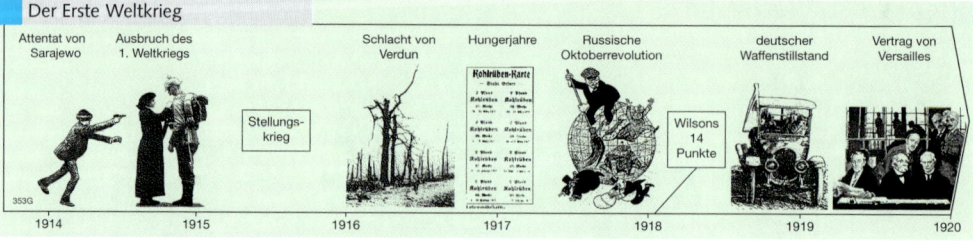

Der Erste Weltkrieg

1914	1915	1916	1917	1918	1919	1920
Attentat von Sarajewo	Ausbruch des 1. Weltkriegs	Schlacht von Verdun	Hungerjahre	Russische Oktoberrevolution	deutscher Waffenstillstand	Vertrag von Versailles
	Stellungskrieg		Kohlrüben-Karte	Wilsons 14 Punkte		

USA – Sowjetunion: Modelle für die Welt?

In der Zeit zwischen den Weltkriegen traten die *USA* und die *Sowjetunion* als Weltmächte neben die alten europäischen Großmächte, deren Einfluss zurückgegangen war. Beide entstanden aus ganz verschiedenen Traditionen und entwickelten sich nach ganz unterschiedlichen Konzepten.

Die USA waren schon zu Beginn des 20. Jahrhunderts ein hochindustrialisierter Staat mit der ältesten demokratischen Verfassung der Welt. Hier entwickelte sich in den 20er Jahren, ausgelöst durch einen *Wirtschaftsboom,* die moderne Wohlstandsgesellschaft mit ihren typischen Formen des *Massenkonsums.* Durch den Zusammenbruch der Wirtschaft geriet diese Gesellschaft 1929 in eine schwere Krise, die nur durch das Eingreifen des Staates im *New Deal* nach 1933 abklang. Die USA blieben aber stärkste Wirtschaftsmacht der Welt und Präsident Roosevelt sah in den Vereinigten Staaten den Garanten für den zunehmend bedrohten Weltfrieden.

Die Geschichte der Weltmacht Sowjetunion dagegen beginnt erst 1917 mit einem revolutionären Umsturz im rückständigen Zarenreich. Die in der *Oktoberrevolution* siegreichen *Bolschewiki* versuchten ihr durch LENIN modifiziertes marxistisches Programm einer *sozialistischen Gesellschaft* zu verwirklichen. Dieses Experiment, das als Auslöser der Weltrevolution gedacht war, kämpfte mit schweren äußeren und inneren Widerständen. Schon Lenin musste 1923 mit der *Neuen Ökonomischen Politik* wieder kapitalistische Wirtschaftsformen zulassen. Statt einer Rätedemokratie entstand eine *Parteidiktatur.* Und Lenins Nachfolger in der Parteiführung, STALIN, setzte schließlich die

Kollektivierung der Landwirtschaft und die Industrialisierung des Landes mit brutalen *Terrormethoden* unter Millionen von Opfern durch. Ende der 30er Jahre stieg die Sowjetunion zum zweitstärksten Industriestaat der Welt auf. *(Klaus Wohlt)*

Jossif Stalin
(1879–1955)

Stadtsilhouette von New York.

Blick auf den Moskauer Kreml.

USA – Sowjetunion: Modelle für die Welt?

Eintritt der USA in den 1. Weltkrieg | Oktoberrevolution | Neue Ökonomische Politik | Golden Twenties | Aufstieg Stalins | Industrialisierung der UdSSR | Große Depression und New Deal

532G

1915 1917 1920 1925 1930 1935

Demokratie und Diktatur: Deutschland zwischen zwei Weltkriegen

Reichspogromnacht: brennende Synagoge in Berlin 1938.

Zum zweiten Mal in der ersten Jahrhunderthälfte stand Europa vor einem Krieg. Das nationalsozialistische Deutschland hatte die *Revision* des verhassten *Versailler Vertrages* zum Ausgangspunkt für seine Expansionspolitik genommen, deren Ziel die Eroberung „neuen Lebensraums im Osten" war. Dem außenpolitischen Ziel der Unterwerfung fremder Völker war seit 1933 die Verfolgung der *Juden* und die Unterdrückung innenpolitischer Gegner vorangegangen. Ohne auf breiten Widerstand in der Bevölkerung zu stoßen hatten die *Nationalsozialisten* unter ADOLF HITLER die Weimarer Verfassung ausgehöhlt, den Rechtsstaat beseitigt, die Parteien der Weimarer Demokratie verboten und einen *Einparteienstaat* errichtet.

Die *Weimarer Republik* hatte sich ihrem erklärten Gegner selbst ausgeliefert, als Reichspräsident HINDENBURG am 30. Januar 1933 Hitler zum *Reichskanzler* ernannte. Im 14. Jahr nach Gründung der Republik war die Mehrheit der Bevölkerung von der Instabilität der parlamentarischen Demokratie überzeugt. 17 Kabinette unter zwölf Reichskanzlern und acht Reichstagswahlen, von denen nur die erste den staatstragenden Parteien SPD, DDP und Zentrum eine Mehrheit brachte, hatten Demokratie und Parteien in Misskredit gebracht. Der Ruf nach dem „starken Mann" wurde immer lauter. Der Wählerzulauf zur NSDAP, der die Nationalsozialisten zu eigentlichen Gewinnern der *Wirtschaftskrise* von 1929 machte, beschleunigte den Auflösungsprozess der ersten deutschen Demokratie. Zwischen ihrem von Versailles und innenpolitischen Widerständen überschatteten Beginn und dem von *Präsidialkabinetten* eingeläuteten Untergang lagen nur wenige Jahre scheinbarer Ruhe. In dieser Zeit entwickelte sich freilich eine geistige Blüte, die besonders auf dem Gebiet der *Kunst* und *Kultur* weltweite Anerkennung erfuhr. Auch zahlreiche *Wissenschaftler* errangen internationales Ansehen.

(Ingrid Brandt)

Deutscher Einmarsch in Prag 1939.

Bücherverbrennung am 10. Mai 1933 auf dem Berliner Opernplatz.

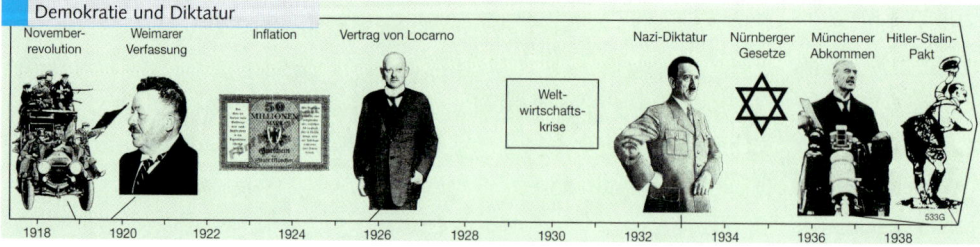

Demokratie und Diktatur

November-revolution | Weimarer Verfassung | Inflation | Vertrag von Locarno | Weltwirtschaftskrise | Nazi-Diktatur | Nürnberger Gesetze | Münchener Abkommen | Hitler-Stalin-Pakt

1918 1920 1922 1924 1926 1928 1930 1932 1934 1936 1938

Der Zweite Weltkrieg verändert die Welt.

Mit dem deutschen Überfall auf *Polen* am 1. September 1939 entfesselte HITLER den *Zweiten Weltkrieg*. 1940 stießen deutsche Truppen bis zum Nordkap und zur Atlantikküste vor. Den Plan einer Landung in England musste Hitler freilich aufgeben. Stattdessen befahl er 1941 den Einmarsch in die *Sowjetunion*, wo sich unter dem Einfluss der nationalsozialistischen Weltanschauung ein brutaler Raub- und Vernichtungskrieg entwickelte. In der Erwartung eines sicheren Sieges planten die Nationalsozialisten die „Endlösung der Judenfrage", der sechs Millionen Menschen zum Opfer fielen. Der *japanische* Überfall auf PEARL HARBOR führte 1941 zum Kriegseintritt der *USA*. Auf Grund ihrer personellen und materiellen Überlegenheit zwangen die Alliierten die *Achsenmächte* an allen Fronten zum Rückzug. Im Juni 1944 errichteten die USA und Großbritannien mit ihrer Landung in der NORMANDIE eine zweite Front. Am 8. Mai 1945 erfolgte die *bedingungslose Kapitulation* der deutschen Wehrmacht und nach den Atombombenabwürfen auf HIROSHIMA und NAGASAKI kapitulierte am 2. September 1945 auch *Japan*.

Der Wunsch, künftig den Weltfrieden und die internationale Sicherheit zu wahren, führte 1945 zur Gründung der *Vereinten Nationen* (UNO). Infolge der Auflösung des britischen Empire erhielten 1947 *Indien* und *Pakistan* die Unabhängigkeit. Nachdem die Briten ihr Mandat für PALÄSTINA an die Vereinten Nationen zurückgegeben hatten, proklamierten jüdische Politiker 1948 den Staat *Israel*.

Der Ausweitung des sowjetischen Machtbereichs in Europa begegneten die USA mit einer *Eindämmungspolitik*. Sie änderten ihren Kurs und leiteten mit dem *Marshallplan* ein Programm zum Wiederaufbau der europäischen Wirtschaft ein. Zu den Konsequenzen des beginnenden *Kalten Krieges* zählte auch die Teilung Deutschlands. Während in den westlichen *Besatzungszonen* die Strukturen einer *freiheitlich-demokratischen* Staatsordnung entstanden, schuf die Sowjetunion in ihrer Zone eine *sozialistische Gesellschaftsordnung*. *(Dieter Gaedke)*

Amerikanisches Kriegsplakat gegen Japan.

Churchill, Roosevelt und Stalin auf der Konferenz von Jalta 1945.

Selektion von verschleppten Juden in Auschwitz.

Der Zweite Weltkrieg verändert die Welt

Zweiter Weltkrieg Überfall auf Polen		Pearl Harbor Kriegseintritt der USA		Judenvernichtung		Hiroshima	Potsdamer Abkommen	Marshallplan	
		Russlandfeldzug							Gründung von BRD und DDR
1939	1940	1941	1942	1943	1944	1945	1946	1947	1948	1949

Von 1949–1963 pägte Bundeskanzler Konrad Adenauer die Geschichte der jungen Bundesrepublik Deutschland.

Der Kalte Krieg – Zweiteilung der Welt

Die großen Siegermächte des Zweiten Weltkriegs, die *USA* und die *Sowjetunion,* standen sich in der Nachkriegszeit unversöhnlich gegenüber. Misstrauisch unterstellten die ideologisch, politisch und wirtschaftlich ganz unterschiedlich ausgerichteten Länder einander Aggressionspläne und begannen einen *Rüstungswettlauf.* Zugleich entstanden die Militärbündnisse der *NATO* und des *Warschauer Paktes,* die die Welt in zwei Machtblöcke teilten. Den USA, Führungs-

der Europa zerriss, trennte auch beide deutsche Staaten. Nach dem Bau der *Berliner Mauer* 1961 schien die Teilung Deutschlands endgültig und die Entfremdung der Menschen in Ost und West nahm zu.

Während des *Kalten Krieges* versuchten beide Supermächte ihre Position weltweit auszubauen. Das führte zu zahlreichen Konflikten, insbesondere in *Korea, Vietnam* und im *Nahen Osten,* die die Erde oftmals an den Rand eines neuen Weltkriegs brachten.

Volkspolizisten überwachen einen Grenzübergang nach Ostberlin.

Dschungelkampf im Vietnamkrieg.

macht der westlichen Demokratien, stand die kommunistische Sowjetunion mit ihren osteuropäischen Satellitenstaaten gegenüber. Über Europa senkte sich ein waffenstarrender *Eiserner Vorhang.*

An der Nahtstelle zwischen Ost und West entstanden nach dem Zweiten Weltkrieg zwei deutsche Staaten. In der *Bundesrepublik Deutschland* etablierte sich eine *freiheitlich-demokratische* Staatsordnung mit freier Marktwirtschaft. Die *DDR* hingegen errichtete eine Parteidiktatur, in der die SED eine *sozialistische* Staats- und Gesellschaftsordnung durchsetzte. Der „Eiserne Vorhang",

Erst die *Kubakrise* 1962 und die unmittelbare Gefahr eines Atomkriegs zwangen USA und Sowjetunion zu einer Wende im Ost-West-Konflikt. Beide Staaten bemühten sich um eine bessere Verständigung und respektierten künftig ihre gegenseitigen Einflusssphären. Die Gefahr eines vernichtenden Atomschlags verminderte sich dadurch beträchtlich.

Dennoch wirkte die Rivalität beider Supermächte fort und bestimmte noch bis Ende der 80er Jahre das internationale Machtgefüge und die Weltpolitik.

(Dr. Ingeborg Seltmann)

Der Kalte Krieg – Zweiteilung der Welt

| Gründung der NATO | Koreakrieg | Soziale Marktwirtschaft | Planwirtschaft | Mauerbau in Berlin | Kubakrise | Vietnamkrieg |

Gründung von BRD und DDR

1945   1950   1955   1960   1965   1970

Die Welt im Umbruch

Die gegenwärtige politische Lage geht auf Entwicklungen zurück, die um 1970 einsetzten und von einer Entspannungspolitik zwischen den *USA* und der *Sowjetunion* geprägt waren. Beide Supermächte verständigten sich 1972 mit dem SALT-Abkommen auf Rüstungsbegrenzungen bei atomaren Waffen und regten mit der *Konferenz über Sicherheit und Zusammenarbeit in Europa* (KSZE) Maßnahmen zur Friedenssicherung an. Der Einmarsch der Sowjetunion in Afghanistan und der NATO-Doppelbeschluss zur Aufstellung neuer Mittelstreckenraketen im Jahr 1979 konnten den Entspannungsprozess nur kurzfristig stoppen.

Vor dem Hintergrund des Ost-West-Dialogs begannen auch Gespräche zwischen der *Bundesrepublik Deutschland* und der *DDR,* die zu einer Normalisierung der Beziehungen führen sollten. Der *Grundlagenvertrag* brachte der DDR 1972 die ersehnte völkerrechtliche Anerkennung des Westens, wofür sie freilich erweiterte humanitäre Beziehungen und Besuchsmöglichkeiten zugestehen musste.

In der *Sowjetunion* kam es 1985 zu einer entscheidenden politischen Wende, als MICHAIL GORBATSCHOW die Macht übernahm. Sein Reformprogramm setzte freilich einen ungeahnten Prozess in Gang, der sich nicht umkehren ließ: Die Sowjetunion löste sich auf, die Ostblockstaaten gewannen ihre Selbstständigkeit zurück, der Sozialismus wich in allen Ländern demokratisch gewählten Regierungen.

Auch in der DDR begann 1989 eine Auflösungsphase, in der die Bevölkerung energisch demokratische Reformen forderte. Die „*friedliche Revolution*" führte schließlich zum Sturz des SED-Regimes und 1990 zur Vereinigung beider deutscher Staaten.

Mit dem Vertrag von Maastricht wurde 1993 die *Europäische Union* (EU) gegründet. Sie sieht eine verstärkte europäische Integration vor, die durch eine *Wirtschafts- und Währungsunion* sowie eine bessere Zusammenarbeit in der Außen- und Sicherheitspolitik erreicht werden soll.

Bundeskanzler Willy Brandt unterzeichnet 1970 den Moskauer Vertrag.

Deutsche feiern in der Nacht vom 9. zum 10. November 1989 die Maueröffnung.

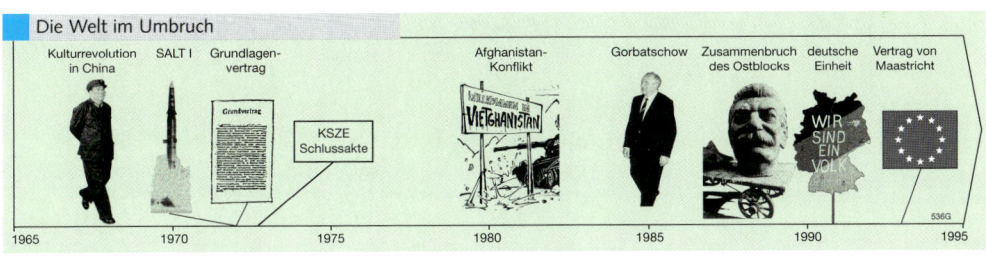

Die Welt im Umbruch

Kulturrevolution in China · SALT I · Grundlagenvertrag · KSZE Schlussakte · Afghanistan-Konflikt · Gorbatschow · Zusammenbruch des Ostblocks · deutsche Einheit · Vertrag von Maastricht

1965 · 1970 · 1975 · 1980 · 1985 · 1990 · 1995

Falkenjagd im August, Bild aus dem Stundenbuch des Duc de Berry, um 1400.

A

Abendland

(„Abend" in der Bedeutung von „Westen")
Kulturell und religiös geprägte Bezeichnung
für die Länder Europas im Gegensatz zur
östlichen Welt des „Morgenlandes" (Orient).
Der Begriff „Abendland" will die kulturelle
Einheit dieser Länder betonen, die auf gemeinsame Wurzeln zurückgeht: das Erbe der
griechisch-römischen ➡ *Antike*, das *Christentum*, sowie Vorstellungen *germanischer
Völker*, die antike Traditionen aufnahmen
und in gewandelter Form fortführten.
Zu den Merkmalen der abendländischen
Kultur zählt die Überzeugung von der persönlichen Freiheit des Menschen, seine
Selbstverantwortung sowie das Streben nach
wissenschaftlicher Erkenntnis. Letzteres
führte zu einer bedeutenden Stellung der
Naturwissenschaften, verbunden mit einer
umfassenden Entfaltung der Technik. Dies
ermöglichte ein wirtschaftlich oder politisch
motiviertes Ausgreifen auf andere Kontinente.
Anders als z. B. die ägyptische, chinesische
oder babylonische Hochkultur wird die
abendländische Kultur von zahlreichen Völkern und Staaten getragen. Nach den Entdeckungen und Kolonialisierungen um-
spannte sie als erste Kultur der Geschichte
die gesamte Welt und beeinflusste die regionalen Kulturen außereuropäischer Völker in
starkem Maße.

Ablass

Der reuige Sünder musste für seine Sünden
verschiedene Bußen auf sich nehmen, z.B.
Gebete, Almosen, Wallfahrten. Erst danach
wurde er von seinen Sünden losgesprochen.
Nur diese Bußstrafen – und nicht wie oft angenommen die Sünden selbst – konnte man
im Spätmittelalter durch einen Ablass ver-
kürzen oder erleichtern. Aus dem Verkauf
der päpstlichen Ablassbriefe entwickelte sich
für die Kirche eine sprudelnde Einnahmequelle.
Der gewissenlose Missbrauch von Ablässen,
wie ihn z.B. der Dominikanermönch Johannes TETZEL betrieb, veranlasste MARTIN LU-
THER zum Protest und schließlich zu seinen
95 *Thesen* gegen die Ablasspraxis der Kirche.

Abrüstung

Im 20. Jh. gab es vielfach Versuche, Entspannung und Friedenssicherung durch Abbau
von Waffenbeständen oder Rüstungskontrollen herbeizuführen. Doch weder die *Haager
Friedenskonferenzen* (1899, 1907) noch die
Bemühungen des *Völkerbundes* in den 20er
und 30er Jahren konnten einen Durchbruch
erzielen. Erst die Furcht vor einem Atom-
krieg und das atomare Patt („Gleichgewicht
des Schreckens") zwischen den USA und der
Sowjetunion führten allmählich zu einem
Wandel. Es kam zu Rüstungskontrollen wie
dem *Atomwaffensperrvertrag* (1968) und
dem SALT-*Abkommen* (1972). Echte Abrüs-
tungsvereinbarungen brachte freilich erst eine außenpolitische Wende der Sowjetunion
unter Präsident GORBATSCHOW. 1987 verein-
barten USA und UdSSR im Vertrag von Washington die Verschrottung aller Mittelstreckenraketen.

Absolutismus

(lat. absolutus = losgelöst).
Regierungsform, in der ein Monarch die uneingeschränkte und ungeteilte Herrschafts-
gewalt *(Souveränität)* besitzt. Er regiert von
den Gesetzen losgelöst und muss sich keinem Menschen, sondern nur Gott gegenüber rechtfertigen. Er sieht seine Macht als

Ablass

Tetzel mit seinem „Ab-
lass-Kram": Oben
Papst Leo X. sowie ein
Behälter (eine „Bulle")
mit Ablass-
bestätigungen für die
gewährten Nachlass-
jahre, unten links eine
Geldtruhe und rechts
ein Ablassbrief (zeit-
genössisches Flug-
blatt).

A

Ein König in Pose:
Ludwig XIV.
(1638–1715) im Krö-
nungsmantel und mit
Herrschaftszeichen.

Absolutismus

gottgegeben *(Gottesgnadentum)* und fordert unbedingten Gehorsam von allen Untertanen.

Der Begriff bezeichnet die Epoche vom 17. bis 18. Jahrhundert, als der Absolutismus in Europa vorherrschte. Als Vorbild galt der französische König LUDWIG XIV. Um die Macht zu zentralisieren unterwarf er den politisch selbstständigen Adel und brach das Steuerbewilligungsrecht der ➡ Stände. Zu Stützen seiner Macht entwickelte er das

➡ Stehende Heer, die ➡ Beamtenschaft und den ➡ Merkantilismus.

Abt

(aramäisch abba = Vater)

Nach der Regel des BENEDIKT VON NURSIA (Benediktinerregel) der Vorsteher einer Mönchsgemeinschaft in einem ➡ Kloster. Man bezeichnet daher Klöster, denen ein Abt vorsteht, als *Abteien*. Bei manchen ➡ Orden wie den *Dominikanern* oder *Franziskanern*

A

heißt der Obere eines Klosters *Prior.* Der Abt wird von der Versammlung aller stimmberechtigten Mönche – dem *Konvent* – zumeist auf Lebenszeit gewählt. Die Mönche und alle Klosterinsassen sind dem Abt zu Gehorsam verpflichtet und unterstehen seiner Gerichtsbarkeit. Im Mittelalter stiegen manche Abteien auch zu reichsunmittelbaren ➡ Territorien auf *(Reichsabteien)*, deren Fürstäbte bzw. Fürstäbtissinnen dann weltliche und geistliche Hoheitsrechte in ihrem Gebiet besaßen.

Achäer
Bezeichnung Homers für die Gesamtheit der Frühgriechen in mykenischer Zeit, die Träger der ➡ mykenischen Kultur waren. Ihre Herrschaft – eine feudale Kriegeraristokratie – wurde um 1200 v. Chr. durch die Invasion wandernder Völker vernichtet, die von Norden einfielen und die mächtigen Burgen der Achäer zerstörten. Ihnen folgte der griechische Stamm der ➡ Dorier, der vor allem die Peloponnes besetzte und die Achäer entweder unterwarf oder verdrängte. In klassischer Zeit nannte sich eine Landschaft am Nordrand der Peloponnes *Achäa*.

Achsenmächte
Die von Hitler und Mussolini 1936 vereinbarte Zusammenarbeit wurde als „Achse Berlin-Rom" bezeichnet. Sie wurde ergänzt durch den Beitritt Italiens zum deutsch-japanischen *Antikominternpakt* sowie 1939 durch den *Stahlpakt*, einem Militärbündnis zwischen dem nationalsozialistischen Deutschland und dem faschistischen Italien. Im 2. Weltkrieg nannte man alle mit Deutschland verbündeten Staaten „Achsenmächte".

Pierre-Denis Martin malte um 1722 das Schloss Versailles.

Absolutismus

A

Acht

(mittelhd. achta = Verfolgung, Ächtung)

Bei gemeingefährlichen Verbrechen wurde der Missetäter im Mittelalter in die „Acht" getan, d.h. er wurde für vogelfrei, ehrlos und rechtlos erklärt. Dadurch verlor der Geächtete sein Haus und sein Vermögen, jeder durfte ihn töten, wer ihn aufnahm verfiel selbst der Acht. Obwohl die Acht im Prinzip nicht sühnbar war, konnte sich der Geächtete aus ihr lösen, wenn er sich dem Gericht stellte und dessen Urteil unterwarf.

Die *Reichsacht*, welche Geltung im ganzen Reich hatte, konnte nur vom König bzw. seinen Gerichten verhängt werden (z.B. Femgerichte, Reichshofgericht). Verblieb der Geächtete über „Jahr und Tag" in der Reichsacht, verfiel er der unlösbaren „Oberacht". Die Formel „Acht und Bann" bedeutete schließlich, dass zum Spruch der weltlichen Richter noch der kirchliche *Bann* hinzutrat.

Zu folgenreichen Ächtungen in der deutschen Geschichte zählen die HEINRICHS DES LÖWEN (1180), LUTHERS (1521) oder die des sächsischen Kurfürsten JOHANN FRIEDRICH (1546).

Ackerbau

Bevor die Menschen Ackerbau betrieben, waren sie Jäger, Sammler und Fischer. Im 8. Jahrtausend v. Chr. begannen sie in Vorderasien – etwa im Gebiet des heutigen Irak – mit dem Anbau von Pflanzen und der Tierzucht. Hacke und Grabstock waren die ersten Ackergeräte. Von dort aus breitete sich der Ackerbau über Kleinasien nach Europa aus und erreichte im 6. Jahrtausend v. Chr. den Raum des heutigen Griechenlands. Von dort breitete sich diese erste Ackerbaukultur Europas, die man nach den bänderartigen Verzierungen ihrer Tongefäße ➡ *Bandkeramik* nennt, nach Mitteleuropa aus.

An Getreide bauten die ersten Ackerbauern Emmer, Einkorn, Weizen, Gerste und Hirse an. Als Hülsenfrüchte kamen Erbsen, Bohnen und Linsen hinzu. An Geräten gruben

Die Ausbreitung des Ackerbaus

- vom 8.- 7. Jahrt. v. Chr.
- vom 7.- 6. Jahrt. v. Chr.
- vom 6.- 5. Jahrt. v. Chr
- vom 5.- 3. Jahrt. v. Chr
- • Fundstätten

die Archäologen Steinbeile und zahlreiche weitere Steingeräte wie Klingen, Messer, Schaber und Spitzen aus. Ferner Hacken, hölzerne Spaten, Grabstöcke, Tongefäße, Handmühlen mit Reibsteinen, Spinnwirteln und Handwebstühle. Als Haustiere hielten die Menschen Rind, Schwein, Schaf, Ziege und Hund.

Bestellung des Ackers mit dem jungsteinzeitlichen Hakenpflug.

A

Zum Lockern des Ackerbodens verwendeten die Menschen über mehrere Jahrtausende einen Grabstock. Erst um 3200 v. Chr. erfanden sie vermutlich in Mesopotamien den Pflug (➡ *Hakenpflug*), mit dessen Hilfe die Anbauflächen erheblich vergrößert werden konnten.

Adel

Privilegierter Stand, der sich durch Besitz, Macht, Leistung und eigene Lebensformen von der übrigen Gesellschaft abhebt. In der *Antike* konnte der Adel erblich sein wie in den griechischen Stadtstaaten oder bei den römischen ➡ Patriziern (Geburtsadel). Er konnte aber auch mit einem staatlichen Amt verbunden sein wie bei der römischen ➡ Nobilität (Amtsadel). Eine Staatsform, in der die politische Herrschaft beim Adel liegt, bezeichnet man als ➡ Aristokratie (griech. = Herrschaft der Besten).

Im *Mittelalter* stützte der Adel seine Macht vor allem auf Grundbesitz und kriegerischen Erfolg. Im *Frankenreich* erhielten Adlige vom König Land geliehen (➡ Lehnswesen, Ritter), wofür sie als bewaffnete Reiter Heeresfolge leisten mussten. Von seinen Bauern verlangte der adlige ➡ Grundherr Abgaben und ➡ Frondienste, übernahm deren Schutz und sprach Recht. Der Adel entwickelte im Mittelalter besondere Lebensformen und war von Steuern befreit.

Zum Adel zählte man auch im Mittelalter durch Geburt (Geburtsadel) oder Dienst im Auftrag des Königs (Dienst- oder Amtsadel). Im 12. Jh. bildete sich in Deutschland der Hochadel heraus, an dessen Spitze die ➡ *Kurfürsten* standen. Zum niederen Adel zählten vor allem ➡ *Ritter* und ➡ *Ministeriale*.

Ädil

(lat. aedilis = Tempelhüter)
Ursprünglich zwei Beamte der römischen ➡ Plebejer, die als Gehilfen der ➡ Volkstribunen eingesetzt waren. Seit 366 v. Chr. traten zwei weitere Ädilen hinzu, die Beamte des römischen Gesamtvolks mit einjähriger Amtszeit waren. Sie führten die Aufsicht über die öffentlichen Gebäude, Straßen und Märkte, regelten die Getreideversorgung Roms und organisierten die öffentlichen Spiele.

Adoptivkaiser

Die Erbfolge im Römischen Reich brachte mehrfach Kaiser an die Staatsspitze, die für ihr Amt charakterlich ungeeignet waren (z.B. NERO oder CALIGULA). Um dies zu verhindern wählten die Kaiser des 2. Jahrhunderts noch zu Lebzeiten einen Nachfolger aus, der ihnen am fähigsten erschien und adoptierten ihn. Auf diese Weise gelangten einige bedeutende Männer auf den Kaiserthron.

Agora

Häufig symmetrisch angelegter Marktplatz und zumeist auch Versammlungs-, Gerichts- und Beratungsort der griechischen ➡ Polis. Die Agora war der Mittelpunkt des städtischen Lebens und demzufolge von Hallen und öffentlichen Gebäuden eingerahmt. Während die Anfänge der Agora bescheiden

Standbild der Athene, das sich im Parthenon auf der Akropolis befand (römische Kopie).

waren, wuchsen sie in hellenistischer Zeit zu prächtigen, repräsentativen Anlagen.

Akropolis
(griech. = Oberstadt)

Zur → mykenischen Zeit und in den Stürmen der dorischen Wanderung war die Akropolis der *Burgberg* der griechischen → Polis und damit Zufluchtsort der Bevölkerung. Mit ihr verbunden war schon damals der Tempel der Stadtgottheit.

Als die Zeiten ruhiger wurden und die Blütezeit der Polis anbrach, verlor die Akropolis allmählich ihren Festungscharakter. Sie entwickelte sich nun zu einem Kultzentrum, das mit repräsentativen Tempelbauten geschmückt wurde.

Dass die wehrhafte Funktion nicht völlig verloren ging, zeigt die Belagerung und Einnahme der Athener Akropolis durch die Perser im Jahre 480 v. Chr.

Aktivbürger
Nach der französischen Verfassung von 1791 Bürger über 25 Jahre, die aufgrund einer bestimmten Steuerleistung wahlberechtigt waren. Bürgern mit geringerem Steueraufkommen war das Wahlrecht verwehrt (Passivbürger).

Akzise
Eine Verbrauchssteuer, die seit dem Mittelalter von Städten, später auch von Landesfürsten bzw. Staaten erhoben wurde. Mit ihr belegte man vor allem Güter des täglichen Verbrauchs wie Salz, Getreide, Bier oder Fleisch. Damit wurde die Akzise zur sprudelnden Einnahmequelle wie z. B. in Preußen unter König FRIEDRICH WILHELM I. (reg. 1713–1740).

Albigenser
Eine im 12. und 13. Jh. verbreitete christliche Sekte, die erstmals im Umkreis der südfranzösischen Stadt *Albi* auftrat. Die Albigenser verwarfen das Papsttum, lehnten die Hierarchie der katholischen Kirche ab und erkannten die Sakramente nicht an. Die im Kern böse Welt suchten sie durch strenge Askese zu überwinden.

Akropolis

Die Albigenser fanden in Südfrankreich – vor allem auch beim Adel – zahlreiche Anhänger und waren für die katholische Kirche eine tödliche Bedrohung. Die Päpste verfolgten sie daher als → *Ketzer* und riefen zu einem Kreuzzug gegen sie auf. In den folgenden *Albigenserkriegen* (1209–29) wurden sie grausam verfolgt und ausgerottet. Stark beeinflusst von den Albigensern wurde eine andere radikale religiöse Gruppe, die → *Waldenser*.

Alchemie
Der Begriff entstand in Ägypten, wo man dem altgriechischen Wort *chemeia*, das Metallguss bedeutete, den arabischen Artikel „al" voranstellte. So entwickelte sich im 3. Jh. n. Chr. die Lehre von der Alchemie, die naturwissenschaftliche Forschungen mit magischen Deutungen und Beschwörungen verband. Seither gab es magische Rezepturen, die von der Abwehr böser Dämonen bis hin zu Wundermitteln reichten.

A

Die Akropolis in Athen mit den Bauten des Perikles (5. und 4. Jahrhundert v. Chr.): ① Propyläen: Eingangstorhalle. Die Stufen der Treppe waren niedrig, damit auch Opfertiere hinaufkamen, ② Bronzestandbild der Athene des Bildhauers Phidias. Die goldene Lanzenspitze soll vom Meer aus sichtbar gewesen sein, ③ Parthenon: Tempel der Stadtgöttin Athene. Im Innern das Standbild der Göttin aus Gold und Elfenbein, ④ Erechtheion: Tempel des attischen Gottes Erechtheus, ⑤ Kleiner Tempel der Siegesgöttin Nike.

Alchemie

Während der Alchemist auf diesem Bild von 1570 noch gelehrt erscheint, tritt er bei Malern des 17. Jh. bereits als Dummkopf auf. Auf ihn zielt der Spruch „oleum et opera perdis" – du vergeudest Zeit und Geld.

Wilhelm Liebknecht (1826–1900) und August Bebel (1840–1913), die beiden Gründer der „Sozialdemokratischen Arbeiterpartei".

Marx und Lassalle, die geistigen Väter der beiden Flügel der Arbeiterbewegung, auf dem Gedenkblatt zum Vereinigungskongress der Sozialdemokratischen Arbeiterpartei mit dem allgemeinen Deutschen Arbeiterverein in Gotha 1875.

Seit den Kreuzzügen gelangte die Lehre von der Wandlungsfähigkeit aller Stoffe auch ins Abendland, wo sie sowohl von ernsthaften Gelehrten als auch Betrügern und Scharlatanen aufgegriffen wurde. Vor allem hofften die Alchemisten, endlich den *„Stein der Weisen"* zu finden, mit dessen Hilfe sich unedle Stoffe in Gold verwandeln ließen. Dabei gelangen manchen sogar bahnbrechende Entdeckungen wie z. B. J. F. BÖTTGER (1682–1719), der in Meißen statt des erhofften Goldes Porzellan herstellte. Auch Alkohol, Phosphor und manche Arzneimittel erblickten so als Zufallsprodukte das Leben.

Mit dem Forschritt der empirischen Naturwissenschaften im 18. Jh. verschwand die Alchemie als ernsthafte Disziplin und führte seither ein verborgenes Leben als „Geheimkunst".

Alleinvertretungsanspruch.

Von der Bundesrepublik Deutschland seit 1955 erhobener Anspruch, dass nur sie Deutschland völkerrechtlich vertreten könne, da allein ihre Regierung durch freie Wahlen legitimiert sei. Dieser Grundsatz westdeutscher Außenpolitik ging auf den damaligen Staatssekretär WALTER HALLSTEIN zurück und beinhaltete zugleich den Abbruch diplomatischer Beziehungen zu allen Staaten, die die DDR anerkannten. Die Hallstein-Doktrin wurde erst mit der neuen *Ostpolitik* der sozialliberalen Koalition nach 1969 endgültig aufgegeben.

Allgemeiner Deutscher Arbeiterverein

(ADAV). 1863 in Leipzig gegründete politische Arbeiterpartei, aus der die *Sozialdemokratische Partei Deutschlands* (SPD) hervorging. Allgemeines Wahlrecht und Beteiligung der Arbeiter an der Produktion waren die wichtigsten Punkte des von FERDINAND LASSALLE (1825–1864) entworfenen Programms.

Alliierte.

Die bei Ausbruch des ➡ Ersten Weltkriegs gegen die ➡ Mittelmächte verbündeten Staaten Frankreich, Großbritannien und Russland, zu denen später weitere hinzutraten.

Für die Gegner der Mittelmächte ist auch die Bezeichnung *Entente* gebräuchlich. Auch im ➡ Zweiten Weltkrieg bezeichneten sich die gegen Deutschland verbündeten Mächte – vor allem die USA, die Sowjetunion, Großbritannien und Frankreich – als Alliierte.

Alliierter Kontrollrat.

Im August 1945 gebildetes oberstes Regierungsorgan der *Besatzungsmächte* in Deutschland. Der Kontrollrat setzte sich aus den vier Oberbefehlshabern der alliierten Besatzungstruppen zusammen und vertrat die Interessen der USA, der Sowjetunion, Großbritanniens und Frankreichs. Neben seinen Kontrollfunktionen sollte er ein einheitliches Vorgehen bei allen Fragen gewährleisten, die Deutschland als Ganzes betrafen. Auf Grund zunehmender Meinungsverschiedenheiten (➡ Kalter Krieg) wurde er bald handlungsunfähig und trat seit März 1948 nicht mehr zusammen.

Allmende

(mittelhd. = „was allen gemeinsam gehört") Der Ursprung der Allmende reicht in die Zeit der germanischen Siedlung zurück. Man versteht darunter Ländereien, die den Mitgliedern einer Gemeinde zur gemeinschaftlichen Nutzung zustehen. Dazu zählen Wälder, Weiden und Ödland, später auch We-

Allgemeiner Deutscher Arbeiterverein

Amphitheater

Das römische Amphitheater in Arles (Frankreich) wurde im 2. Jh. n. Chr. erbaut und fasst 30 000 Zuschauer.

A

ge und Brücken, sofern sie gemeinsam genutzt wurden.

Das Recht der Nutzung hatten jedoch auch Könige und Fürsten, denen das Jagdrecht, der Holzeinschlag, die Wassernutzung und das Recht der Rodung zustanden.

Die Aufteilung der Allmende und ihre Überführung in Privatbesitz erfolgte erst im 19. Jh. und bis heute haben sich Reste in Südwestdeutschland und der Schweiz erhalten.

Altertum s. Antike

Altmenschen.

Die Altmenschen, die vor etwa 250 000 Jahren auftauchen, haben sich aus dem ➡ Frühmenschen entwickelt. Zu ihnen zählt der ➡ Neandertaler sowie seine Vorläufer.

Funde zeigen, dass die Altmenschen gegenüber den Frühmenschen eine erheblich höhere Entwicklungsstufe erreicht hatten. So z. B. bei der feineren Werkzeugbearbeitung, den Jagdmethoden oder beim Zusammenleben in der Gemeinschaft. Wissenschaftler vermuten, dass zur Zeit der Altmenschen auch bereits die Vorläufer der modernen Menschen lebten. Ihre Linie führte im Verlauf einer langen Entwicklung zum heutigen Menschen, während der Zweig der Altmenschen vor etwa 35 000 Jahren mit dem Neandertaler ausstarb (vgl. auch ➡ Evolution des Menschen).

Altsteinzeit s. Steinzeit

Amtsadel

Der mit einem Amt verknüpfte Adel im Gegensatz zum erblichen Adel (Erbadel), der automatisch mit der Geburt erworben wurde.

Amtmann

Der mit einem Amt Beauftragte, worunter man seit dem späten Mittelalter den Verwaltungs- oder Gerichtsbeamten eines Landesherrn verstand. Im Gegensatz zu den mit einem Amt *belehnten* Grafen oder ➡ Vögten wurde der Amtmann von seinem Dienstherrn besoldet und ist somit der erste Beamte im heutigen Sinn.

Amphitheater

Theaterbau der Römer mit kreisförmiger Arena und rundum angeordneten Sitzreihen. Es diente der Veranstaltung von Tierhetzen und Gladiatorenkämpfen. Das größte Amphitheater ist das römische Kolosseum mit rund 50 000 Plätzen.

Ancien Régime

(frz. = alte Regierungsform)

Bezeichnung für die vor der ➡ *Französischen Revolution* geltende Herrschafts- und Gesellschaftsordnung des absolutistischen Frankreichs.

A

Anglikaner

(von lat. Ecclesia Anglicana, Church of England)

In England ging die Reformation vom Herrscher aus. König HEINRICH VIII. (1509–1547) trennte sich von Rom, als der Papst seiner Ehescheidung nicht zustimmte. 1534 billigte das Parlament diesen Schritt in der *Suprematsakte*, die den englischen König fortan zum Oberhaupt der von Rom unabhängigen *anglikanischen Staatskirche* machte. Dieser Schritt ging einher mit der Aufhebung der Klöster, deren reicher Besitz an die Krone fiel. Zu Reformen im protestantischen Sinn kam es freilich erst unter den Nachfolgern HEINRICHS VIII.

Die anglikanischen Erzbischöfe und Bischöfe werden bis zum heutigen Tage vom jeweiligen Herrscher ernannt und müssen den so genannten *Suprematseid* – einen Treueeid – schwören.

Annexion

Gewaltsame und widerrechtliche Abtrennung eines fremden Gebietsteils und seine Eingliederung in das eigene Staatsgebiet.

Annuität

(lat. annus = Jahr)

Der Begriff bezeichnet den jährlichen Wechsel der Staatsämter im römischen ➡ Magistrat. Neben der ➡ Kollegialität war die Begrenzung der Amtszeit der wichtigste Grundsatz der römischen Beamtenschaft, der die Herrschaft eines Einzelnen im Staat verhindern sollte. Da der ständige Wechsel in der Staatsführung die Kontinuität der Politik beeinträchtigte, kam dem römischen ➡ Senat als beratendem Organ besondere Bedeutung zu.

Antike

(lat. antiquitas = Altertum)

Bezeichnung für die Zeit der griechisch-römischen Kultur, beginnend mit der Einwanderung der *Frühgriechen* auf die Balkanhalbinsel im 2. Jahrtausend und endend mit dem Untergang des *Weströmischen Reichs* 476 n. Chr. Die zeitlichen Grenzen sind fließend und lassen sich nicht exakt festlegen.

Die klassische Epoche der griechischen Antike beginnt im 8. Jh. v. Chr. mit dem Dichter HOMER, dessen Epen *Ilias* und *Odyssee* als früheste Werke der europäischen Literatur gelten. Sie umfasst die Geschichte der ➡ Polis – d. h. der griechischen Stadtstaaten –, die mit einer Blütezeit auf den Gebieten der Philosophie, Dichtung und Kunst verbunden ist. In der Zeit des ➡ *Hellenismus* breitete sich die griechische Antike im gesamte Gebiet des Mittelmeers und über die angrenzenden Länder aus, wobei sie vom Reich ALEXANDERS DES GROSSEN und den nachfolgenden ➡ Diadochenreichen geprägt wurde. Die besondere Leistung dieser Zeit ist auf wissenschaftlich-technischem Gebiet zu sehen.

Die *römische Antike* umfasst die Geschichte der römischen Republik und des römischen Kaiserreichs, das von seinen Bewohnern wegen der gewaltigen Ausdehnung als einzige Kulturwelt des Erdkreises (*oikumene*) betrachtet wurde.

Die Antike legte das Fundament für die europäischen Völker des ➡ Abendlandes, deren gemeinsame Wurzeln in diese Zeit zurückreichen. Im Mittelalter erfolgte die Vermittlung antiker Tradition und Bildung durch die Klöster, sodass diese Kontinuität nie abriss. Die Klöster Europas bewahrten ferner die Grundlagen der antiken Philosophie (ARISTOTELES, PLATO) und Literatur (VERGIL, TACITUS) sowie Kenntnisse der antiken Medizin.

Auch die Herrschergeschlechter der KAROLINGER und OTTONEN besannen sich auf antike Traditionen (➡ karolingische Renaissance) und knüpften bei der Erneuerung des abendländischen Kaisertums an die antike römische Kaisertradition an.

Eine umfassende Wiederbelebung der Antike erfolgte in der ➡ *Renaissance* des 14.–16. Jh. und im ➡ *Humanismus*, die beide von Italien ausgingen. Das führte zu starken Impulsen in der Kunst, Literatur und Wissenschaft. Im 18. Jh. wurde die Antike erneut Vorbild für die Baukunst, die Grundformen antiker Tempel und Bauwerke verwendete (z. B. Säulenreihen, Giebel usw.). Auch die Bildhauerei und Malerei wurden von dieser

Antike

Poseidontempel in Paestum, Süditalien. Die Griechen erbauten ihn um 450 v. Chr.

A

Strömung ergriffen. Man bezeichnet diese Epoche, die etwa von 1770-1830 reichte, als *Klassizismus* (➡ Klassik).

Antike

Antikominternpakt

Gegen die Sowjetunion gerichtetes Abkommen, das Deutschland und Japan am 25.11.1936 in Berlin schlossen. Es sollte die „kommunistische Zersetzung" durch die *Kommunistische Internationale* (Komintern) abwehren und verpflichtete die Partner zur gegenseitigen Neutralität bei einem Angriffskrieg der Sowjetunion. 1937 trat das faschistische Italien dem Antikominternpakt bei.

Das klassizistische Brandenburger Tor in Berlin, erbaut 1788–1791.

Antisemitismus

Abneigung oder Feindseligkeit gegenüber *Juden*. Bezeichnung für völkisch rassistische Anschauungen, die sich auf soziale, religiöse und ethnische Vorurteile stützen. Derartige Vorstellungen spielten eine zentrale Rolle in der Ideologie der *Nationalsozialisten* und wurden mit ihrem Machtantritt 1933 in Deutschland politisch wirksam. Sie führten zur Ausgrenzung der jüdischen Bevölkerung aus dem politischen, wirtschaftlichen und gesellschaftlichen Leben (➡ Nürnberger Gesetze, 1935), steigerten sich mit dem Pogrom vom 9./10. November 1938 (➡ „Reichskristallnacht") und mündeten schließlich in eine systematische Massenvernichtung. Die Berliner *Wannseekonferenz* beschloss 1942 die

Antisemitismus

Judenhetze im Pommernstädtchen Greifenberg 1935.

A

so genannte ➡ „Endlösung der Judenfrage", die zur Ermordung von 6 Millionen Juden in Vernichtungs- und Konzentrationslagern führte.

Apartheid
(afrikaans = Trennung)
Bis zum Ende der weißen Vorherrschaft in der *Republik Südafrika* praktizierte die Regierung eine Politik der *Rassentrennung* (Apartheid) zwischen weißer und farbiger (Schwarze, Mischlinge, Asiaten) Bevölkerung. Spezielle Gesetze verankerten diese Rassentrennung, die alle Lebensbereiche erfasste: Verbot von Ehen zwischen Angehörigen verschiedener Rassen, strikte Trennung in öffentlichen Einrichtungen, soziale, politische und kulturelle Privilegien für Weiße.
Offiziell begründet wurde die Apartheid mit der Absicht, „den verschiedenen ethnischen Bevölkerungsteilen eine ungestörte Entwicklung zu ermöglichen". Das eigentliche Ziel bestand darin, die Vorherrschaft der weißen Minderheit insbesondere gegenüber der schwarzen Mehrheit zu sichern. Das wurde dadurch gewährleistet, dass die Schwarzen weder ein aktives noch ein passives Wahlrecht besaßen. Stattdessen schuf die Regierung seit den 70er Jahren in wirtschaftlich wertlosen Gebieten sogenante „Homelands", in denen die Schwarzen leben sollten. Sie erhielten von Südafrika sogar die „Unabhängigkeit", was freilich kein Land der Welt anerkannte.
Beständiger internationaler Druck veranlasste die Regierung zu einem allmählichen Kurswechsel. 1994 kam es zu den ersten freien Wahlen, die das Ende der weißen Herrschaft und damit auch der Apartheid brachten.

Appeasement-Politik
(engl. = Beschwichtigung)
Bezeichnung für die konzessionsbereite britische Außenpolitik gegenüber dem nationalsozialistischen Deutschland, die vor allem von Premierminister CHAMBERLAIN vertreten wurde. CHAMBERLAIN machte Zugeständnisse bei den deutschen Revisionsbestrebungen, weil er hoffte, HITLER dadurch von einer kriegerischen Durchsetzung seiner Ziele abhalten zu können (Sudetenkrise, ➡ Münchener Abkommen 1938). Diese Politik wurde in England zum Teil heftig kritisiert und nach dem deutschen Einmarsch in Böhmen und Mähren 1939 aufgegeben.

Apostel
(griech. = Sendbote)
Bezeichnung der von Jesus zur Verkündigung des Christentums ausgewählten 12 Jünger. Sie genossen nach Jesu Tod bei der christlichen Urgemeinde hohes Ansehen und waren als Missionare tätig.

Aquädukt
(lat. aqua ductus = Wasserleitung)
Brücken- oder arkadenartige Bauwerke der Römer um Wasser von Quellflüssen aus den Bergen in die Städte zu leiten. Die Aquäduk-

Aquädukt

Modellzeichnung eines Aquädukts, dessen Wasserkanal auf der Spitze gerade eine steinerne Abdeckung erhält.

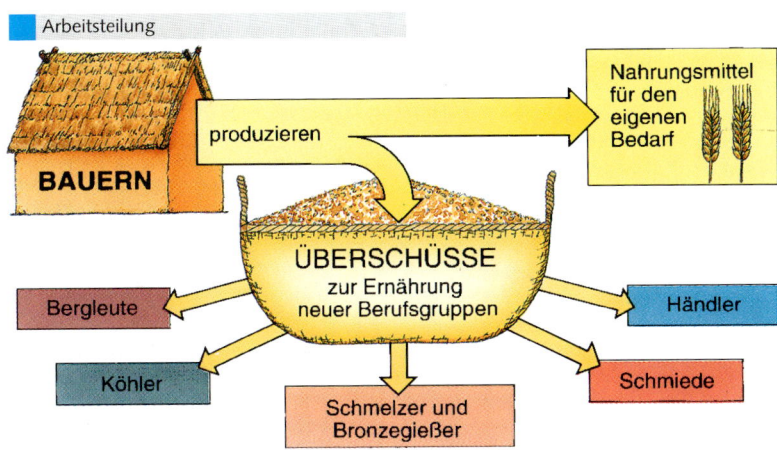

Arbeitsteilung

BAUERN

produzieren

Nahrungsmittel für den eigenen Bedarf

ÜBERSCHÜSSE
zur Ernährung
neuer Berufsgruppen

Bergleute

Köhler

Schmelzer und Bronzegießer

Händler

Schmiede

Arbeitsteilung als Folge der Bronzeverarbeitung.

A

te dienten der Überwindung von Höhenunterschieden und überbrückten Täler, Flüsse und Niederungen. Das Wasser floss durch einen Kanal auf der Spitze des Bauwerks. Neben den Aquädukten gab es ein verzweigtes unterirdisches Kanalnetz.

Um 100 n. Chr. verfügte Rom über 10 verschiedene Aquädukte von etwa 450 km Gesamtlänge, die die Stadt mit täglich über 700 000 Kubikmeter Wasser versorgten. Reste antiker Aquädukte finden sich jedoch in vielen Gebieten Europas, die einst zum Römischen Reich zählten. So z.B. in Südfrankreich, Spanien, Italien sowie West- und Süddeutschland. Ferner finden sich zum Teil gut erhaltene Baureste in Nordafrika und Kleinasien.

Arbeiterbewegung
Die mit der ➡ Industriellen Revolution verbundenen sozialen Probleme schufen unter den Arbeitern das Gefühl der Zusammengehörigkeit. Sie entwickelten vielfach ein gesellschaftliches ➡ Klassenbewusstsein und organisierten sich Ende des 19. Jh. in Arbeiterparteien und ➡ Gewerkschaften zur Durchsetzung ihrer Interessen.

Arbeitsteilung
Aufgliederung unterschiedlicher Arbeitsprozesse und ihre Verteilung auf verschiedene Berufe (z.B. Bauern, Händler, Handwerker, Beamte). Sie setzt am Ende der Jungsteinzeit

ein und bildet die Voraussetzung zur Entstehung von Hochkulturen (➡ Kultur).

Archäologie
Wissenschaft, die aufgrund von Ausgrabungen und Bodenfunden alte Kulturen erforscht. Zu den Aufgaben der Archäologie zählt die Sicherung der Funde, deren Interpretation, die Rekonstruktion der Zusammenhänge des oft nur bruchstückhaft Erhaltenen und die historische Einordnung der Funde anhand kunstgeschichtlicher Merkmale.

Bei ihrer Arbeit setzen die Archäologen vielfältige naturwissenschaftliche Methoden und Verfahren ein. So wenden sie bei der Altersbestimmung neben anderen Verfahren die *Radiokarbonmethode* – auch ^{14}C-Methode genannt – an. Mit ihr lassen sich alle organischen Substanzen gut datieren. Bei der Identifikation und Zuordnung von Funden kommen chemische Analysen, Licht- und Elektronenmikroskope, Spektralanalysen und Röntgenmethoden zum Einsatz. Bei der Lokalisierung oder der allgemeinen Fundsituation wird vielfach auf die Luftaufnahme *(Luftbildarchäologie)* zurückgegriffen. Daneben gibt es auch eine *Unterwasserarchäologie.*

Eine gezielte Sammlung von Kunstgegenständen der *Antike* setzte zu Beginn der Neuzeit ein. Fürsten legten umfangreiche Privatsammlungen an, schufen Kunstkabi-

Archäologin bei der
Arbeit.

Archäologie

nette und finanzierten Raubgrabungen, die freilich großen Schaden anrichteten. Die „Schatzsucher" konzentrierten sich allein auf Funde, die ihnen „wertvoll" erschienen und vernichteten den Rest.

Im 18. Jh. erlangte die klassische Archäologie den Rang einer Wissenschaft. 1748 erfolgte die erste wissenschaftliche Grabung in *Pompeji*, die ersten öffentlichen Antikensammlungen entstanden.

Im 19. Jh. gewannen die Methoden der Archäologie feste Gestalt und es kam zu staatlich geförderten Ausgrabungen (so z.B. in Delphi, Olympia, Athen, Ephesos). 1870 –1885 folgten die von HEINRICH SCHLIEMANN durchgeführten Ausgrabungen von Troja, Mykene und Tiryns.

Heute sind die archäologischen Expeditionen kaum noch überschaubar und entfalten ihre Tätigkeit rund um den Erdball. Dabei erstreckt sich der Wissensdurst der Archäologen längst nicht mehr allein auf die Antike, sondern umfasst alle Länder und Epochen bis hin zu den faszinierenden Grabungen der ➡ Vorgeschichte.

Archon

Nach Abschaffung des Königtums wurden in Athen jährlich neun *Archonten* als oberste

Beamte gewählt. Sie kamen meist aus den alten Adelsfamilien und mussten den oberen Steuerklassen angehören. Mit fortschreitender Demokratisierung verloren die Archonten seit SOLON und KLEISTHENES an Macht und mussten zahlreiche Befugnisse an die neuen Ämter (z.B. ➡ *Strategen, Rat der Fünfhundert*) abtreten. Die Bestellung durch das Los nahm dem Amt seit 487 v. Chr. seine Bedeutung. Den Archonten verblieben lediglich repräsentative Pflichten und religiöse Aufgaben (z.B. Ausrichtung der Feste und Spiele) sowie einige juristische Funktionen wie der Vorsitz im Gericht.

Areopag

(griech. = Areshügel)
Sitz des gleichnamigen Rates in Athen, der während der Adelszeit die politischen Entscheidungen fällte, oberster Gerichtshof war und ein Aufsichtsrecht über die Beamten besaß. Ihm gehörten die ehemaligen ➡ Archonten auf Lebenszeit an. Nach Einführung der ➡ Demokratie verblieb dem Areopag lediglich die Blutgerichtsbarkeit.

Arianer

Zu Beginn des 4. Jh. n. Chr. begründete der aus *Alexandria* stammende Priester ARIUS eine neue christliche Lehre. Sie enthielt die Auffassung, dass Christus nicht Wesensgleich mit Gott sei, sondern lediglich ein besonders vornehmes Wesen, dem Gott die Würde des Sohnes verliehen habe. An dieser These entzündete sich ein heftiger Kirchenstreit, der mit der Verdammung des Arius und seiner Lehre auf dem *Konzil von Nicäa* im Jahr 325 endete.

Seine politische Bedeutung erhielt der *Arianismus* dadurch, dass zahlreiche Germanenvölker das Christentum in arianischer Form annahmen, da es der germanischen Vorstellungswelt besser entsprach (so z.B. Goten, Wandalen, Burgunder, Langobarden). Erst der Übertritt des Frankenkönigs CHLODWIG zum katholischen Glauben im 5. Jh. brachte eine Wende und besiegelte den allmählichen Untergang des Arianismus.

Arier

Der Begriff „Arier" ist ein aus dem indischen Sanskrit-Wort *arya* abgeleiteter Fachausdruck der Sprachwissenschaft und bedeutet „Edler" oder „Herr". Die Nationalsozialisten missbrauchten diesen Ausdruck und bezeichneten in ihrer unwissenschaftlichen ➡ *Rassenlehre* die Angehörigen der so genannten „nordisch-germanischen Rasse" als „Arier". Hierzu zählten sie alle aus den Germanen hervorgegangenen Völker, besonders die Deutschen und Skandinavier. Nach Ansicht der Nationalsozialisten war diese „nordische Rasse" die unter allen menschlichen Rassen am höchsten entwickelte. Allein den „Ariern" sollte es daher zukommen, als „Herrenmenschen" über die anderen Völker zu herrschen.

Von den Ariern unterschieden wurden „fremde" und „minderwertige" Rassen, wozu die Nationalsozialisten besonders die ➡ *Juden* zählten. Diese Begriffsbestimmung des Wortes „Arier" führte dazu, dass die deutschen Bürger jüdischen Glaubens während der nationalsozialistischen Herrschaft als „Angehörige minderwertiger Rassen" gebrandmarkt wurden. Das galt gleichfalls für die in Deutschland ansässigen *Sinti* und *Roma* („Zigeuner") sowie generell für alle Völker, die nicht „arischer" Abstammung waren.

Ein diesbezüglicher *Arierparagraf* fand nach 1933 Eingang in zahlreiche Gesetze, Verordnungen und Statuten. Er verwehrte allen Bürgern „nicht-arischer Abstammung" – insbesondere aber den Juden – die Mitgliedschaft in Verbänden und Organisationen, schloss sie aus dem Staatsdienst aus (*Berufsbeamtengesetz* vom 7. 4. 1933) und untersagte ihnen die Ausübung bestimmter Berufe wie z.B. Arzt oder Lehrer. Die *Nürnberger Rassegesetze* vom 15. September 1935 verboten schließlich jede Ehe zwischen Deutschen und Juden und ersetzten den Begriff „arisch" durch „deutsches oder artverwandtes Blut" (*„Gesetz zum Schutze des deutschen Blutes"*).

Die absurde „Rassenlehre" mit ihrem „Arier"-Begriff und der Einteilung in höher- und minderwertige Rassen hatte schreckliche Folgen, denn sie diente den Nationalsozialisten zur Rechtfertigung der furchtbaren Verbrechen an Juden, Polen, Russen sowie den Sinti und Roma (➡ Antisemitismus, Arisierung, „Endlösung der Judenfrage", Konzentrationslager, Rassenlehre).

Arisierung

Die von den Nationalsozialisten geprägte Wortschöpfung bezeichnete die Enteignung der Juden und die Überführung ihres Eigentums in „arischen", d. h. nicht-jüdischen Besitz (➡ Arier). Die Folge dieser Ausplünderung war eine Verarmung der jüdischen Bevölkerung sowie ihre totale finanzielle und wirtschaftliche Deklassierung.

Die am 26. 4. 1938 erlassene erste Arisierungsverordnung verpflichtete alle Juden zur Anmeldung von Vermögenswerten über 5000 Reichsmark, über die sie nicht mehr frei verfügen durften. Weitere Verordnungen untersagten ihnen den Betrieb von Einzelhandels- und Versandgeschäften sowie von Handwerksbetrieben. Damit waren sie zum Verkauf ihrer Gewerbebetriebe gezwungen, was meist weit unter Wert geschah, da die neuen „arischen" Inhaber die Zwangslage der Juden schamlos ausnutzten.

Im Dezember 1938 folgte eine Arisierungsverordnung, nach der Juden ihren Grundbesitz nur noch zu staatlich festgesetzten und

Auf dem Schild steht: „Einbahnstraße tempo tempo. Die Juden sind unser Unglück!" Aus dem Kinderbuch von Elvira Bauer (1936)

Arisierung

„Der Deutsche ist ein stolzer Mann, der arbeiten und kämpfen kann. Weil er schön ist und voll Mut, hasst ihn von jeher schon der Jud!" (aus dem oben genannten Kinderbuch)

Arisierung

extrem niedrigen Preisen verkaufen durften. Das Geld musste auf ein Sperrkonto eingezahlt werden und war lediglich bis zu einer bestimmten Höhe frei verfügbar. Wertpapiere, Schmuck und Kunstgegenstände konnten nur in speziell eingerichteten staatlichen Ankaufsstellen – weit unter Wert – verkauft werden.

Die Zwangsmaßnahmen der Arisierung sollten vor allem dazu dienen, die jüdische Bevölkerung zur Auswanderung zu veranlassen. Viele Juden waren jedoch durch den staatlich sanktionierten Vermögensraub derart verarmt, dass sie die Mittel für eine Auswanderung nicht mehr aufbringen konnten und daher nach 1942 dem Holocaust zum Opfer fielen.

Aristokratie
(griech. = Herrschaft der Besten)
Staatsform, wo im Unterschied zur ➡ Monarchie oder ➡ Demokratie ein bevorzugter Teil des Volkes herrscht. In der Regel handelt es sich dabei um eine privilegierte, oftmals grundbesitzende Adelsschicht, wie sie z. B im antiken *Sparta* oder der frühen *römischen Republik* herrschte. Aristokratien waren aber auch die oberitalienischen Stadtrepubliken wie *Venedig* oder *Florenz,* wo während des Mittelalters eine kleine Schicht reicher ➡ Patrizier die Macht ausübte.

Armada
Im engeren Sinn die von König PHILIPP II. 1588 gegen England ausgesandte spanische Flotte. Begründet wurde der Angriff mit der Unterstützung, die Englands Königin ELISABETH I. den aufständischen *Niederländern*

gewährte, sowie ihrer heimlichen Beteiligung an Überfällen englischer Piraten auf spanische Schiffe.

Die Armada umfasste etwa 130 Kriegsschiffe mit 30 000 Mann und 2630 Kanonen, wurde jedoch im Ärmelkanal von der beweglicheren englischen Flotte zersprengt. Auf ihrer Rückkehr musste die geschlagene Armada die gesamte britische Insel umfahren, wobei sie durch Stürme so dezimiert wurde, dass lediglich 66 Schiffe Spanien erreichten.

Assignaten

Schuldverschreibungen des französischen Staates, die von den Verkaufserlösen der säkularisierten Kirchengüter gedeckt wurden, welche die Regierung während der *Französischen Revolution* enteignet hatte. Da die Regierung mehr Assignaten ausgab, als der Verkauf des Kirchenbesitzes einbrachte, verloren sie bald jeden Wert.

Assyrer

Volk des Altertums im Norden Mesopotamiens, das sich nach seiner Hauptstadt Assur am rechten Ufer des Tigris benannte. Bereits um 2400 v. Chr. lässt sich ein selbstständiges Fürstentum Assyrien nachweisen, das regen Handel im Nordwesten bis ins Innere Anatoliens betrieb, wo assyrische Handelskolonien bestanden.

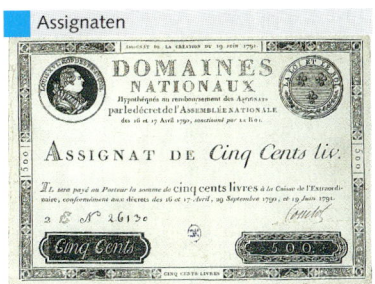

Assignaten

Die ersten Schatzbriefe, denen der Verkaufspreis der Kirchengüter als Deckung „assigniert", d. h. zugewiesen war, hatten einen Gesamtwert von 140 Mio. Livres.

Im 13. Jh. v. Chr. begann der Aufstieg Assyriens zur Großmacht. Es spielte künftig eine wichtige Rolle im Mächtespiel Vorderasiens und wurde zum gleichberechtigten Partner *Ägyptens*, *Babyloniens* und der *Hethiter*. Von ihnen übernahmen die Assyrer den von Pferden gezogenen schnellen Kampfwagen sowie die Technologie der Eisenwaffen.

Mit gnadenloser Gewalt setzten die Assyrer in den nächsten Jahrhunderten eine gewaltige Militärmaschinerie in Gang. In ständigen Feldzügen eroberten sie Babylonien, Elam, Syrien, Kilikien und zeitweise sogar Ägypten. Ganze Völkerschaften wurden verschleppt oder wie die Bevölkerung des jüdischen Teilstaats Israel (→ Juden) durch Deportation ausgelöscht. Ihre Herrschaft stützten die Assyrer auf Gewalt und Terror, sodass ihr Name bei den Völkern Vorderasiens nur mit Furcht ausgesprochen wurde.

Assyrischer Fürst auf der Löwenjagd (Steinrelief, um 640 v. Chr.).

Assyrer

A

Trotz ständiger Kriege entfalteten die assyrischen Könige eine reiche Bautätigkeit. In den Residenzstädten wie *Assur* oder *Ninive* entstanden gewaltige Tempelanlagen und prachtvolle Paläste, deren Wände mit Kriegs- und Jagdreliefs geschmückt waren. Große Fertigkeit zeigten die Assyrer auch beim Bau von Bewässerungsanlagen sowie in der Belagerungstechnik (Rammböcke, Steinschleudern usw.), der keine Stadtmauern gewachsen waren.

Mit vereinten Kräften gelang es schließlich den *Medern* und *Babyloniern*, den verhassten Militärstaat Assyrien zu vernichten. Im Jahr 614 v. Chr. fiel *Assur* in Schutt und Asche, 612 folgte die Stadt *Ninive*. Die Vernichtung erfolgte so gründlich, dass niemals wieder ein Staat Assyrien entstand.

Atlantik-Charta

1941 von Roosevelt und Churchill auf dem Schlachtschiff „Prince of Wales" im Atlantik beschlossene Erklärung über die Grundzüge der künftigen Nachkriegsordnung. Hierzu zählten das Selbstbestimmungsrecht der Völker, Verzicht auf Annexionen und Gewalt, Gleichberechtigung im Welthandel und die Errichtung eines kollektiven Sicherheitssystems. Die Atlantik-Charta bildete das Grunddokument der ➡ Vereinten Nationen (UNO).

Attischer Seebund

Er ging 478/477 v. Chr. aus dem Bündnis der griechischen Staaten gegen Persien hervor und umschloss die meisten Inseln und Küstenstriche der Ägäis. Die Führung lag bei *Athen*, während *Sparta* dem Bund fernblieb. Ziel des Bundes war die Fortsetzung des Perserkriegs bis zur Befreiung der kleinasiatischen Griechenstädte. Zu Beratungen traten die Mitglieder auf der Insel *Delos* zusammen, wo sich auch die Bundeskasse befand. Allmählich gerieten die meisten Städte in völlige Abhängigkeit von Athen, das abtrünnige Mitglieder sogar mit Gewalt unterwarf. Dennoch erzielte der Bund große Erfolge gegen die ➡ Perser und der aufblühende Handel brachte allen Vorteile. Athens Niederlage gegen Sparta im ➡ Peloponnesischen Krieg führte 404 v. Chr. zur Auflösung des Seebunds.

Astronomie

(griech. = Sternkunde)
Sternbeobachtungen nahmen bereits die alten Ägyter vor. Nach dem Stand der Sonne und anderer Gestirne berechneten sie den Beginn der jährlichen Nilüberschwemmung. So entstand auch der erste uns bekannte Kalender. Die Völker des Altertums hielten Sterne für Götter und glaubten aus ihnen das Schicksal deuten zu können (Astrologie).

Aufgeklärter Absolutismus

In der Spätzeit des ➡ Absolutismus entstandene Herrschaftsauffassung, welche die Regierungsform des Absolutismus mit den Ideen der ➡ *Aufklärung* zu verbinden suchte. Unter Beibehaltung seiner unumschränkten Macht sah sich der Fürst dem Wohl des Volkes verpflichtet und als „erster Diener des Staates" (Friedrich II. von Preußen). Justizreformen, Bauernbefreiung und Zurückdrängung des kirchlichen Einflusses sind kennzeichnend für diese Regierungsweise, die auch von den Vorstellungen des ➡ Naturrechts beeinflusst wurde. Zu den Wegbereitern des aufgeklärten Absolutismus zählen der preußische König Friedrich II. und Kaiser Joseph II.

Aufklärung

Eine Bewegung des 18. Jh. die davon ausging, dass der Mensch vernünftig sei und

Roosevelt und Churchill an Bord der „Prince of Wales", wo sie im August 1941 die Atlantik-Charta verkündeten.

Atlantik Charta

Aufgeklärter Absolutismus

Ein König, der im Vorbeigehen vor dem Beschauer seinen Hut zieht. Symbolische Geste Friedrichs des Großen (1712–1786), welche die Regierungsform des aufgeklärten Absolutismus gut charakterisiert.

seine Schwierigkeiten nach den Regeln der Vernunft besser lösen könne. Die zumeist bürgerlichen Vertreter der Aufklärung – Schriftsteller, Philosophen und Staatstheoretiker – hielten alle Menschen „von Natur aus" für vernunftbegabt und dazu befähigt, ihr Leben „vernünftig" zu gestalten. Die Zeit war erfüllt von Fortschrittsglauben und Optimismus.

Mit Hilfe von Büchern, Zeitungen und Diskussionen gewannen die Aufklärer die öffentliche Meinung in ihrem Kampf gegen religiösen Fanatismus, gegen Vorurteile, Unterdrückung und überlieferte politische Machtverhältnisse. Das bedeutete zugleich die Ab-

Aufklärung

Der deutsche Philosoph Immanuel Kant (1724–1804) ermutigte die Menschen selbst zu denken und mit Hilfe der Vernunft seine Unmündigkeit zu überwinden.

Autarkie – Zauberwort und Ziel der NS-Wirtschaft.

lehnung des vorherrschenden ➡ Absolutismus.

Einige Herrscher suchten Gedanken der Aufklärung mit dem absolutistischen Regierungssystem zu verbinden, was man mit einem modernen Begriff als ➡ aufgeklärten Absolutismus bezeichnet. Zu seinen Vertretern zählen der preußische König FRIEDRICH II. und Kaiser JOSEPH II. von Österreich. Bedeutende Denker der Aufklärung sind ROUSSEAU, VOLTAIRE, LESSING und KANT.

Eine besondere politische Wirkung entfalteten die Gedanken der Aufklärung in der ➡ Unabhängigkeitserklärung der USA und der *Französischen Revolution,* welche die ➡ Menschen- und Bürgerrechte in der französischen Verfassung verankerte. Geistig vorbereitet wurde die Aufklärung in der ➡ Renaissance und von den Vertretern des ➡ Humanismus.

Autarkie

Augsburger Religionsfriede

Reichsgesetz, zwischen König FERDINAND I. und den ➡ Reichsständen 1555 ausgehandelt. Er besiegelte die *Glaubensspaltung* des Reiches, indem er die *Lutheraner* rechtlich anerkannte. Die Landesfürsten erhielten Konfessionsfreiheit und schrieben nach dem Grundsatz „cuius regio, eius religio" (= wem das Land gehört, der bestimmt die Religion) ihren Untertanen das Bekenntnis vor. Wer damit nicht einverstanden war, musste auswandern.

Autarkie

(griech. = Selbstgenügsamkeit)

Die Selbstversorgung eines Staates auf bestimmten Wirtschaftssektoren, was ihn beispielsweise von Rohstoff-, Industrie- oder Nahrungsimporten unabhängig machen soll. Eine solche Autarkie strebte z. B. das nationalsozialistische Deutschland an, um die Versorgung der Bevölkerung und eine hohe Rüstungsproduktion beim geplanten Krieg zu garantieren.

Innerhalb der antiken Poliswelt spielte der Begriff eine große Rolle, denn Freiheit und ➡ *Autonomie* waren nach griechischer Vorstellung nur denkbar, wenn die Polis *Autarkie* besaß.

Der Zar (Holzschnitt aus Herbersteins „Moscovia", 1556)

Autokrator

(griech. = Selbstherrscher)

Dem griechischen entnommener Titel der Kaiser von Byzanz (Ostrom) vom 7.-13. Jh. in Anlehnung an die alte römische Kaisertitulatur „Imperator". Im 16 Jh. fügten die russischen Herrscher diese Bezeichnung dem

Autokrator

Zarentitel an („Selbstherrscher aller Reußen").

Autonomie
(griech. = Selbstgesetzlichkeit, Unabhängigkeit)
Das Recht eines Staates oder Gemeinwesens, seine inneren und äußeren Angelegenheiten selbstverantwortlich zu regeln.
Die griechische ➡ *Polis* basierte auf dem Grundsatz der Autonomie, was zunächst bedeutete, dass jede Stadt nach ihrem eigenen *Nomos* (Gesetz) lebte und keine Beeinflussung durch eine andere Polis duldete. Diese Vorstellung von Autonomie umfasste das gesamte politische Leben und erstreckte sich auch auf die außenpolitische Selbstbestimmung. Obwohl nicht jede Polis die völlige Verwirklichung der Autonomie erreichte, blieb sie doch eine Idealvorstellung griechischer Politik.

Awaren
Asiatisches Steppen- u. Nomadenvolk, das sich im Jahr 565 im Raum des heutigen Ungarn festsetzte. Von dort unternahmen die Awaren Plünderungszüge auf den Balkan, nach Italien, Kärnten und bis nach Thüringen hinein. 626 belagerten sie Konstantinopel, ohne es jedoch einnehmen zu können. Von 791–796 vernichtete KARL DER GROSSE das Reich der Awaren in zwei Feldzügen, wobei er den sagenhaften Awarenschatz im „Ring" – der befestigten Zeltstadt des Awaren-Khans – eroberte. Von dort an verlieren sich die Spuren der Awaren, deren Siedlungsraum im 9. Jh. von einem weiteren Steppenvolk, den ➡ *Ungarn*, eingenommen wurde.

Azteken
Nach blutiger Unterwerfung anderer Völker gründeten die Azteken im 13. Jh. n. Chr. auf der Hochfläche von *Mexiko* ein Reich und erbauten um 1325 ihre Hauptstadt *Tenochtitlan*.
Sie lag auf einer Insel im *Texcoco-See*, war teilweise auf Pfählen errichtet und von Kanälen durchzogen. Ein großer Platz im Zentrum der Stadt bildete den Kultbezirk.

Dort befand sich die große Hauptpyramide mit dem Doppeltempel des Sonnengottes HUITZILOPOCHTLI und des Regengottes TLALOC. Paläste und Gärten lagen außerhalb. Nach Schätzungen moderner Forscher zählte die Stadt etwa 300 000 Einwohner und umfasste 1000 ha. Auf den Ruinen Tenochtitlans, das der Spanier HERNANDO CORTEZ 1521 zerstörte, erhebt sich heute die moderne Stadt *Mexiko-City.*
An der Spitze des aztekischen Staates stand ein absolut regierender Herrscher, der stets der gleichen Familie entstammte. Die Spitze der Gesellschaft, die sich in drei Stände gliederte, bildete eine Adelsschicht. Sie stellte die Beamten und den Kriegeradel. Die Hofhaltung war prunkvoll und wurde durch Tribute der unterworfenen Gebiete finanziert.
Die Masse der Azteken zählte zu den Bürgern, die als Fernkaufleute, Händler, Handwerker und Ackerbürger in *Tenochtitlan* lebten. Den untersten Stand bildeten die auf den Feldern arbeitenden hörigen Landarbeiter und die Sklaven.
Die wirtschaftliche Grundlage des Aztekenreichs bildete der Feldbau mit Terrassen-

Azteken

Montezuma im Gewand des aztekischen Adels trägt am Rücken die königliche Standarte aus den Schwanzfedern des Quetzal-Vogels, der dem Gott Quetzalcoatl geweiht war.

Azteken

A

anlagen an Berghängen und künstlicher Bewässerung. Angebaut wurden Mais, Kürbis, Tomaten, Kakao, Baumwolle, Tabak und Bohnen. Andere Erzeugnisse aus subtropischen Gebieten wurden durch Handel mit Stämmen im Süden eingetauscht.

Das Kunsthandwerk stand auf hoher Stufe und bewahrte Einflüsse älterer Völker wie z. B. der *Tolteken*. Hierzu zählten die Goldschmiedekunst, feine Mosaikarbeiten, Götter- und Tierfiguren aus Türkis, Jade, Bergkristall und Achat sowie ausdrucksvolle Reliefs, die Gedenk- und Opfersteine schmückten.

Wie andere Indianervölker glaubten auch die Azteken, dass Hungersnöte, Verderben und Untergang nur durch Menschenopfer abzuwenden seien, die den Göttern dargebracht werden mussten. Den Opfern, die meist aus unterworfenen Völkern stammten, wurde am Altar das Herz aus dem Leib geschnitten.

Im Februar 1519 landete der Spanier HERNANDO CORTEZ (1485–1547) mit einer kleinen Schar Soldaten an der Küste des Golfs von Mexiko. Im November erreichte er *Tenochtitlan* und konnte durch einen geschickten Schachzug den letzten Aztekenherrscher MONTEZUMA II. in seine Gewalt bringen. Nach erbitterten Kämpfen, in denen Cortez bei anderen Indianerstämmen Unterstützung fand, wurde 1521 die Hauptstadt *Tenochtitlan* vernichtet und das Aztekenreich zerstört.

B

Balfour-Deklaration. Erklärung des britischen Außenministers BALFOUR vom 2. 11. 1917, in der er den *Juden* das Recht auf eine „nationale Heimstätte" in *Palästina* zusicherte. Die Unterstützung des Vorhabens sollte unter Wahrung der religiösen und politischen Rechte der nichtjüdischen Bevölkerung erfolgen. Die „Sympathieerklärung" für die zionistischen Ziele, die das britische Kabinett zuvor gebilligt hatte, erfolgte in Form eines Briefes an den Zionistenführer Lord ROTHSCHILD. Die Deklaration verfolgte unter anderem die Absicht die Juden in aller Welt für die Sache der Alliierten zu gewinnen.

Balkankriege
Die Auflösung der türkischen Herrschaft auf dem *Balkan* schuf Ende des 19. Jh. ein Machtvakuum. Als Folge des 1878 einberufenen *Berliner Kongresses,* der die Spannungen auf dem Balkan entschärfen sollte, wurden Rumänien, Serbien, Bulgarien und Montenegro souverän. Österreich durfte Bosnien und die Herzegowina besetzen. 1908 annektierte Österreich jedoch widerrechtlich Bosnien-Herzegowina, wogegen Russland scharf protestierte. Damit stiegen die Spannungen erneut.
1912 brach der *1. Balkankrieg* zwischen Serbien, Griechenland, Bulgarien und Montenegro einerseits, sowie der Türkei andererseits aus. Kriegsziel war die Eroberung des türkischen Mazedoniens, doch konnten sich die siegreichen Länder auf keine befriedigende Zerstückelung der Beute einigen.
Damit entstand eine äußerst kritische internationale Lage, die mit dem Ausbruch des *2. Balkankriegs* im Jahr 1913 noch verschärft wurde. Diesmal führte Serbien alle übrigen Balkanstaaten gegen Bulgarien in den Krieg, das mit seiner Beute unzufrieden war.
Serbien, das in diesen Auseinandersetzungen sein Territorium nahezu verdoppelte, machte mit Russlands Unterstützung einen Führungsanspruch gegenüber den slawischen Balkanländern geltend. Ziel war die Befreiung aller Slawen von der Herrschaft der verhassten Donaumonarchie Österreich-

Ungarn. Ein wichtiger Keim zum 1. Weltkrieg war gelegt.

Bandkeramik. Abschnitt der Jungsteinzeit (➡ Steinzeit), in der Tongefäße mit bänderartigen Ornamenten (u. a. Spiral- und Mäandermotive) verziert wurden. Ihr Verbreitungsgebiet erstreckte sich im 5.–4. Jahrtausend v. Chr. von Mitteleuropa bis zum Schwarzen Meer.
Die unter dem Begriff „Bandkeramiker" zusammengefasste Bevölkerung zählt zu den ersten Ackerbauern Europas. Die Bauern siedelten vorwiegend auf Lößböden und bewohnten hallenartige Langhäuser von etwa 30 m Länge und 8 m Breite. Die Grundrisse dieser Häuser konnten Archäologen anhand der Pfostenspuren bestimmen, welche die in den Boden gerammten Hauspfosten hinterließen. In der Regel handelt es sich dabei um kleine weilerartige Siedlungsplätze mit etwa 10–15 Langhäusern, in denen vermutlich Großfamilien wohnten.
Diese Siedlungen waren freilich keine dauerhaften Einrichtungen und man darf sie keinesfalls mit unseren schmucken Fachwerkdörfern vergleichen. Die bandkeramische Bevölkerung bestand aus Wanderbauern, die ihr Dorf verließen, sobald der durch Brandrodung fruchtbar gemachte Boden erschöpft war. Der Rhythmus mag etwa 10-15 Jahre betragen haben. An Getreide pflanzten die Bauern Emmer, Einkorn, Weizen, Gerste und Hirse an, als Hülsenfrüchte kamen Erbsen, Bohnen und Linsen hinzu. Zahlreiche Knochenreste ergaben, dass die Bauern als Haustiere Rind, Schwein, Schaf, Ziege und Hund hielten. Daneben ging man häufig auf die Jagd, was Reste vom Ur, Wisent, Reh und Bär beweisen. An Geräten fanden die Archäologen neben geschliffenen und durchbohrten Steinbeilen andere Steingeräte wie Klingen, Schaber, Spitzen und anderes. Ferner Knochendolche, Pfeile, Speere, Hacken, hölzerne Spaten, Grabstöcke, Tongefäße, Handmühlen mit Reibsteinen, Spinnwirteln, Handwebstühle und anderes.
Die meisten Forscher halten es für gesichert, dass sich der Ackerbau vom Nahen Osten aus über Kleinasien nach Europa ausbreite-

Äxte, Gefäß und Getreidemahlstein aus der Zeit der bandkeramischen Kultur.

Webstuhl der Jungsteinzeit (Rekonstruktion nach einer Felszeichnung)

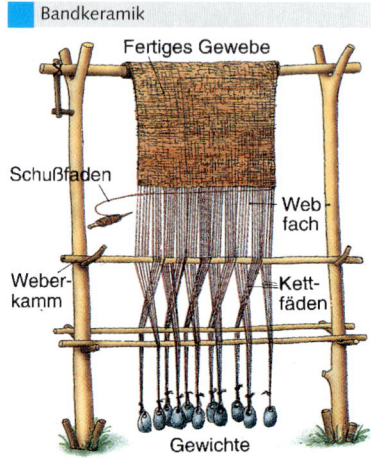

Bandkeramik

Fertiges Gewebe

Schußfaden

Web-
fach

Weber-
kamm

Kett-
fäden

Gewichte

te. Strittig ist bis heute, ob es sich dabei um wandernde Bauerngruppen oder lediglich um Kulturströme handelt, die auf eine altansässige Bevölkerung einwirkten. Die meisten gehen heute davon aus, dass man sich ein Wechselspiel beider Komponenten mit unterschiedlicher Stärke innerhalb der einzelnen Siedlungsgebiete vorstellen muss.

Bann
Das Recht des Königs im Mittelalter, etwas unter Strafandrohung zu gebieten oder zu verbieten *(Banngewalt).* Auch die Strafe selbst, die bei Verletzung solcher Gebote verhängt wurde *(Bannbruch),* bezeichnete man als Bann. Seit dem 10. Jh. begann der deutsche König den Bann zu verleihen, sodass später zahlreiche Fürsten und Grundherren Banngewalt besaßen. Unter *Heerbann* verstand man bereits im Frankenreich die Befugnis ein Heer für den Kriegsdienst aufzubieten. Auch das Heer selbst wurde später so genannt.
Zu den schwersten Strafen zählte im Mittelalter der von der katholischen Kirche verhängte ➡ Kirchenbann, der den Ausschluss vom Gottesdienst und den heiligen Sakramenten sowie die Verweigerung eines kirchlichen Begräbnisses nach sich zog. Dem Kirchenbann folgte seit dem 13. Jh. die vom König verhängte ➡ Reichsacht, die den Betrof-

fenen im ganzen Reichsgebiet ächtete und ihn rechtlos und vogelfrei machte.

Barbaren
(griech. = die Stammelnden, nichtgriechisch Sprechenden)
Alte griechische Sammelbezeichnung für Nichtgriechen, die unter dem Eindruck der Perserkriege eine stark abwertende Bedeutung erhielt. Zur Zeit des Hellenismus galten alle nicht griechisch Gebildeten als Barbaren, was später ganz allgemein auf ungebildete Menschen ausgedehnt wurde.
Im Römischen Reich galten alle Völker jenseits der Reichsgrenzen als Barbaren. Einzelne römische Schriftsteller idealisierten sie und stellten die Barbaren wie TACITUS in seiner *Germania* als unverdorbene Naturvölker dar. In der Spätantike schließlich wurden auch die zahlreichen nichtrömischen Soldaten im Heer als „Barbaren" bezeichnet.

Barock
(port. barocco = unregelmäßige Perle)
Ein Stil, der im 17. und 18. Jahrhundert in Europa vorherrschte, und alle Bereiche der Kunst erfasste. In der Baukunst sind geschwungene Formen der Fassaden charakteristisch, dazu Innenräume mit farbkräftigen Wandmalereien und reichem Schmuckwerk aus Stuck und Goldverzierungen.
Der Adel erbaute in dieser Zeit zahlreiche Barockschlösser, die auf prunkvolle Repräsentation bedacht waren und über aufwändig gestaltete Gartenanlagen verfügten. Die Fürsten errichteten in ihren Hauptstädten repräsentative Bauten oder gründeten sogar völlig neue Residenzstädte wie Karlsruhe und St. Petersburg. Auch der Kirchenbau folgte den Bauprinzipien dieser Stilrichtung und schuf reich mit Stuck oder Marmor versehene, prachtvoll ausgemalte Kirchenräume.
Der Begriff „Barock" erstreckt sich ebenfalls auf die Dichtung und Musik und wurde schließlich auf das ganze Zeitalter übertragen. Politisch geprägt ist diese Epoche vom ➡Absolutismus der herrschenden Fürsten.
Etwa um 1730 ging der Barockstil in eine verspielte Spätform über, die man als ➡ Rokoko bezeichnet.

B

Bartholomäusnacht

Bartholomäusnacht

Anlässlich der Hochzeit des protestantischen HEINRICHS VON NAVARRA mit MARGARETE VON VALOIS hatten sich die Führer der ➡ Hugenotten in Paris versammelt. Am 24. August (Bartholomäustag) 1572 veranlasste die französische Königinmutter KATHARINA VON MEDICI, dass sie zusammen mit Tausenden anderer Glaubensgenossen ermordet wurden. Man spricht daher auch von der „Pariser Bluthochzeit" (Abb. oben).

Die Gartenseite des Wiener Lustschlosses Schönbrunn hat Bernardo Bellotto um 1760 gemalt.

Barock

Die römische Basilika, Vorbild für die Kirchen der Christen.

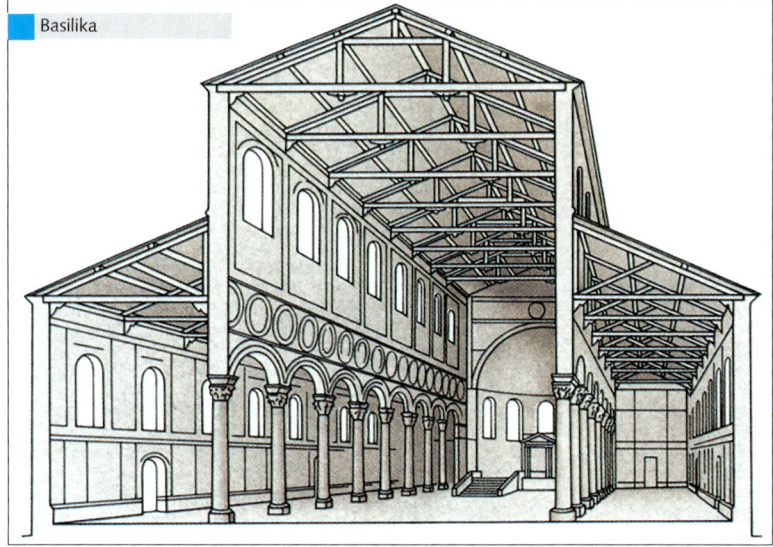

Basilika

Basilika (griech. basiliké = Königshalle). Ursprünglich war die Basilika eine Palasthalle, im antiken Rom auch eine langgestreckte Markt- oder Gerichtshalle. Der Name wurde dann auf Kirchenbauten der Christen übertragen, die nach dem Ende der Verfolgung im 4. Jh. öffentliche Kultbauten errichteten. Die Grundform der christlichen Basilika ist ein langgestreckter hoher Hauptraum – das *Mittelschiff* –, der von zwei niedrigeren *Seitenschiffen* begleitet wird. Mittelschiff und Seitenschiffe werden durch *Säulenreihen* voneinander getrennt. Das Mittelschiff erhält sein Licht durch Oberfenster und endet in einer halbrunden *Apsis* mit Altar, dem eigentlichen Kultbezirk. Schon früh schob man zwischen Langhaus und Apsis ein *Querschiff* ein, sodass die typische Kreuzform entstand.

Bauernbefreiung
Reformen des 18. und 19. Jh., durch welche die Bauern aus der ➡ Leibeigenschaft und Erbuntertänigkeit befreit wurden und die Grundherrschaft endete.
Maßnahmen zur Beseitigung der persönlichen Unfreiheit der Bauern und zur Ablösung der auf bäuerlichem Grundbesitz lastenden Abgaben erfolgten in *Frankreich*

gleich zu Beginn der Französischen Revolution 1789.
In *Preußen* setzten die Reformer STEIN und HARDENBERG die Bauernbefreiung durch. 1807 wurde die Aufhebung der *Gutsherrschaft* und der *Leibeigenschaft* angeordnet. Die den Gutsherren zu zahlende Entschädigung erbrachten die Bauern häufig durch Abtretung von Land, was ihre wirtschaftliche Lage verschlechterte und die Gesamtzahl der Bauern verringerte. Die Folge war ein ärmlicher *Landarbeiterstand,* der sich parallel zum Stand der neuen *Industriearbeiter* – dem Industrieproletariat – entwickelte.
In anderen deutschen Staaten erfolgte die Bauernbefreiung später, teilweise erst im Verlauf der Revolution 1848/49. So hatten zwar in *Österreich* bereits MARIA THERESIA und JOSEPH II. mit der Bauernbefreiung begonnen, doch erfolgte die vollständige Befreiung erst 1848. Zur Ablösung des Bodens hatten die Bauern eine einmalige Zahlung der zwanzigfachen Jahresleistung zu entrichten.
In *Russland* erlangten die Bauern ihre persönliche Freiheit erst mit dem Gesetz über die Aufhebung der Leibeigenschaft, das Zar ALEXANDER II. 1861 erließ. Da die russischen

Bauernbefreiung

Befreite russische Bauern um 1870 beim Mittagsmahl vor dem Gebäude der örtlichen Selbstverwaltung (Semstwo). Sie war für den Straßenbau, die landwirtschaftliche Entwicklung sowie das Schul- und Gesundheitswesen zuständig (Gemälde von Grigori Grigorjewitsch).

Bauern jedoch keine Landeigentümer, sondern nur Pächter wurden, ging es ihnen wirtschaftlich oftmals schlechter als vorher.

Der Übergang von der Ständegesellschaft zur modernen Gesellschaft des 20. Jh. ist ohne die Bauernbefreiung nicht denkbar. Vor allem aber zählen die Bauern zu jener Bevölkerungsgruppe, die am längsten unterdrückt und unterprivilegiert war.

Bauernkrieg

Zwischen 1493 und 1517 kam es zu ersten Bauernunruhen, die das Ziel hatten drückende Lasten und Abgaben zu erleichtern. Die nach ihrem Feldzeichen – dem bäuerlichen Riemenschuh – benannte Erhebung des „Bundschuh" griff in Süddeutschland um sich. Erstmals hörte man von Bauern, die radikale Forderungen nach göttlicher Gerechtigkeit erhoben und die erniedrigende ➡ Leibeigenschaft unchristlich nannten. Auch der Aufstand des „Armen Konrad", der sich 1514 gegen die Einführung neuer Steuern in Württemberg richtete, zählte zu diesen Unruhen. Beide Revolten waren zwar erfolglos, mündeten aber 1524 in den großen deutschen Bauernkrieg.

Erste Unruhen flackerten im Juli 1524 in der Landgrafschaft Stühlingen und im Thurgau auf, wurden aber rasch niedergeschlagen. Im Dezember griff die Erhebung auf Oberschwaben über.

In der Reichsstadt *Memmingen* fasste der Kürschnergeselle SEBASTIAN LOTZER im Februar 1525 die wichtigsten Forderungen der Bauern in den so genannten *Zwölf Artikeln* zusammen. Diese Programmschrift erfuhr weiteste Verbreitung, enthielt ernsthafte, religiös motivierte Reformvorschläge und war durchaus keine radikale Schrift. Aufhebung der Leibeigenschaft, Minderung der Frondienste, Nutzung von Jagd und Wald, Reform des Gerichtswesens, Senkung des Zehnt sowie freie Pfarrerwahl waren einige der Hauptforderungen.

Die Ideen der *Reformation* erwiesen sich als hilfreich für die Bauern, denn sie konnten viele ihrer Forderungen aus der Bibel herleiten und sich somit auf „göttliches Recht" berufen. Auch LUTHERS Schrift *„Von der Freiheit eines Christenmenschen"* bezogen die Bauern ganz unmittelbar auf ihre Lage.

Im Frühjahr 1525 breitete sich der Aufstand rasch in Schwaben, Franken, Thüringen, der Schweiz und Teilen Österreichs aus. Die Bauern sammelten sich militärisch in so genannten „Haufen", welche die Forderungen notfalls mit Gewalt durchsetzen sollten. So

B

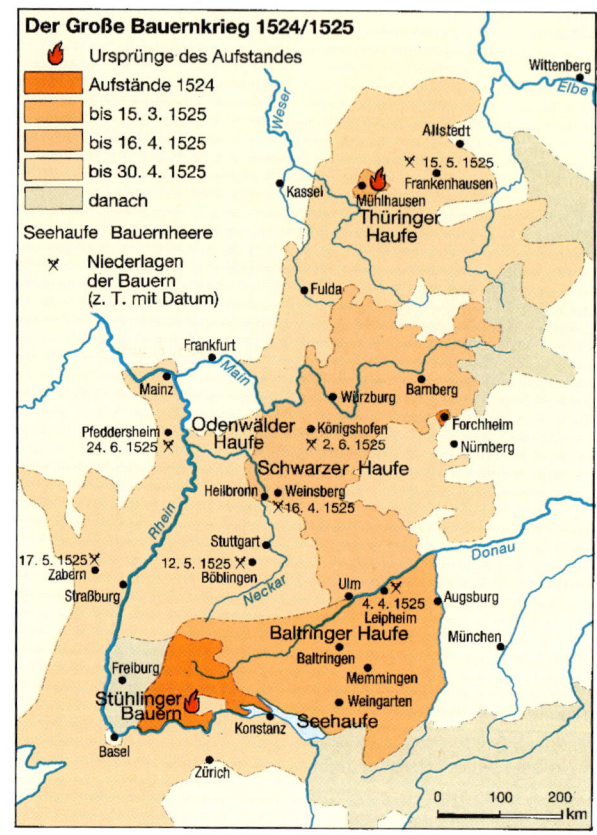

Der Große Bauernkrieg 1524/1525

🔥 Ursprünge des Aufstandes

Aufstände 1524

bis 15. 3. 1525

bis 16. 4. 1525

bis 30. 4. 1525

danach

Seehaufe Bauernheere

✗ Niederlagen der Bauern (z. T. mit Datum)

Wittenberg
Weser
Elbe
Allstedt
✗ 15. 5. 1525
Frankenhausen
Kassel
Mühlhausen
Thüringer Haufe
Fulda
Frankfurt
Main
Mainz
Würzburg
Bamberg
Pfeddersheim 24. 6. 1525 ✗
Odenwälder Haufe
✗ Königshofen
✗ 2. 6. 1525
Forchheim
Nürnberg
Schwarzer Haufe
Heilbronn
Weinsberg
✗16. 4. 1525
Rhein
Stuttgart
17. 5. 1525 ✗
Zabern
12. 5. 1525 ✗
Böblingen
Straßburg
Neckar
Ulm
✗
4. 4. 1525
Leipheim
Augsburg
Baltringer Haufe
München
Baltringen
Memmingen
Freiburg
Weingarten
Stühlinger Bauern
Konstanz
Seehaufe
Basel
Zürich
Donau
0   100   200
⊢ km

Das Ende des Aufstands: Gefangene Bauern werden abgeführt (zeitgenössischer Holzschnitt).

Verhandlungen mit den Landesfürsten scheiterten, entlud sich die lang angestaute Wut der Bauern zunächst in der Zerstörung zahlreicher Burgen, Schlösser und Klöster. Zu schweren Bluttaten kam es hingegen selten. Als MARTIN LUTHER von den Verwüstungen hörte, fürchtete er um die christliche Ordnung und rief mit der Schrift *„Wider die räuberischen und mörderischen Rotten der Bauern"* zu deren Vernichtung auf.

Da die Bauern weder eine gemeinsame Planung noch erfahrene militärische Führer hatten, konnten sie sich nicht behaupten. Die Fürsten – so z. B. Georg Truchsess von Waldburg, Herzog Anton von Lothringen, Landgraf Philipp von Hessen – vernichteten die Bauernheere in mehreren Schlachten. Stand- und Strafgerichte der siegreichen Herren folgten. Man schätzt, dass rund 100 000 Bauern im Bauernkrieg ihr Leben verloren.

Das Landesfürstentum hatte sich in dieser Auseinandersetzung als Sieger erwiesen, während das Bauerntum für Jahrhunderte in Abhängigkeit und Unfreiheit verharrte. Es fand nicht mehr die Kraft sich nocheinmal aufzulehnen.

Bauernlegen

Einziehung dienstpflichtiger Bauernhöfe oder Aufkauf freier Bauernstellen durch den Gutsherrn zur Vergrößerung seines Guts. Verbreitet war das Bauernlegen seit dem 30-jährigen Krieg in Ostdeutschland, wo die Bauern allmählich auf ritterlichem Grund und Boden verschwanden. Im 18. Jh. erließen die Landesherren verschiedene Gesetze, die das Bauernlegen verhindern sollten.

entstanden z. B. der „Seehaufe", der „Baltringer Haufe", der „Odenwälder Haufe" oder der „Thüringer Haufe".

Die überraschte Obrigkeit zeigte sich zunächst hilflos, was das revolutionäre Bewusstsein der Massen verstärkte. Da erste

Bauern schwören auf die Bundschuh-Fahne. Sie zeigt das Kreuz Christi auf einem Bundschuh stehend. Er galt als Symbol der Bauern im Gegensatz zum gespornten Ritterstiefel (1514).

Das Eiserne Kreuz – ein Symbol der Freiheit! König Friedrich Wilhelm der III. von Preußen stiftete den Orden in den Befreiungskriegen gegen Napoleon.

B

Beamte

Die absolutistischen Herrscher wollten ihr Land durch eine zentrale Verwaltung kontrollieren und organisieren. Zur Durchführung benötigten sie „Staatsdiener", die ihnen treu ergeben waren. Diese Leute konnten sie nicht im Adel finden, den sie entmachtet hatten und der solche Arbeit als entwürdigend ansah. Sie fanden gut ausgebildete Kräfte im Bürgertum und schufen dadurch eine neue Berufsgruppe, die Beamtenschaft.

Befreiungskriege

Vielen Deutschen galt NAPOLEON I. zunächst als Retter, von dem sie erhofften, dass er die Ideale der *Französischen Revolution* verwirklichen und Deutschland vom Absolutismus befreien würde. Bald mussten sie jedoch erkennen, dass sie ihre absolutistischen Landesfürsten lediglich gegen einen ebenso absolut regierenden Fremdherrscher eingetauscht hatten. So regte sich wachsender Widerstand, der dadurch verstärkt wurde, dass die französischen Besatzer in den annektierten Gebieten zunehmend eine Ausbeutungspolitik betrieben und nationalen Hochmut entwickelten.

Nach dem Untergang von NAPOLEONS Großer Armee im Russlandfeldzug 1812 schlossen sich Russland, Österreich, Preußen, England sowie einige weitere Staaten zu einer antifranzösischen Koalition zusammen.

So kam es zwischen 1813 und 1815 zu mehreren Kriegen, die Deutschland und Europa schließlich von NAPOLEON befreiten. Die entscheidende Wende brachte die *Völkerschlacht* bei Leipzig, in der Napoleon 1813 eine vernichtende Niederlage erlitt.

Getragen wurden die Befreiungskriege von einer patriotischen Begeisterung, die alle Volksschichten ergriff. Besonders die Deutschen erhofften sich vom Sieg über Napoleon die Gründung eines politisch geeinten Nationalstaats, was der → Wiener Kongress jedoch verhinderte.

Bekennende Kirche

Bewegung protestantischer Pfarrer und Laien, die seit 1934 den Eingriffen der Nationalsozialisten in kirchliche Angelegenheiten entgegentrat. Sie wandte sich besonders gegen die Verfälschung des Christentums durch die nationalsozialistischen „Deutschen Christen" und verurteilte entschieden den →Antisemitismus. Trotz Verfolgungen und Verhaftungen setzten kleine Gruppen ihren Widerstand gegen den Nationalsozialismus bis Kriegsende fort.

Berliner Blockade

Von der sowjetischen Besatzungsmacht verhängte Blockade Westberlins durch Sperrung aller Zufahrtswege am 24. 6. 1948. Dieser Versuch der UdSSR, ganz Berlin unter ihre Kontrolle zu bringen, scheiterte am Wi-

Die Flugzeuge der Luftbrücke – liebevoll „Rosinenbomber" genannt – hielten Berlin während der Blockade 1948/49 am Leben.

Berliner Blockade

derstand der Westmächte. Sie versorgten Westberlin über eine *Luftbrücke,* sodass die sowjetische Regierung die Blockade am 12. 5. 1949 abbrach.

Berliner Kongress
Der russisch-türkische Krieg 1877/78 wurde durch den Frieden von San Stefano beendet, in dem das siegreiche Russland seine Machtinteressen auf dem Balkan durchzusetzen suchte. Das führte zu Spannungen mit Österreich und England, die ein im Sommer 1878 nach *Berlin* einberufener Kongress der europäischen Großmächte unter Vorsitz BISMARCKS beilegen sollte. Der *Berliner Frie-*

de brachte Rumänien, Serbien und Montenegro die Unabhängigkeit, erteilte Österreich das Mandat zur Besetzung von Bosnien-Herzegowina und trug Russland Teile Bessarabiens ein. Da Bismarck Deutschlands Desinteresse am Balkan erklärt hatte und den Kongress als „ehrlicher Makler" leitete, trug dies wesentlich zum Verhandlungserfolg bei. Dennoch fühlte sich Russland als Verlierer, was zur Verschlechterung der deutsch-russischen Beziehungen führte.

Berliner Mauer
Am 13. August 1961 verwandelte die DDR die Sektorengrenze zwischen Ost- und West-

Die Berliner Mauer wird durch Betonteile verstärkt (1963).

Mauerbau

berlin in ein scharf bewachtes militärisches Sperrsystem. Betonmauern, Stacheldraht und Selbstschussanlagen sollten die anhaltende Flucht der Bevölkerung verhindern, die in den Westen strömte. Von 1949 bis 1961 hatten 2,7 Millionen Menschen die DDR verlassen, darunter viele gut ausgebildete Industriearbeiter und Akademiker. Da die DDR ihre Grenze zur Bundesrepublik längst schwer befestigt hatte, gab es nur noch das Schlupfloch Westberlin, das nun ebenfalls geschlossen wurde. Durch diesen „Antifaschistischen Schutzwall" konnte die DDR ihr sozialistisches System noch eine Weile konservieren, bis es nach dem Fall der Berliner Mauer am 9. November 1989 endgültig zusammenbrach.

Besatzungsstatut

Parallel zur Gründung der Bundesrepublik Deutschland erließen die drei Westmächte 1949 ein Besatzungsstatut. Mit ihm traten sie wesentliche Hoheitsrechte an den neuen Staat ab, behielten sich jedoch Kontrollbefugnisse und die außenpolitische Vertretung vor. Die Interessen der Westalliierten nahm eine *Hohe Kommission* mit drei Hochkommissaren wahr. Die *Pariser Verträge* hoben das Statut nach mehrjähriger Lockerung 1955 endgültig auf, doch blieben den Alliierten weiterhin Rechte in Berlin sowie *Notstandsbefugnisse* vorbehalten.

Besatzungszonen

Die Besatzungsgebiete der alliierten Siegermächte, in die Deutschland nach einem Abkommen vom 5.6.1945 aufgeteilt wurde. Berlin erhielt einen *Viersektorenstatus*.

Bettelorden

Als Reaktion auf die Verweltlichung der Kirche entstanden im 13. Jh. die Bettelorden, die einem kompromisslosen *Armutsideal* folgten. Das bedeutete, dass im Gegensatz zu anderen ➡ Orden nicht nur der einzelne Mönch, sondern die ganze Gemeinschaft auf Besitz verzichtete. Ihren Unterhalt bestritten die Mönche aus Gaben, die sie bei der Bevölkerung erbettelten. Dafür befriedigten sie das Bedürfnis der neuen städtischen Massen

nach Seelsorge, das der Weltklerus nur unzureichend erfüllte. Zu den mittelalterlichen Bettelorden zählten die Franziskaner, Dominikaner, Augustiner und Karmeliten.

Biedermeier

Bezeichnung für die bürgerliche Lebensform zwischen dem ➡ Wiener Kongress 1815 und und der Revolution von 1848, also die Zeit des *Vormärz*. Enttäuscht von der ➡ Restauration, die ihn aus der Politik verdrängte, zog sich der Bürger ins Privatleben zurück um hier Erfüllung zu suchen. Später verengte sich der Begriff auf ein idealisiertes Leben in Behaglichkeit und Ruhe, zugetan allen leiblichen und musikalischen Genüssen. Bis heute gilt der schlichte „Biedermeierstil" als Inbegriff guter Wohnkultur mit klaren Linien und perfekter handwerklicher Verarbeitung.

Biedermeier

„Dame in Pelz von englisch-grünem Cashmir mit Hermelin verbrämt, Herr in Pelz-Capot von Doppeltuch" (Modezeichnung aus Wien, 1829)

Bill of Rights

Sie sicherte die Herrschaft des englischen Parlaments über den König und seine Regierung. Nach der ➡ Glorious Revolution erließ das siegreiche Parlament 1689 dieses Staatsgesetz, das der neue König unterzeichnen musste. Die Bill of Rights regelte die Thronfolge in England und alle Rechte des Parlaments.

Binnenwanderung

Wanderbewegung größerer Bevölkerungsteile innerhalb eines Staates. Sie wird zumeist ausgelöst durch die Suche nach besseren Arbeits- und Lebensbedingungen oder auch durch kriegerische Ereignisse. In Deutschland setzte um 1870 mit fortschreitender Industrialisierung eine Binnenwanderung vom Land in die Stadt und vom Osten in den industriellen Westen ein.

Bischof

Amtsträger der christlichen Kirche, dem die Verwaltung eines bestimmten Gebietes (Bistum, Diözese) übertragen ist. Er gilt nach katholischer Lehre als Nachfolger der ➡ Apostel und beaufsichtigt aufgrund seines Lehr-, Priester- und Hirtenamtes das Gemeindeleben seiner Diözese. Zu seiner Amtstracht zählen Bischofsmütze (Mitra), Bischofsstab, Ring und Brustkreuz. Ernannt wird der *katholische* Bischof vom ➡ Papst.

Bischof mit Mitra (Bischofsmütze) und Bischofsstab.

Bischhöfe

Der *evangelische* Landesbischof versteht sich lediglich als Verwaltungsorgan der Kirchenleitung. Nach protestantischem Verständnis gründet sich sein Amt nicht auf göttliches Recht, sondern ist von Menschen geschaffen. Gewählt wird er von der *Synode*. Dem Landesbischof obliegt die Beaufsichtigung der Gemeinden seiner ➡ Landeskirche, die Einführung der Pfarrer in ihr Amt und die Aufsicht über die richtige Verkündung.

Im Deutschen Reich des Mittelalters waren Bischöfe nicht nur *geistliches* Oberhaupt ihrer Diözesen. Der König hatte ihnen auch Land verliehen, das sie wie ➡ Landesherren regierten. Damit übten sie *weltliche* Macht aus und zählten zu den geistlichen ➡ Reichsfürsten und zum Hochadel.

Blutsonntag

Bezeichnung für den 22. Januar 1905, an dem Truppen vor dem Winterpalais in St. Petersburg das Feuer auf eine friedliche Arbeiterdemonstration eröffneten, die dem Zaren eine Bittschrift mit sozialen Forderungen überbringen wollten. Er löste einen allgemeinen Aufstand aus, die erste (bürgerliche) russische Revolution 1905– 1907.

Bodenreform

Neuverteilung von Landbesitz aus wirtschaftlichen oder politischen Gründen. Nach dem 2. Weltkrieg kam es insbesondere in den kommunistischen Staaten zu einer Bodenreform durch Enteignung des Großgrundbesitzes zugunsten kleiner oder besitzloser Bauern. Dies war der erste Schritt auf dem Weg zur ➡ Kollektivierung im Sinne einer *sozialistischen* Gesellschaftsordnung.

Bojar

(altrussisch = Herr, Edelmann)
Im alten Russland bildeten die Bojaren die politisch einflussreiche Adelsschicht, die über ausgedehnten Grundbesitz verfügte. Zugleich stellten sie die Gefolgschaft der russischen Fürsten bei Hofe und im Heer. Seit dem 15. Jh. beschnitten die Zaren die Macht der Bojaren und drückten sie auf den Stand von Dienstleuten hinab.

B

Blutsonntag

Bolschewismus, Bolschewiki
(russ. = Mehrheitler)
Bezeichnung für die radikalen sozialdemokratischen Anhänger LENINS, die seiner revolutionären Taktik *(Leninismus)* auf einem
Parteitag 1903 zustimmten. Die bei dieser
Abstimmung Unterlegenen akzeptierten für
sich den Namen Menschewiki (= Minder-
heitler).

Bojar

Nach LENINS Theorie muss die *Proletarische
Revolution* von einer straff geführten *Kader-
partei* getragen werden. Sie ist die bestimmende Kraft auf dem Weg zum ➡ Sozialismus und muss durch Parteifunktionäre alle
nachgeordneten gesellschaftlichen Gruppie-
rungen beherrschen. In der Sowjetunion erzwang STALIN die Umgestaltung von Staat
und Gesellschaft nach bolschewistischen
Prinzipien, was nach 1945 von allen Staaten
innerhalb des sowjetischen Machtbereichs
übernommen wurde.

Börse
(von lat. bursa = Geldbeutel)
Name des Ortes, an dem Kaufleute regel-
mäßig zusammenkommen um für ihre Auf-
traggeber mit *Wertpapieren* (z.B. Aktien) zu
handeln. Die *Makler* haben im Börsensaal
feste Plätze und nehmen hier Aufträge zum
Kauf oder Verkauf entgegen. Auf diese Weise führt die Börse Angebot und Nachfrage
zusammen und errechnet daraus für jedes
Wertpapier einen amtlichen Preis *(Börsen-
kurs)*. Die festgestellten Kurse werden im
amtlichen Börsenblatt bekanntgegeben. Das
Risiko für die Inhaber von Wertpapieren
liegt darin, dass Börsenkurse aufgrund bestimmter Einflüsse – negative Wirtschaftsda-

Den friedlichen De-
monstrationszug russi-
scher Arbeiter schossen
Truppen vor dem Win-
terpalais in St. Peters-
burg zusammen. Es
gab weit über hundert
Tote. Der 22. Januar
1905 erhielt deshalb
den Namen „Blutsonn-
tag".

Russischer Bojar.

Der „Sonnenwagen von Trundholm" wurde in Dänemark ausgegraben und zählt zu den eindruckvollsten Schöpfungen der Bronzezeit.

ten, inflationäre Tendenzen, sinkende Konjunktur, Arbeitskämpfe, kriegerische Konflikte – so rasch sinken können, dass z. B. Aktieninhaber große Verluste erleiden (➡ Weltwirtschaftskrise). Neben den Wertpapierbörsen gibt es u. a. *Warenbörsen*, wo Produkte wie Wolle, Baumwolle, Getreide, Kaffee, Zucker oder Metalle gehandelt werden. Die ersten Börsen entstanden im 16. Jh. in den großen Handelsstädten Europas, wo sie sich aus ursprünglich formlosen Zusammenkünften von Kaufleuten entwickelten. Die erste internationale Börse wurde 1531 in *Antwerpen* gegründet.

Boston Tea Party

Die von Großbritannien erhobene Teesteuer führte in den amerikanischen Kolonien zu Unruhen, die am 16. 12. 1773 ihren Höhepunkt erreichten. Als Indianer verkleidete Bürger enterten 3 Schiffe der Ostindischen Handelskompanie im Hafen von Boston und warfen die gesamte Ladung Tee über Bord. Die Schließung des Hafens und die Entsendung von Kriegsschiffen waren der Beginn einer allgemeinen Empörung der nordamerikanischen Kolonien gegen das englische Mutterland.

Enthauptung aufständischer Chinesen durch japanisches Militär im Boxeraufstand.

Boxeraufstand

Bourgeoisie

(frz. bourgeois = Bürger)
Im 19. Jh. abwertende Bezeichnung für das Besitz- und Bildungsbürgertum. Der *Marxismus* definiert die Bourgeoisie als herrschende Klasse der kapitalistischen Gesellschaft im Gegensatz zur Arbeiterklasse (➡ Kapitalismus, Klassenkampf).

Boxer(aufstand)

Fremdenfeindlicher chinesischer Geheimbund, nach seiner Selbstbezeichnung „Fäuste der Rechtlichkeit und Eintracht" im Westen auch *Boxer* genannt. Der 1900 ausgebrochene Boxeraufstand, der sich gegen den ausländischen Einfluss richtete, führte zum militärischen Eingreifen der europäischen Großmächte in China.

Breschnew-Doktrin

1968 besetzten Truppen des ➡ Warschauer Paktes unter Führung der *Sowjetunion* die *Tschechoslowakei* um die Reformbewegung des „Prager Frühlings" gewaltsam zu beenden. Um diesen Einmarsch nachträglich zu rechtfertigen vertrat der sowjetische Generalsekretär BRESCHNEW die These, alle Staaten des sozialistischen Lagers besäßen lediglich ein „eingeschränktes Selbstbestimmungsrecht". Danach hätte die UdSSR das Recht zur Intervention, falls der Sozialismus in einem dieser Länder gefährdet sei.

Bronzezeit

Epoche etwa zwischen 2500–800 v. Chr., in der sich die Verarbeitung von *Bronze* für Werkzeuge, Waffen und Schmuck durchsetzte. Die Technik entstand in *Vorderasien* und breitete sich seit etwa 1800 v. Chr. auch in Europa aus. Neben unbestreitbar positiven Auswirkungen (Erleichterung oder Vereinfachung menschlicher Arbeit) perfektionierte der technische Fortschritt auch die Waffentechnik. Es ist leicht vorstellbar, dass weit reichende Waffen wie Bronzeschwerter dem Träger eine stärkere Überlegenheit verliehen als Flintdolche. Als Abwehrmaßnahme erfand man damals Helm und Schild. Insgesamt war das menschliche Leben nun stärker gefährdet als in der *Jungsteinzeit*,

Bronzezeit

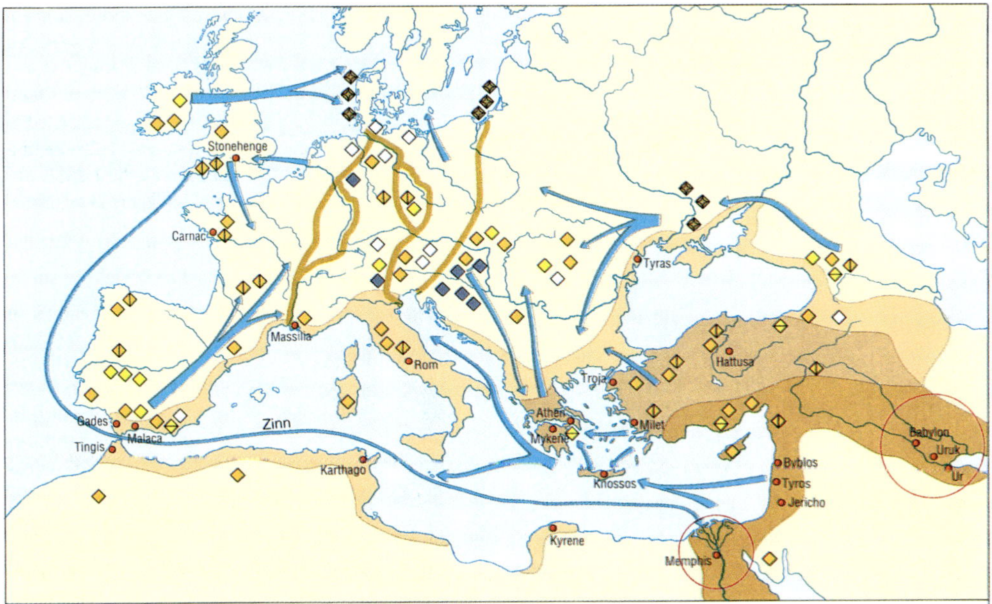

Rohstoffquellen und Handelswege in frühgeschichtlicher Zeit (3000 - 600 v. Chr)

Rohstoffe		Ausbreitung städtischer Kulturen		
◇ Gold	◆ Zinn		7.- 4. Jahrt. v. Chr.	➡ Kultur und Handelsströme aus den Kulturzentren
◈ Silber	◆ Eisen		3.- 2. Jahrt. v. Chr.	◯ Ausgangsraum der Metallverarbeitung
◇ Kupfer	◇ Salz		2. Jahrt.- 600 v. Chr.	▬ Bernsteinstraße
	◆ Bernstein			0 ___ 500 km

B

denn es entwickelte sich vielerorts eine feudale *Kriegeraristokratie*. Ebenfalls stoßen wir jetzt auf umfangreiche Burg- und Verteidigungsanlagen sowie Fürstengräber mit reichen Beigaben (→ Hügelgräber).

Große Bedeutung gewann in dieser Zeit der *Erzbergbau*, wo Bergleute untertage kupferhaltiges Gestein brachen. Zugleich intensivierte sich der *Fernhandel* in Europa. Da es wesentlich weniger Zinn- als Kupfervorkommen gab, ist zu vermuten, dass zunächst besonders der Transport von *Zinn* zum Ausbau der Handelswege beitrug.

Die ergiebigen Zinnminen im englischen *Cornwall* waren bereits in der Bronzezeit in Betrieb und wurden seit etwa 1500 v. Chr. zur Hauptversorgungsquelle des Mittelmeerraums ("Zinn-Inseln"). Vermutlich wickelte das Seefahrervolk der *Phönizier*, das mit seinen Schiffen auch die Straße von Gibraltar durchquerte und den Atlantik befuhr, den größten Teil des lukrativen Zinnhandels ab. Bedeutende Zinnvorkommen gab es ferner in Kleinasien.

Der Eintritt in das neue Zeitalter hatte eine Spezialisierung der *Berufe* zufolge. Menschliche Arbeit wurde damit zur "Ware" und ihrer "Wertigkeit" vergleichbar. Als neue Berufe entstanden Bergleute, Köhler, Schmelzer, Bronzegießer, Schmiede und Händler. – Auf die Bronzezeit folgte die → Eisenzeit.

Bulle
(lat. bulla = Kapsel)
Eine Bulle ist das in eine Kapsel eingeschlossene Siegel einer Urkunde. Im Abendland benutzten Herrscher und Päpste bei besonders wichtigen Urkunden Gold- und Silberbullen (→ Goldene Bulle). Seit dem 13. Jahrhundert bezeichnet man die gesiegelte Urkunde selbst als Bulle.

Bundesgenossen
Italische Stämme und Städte, die durch Bündnisse mit Rom verbunden waren. Sie gaben ihre politische und militärische Selbstständigkeit auf, behielten aber die innere Selbstverwaltung. Im Bundesgenossenkrieg erzwangen sie 89 v. Chr. das römische Bürgerrecht (→ Bürger).

Bundesrat
Oberstes Regierungsorgan im →Norddeutschen Bund bzw. seit 1871 im Deutschen Reich. Er setzte sich aus Vertretern der verbündeten Regierungen bzw. der Bundesfürsten zusammen. Den Vorsitz führte der Bundeskanzler (seit 1871 *Reichskanzler*), den der König von Preußen, später der deutsche Kaiser, ernannte.

Bundesstaat
Zusammenschluss selbstständiger Staaten zu einem Gesamtstaat, wobei die Gliedstaaten einen Teil ihrer Hoheitsrechte auf den Gesamtstaat übertragen (z. B. Deutschland, Österreich, USA, Schweiz). Dieses Gestaltungsprinzip nennt man *Föderalismus*. Behalten die Gliedstaaten wesentliche Teile ihrer Souveränität, spricht man von einem *Staatenbund*.

Bundschuh
Als Gegensatz zum gespornten Ritterstiefel wählten die aufständischen Bauern im 15. Jh. den bäuerlichen Bundschuh als Symbol: einen mit Lederriemen gebundenen flachen Schuh. Soziale Unruhen unter dem Bundschuh sind erstmals 1443 aus dem Dorf Schliengen bei Basel überliefert. Später gab es weitere Erhebungen des Bundschuhs mit dem Ziel → Leibeigenschaft und Abgaben abzuschütteln und nur noch Kaiser und Papst untertan zu sein. Ihren Höhepunkt fand die Bundschuhbewegung im großen → *Bauernkrieg* von 1525.

Burg
Schon in vorgeschichtlicher Zeit gab es befestigte Bergkuppen, die den Kelten und Germanen als *Fluchtburgen* dienten. In römischer Zeit entstanden → Kastelle als Teil der Grenzbefestigung oder einfache Wach- und Wohntürme an wichtigen Handelswegen. Von den Slawen kennen wir *Fliehburgen* mit Wall, Graben oder Palisadenzaun.
Seit dem 9.–10. Jh. wurde es üblich, dass mächtige *Adelsfamilien* ihren Wohn- und Verwaltungssitz befestigten, um in unsicheren Zeiten unangreifbar zu sein. So entstanden allmählich die aus Stein errichteten *Bur-*

gen mit Mauer, Graben, Palas und Turm, wie wir sie heute kennen.

Ursprünglich war der Burgenbau ein königliches ➡ Regal (Recht), das dem König im Lauf der Zeit entglitten war. Somit wetteiferten nun Ritter, Grafen, Fürsten, Äbte und Bischöfe bei der Errichtung von Burgen, die sowohl der Sicherung des Landes, als auch der Verteidigung und Machtausübung dienten.

Natürlich konnte eine Adelsfamilie nicht alle Burgen ihres Herrschaftsgebietes mit Familienangehörigen besetzen. Daher bestand die Burgbesatzung häufig aus ➡ Ministerialen. Das waren ursprünglich unfreie *Dienstmannen,* denen es im Lauf der Zeit gelang, in den niederen Adel aufzusteigen. So bildeten die Burgen des Mittelalters Herrschafts- und Machtzentren, in deren Schutz sich oftmals *Städte* entwickelten.

Die Frühform der mittelalterlichen Burg war die in ganz Mitteleuropa verbreitete *Turmhügelburg* oder *Motte* des 9.–11. Jh.: ein bewohnbarer hölzerner oder steinerner Turm auf einem künstlichen Erdhügel, umgeben von Wall und Graben. Hieraus entwickelten sich im Lauf der Zeit ganz unterschiedliche Burgtypen, die man nach ihrer Lage unterscheidet: zunächst verschiedene Formen von

Ritterturnier im Mittelalter, Bild aus der Manessischen Liederhandschrift, 14. Jh.

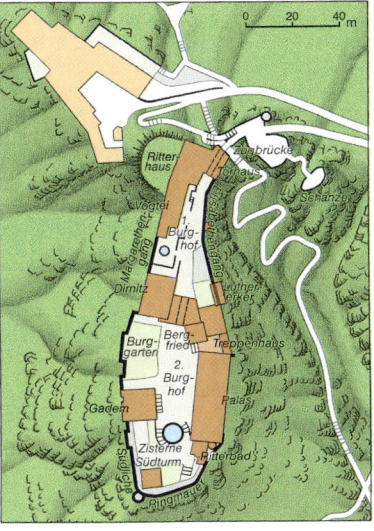

Luftbild und Grundriss der Wartburg in Thüringen.

Bürger

Wohlstand in einer mittelalterlichen Stadt, Wandgemälde um 1338.

Höhenburgen wie z. B. die *Gipfelburg,* die sich auf einer unangreifbaren Bergspitze befindet, die *Hangburg* auf einem Felsen am Berghang, oder die *Spornburg* auf einem auslaufenden Bergsporn. Im Flachland baute man oft *Wasserburgen,* die von Schutzgräben umgeben waren.

Der Wehrbau „Burg" war so angelegt, dass er von möglichst wenig Menschen verteidigt werden konnte. Um das zu erreichen musste sie so gebaut sein, dass Angreifer geringe Chancen einer Erstürmung hatten. Die Bauelemente *Burg-* oder *Wassergraben, Ringmauer, Wehrgang* mit *Schießscharten* sind unter diesem Blickwinkel zu sehen.

Die massive Mauer (etwa 2 m breit, Höhe bis zu 10 m) wurde an den gefährdeten Stellen häufig durch noch höhere und dickere *Schildmauern* geschützt. Das *Tor,* der empfindlichste Teil der Anlage, war ständig bewacht und durch eine *Zugbrücke* (Fallbrücke) zusätzlich gesichert. Häufig sind an den *Tortürmen* auch die so genannten *Pechnasen* zu sehen. Die Verteidiger benutzten diesen Auslauf um Angreifer mit siedendem Öl oder heißem Pech zu übergießen.

Der *Bergfried* als Hauptturm und Mittelpunkt der Anlage hatte drei bis vier Meter dicke Mauern und eine Höhe von 20 – 40 Metern. Er galt als Fluchtburg innerhalb der

Burganlage, diente aber auch als Wohnung *(Turmburg)* adliger Familien. Der *Palas,* ein mit Teppichen und Wandmalereien geschmückter Saal, galt als Repräsentationsteil jeder Burg.

Die *Kemenaten* – teilweise beheizbar – dienten als Wohnräume. *Brunnen* sorgten für den Wasserbedarf der Bewohner. Es war keine Seltenheit, dass diese Brunnen 100 m tief lagen und bei Felsburgen in den Fels gehauen wurden.

Bürger

Wer an politischen Entscheidungen des Staates aktiv mitwirkte und das *Bürgerrecht* besaß, galt in der Antike als Bürger. In Griechenland vererbte sich das Bürgerrecht, konnte jedoch durch die ➡ Volksversammlung auch Fremden verliehen werden. Neben solchen *Vollbürgern* gab es auch Bürger mit eingeschränkten Rechten (z. B. Frauen).

Römischer Bürger war man durch Geburt von römischen Eltern. Anfangs beschränkte sich das Bürgerrecht auf die Stadt Rom, wurde später auf die römischen ➡ Bundesgenossen übertragen und galt nach 212 n. Chr. für alle freien Reichsuntertanen. Schenkte ein Römer einem Sklaven wegen besonderer Verdienste die Freiheit, erlangte er damit ebenfalls das römische Bürgerrecht.

Im *Mittelalter* waren Bürger ursprünglich die Bewohner eines Ortes im Schutz einer ➡ Burg, später die freien Einwohner der mittelalterlichen Städte. Sie erkämpften sich von ihren adligen ➡ Stadtherren zahlreiche Rechte (➡ Stadtrecht), sodass manche Städte schließlich nur noch dem Kaiser untertan waren (➡ Reichsstädte). Aufgrund ihrer wachsenden wirtschaftlichen und politischen Bedeutung wurden die Bürger allmählich zu einem eigenen ➡ Stand neben der *Geistlichkeit,* dem *Adel* und den *Bauern.*

Da die Bürger einer Stadt unterschiedlichen *Schichten* angehörten, blieben die Städte im Innern nicht von Kämpfen verschont. So kam es besonders im 14. und 15. Jh. zu heftigen Auseinandersetzungen zwischen den herrschenden ➡ Patriziern und den Handwerken (➡ Zunft) um die Beteiligung an der Stadtregierung.

Seit der Zeit des ➡ Absolutismus gerieten die Städte in starke Abhängigkeit von den ➡ Landesherren und mussten sich ihnen unterwerfen. Doch führte die ➡ Industrielle Revolution im 19. Jh. neben einem gewaltigen Städtewachstum auch zu einem erneuten Aufschwung des Bürgertums, das von der Entfaltung der Wirtschaft profitierte. Der bislang vorgeschriebene Zunftzwang wich der *Gewerbefreiheit,* sodass künftig jeder Bürger ein Geschäft mit beliebigen Produkten eröffnen konnte.

Seit der *Französischen Revolution* setzte sich zudem die bürgerliche Gesellschaftsordnung gegenüber der ständischen Ordnung durch, sodass das 19. Jh. wirtschaftlich und kulturell vom Bürgertum geprägt wurde. Auch politisch erlangte das Bürgertum mit der Bewegung des ➡ Liberalismus größere Mitbestimmung, selbst wenn sich im 19. Jh. noch nicht alle Ziele verwirklichen ließen. Freilich gab es innerhalb des Bürgertums große Unterschiede und der Gegensatz zwischen einem *Groß-* und einem *Kleinbürger* war beträchtlich. Besitz und Bildung bestimmten auch hier den sozialen Rang (➡ Bourgeosie, Proletariat).

In der Industriegesellschaft des 20. Jh. sind die früher so gravierenden Unterschiede zwischen *Bürgertum, Adel* und *Proletariat* entweder verschwunden oder stark verblasst. Heute sind konkrete gesellschaftliche Inhalte mit dem Begriff *Bürger* kaum noch verbunden. Nur in den Ländern der ➡ Dritten Welt, wo eine mittelständische Bürgerschicht erst im Werden ist, finden sich typische Merkmale gegenüber anderen Bevölkerungsschichten. Sie erinnern an den Entwicklungsprozess des europäischen Bürgertums im 19. Jh.

Burschenschaft

1815 in Jena gegründete studentische Verbindung, die sich zu einer rasch ausbreitenden Bewegung an den Universitäten entwickelte. Sie forderte neben einer Studienreform die staatliche Einigung Deutschlands und verkündete ihre liberalen Ziele 1817 auf dem *Wartburgfest.*

Bürger

Die ➡ Karlsbader Beschlüsse führten 1820 zum Verbot der Burschenschaft, die insgeheim jedoch fortbestand. Viele wurden wegen umstürzlerischer Aktivitäten angeklagt und zu Festungshaft verurteilt. Auch an der Revolution 1848 beteiligten sich viele Burschenschafter. Nach der Reichsgründung 1871 setzten sich konservative Strömungen in der Burschenschaft durch.

Patrizierehepaar gemeinsam bei der Arbeit (Gemälde von Marinus Roymerswaele, 1540).

C

Calvinismus

Bezeichnung für die Lehre des Reformators JOHANN CALVIN (1509–1564). Grundlage ist die *Prädestinationslehre*, d. h. dass Gott von vornherein den Menschen entweder zum ewigen Heil oder zur ewigen Verdammnis bestimmt hat. Da man Gottes Gnade am äußerlichen Erfolg der Arbeit zu erkennen glaubte, wirkte der Calvinismus wirtschaftlich sehr anspornend.

CALVIN führte eine strenge Kirchenzucht ein, der auch das Privatleben unterlag. Die Gemeinde, die alle Ämter selbst besetzte, sollte sich im Gottesdienst auf Predigt und Gott konzentrieren. Deshalb wurde aller Kirchenschmuck aus reformierten Kirchen entfernt. Gegen eine gottlose Obrigkeit gab es ein Widerstandsrecht. Calvins Lehre verbreitete sich hauptsächlich in Westeuropa und zählt zur *Reformierten Kirche* (➡ Reformierte).

Censor s. Zensor

Chauvinismus

Ein extrem übersteigerter Nationalismus, der auch die Unterdrückung anderer Völker nicht scheut und den Krieg als letztes Mittel in Kauf nimmt. Die Bezeichnung geht zurück auf den überpatriotischen Rekruten CHAUVIN aus einem französischen Lustspiel von 1831.

Christenverfolgung

Die Ausbreitung des Christentums im Römischen Reich stieß bei Teilen der nichtchristlichen und jüdischen Bevölkerung schon früh auf Widerstand. Nach Verfolgungen einzelner Christen und Christengemeinden im 1./2. Jh. kam es im 3. Jh. zu einer systematischen Christenverfolgung mit dem Ziel der Ausrottung. Die Christen galten als Staatsfeinde, da sie den *Kaiserkult* ablehnten und den offiziellen Göttern nicht opferten. Dahinter stand vor allem die Sorge der Kaiser um die Einheit des Reiches.

Die Verfolgungen endeten erst mit dem Mailänder ➡ Toleranzedikt Kaiser KONSTANTINS, das den Christen im Jahr 313 Religionsfreiheit gewährte.

Cluny, Cluniazensische Reform

Das im Jahr 910 in Burgund gegründete Benediktinerkloster *Cluny* war vom 10.–12. Jh. Mittelpunkt einer bedeutenden kirchlichen *Reformbewegung*.

Sie richtete sich zunächst gegen die alte Rechtsauffassung, dass ein ➡ Grundherr, Fürst oder König alle auf seinem Gebiet errichteten Klöster und Kirchen als Eigentum betrachtete, über das er frei verfügen konnte *(Eigenkirchenrecht)*. So setzte er Pfarrer, Äbte oder Bischöfe nach Gutdünken in ihr Amt ein (➡ Investitur) oder entließ sie, wann es

Dieser „Temple de Charenton" bei Paris war vor seiner Zerstörung 1685 das Gotteshaus französischer Calvinisten.

Calvinismus

Cluny

ihm passte. Außerdem waren Kauf und Verkauf geistlicher Ämter (➡ Simonie) keine Seltenheit, ebenso wie die von den Päpsten abgelehnte Priesterehe.

Das Kloster Cluny erhielt hingegen bereits in der Stiftungsurkunde vom 11. 9. 910 eine von weltlicher Gewalt unabhängige Freiheit. Kein adliger Laie hatte künftig ein Mitspracherecht in kirchlichen Dingen. Das Kloster durfte seinen Abt frei wählen und unterstand auch keinem Bischof, sondern allein päpstlichem Schutz.

Mit dieser neuen Freiheit einer ging eine Reform des klösterlichen Lebens, das vielfach in Verfall geraten war. Strenge Disziplin der Klosterinsassen, die Pflege des feierlichen Gottesdienstes sowie Handarbeit zählten dazu.

In diesem Geist der Erneuerung reformierte *Cluny* hunderte von Klöstern in ganz Europa. So entstand allmählich ein großer Klosterverband mit *Cluny* als geistigem Zentrum. Der von dort ausgehende Erneuerungswille breitete sich bald in der ganzen Kirche aus und erfasste nicht nur Päpste und Bischöfe, sondern auch Könige und den Adel.

Code civil

Von NAPOLEON geschaffenes bürgerliches *Zivilgesetzbuch* (1804), das die Grundgedanken der Französischen Revolution (persönliche Freiheit, Gleichheit vor dem Gesetz, Trennung von Staat und Kirche) verankerte. Der Code civil (auch: Code Napoleon) beeinflusste die europäische Rechtsprechung erheblich.

Commonwealth of Nations

Seit 1931 im Statut von Westminster festgelegte Bezeichnung für das frühere *British Empire.* Mitglieder der Staatengemeinschaft sind die *Members of the Commonwealth,* wozu unabhängige, gleichberechtigte und durch freie Entscheidung verbundene Staaten zählen. In einigen dieser Länder ist der britische Monarch zugleich Staatsoberhaupt, das durch einen Generalgouverneur vertreten wird (z. B. Australien, Kanada, Neuseeland). In anderen Ländern wird der britische König lediglich als Haupt des Commonwealth, nicht aber als Staatsoberhaupt anerkannt (z. B. Indien, Bangladesch). Weiterhin zählen zum Commonwealth auch die abhängigen Gebiete (*Dependent Territories*) wie z. B. Bermuda oder Gibraltar. Auf jährlich stattfindenden Konferenzen diskutieren die Premierminister des Commonwealth of Nations gemeinsame Probleme.

Cordon sanitaire

Bezeichnung für den nach dem Ersten Weltkrieg errichteten Staatengürtel von Finnland über die baltischen Staaten und Polen bis zur Tschechoslowakei. Er sollte das bolschewistische Sowjetrussland vom übrigen Europa isolieren und die Ausbreitung des ➡ Kommunismus verhindern.

Cro-Magnon

Höhle in Südfrankreich beim Ort Les Eyzies im Tal der Dordogne. Dort entdeckte man 1868 Siedlungsreste sowie Skelette eiszeitlicher Jetztmenschen. Mit einem Alter von etwa 30 000 Jahren zählen sie zu den frühesten Funden des modernen Menschen in Europa.

Dawes-Plan

Abkommen vom 16.8.1924 zur Regelung der deutschen Reparationszahlungen nach dem Ersten Weltkrieg. Erarbeitet wurde der Plan

D

Der Staat der Athener
(nach der Verfassung des Kleisthenes)

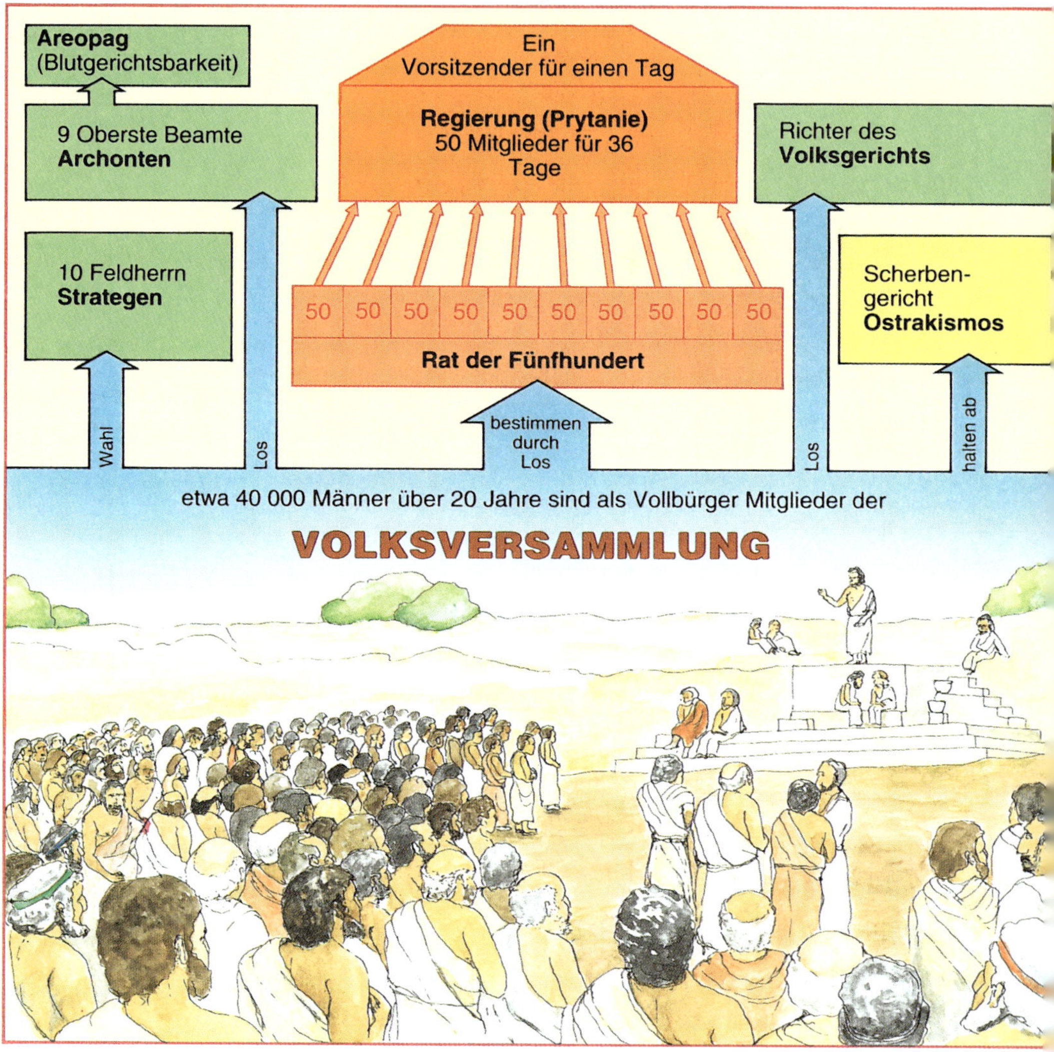

Areopag
(Blutgerichtsbarkeit)

Ein
Vorsitzender für einen Tag

Regierung (Prytanie)
50 Mitglieder für 36
Tage

9 Oberste Beamte
Archonten

Richter des
Volksgerichts

10 Feldherrn
Strategen

50	50	50	50	50	50	50	50	50	50

Rat der Fünfhundert

Scherben-
gericht
Ostrakismos

Wahl

Los

bestimmen
durch
Los

Los

halten ab

etwa 40 000 Männer über 20 Jahre sind als Vollbürger Mitglieder der

VOLKSVERSAMMLUNG

von einem Sachverständigenausschuss unter Vorsitz des amerikanischen Wirtschaftsexperten CHARLES DAWES, der die Reparationen von der Gesundung der deutschen Wirtschaft abhängig machte und einseitige Gewaltmaßnahmen der Gläubigerstaaten wie den ➡ Ruhrkampf verurteilte. Der in London verabschiedete Plan sah nach einer Übergangszeit jährliche deutsche Zahlungen in Höhe von 2,5 Milliarden Goldmark vor. Zur Sicherung der Zahlungen wurden Reichsbahn und Reichsbank unter internationaler Kontrolle finanziell belastet. Ferner wurden die Einnahmen Deutschlands aus Zöllen und Verbrauchssteuern verpfändet und der deutschen Industrie Zahlungsver-

Demokratie

Demokratie heute: eine Sitzung des Bundestages in Berlin.

D

pflichtungen von über 5 Milliarden Goldmark auferlegt. Auf Angaben über die endgültige Höhe der Reparationen wurde verzichtet, was in Deutschland Unsicherheit hervorrief. 1930 wurde der Dawes-Plan durch den ➡ Young-Plan ersetzt.

Demokratie

(griech. = Herrschaft des Volkes)
Die Staatsform der Demokratie ist in *Athen* entstanden. Sie beruht auf der *Gleichheit* aller ➡ Bürger, die über politische Entscheidungen in der ➡ Volksversammlung – der höchsten demokratischen Einrichtung – abstimmen (direkte Demokratie). Dennoch herrschte in der attischen Demokratie nur eine Minderheit, da breite Bevölkerungsschichten keine politischen Rechte besaßen (Frauen, ➡ Metöken, ➡ Sklaven). Man schätzt, dass bei einer Bevölkerung Attikas von 350 000 Menschen nur etwa 40 000 aktiv politisch mitwirkten. Dennoch war diese Regierungsform für die damalige Zeit revolutionär.
Im antiken *Athen* ließen sich alle Entscheidungen in Form von Beschlüssen der *Volksversammlung* herbeiführen, die von den stimmberechtigten Bürgern gebildet wurde. Die modernen Demokratien waren für eine solche direkte Mitwirkung zu groß. Sie lösten das Problem durch die Wahl von *Volksvertretern* (Repräsentanten), die im ➡ Parlament politische Entscheidungen treffen *(parlamentarische Demokratie).*
Die moderne Demokratie ist durch die Existenz einer ➡ Verfassung gekennzeichnet, die auf dem Prinzip der ➡ Gewaltenteilung beruht. Sie hat ferner die ➡ Menschenrechte zu gewährleisten und das allgemeine, gleiche, freie und geheime Wahlrecht zu sichern.
Diese *Menschen- und Bürgerrechte* – Freiheit des Einzelnen, Glaubens- und Gewissensfreiheit, Unverletzlichkeit der Person, gleiche Rechte und Pflichten, Unverletzlichkeit des Rechts – wurden erstmals 1776 in der ➡ Unabhängigkeitserklärung der USA verkündet. Die französische Nationalversammlung nahm die Menschenrechte im Jahr 1789 an, kurz nach Ausbruch der *Französischen Revolution.* Seither sind sie Bestandteil aller demokratischen Verfassungen.
Die *Rätedemokratie* (➡ Räterepublik) bildet das Gegenmodell zur parlamentarischen Demokratie. Vom Volk direkt gewählte Delegierte bilden einen Rat, der alle Entscheidungsbefugnisse besitzt. Die Räte sind der Wählerschaft unmittelbar verantwortlich und jederzeit abwählbar. Die Gewaltenteilung ist aufgehoben.

Zu den Begründern der antiken Demokratie in Athen zählt Perikles (um 500–429 v. Chr.).

D

Demokratischer Zentralismus

Seit 1917 für alle kommunistischen Parteien verbindliches Organisationsprinzip. Die leitenden Parteiorgane werden zwar von unten nach oben gewählt, doch geschieht dies auf Grund einer Kandidatenliste, welche die Parteiführung der Basis ohne Auswahlmöglichkeit präsentiert. Ziel ist eine straffe Disziplin, die Unterordnung der Minderheit unter die Mehrheit und die unbedingte Verbindlichkeit von Beschlüssen höherer Organe für untere Instanzen.

Demontage

Erzwungener Abbau von Industrieanlagen in einem besiegten Land. Die *Reparationen,* welche die Alliierten Deutschland nach dem 2. Weltkrieg auferlegten, sollten vor allem die Demontage der deutschen Industrie betreffen. Ein Plan sah den Abbau von 1800 Betrieben und eine Begrenzung der Produktion auf 50 % des Vorkriegsniveaus vor. Der sich verschärfende *Ost-West-Konflikt* führte in den westlichen Besatzungszonen schon ab 1946 zu einer teilweisen, 1951 zur endgültigen Einstellung der Demontagen. In der *sowjetischen Besatzungszone* kam es hingegen zu umfassenden Demontagemaßnahmen, die den Wiederaufbau stark behinderten. Die Startbedingungen der DDR waren daher ungleich schlechter.

Deportation

(lat. = Verbringung, Wegführung)
Als strafrechtlicher Begriff taucht die Deportation bereits in der römischen Kaiserzeit auf. Sie beinhaltete die Aberkennung des Bürgerrechts sowie die Verbannung an einen entlegenen Ort. Auch in der Neuzeit war die Deportation von Verbrechern oder politischen Häftlingen in mehreren Staaten strafrechtlich verankert. So konnten in England Verbrecher nach *Australien,* in Frankreich in die Sträflingskolonie von *Cayenne* (Südamerika) und in Russland nach *Sibirien* geschickt werden.
Gewaltige Ausmaße nahm die Deportation während des 2. Weltkriegs an. Millionen Juden wurden aus den von Deutschland besetzten Gebieten deportiert, in osteuropäi-

sche ➡ Konzentrationslager verschleppt und dort ermordet.

Depression

Phase eines Abschwungs der Wirtschaftskonjunktur, zumeist verbunden mit Überproduktion, mangelnder Konkurrenzfähigkeit, Geldentwertung und Arbeitslosigkeit.

Despot

(griech. = Herr des Hauses)
Unumschränkter Gewaltherrscher, der über seine Untertanen wie über Sklaven verfügt. Eine solche Willkürherrschaft wird auch als *Despotie* bezeichnet.

deutsch

Die seit dem 8. Jh. aufkommende Bezeichnung geht zurück auf das althochdeutsche Wort „diutisc" (lateinisch „theodiscus"), was Volk oder Stamm bedeutet. Zur Zeit KARLS DES GROSSEN wurden damit die germanischen Volkssprachen des Frankenreichs bezeichnet im Gegensatz zum Latein bzw. Altfranzösisch. Später diente die Bezeichnung als zusammenfassender Volksname für die Stämme der Sachsen, Franken, Alemannen, Baiern, Thüringer und Friesen.

Deutsche Arbeitsfront (DAF)

Nach Zerschlagung der *Gewerkschaften* 1933 gegründeter nationalsozialistischer Verband, der sich als „Organisation aller schaffenden Deutschen der Stirn und der Faust" verstand. Aufgabe der DAF sollte die Überwindung des „Klassenkampfes" durch die Idee der nationalsozialistischen ➡ „Volksgemeinschaft" sein. Folglich wurden sowohl *Arbeitnehmer* als auch *Arbeitgeber* in die DAF aufgenommen und nach Berufsgruppen in 18 „Reichsbetriebsgemeinschaften" gegliedert.
Als NS-Organisation vertrat die *Deutsche Arbeitsfront* nur scheinbar die Interessen der Arbeitnehmer. In Wirklichkeit sorgte sie dafür, dass alle Arbeiter unter die Kontrolle des Staates gerieten und soziale oder finanzielle Forderungen im Keim erstickt wurden. Auch die Interessenkonflikte zwischen Arbeitern und Unternehmern bestanden un-

vermindert fort und wurden lediglich verschleiert.

Deutscher Bund

1815 auf dem ➡ Wiener Kongress gegründeter loser Staatenbund. Er ersetzte das „Heilige Römische Reich Deutscher Nation", das 1806 unter dem Druck NAPOLEONS zerbrochen war.

Zum Deutschen Bund zählten zunächst *Preußen* und *Österreich*, jedoch nur mit den Gebieten, die bis 1806 Teil des Deutschen Reiches gewesen waren. Das bedeutete, dass z. B. das österreichische Ungarn, Oberitalien oder Galizien nicht zum Bund zählten. Desgleichen nicht das preußische Ost- und Westpreußen.

Zum Deutschen Bund zählten weiterhin 32 souveräne Fürsten, 4 Freie Städte (Lübeck, Hamburg, Bremen, Frankfurt/M.) sowie 3 ausländische Mitglieder: der dänische König für das Herzogtum Holstein, der niederländische König für das Großherzogtum Luxemburg und der britische König für das Königreich Hannover, das in Personalunion mit England verbunden war. Einziges Organ des Deutschen Bundes war der *Bundestag* (Bundesversammlung) in Frankfurt/M., wo die Gesandten der Bundesstaaten unter Vorsitz Österreichs tagten.

Deutsche Arbeitsfront

damals wie heute

Wir bleiben kameraden

die Deutsche Arbeits Front

Bei der Bevölkerung stieß der Deutsche Bund rasch auf Ablehnung, da ihn die Fürsten als Instrument gegen *liberal-demokratische* und *nationale* Bewegungen verwendeten (➡ Liberalismus). Die Unterdrückungsmaßnahmen der Bundesstaaten begannen mit den ➡ Karlsbader Beschlüssen von 1819 und setzten sich später in vielfältiger Weise fort.

Alle „Arbeiter der Stirn und der Faust", wie es in der Verordnung vom 24. 10. 1934 hieß, waren in der DAF zwangsweise zusammengeschlossen.

D

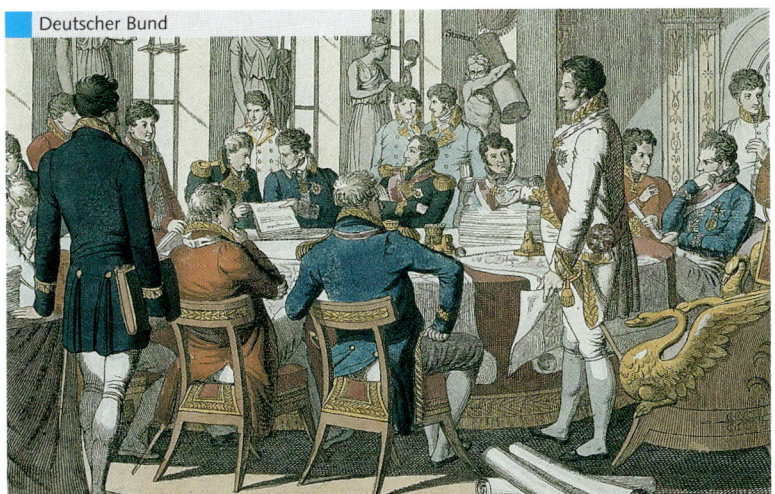

Deutscher Bund

Erste Sitzung des Deutschen Bundestags 1816 in Frankfurt am Main.

Deutscher Orden

Die Marienburg an der Nogat mit dem Hochmeisterpalast (links) und dem Hochschloss (rechts daneben). Sie wurde 1274 erbaut und war Hauptsitz des Deutschen Ordens. Auch nach der Niederlage von Tannenberg widerstand sie allen Angriffen. 1457 verkauften Söldner die ihnen verpfändete Marienburg an den polnischen König.

1866 zerbrach der Deutsche Bund am preußisch-österreichischen ➡ Dualismus, der zum *Deutschen Krieg* zwischen beiden Ländern und ihren Verbündeten führte. Das siegreiche Preußen setzte hinsichtlich der künftigen Staatsform eine *kleindeutsche* Lösung durch, die Österreich aus Deutschland ausschloss.

Deutscher Orden

Im Verlauf des dritten Kreuzzugs gründeten deutsche Kaufleute in *Palästina* 1190 eine Bruderschaft zur Krankenpflege, die 1198 in einen *Ritterorden* mit Sitz in Akkon umgewandelt wurde. Kennzeichnend für solche Vereinigungen, zu denen auch die Ritterorden der *Johanniter* und *Templer* zählten, war die Verschmelzung geistlicher und ritterlicher Elemente.

Der mit reichen Güterschenkungen ausgestattete ➡ Orden fasste auch in Deutschland schnell Fuß. 1225 rief Herzog KONRAD VON MASOWIEN den Deutschen Orden gegen die heidnischen *Pruzzen* – ein baltischer Volksstamm im später nach ihm benannten *Ostpreußen* – zu Hilfe und bot als Belohnung das Kulmer Land. Hochmeister HERMANN VON SALZA (1170-1239) erreichte von Kaiser FRIEDRICH II. eine Bestätigung dieser Schenkung und die Zusage, dass alle künftigen Eroberungen im Osten dem Deutschen Orden gehören sollten. Diese Privilegien be-

stätigte die *Goldbulle* von Rimini aus dem Jahr 1226.

Heidenmission und Staatengründung in Nordosteuropa wurden nun zur großen Aufgabe des Deutschen Ordens. 1255 erreichte er das Samland und gründete *Königsberg,* Ende des 13. Jh. befand sich ganz *Ostpreußen* in seiner Hand, im 14. Jh. kamen *Estland, Livland, Kurland* und andere Teile des Baltikums hinzu. Mit dem Vordringen der Ordensritter ging die Gründung zahlreicher Burgen und Städte einher.

Oberhaupt des Deutschen Ordens war ein *Hochmeister,* der auf der 1274 erbauten *Marienburg* an der Nogat residierte. Der dortige Hochmeisterpalast, nach mehreren Bauabschnitten im Jahr 1393 vollendet, gilt als eines der bedeutendsten Werke deutscher Backsteingotik und Festungsbaukunst.

Im 14. Jh. erstarkten mit *Polen* und *Litauen* die Gegner des Ordensstaates, die sich 1386 zu einer *Union* vereinigten. Die schwere Niederlage in der *Schlacht bei Tannenberg* stürzte den Orden 1410 in eine tiefe Krise, die durch den Gegensatz zu den Landständen noch verschärft wurde. Als schließlich die preußischen Städte und der Landadel den polnischen König zu Hilfe riefen, war das Schicksal des Ordensstaates besiegelt. Im großen *Ständekrieg* (1454–1466) unterlag er seinen übermächtigen Widersachern: 1457 ging die *Marienburg* an Polen verloren,

Herman von Salza

1466 musste der Orden die Oberhoheit des polnischen Königs anerkennen.

1525 wurden die Reste des Ordensstaates, die das heutige Ostpreußen umfassten, in das weltliche *Herzogtum Preußen* umgewandelt. Polens König SIGISMUND belehnte den letzten Ordenshochmeister, ALBRECHT VON BRANDENBURG, mit dem Herzogtum, das 1618 mit dem *Kurfürstentum Brandenburg* vereinigt wurde.

Nachdem Kurfürst FRIEDRICH III. im Jahr 1701 seine Rangerhöhung zum „*König in Preußen*" durchgesetzt hatte, ging der Name des östlichsten Territoriums auf den Gesamtstaat über.

Eine Fortsetzung fand der Deutsche Orden im Heiligen Römischen Reich, wo er über umfangreichen, jedoch weit verstreuten Besitz verfügte. Die Würde des Hochmeisters ging 1530 auf den im süddeutschen *Mergentheim* residierenden Deutschmeister über, der zu den geistlichen Reichsfürsten zählte. In der Folgezeit degenerierte der Orden zu einem Versorgungsinstitut des Adels

Hermann von Salza, Hochmeister des Deutschen Ritterordens 1209 bis 1239. Er begründete die Landesherrschaft des Ordens in Preußen.

Preußischer Zollverband mit Anschlüssen 1828

Mitteldeutscher Handelsverein 1828 – 1831

Bayerisch-Württembergischer Zollverein 1828 – 1833

Deutscher Zollverein 1834

Beitritte bis 1842

Grenze des Deutschen Bundes 1839

Eisenbahnen bis 1855

L. = Lippe,
S.-L. = Schaumburg-Lippe
W. = Waldeck

0   50   100 km

Deutscher Zollverein

Schweden · Ostsee · Dänemark · Kopenhagen · Bornholm · Flensburg · Nordsee · Helgoland brit. · Kiel · Königsberg · Danzig · Lübeck · Rostock · Hamburg · Mecklenburg · Stettin · Bromberg · Oldenburg · Bremen · Weichsel · Amsterdam · Niederlande · Hannover · Hannover · Berlin · Posen · Warschau · Braunschweig · Magdeburg · Frankfurt · Rotterdam · Utrecht · S.-L. · L. · Braunschweig · Oder · Warthe · Polen · Ostende · Anhalt · Ruß land · Calais · Dortmund · Kassel · Leipzig · Breslau · Brüssel · Köln · Düsseldorf · W. · Kurhessen · Erfurt · Dresden · Belgien · Aachen · Nassau Frankfurt · Thüring. Staaten · Sachsen · Kattowitz · Amiens · Ghzm. · Prag · Krakau · Preußen · Luxemburg · Hessen · Böhmen · Paris · Pfalz · Nürnberg · Brünn · Nancy · Karlsruhe · Bayern · Österreich- · Straßburg · Stuttgart · Donau · Württemberg · Augsburg · Ungarn · Frankreich · Ulm · Inn · München · Wien · Budapest · Dijon · Basel · Zürich · Schweiz

71 G

D

und fiel 1809 der ➡ Säkularisation zum Opfer. Im Kaiserreich Österreich bestand er jedoch fort, wurde aber 1929 vom Papst in einen rein geistlichen Orden umgewandelt. Seither stehen – wie bei der Gründung – Kranken- und Armenfürsorge im Zentrum.

Deutscher Zollverein

1834 unter Preußens Führung gegründete Vereinigung 18 deutscher Staaten, der nach und nach alle Staaten Deutschlands (außer Österreich) beitraten. Ziel war die Schaffung eines einheitlichen deutschen Wirtschaftsraums ohne Binnenzölle, jedoch mit einer gemeinsamen Zollgrenze gegenüber dritten Staaten.

Der preußisch-österreichische ➡ Dualismus im ➡ Deutschen Bund bestimmte auch hier Preußens Verhalten gegenüber Österreich, das seit 1849 vergeblich einen *großdeutschen* Zollverband anstrebte.

Deutsch-Sowjetischer Nichtangriffspakt
(Hitler-Stalin-Pakt)

Am 23.8.1939 abgeschlossener Vertrag, der von den Außenministern RIBBENTROP und MOLOTOW in Moskau unterzeichnet wurde. Beide Staaten sicherten sich im Fall eines kriegerischen Konflikts gegenseitige Neutra-

Außenminister von Ribbentrop unterzeichnet 1939 in Moskau den deutsch-sowjetischen Nichtangriffspakt. Hinten rechts Stalin.

Deutsch-Sowjetischer Nichtangriffspakt

lität zu, was auch für einen Angriffskrieg galt. Die Beteiligung an gegnerischen Mächtegruppierungen sollte unterbleiben, für Streitigkeiten war eine freundschaftliche Schlichtung vorgesehen.

Erheblich bedeutender war ein *„Geheimes Zusatzprotokoll"*, das die Interessengebiete beider Mächte in Osteuropa voneinander abgrenzte und „für den Fall einer territorialpolitischen Umgestaltung" in Kraft treten sollte. Zur sowjetischen Interessensphäre zählten danach Ostpolen, Finnland, Estland und Lettland, zum deutschen Machtbereich Litauen und das restliche Westpolen.

Der Nichtangriffspakt bannte für HITLER die Gefahr eines Zweifrontenkriegs und ermöglichte den bevorstehenden Angriff auf Polen. Für STALIN eröffnete er ein Osteuropa unter sowjetischer Führung und den Rückgewinn von Gebieten, die Russland nach dem Ersten Weltkrieg verloren hatte. – Das *„Geheime Zusatzprotokoll"* wurde erst nach 1945 bekannt und von der Sowjetunion bis zu ihrer Auflösung verschwiegen.

Diadochen
(griech. = Nachfolger)

Die Feldherren ALEXANDERS DES GROSSEN, die nach seinem Tod 323 v. Chr. das Weltreich unter sich aufteilten. So entstanden mehrere unabhängige Staaten mit griechischen Herrscherfamilien.

ANTIPATER behielt Makedonien mit Griechenland, LYSIMACHOS erhielt Thrakien, ANTIGONOS Phrygien und Lykien, ➡ PTOLEMÄUS Ägypten, SELEUKOS Babylonien sowie die Gebiete bis zum Indus. Einige Reichsteile wie z.B. Pergamon blieben unabhängig.

Seit etwa 280 v. Chr. kam es zur Bildung von drei großen hellenistischen Reichen: Ägypten unter den PTOLEMÄERN (bis 30 v. Chr.), Syrien, Mesopotamien und der Iran unter den SELEUKIDEN (bis 64 v. Chr. bei ständig schrumpfendem Staatsgebiet) und Makedonien unter der Familie der ANTIGONIDEN (bis 168 v. Chr.). Hinzu kam das *Reich von Pergamon*, das die Dynastie der ATTALIDEN beherrschte.

Obgleich die meisten Diadochenreiche politisch instabil waren, gewannen sie große Be-

Das "Dritte Reich" und Europa 1935–1939

- Deutsches Reich
- Angliederungen 1935–1939
- Protektorat Böhmen und Mähren (15.3.1939)
- 1939 Jahr der Angliederung
- Achsenmächte
- "Stahlpakt" Deutsches Reich-Italien (22.5.1939)
- Deutsch-sowjetischer Nichtangriffspakt (23.8.1939)
- Deutsch-sowjetische Interessensgrenze (1939)
- Westliche Alliierte
- Britisches Hilfeleistungsabkommen (25.8.1939)
- Britisch-französische Grenzgarantien
- Ⓜ Teilnehmer der Münchener Konferenz (29.9.1938)

0   250   500 km

471G

deutung als Vermittler griechischer Kultur und Lebensart. So entstand die Weltkultur des ➡ *Hellenismus,* die weit in den Orient ausstrahlte. Das Erbe aller Diadochenreiche traten die Römer an.

Diäten
(von lat. dies = Tag)
Zur Zeit des PERIKLES (um 500–429 v. Chr.) wurde in *Athen* eine finanzielle Entschädigung für die Teilnehmer der ➡ Volksversammlungen und die Richter der ➡ Volksgerichte eingeführt. Die Zahlung erfolgte tageweise in Form von *Tagegeldern* (= Diäten). Diese Tagegeldzahlungen sollten auch ärmeren Bürgern eine Mitwirkung in den Staatsorganen ermöglichen und damit zur Stärkung des demokratischen Systems beitragen. Obwohl die Diäten wegen ihrer Höhe auch auf Kritik stießen, wurden sie bis zum Ende der attischen Demokratie 322 v. Chr. beibehalten.

Diktator
Während der frühen *römischen Republik* konnte bei einem Staatsnotstand ein außerordentlicher Beamter als Diktator eingesetzt werden. Seine Ernennung erfolgte auf Vorschlag des ➡ Senats durch einen der zwei ➡ Konsuln für höchstens 6 Monate. Während dieser Amtszeit hatte der Diktator weit reichende Befugnisse, doch blieben die ➡ Magistrate als untergeordnete Instanzen bestehen. Unterschiedlich davon ist die Diktatur von SULLA und CAESAR, da sie als unumschränkte Alleinherrscher ohne Begrenzung der Amtszeit regierten.
Seither versteht man unter einem Diktator einen Gewaltherrscher, der alle Staatsorgane unter seine Kontrolle gebracht hat und das gesamte öffentliche – oft auch private – Leben lenkt. Um seine Herrschaft durchzusetzen ist der Diktator auf die Unterstützung mächtiger Gruppen wie z.B. die Armee angewiesen.

Direktorium
Nach der Verfassung von 1795 oberste Regierungsbehörde Frankreichs. Das Direktorium bestand aus 5 Mitgliedern, die durch den *Rat der Alten* auf Vorschlag des *Rats der 500* gewählt wurden. 1799 beseitigte NAPOLEON das Direktorium durch einen Staatsstreich.

Mitglied des „Rats der Alten" im Direktorium (Stich von 1795).

Dolchstoßlegende

Nach dem 1. Weltkrieg von deutschen Nationalisten verbreitete Behauptung, dass nicht das Militär und die kaiserliche Führung für Deutschlands Niederlage verantwortlich seien, sondern Sozialisten und demokratische Politiker. Diese Propaganda diente nationalistischen und antidemokratischen Kräften zur Diffamierung der ➡ Weimarer Republik.

Dollarimperialismus

Bestrebungen der USA ihre wirtschaftliche Überlegenheit zur Kontrolle unterentwickelter Staaten zu benutzen.
Im Gegensatz zur militärischen Intervention, einem anderen Machtmittel imperialistischer Staaten, durchdringt das amerikanische Kapital die gesamte Wirtschaft und sorgt für politische und ökonomische Abhängigkeit vom amerikanischen Kapitalgeber. Betroffen vom Dollarimperialismus waren besonders Mittelamerika und einige Staaten Südamerikas.

Dominat

(lat. dominus = Herr, Gebieter)
Im Gegensatz zum ➡ Prinzipat der frühen römischen Kaiserzeit, das AUGUSTUS (reg. 31 v.–14 n. Chr.) begründet hatte, die Epoche des absoluten Kaisertums. Es basierte auf orientalischen Herrschaftsvorstellungen, machte den Kaiser zum gottähnlichen Alleinherrscher, seine Untertanen hingegen zu Sklaven. Seit Kaiser DIOKLETIAN (reg. 284–305 n. Chr.), der sich mit *dominus et deus* (Herr und Gott) anreden ließ, war die Herrschaftsform des Dominats voll ausgebildet.

Dominion

(lat. dominium = Herrschaft, Herrschaftsgebiet)
Von den englischen Kolonien erhielten einige im Lauf der Zeit den Status von *„dominions"*. Das bedeutete, dass sie sich selbst verwalten konnten und eigene Parlamente und Regierungen besaßen. Zu den wichtigsten Dominions zählten Kanada, Australien, Neuseeland und Südafrika. Indien und Pakistan erhielten diesen Status 1947. 1952 wurde der Begriff *Dominion,* der zu sehr an die frühere Abhängigkeit erinnerte, durch die Bezeichnung „Member of the Commonwealth" ersetzt. Das einigende Band dieser souveränen Staaten sollte die britische Krone sein.

Domkapitel

Das Kollegium der Geistlichen an einer *Bischofskirche* (Dom, Kathedrale) nennt man Domkapitel. Der Name stammt vermutlich vom Brauch der Domherren, bei ihren täglichen Versammlungen ein *Kapitel* aus der Heiligen Schrift zu lesen. Auch auf den Versammlungsort, den *Kapitelsaal,* ging diese Bezeichnung über.
Das Domkapitel hatte zunächst die Aufgabe den *Chordienst* zu versehen und für einen ordnungsgemäßen Ablauf der heiligen Messe zu sorgen. Seit dem 12. Jh. erlangten die Domkapitel das Recht der *Bischofswahl,* darüber hinaus unterstützten und berieten sie den ➡ Bischof bei der Verwaltung seines Bistums (Diözese).
Die Mitglieder des Domkapitels – die *Domherren, Kapitulare* oder *Kanoniker* – waren im Mittelalter häufig Adlige. Sie lebten zwar in einer klosterähnlichen Gemeinschaft zusammen, besaßen jedoch, anders als Mönche, eine eigene Wohnung und konnten über

Dolchstoßlegende

Die „Dolchstoßlegende", welche die deutsche Kapitulation sozialistischer Zersetzung zuschrieb, diente der Rechten zur Diffamierung der Weimarer Republik (Wahlplakat der DNVP, 1924).

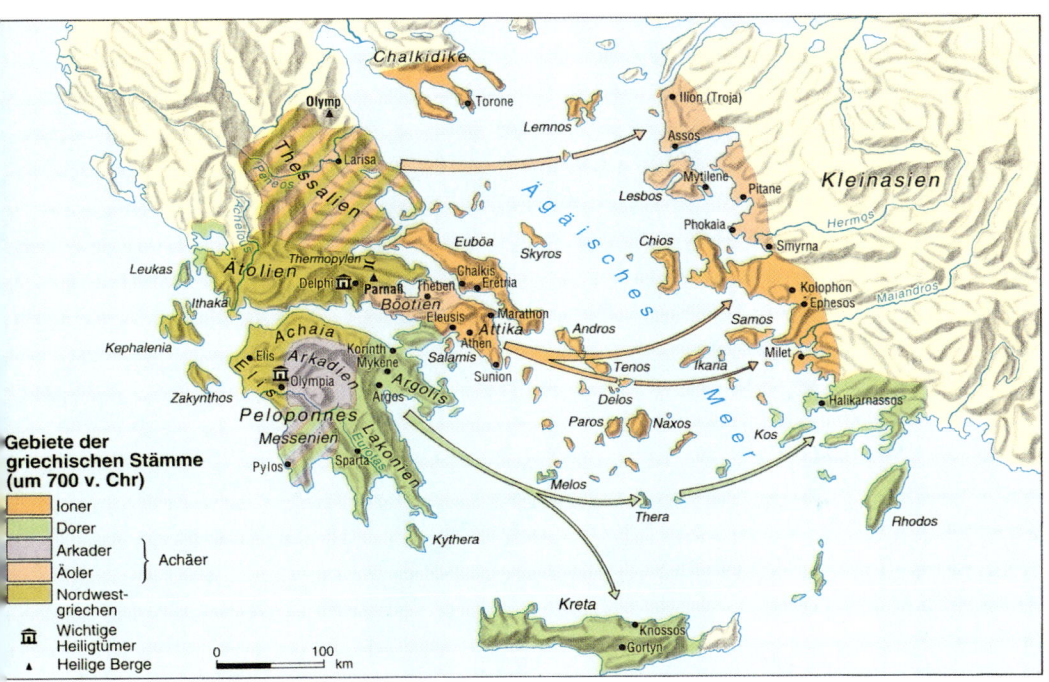

**Gebiete der
griechischen Stämme
(um 700 v. Chr)**

- Ioner
- Dorer
- Arkader ⎫
- Äoler ⎬ Achäer
- Nordwest-
  griechen
- 🏛 Wichtige
  Heiligtümer
- ▲ Heilige Berge

0   100
└──────┘ km

ihr Privateigentum frei verfügen. Da die Rechtsstellung der Domkapitel gegenüber den Bischöfen sehr stark war, verfügten sie in den Bistümern des mittelalterlichen Deutschen Reichs über großen Einfluss.

Dorier
(Dorer)
Name eines griechischen Stammes, der im 12. Jh. v. Chr. in Griechenland einwanderte. Er traf dort auf eine verwandte frühgriechische Bevölkerung, die seit etwa 2000 v. Chr. ansässig war und die ➡ mykenische Kultur hervorgebracht hatte. Die Dorier besetzten vor allem die Peloponnes, nahmen Kreta sowie zahlreiche ägäische Inseln in Besitz und besiedelten den äußersten Süden der kleinasiatischen Westküste (dorische Wanderung). Etwa um 1000 v. Chr. gründeten die Dorier *Sparta,* das in klassischer Zeit das Zentrum des dorischen Bevölkerungselements wurde. Seit dem 8. Jh. v. Chr. beteiligten sich die Dorier auch an der griechischen ➡ Kolonisati-

on im Westen und gründeten u.a. Messina, Syrakus und Agrigent auf Sizilien.

Dreifelderwirtschaft
Art der Bodenbewirtschaftung seit etwa 800 n. Chr. In jährlichem Wechsel wird $1/3$ des Ackerlandes mit Wintergetreide bestellt, $1/3$ mit Sommergetreide, $1/3$ bleibt brachliegen, damit sich der Boden erholen kann.

Dreiklassenwahlrecht
Von 1849–1918 gültiges Wahlrecht in Preußen für die Wahl zum Abgeordnetenhaus. Nach der Höhe ihrer Steuerleistung wurden die Wähler in jedem Wahlbezirk in 3 Klassen eingeteilt, die jeweils $1/3$ des Steueraufkommens erbrachten. Jede Klasse konnte über Wahlmänner die gleiche Zahl von Abgeordneten wählen. Die wenigen Höchstbesteuerten in Preußen stellten somit die gleiche Zahl von Abgeordneten, wie die große Masse der Bürger mit geringem Steuereinkommen.

Dreifelderwirtschaft

D

Dreifelderwirtschaft

Allmende

⑤
④
③
②
①

**FELD II
Sommerfrucht
z. B. Gerste**

③

④

⑤

**FELD I
Winterfrucht
z. B. Weizen**

②

①

⑤ ④ ③

Winterfrucht   Sommerfrucht

JAHR I   JAHR II

J F M A M J J A S O N D   J F M A M J J A S O N D

Dreißigjähriger Krieg

Aus religiösen und machtpolitischen Gegensätzen entstandener Krieg, der unter Beteiligung mehrerer europäischer Mächte von 1618 bis 1648 währte. Ausgetragen wurde der Konflikt auf deutschem Boden.

Bereits vor Kriegsausbruch hatten sich die Reichsstände zu konfesssionellen Bündnissen zusammengeschlossen, um die Ergebnisse des ➡ *Augsburger Friedens* von 1555 zu sichern: die katholische *Liga* und die protestantische ➡ *Union*. Die Lage spitzte sich zu, als der Habsburger Erzherzog FERDINAND König von Böhmen wurde und die Stände durch eine rücksichtslose Rekatholisierung

gegen sich aufbrachte. Im Mai 1618 warfen aufgebrachte böhmische Adlige zwei seiner Räte aus dem Fenster der Prager Burg, was weit reichende Folgen hatte: der *„Prager Fenstersturz"* löste den Dreißigjährigen Krieg aus.

Als die Stände FERDINAND II. absetzten und stattdessen den pfälzischen Kurfürsten FRIEDRICH V. zum König wählten, kam es zum *Böhmisch-Pfälzischen Krieg* (1618–23). *Ferdinand*, inzwischen deutscher Kaiser, besiegte den „Winterkönig" 1620 in der Schlacht am Weißen Berge bei Prag. Anschließend besetzte TILLY, der Feldherr der Liga, die Pfalz, während die pfälzische Kurwürde an

FELD III
Brachfeld
Weide

Herrenfeld

Fronhof

Herrenwiese

JAHR III
F M A M J J A S O N D

Der Prager Fenstersturz: Auslöser des 30jährigen Kriegs.

Rückgabe aller seit 1552 eingezogenen geistlichen Güter zwang. Zugleich wurde den katholischen Reichsständen die Rekatholisierung ihrer Gebiete erlaubt. Eine innenpolitische Schlappe musste FERDINAND II. freilich von den katholischen Kurfürsten hinnehmen. Da ihnen der kaiserliche Feldherr WALLENSTEIN zu mächtig geworden war, erzwangen sie seine Entlassung.

Die starke kaiserliche Machtstellung an der Ostsee beunruhigte den schwedischen König GUSTAV II. ADOLF, der nun als Vorkämpfer des Protestantismus auftrat. 1630 landete er mit einem Heer in Pommern und stieß nach Süddeutschland vor, was den *Schwedischen Krieg* (1630–35) auslöste. In dieser Bedrängnis übertrug der Kaiser das Kommando erneut seinem Feldherrn WALLENSTEIN, der den Schwedenkönig aus Süddeutschland zu verdrängen suchte. Bereits 1632 fiel GUSTAV II. ADOLF von Schweden in der Schlacht beim sächsischen Lützen. In dieser Zeit führte WALLENSTEIN eigenmächtige und undurchsichtige Verhandlungen mit den Schweden. Das war der Anlass für seinen Sturz und seine Ermordung in Eger am 25.2.1634.

Die Niederlage der Schweden in der Schlacht bei Nördlingen (1634) führte 1635 zum *Frieden von Prag* zwischen dem Kaiser und den meisten protestantischen Reichsständen. Er sah vor, dass ein Reichsheer alle ausländischen Truppen vertreiben und das Restitutionsedikt aufgehoben werden sollte. Wegen der drohenden habsburgischen Übermacht griff nun Frankreich in den Konflikt ein, was den *Schwedisch-Französischen Krieg* (1635–48) auslöste. Im Hintergrund dieser Auseinandersetzung stand der französische Kardinal RICHELIEU, der mit allen Gegnern des Hauses Habsburg Bündnisse abschloss und mit einem eigenen französischen Heer in den Krieg eintrat. Die ursprünglich religiöse Motivation des Kriegs trat nun völlig zurück zu Gunsten einer reinen Machtpolitik. Es kam zu planlosen Feldzügen, in denen jedoch keine Seite ein militärisches Übergewicht erlangen konnte. Der Krieg artete aus in eine Drangsalierung der geplagten Zivilbevölkerung, die von

Bayern fiel. In allen habsburgischen Landen – besonders aber in Böhmen – kam es als Folge dieser Ereignisse zu einer gewaltsamen Gegenreformation.
An die Spitze der Protestanten stellte sich nun König CHRISTIAN IV. von Dänemark, der seine Machtbasis in Norddeutschland im *Dänisch-Niedersächsischen Krieg* (1625–29) ausbauen wollte. In der Schlacht bei Lutter am Barenberge erlitt er jedoch eine vernichtende Niederlage gegen TILLY, musste das Reich räumen und sich künftig zur Neutralität verpflichten. In dieser für ihn günstigen Lage erließ Kaiser FERDINAND II. 1629 das *Restitutionsedikt*, das die Protestanten zur

Werbetrommler – Lockvögel für neue Soldaten.

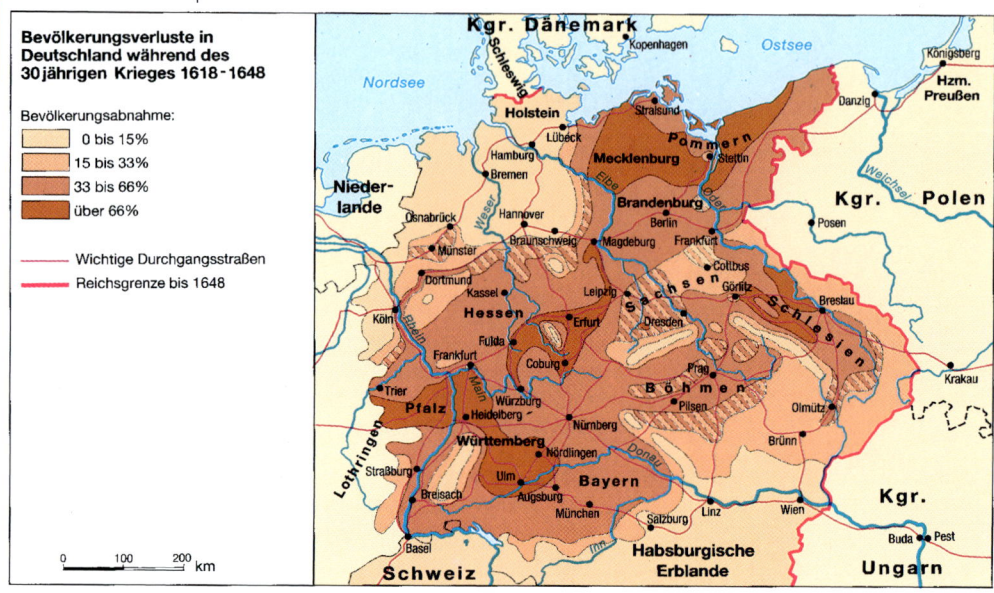

Bevölkerungsverluste in Deutschland während des 30jährigen Krieges 1618-1648

Bevölkerungsabnahme:
- 0 bis 15%
- 15 bis 33%
- 33 bis 66%
- über 66%

— Wichtige Durchgangsstraßen
— Reichsgrenze bis 1648

skrupellosen Söldnerbanden bis aufs Blut gepeinigt wurde.

Die Erschöpfung aller Kriegsteilnehmer führte seit 1644 zu Verhandlungen in *Münster* und *Osnabrück* und schließlich 1648 zum ➡ *Westfälischen Frieden*. Er veränderte die politische Landkarte Mitteleuropas für die nächsten Jahrhunderte und führte zu einer neuen Machtverteilung. Das Reich und die *kaiserliche Zentralgewalt* wurden entscheidend geschwächt, die *Landesfürsten* hingegen erheblich gestärkt. Ausländische Mächte wie Frankreich und Schweden gewannen Einfluss auf die Geschicke des Reichs, das in politische und militärische Ohnmacht versank.

Durch die Kriegsereignisse und den wirtschaftlichen Zusammenbruch verlor Deutschland etwa 40% seiner Bevölkerung. In vielen Städten mordete der Krieg ein Drittel aller Einwohner dahin, auf dem Land mancherorts sogar die Hälfte. Die beträchtliche Entvölkerung weiter Reichsgebiete führte in der Zukunft zu gesellschaftlichen Umschichtungen und einem wirtschaftlichen Strukturwandel.

Dritter Stand

In der *Ständeordnung* des Mittelalters das *Bürgertum*, das hinter den privilegierten Ständen der Geistlichkeit und des Adels den dritten Platz einnahm. Während der *Französischen Revolution* und später auch im übrigen Europa erkämpfte sich das Bürgertum die rechtliche Gleichstellung und politische Führung.

Drittes Reich

Bezeichnung der Nationalsozialisten für das *Deutsche Reich* zwischen 1933 und 1945. Der Begriff ist ohne staats- oder völkerrechtliche Bedeutung und wurde von der nationalsozialistischen Propaganda und Geschichtsschreibung verbreitet. Er sollte zum Ausdruck bringen, dass sich durch ADOLF HITLER die tausendjährige Sehnsucht der Deutschen nach Einheit und Stärke im „Dritten Reich" erfüllt habe. Nach Ansicht der Nationalsozialisten bestand das *Erste Reich*, das „Heilige Römische Reich Deutscher Nation", von 962 bis 1806. Das *Zweite Reich*, das Kaiserreich der Hohenzollern, währte von 1871 bis 1918. Das von HITLER

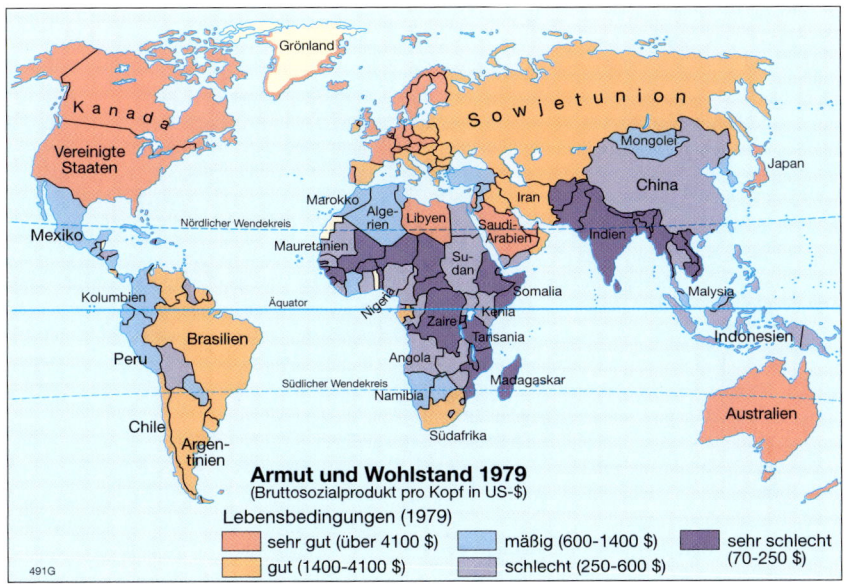

Grönland

K a n a d a

S o w j e t u n i o n

Vereinigte
Staaten

Mongolei

Japan

China

Iran

Marokko

Alge-
rien

Libyen

Nördlicher Wendekreis

Saudi-
Arabien

Indien

Mexiko

Mauretanien

Su-
dan

Somalia

Malysia

Kolumbien

Äquator

Niger

Kenia

Zaire

Tansania

Indonesien

Brasilien

Peru

Angola

Madagaskar

Südlicher Wendekreis

Namibia

Chile

Argen-
tinien

Südafrika

Australien

Armut und Wohlstand 1979
(Bruttosozialprodukt pro Kopf in US-$)
Lebensbedingungen (1979)

⬛ sehr gut (über 4100 $)	⬛ mäßig (600-1400 $)	⬛ sehr schlecht (70-250 $)
⬛ gut (1400-4100 $)	⬛ schlecht (250-600 $)	

491G

im Jahr 1933 begründete *Dritte Reich* sollte hingegen ein „Tausendjähriges Reich" sein.

Dritte Welt

Bezeichnung für wirtschaftlich und sozial unterentwickelte Staaten in Afrika, Asien und Lateinamerika. Der Begriff geht zurück auf eine nach 1945 entstandene Klassifizierung, wonach man die hochentwickelten *kapitalistischen* Industriestaaten des Westens als „Erste Welt" und die Länder des einstigen *kommunistischen* Machtblocks als „Zweite Welt" bezeichnete. Für die unterentwickelten Staaten der Dritten Welt ist auch die Bezeichnung ➡ Entwicklungsländer üblich.

Druiden

Heidnische Priester bei den ➡ Kelten. Sie herrschten gemeinsam mit dem Adel über das Volk, bewahrten die religiöse Tradition und galten als zauber- und heilkundig; darüber hinaus waren sie Richter und Sternkundige. Ein wichtiger Bestandteil der druidischen Lehre war ein neues Leben nach dem Tod sowie die Seelenwanderung.

Die römischen Kaiser verfolgten die Druiden wegen ihrer Menschenopfer, vor allem aber auch, weil sie die einzigen echten Träger eines keltischen Nationalbewusstseins waren.

Dualismus

Konkurrenz zweier Mächte um die Vorherrschaft. Bezeichnung auch für den machtpolitischen Gegensatz zwischen *Österreich* und *Preußen* um die Vorherrschaft in Deutschland seit dem 18. Jh. Den Höhepunkt dieses Gegensatzes bildete 1866 der *Deutsche Krieg*, der Österreich endgültig aus Deutschland verdrängte.

Dynastie

(von griech. dynastes = Machthaber)
Bezeichnung für eine Familie, die in einem monarchistischen Staat ein Anrecht auf die Herrscherwürde hat. So z. B. die Hohenzollern in Preußen oder die Habsburger in Österreich. Im alten Ägypten ist die Dynastie sogar die Basis der gesamten Chronologie, d.h. Altes, Mittleres und Neues Reich werden analog zur Abfolge von Herrscherdynastien durchnummeriert.

E

Edikt
(lat. edictum = Erlass)
Kaiserlicher oder königlicher Erlass, der Ge-
setzeskraft erlangt. Wichtiges Beispiel: das
Edikt von Nantes gewährte den → Hugenotten 1598 Glaubensfreiheit.

EFTA
(European Free Trade Association)
1960 erfolgte die Gründung der *Europäischen Freihandelsgemeinschaft* (EFTA)
durch Schweden, Norwegen, Dänemark, Portugal, Schweiz, Island und Großbritannien.
Finnland trat später bei. Diese Staaten wollten sich der 1957 gegründeten *Europäischen
Wirtschaftsgemeinschaft* (EWG) nicht an-
schließen, da sie wegen der Beschneidung
der Souveränität um ihre nationale Unabhängigkeit fürchteten. So entstand lediglich
eine lockere Zollunion.
Inzwischen sind nahezu alle Mitglieder zur
→ Europäischen Union (EU) gewechselt, sodass die wirtschaftliche Bedeutung der EFTA
geschwunden ist. Nur Norwegen, Island, die
Schweiz und Liechtenstein gehören ihr noch
an.

Eindämmungspolitik
Nach dem 2. Weltkrieg gliederte die Sowjetunion Osteuropa ihrem Machtbereich ein
und suchte Einfluss auf die angrenzenden
Staaten zu gewinnen. Um eine weitere Expansion und die weltweite Ausbreitung des
→ Kommunismus zu verhindern propagierten die USA eine Politik der Eindämmung
(containment). Sie fand 1947 in der → Truman-Doktrin ihren Niederschlag, die den
Beginn des *Ost-West-Konflikts* und den Ausbruch des → Kalten Kriegs markiert.

Westdeutsches Plakat,
um 1952.

Einheitsliste
Kennzeichnendes Element einer Scheinwahl
in Diktaturen bzw. → Einparteienstaaten.
Bei „Wahlen" kann lediglich einer Liste zu-
gestimmt werden, welche die Kandidaten
der Partei und Vertreter der von ihr beherrschten Organisationen enthält. Eine Auswahlmöglichkeit ist nicht vorgesehen und
der Ausgang der „Wahl" steht von vornherein fest. Einheitslisten waren ein typisches

Herrschaftsinstrument der SED in der
DDR.

Einparteienstaat
Ein Staat, in dem nur eine Partei das Machtmonopol besitzt, während andere Parteien
und Verbände entweder verboten oder
gleichgeschaltet sind (→ Gleichschaltung).
Das Prinzip der *Gewaltenteilung* ist aufgehoben und eine Opposition, die eine demokratische Willensbildung ermöglichen würde, nicht vorhanden. Einparteienstaaten lassen sich durch Scheinwahlen bestätigen
(→ Einheitsliste).

Einsatzgruppen
Während des 2. Weltkriegs wurden besondere Kommandos der → SS, der Gestapo und
des Sicherheitsdienstes (SD) zur Erfüllung so
genannter „Sonderaufgaben" gebildet. Ihr
Einsatzgebiet war vor allem das besetzte
Osteuropa (Sowjetunion, Polen), wo sie den
vorrückenden deutschen Truppen folgten. Ihre Aufgabe bestand darin, „politisch unzu-
verlässige Personen" sowie „rassisch Minderwertige" auszuschalten. Auf diese Weise kam
es zu Massenmorden, bei denen Juden, Zigeuner, kommunistische Funktionäre, Intel-

Eindämmungspolitik

VEREINTE ABWEHR

Einsatzgruppen

Eisenzeit

Erschießung von Juden durch deutsche Einsatzgruppen. Die Zuschauer sind überwiegend Soldaten.

Keltischer Eisenhelm, verziert mit goldbelegten Bronzebändern und Korallenauflagen (Südwestfrankreich, 4 Jh. v. Chr,).

lektuelle, Politiker und Geistliche erschossen wurden. Man schätzt, dass den Einsatzgruppen weit über 500 000 Menschen zum Opfer fielen.

Eisenzeit

Epoche etwa ab 800 v. Chr. (in Mitteleuropa), in der sich Eisen als Rohstoff für Waffen und Werkzeuge durchsetzte. Sie löste die ➡ Bronzezeit ab.

Als Erfinder der Eisentechnologie gelten die *Hethiter* in Kleinasien, die um 1400 v. Chr. eine Art „Eisenmonopol" in Vorderasien besaßen. Die Kenntnis der neuen Technik ging von ihnen auf die Völker des Vorderen Orients und die frühen Griechen *(Achäer)* über. Vom Balkan aus verbreitete sich die Eisenverarbeitung allmählich über ganz Europa. Ein Beispiel für die Weitergabe solcher Kenntnisse von Volk zu Volk ist unser Wort „Eisen". Die Germanen haben es seinerzeit vom Volk der *Illyrer* auf dem Balkan übernommen, die es „isarnon" nannten. Im englischen hat es sich als „iron" erhalten.

In Europa ist es üblich, diese Epoche in zwei Abschnitte zu unterteilen:

a) Ältere Eisenzeit oder *Hallstattzeit,* ca. 800–500 v. Chr. Die Bezeichnung stammt vom Ort *Hallstatt* (Österreich), wo etwa 2000 Gräber mit reichen Beigaben, eine Siedlung sowie ein Salzbergwerk freigelegt wurden.

b) Jüngere Eisenzeit oder *Latènezeit,* ca. 500-1. Jh. v. Chr. Der Name rührt vom Fundort *La Tène* am Neuenburger See (Schweiz) her. Für die Eisenproduktion wurden die an der Oberfläche liegenden Raseneisenerze sowie in Stollen gewonnene Brauneisenerze verwendet. Für die Verhüttung benutzte man Lehmöfen mit Windzufuhr aus ledernen Tretbälgen *(Rennöfen),* in denen das Eisen durch Reduktion der Erze mittels Holzkohlenglut gewonnen wurde *(Rennverfahren).* Eng verbunden mit der Eisenzeit sind die ➡ Kelten, deren Schmiede es bei der Herstellung von Waffen, Schmuck und Gebrauchsgegenständen zu großer Kunstfertigkeit brachten.

Eiserner Vorhang

Von WINSTON CHURCHILL 1945 geprägtes Schlagwort. Es bezeichnet die waffenstarrende Grenze in Europa, mit der die Sowjetunion nach dem 2. Weltkrieg ihren Machtbereich von der übrigen Welt abriegelte.

Eiszeiten

Verschiedene Epochen der Erdgeschichte, in denen es durch weltweiten Rückgang der Temperaturen zum Vorrücken von Glet-

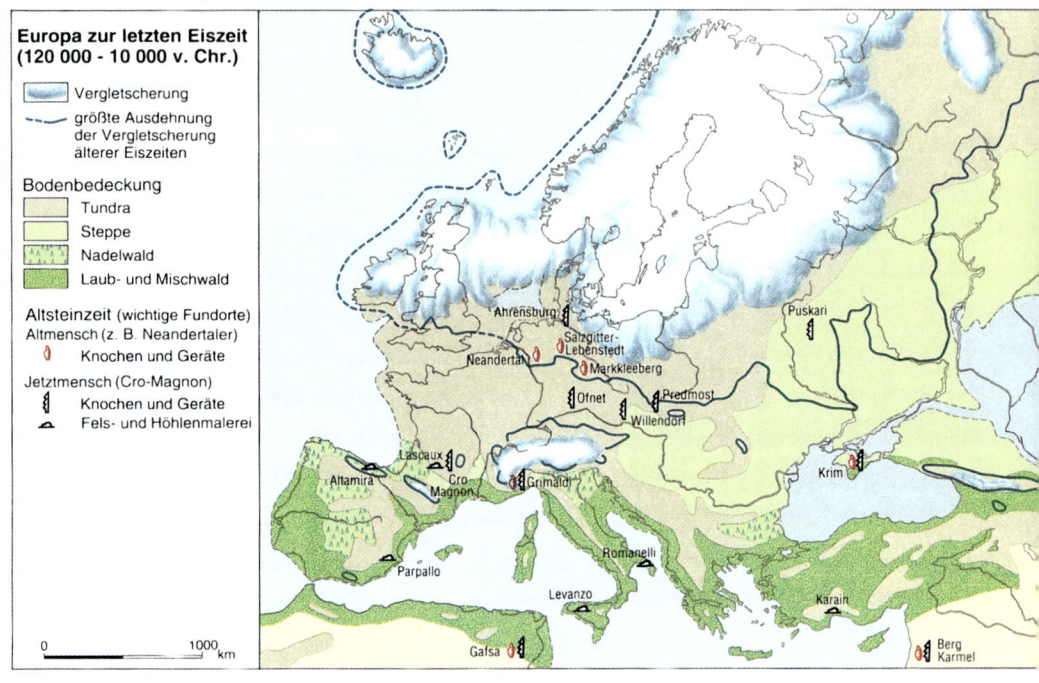

Europa zur letzten Eiszeit (120 000 - 10 000 v. Chr.)

Vergletscherung

größte Ausdehnung der Vergletscherung älterer Eiszeiten

Bodenbedeckung

Tundra

Steppe

Nadelwald

Laub- und Mischwald

Altsteinzeit (wichtige Fundorte)
Altmensch (z. B. Neandertaler)
Knochen und Geräte

Jetztmensch (Cro-Magnon)
Knochen und Geräte
Fels- und Höhlenmalerei

0   1000 km

schern kam. Die Zeiträume zwischen den Eiszeiten nennt man Warmzeiten.

Ekklesia

Die ➡ Volksversammlung der antiken griechischen Stadtstaaten, die aus den wehrfähigen, stimmberechtigten Bürgern bestand. Sie wurde in *Athen* vom Vorsitzenden der jeweils amtierenden Regierung *(Prytanie)* zu Sitzungen einberufen, die in regelmäßigen Zeiträumen stattfanden. Nach Vorberatung durch die Ratsversammlung *(Bulé)* entschied sie über Staatsangelegenheiten. Die Bürger erhielten für ihre Teilnahme ein *Tagegeld* (➡ Diäten).

Der Kompetenzbereich der Ekklesia war in den einzelnen griechischen Stadtstaaten sehr unterschiedlich. Während sie in *Athen* über eine große Machtfülle verfügte, waren ihre Befugnisse z. B. in *Sparta* stark eingeschränkt.

In der christlichen Kirche bezeichnet man auch die Gemeinschaft der Gläubigen bzw. die Weltkirche als *Ecclesia*.

Eleutheria *(Freiheit)*

Zu den zentralen Themen griechischer Geschichte zählt die Freiheit des Einzelnen und die seiner ➡ *Polis*. An dieser Freiheit bzw. Unabhängigkeit von äußeren Mächten hatten alle Bürger teil, ganz unabhängig von ihrem Vermögen. Man ging davon aus, dass sich Bürger nur in einem freien Staat entfalten und etwas zum Gemeinwohl beitragen könnten. Doch auch über die einzelne Polis hinaus hielt die Idee der Freiheit die Griechen zusammen, wie es in den ➡ *Perserkriegen* sichtbar wurde. Während der Zeit des ➡ Hellenismus verlor die *Eleutheria* ihren Sinn, da die einstigen Bürger nur noch Untertanen hellenistischer Könige waren. Der Begriff verengte sich daher auf die Wahrung ziviler Rechte und den Schutz vor Willkür.

Emanzipation

In der Aufklärung wurzelnde Bewegung, welche die rechtliche und gesellschaftliche Gleichstellung aller Bürger anstrebte. Dazu zählten ➡ Bauernbefreiung, ➡ Judeneman-

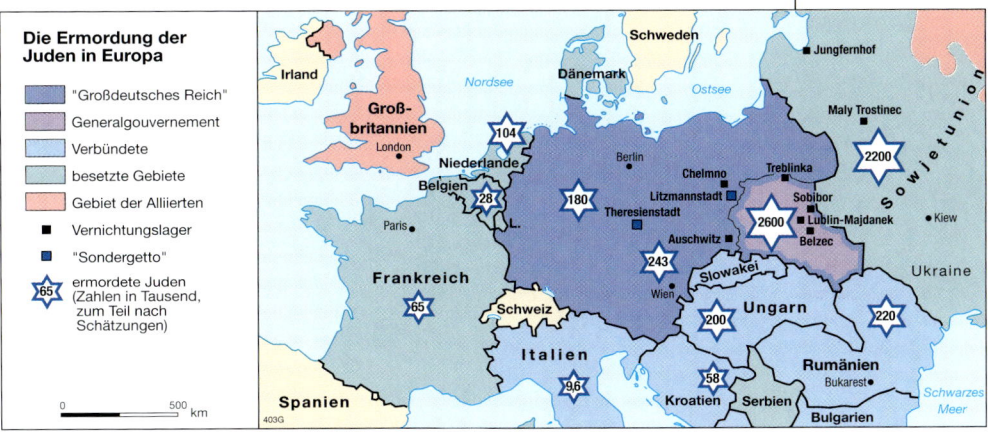

Die Ermordung der Juden in Europa

- "Großdeutsches Reich"
- Generalgouvernement
- Verbündete
- besetzte Gebiete
- Gebiet der Alliierten
- ■ Vernichtungslager
- ■ "Sondergetto"
- 65 ermordete Juden (Zahlen in Tausend, zum Teil nach Schätzungen)

zipation und Frauenemanzipation (➡ Frauenrechtsbewegung).

Emser Depesche

Nach Vertreibung der Königin Isabella von Spanien schlug die spanische Regierung den Hohenzollernprinzen LEOPOLD als Thronkandidat vor. Dieser stammte aus einer Nebenlinie des in Preußen regierenden Herrscherhauses der HOHENZOLLERN.

Da Frankreich eine Stärkung der preußischen Machtposition fürchtete und das europäische Gleichgewicht gestört sah, verlangte es einen Thronverzicht. Als dieser erfolgte, erhob Frankreich jedoch zusätzliche Forderungen, die der französische Botschaf-ter dem in *Bad Ems* weilenden preußischen König WILHELM I. vortrug. Die ablehnende Haltung des Königs wurde dem preußischen Ministerpräsidenten BISMARCK am 13.7.1870 in dem als *Emser Depesche* bekannt gewordenen Telegramm übermittelt. Bismarck veröffentlichte die Depesche in einer derart verkürzten und verschärften Form, dass sie in Frankreich als Beleidigung empfunden wurde. Dies führte am 19.7.1870 zur Kriegserklärung Frankreichs an Deutschland.

„Endlösung der Judenfrage"

Auf Befehl HITLERS und einer Anweisung GÖRINGS vom Juli 1941 kamen am 20.1. 1942 führende Vertreter der Reichsregierung

„Endlösung der Judenfrage"

Abtransport von Juden nach dem Aufstand im Warschauer Ghetto 1943 in die Vernichtungslager.

Katalog zur Ausstellung „Entartete Kunst" 1937 in München.

und der SS zur Berliner *Wannseekonferenz* zusammen. Die dort beschlossenen Maßnahmen zielten auf die Vernichtung der europäischen Juden durch Massenmord: „Säuberung" von West nach Ost mittels Deportation der Juden in die besetzten Ostgebiete zum „Arbeitseinsatz" und vor allem zur „entsprechenden Behandlung", d. h. Ausrottung in eigens eingerichteten *Vernichtungslagern*. Die Wannseekonferenz leitete den größten Völkermord der Geschichte ein, dem etwa 6 Millionen Juden zum Opfer fielen.

Entartete Kunst

Nationalsozialistisches Schlagwort, das moderne Kunst (z. B. Expressionismus, Surrealismus) als „undeutsch", „zersetzend" oder „kulturbolschewistisch" diffamierte. Nach 1933 kam es in mehreren Großstädten – so 1937 in München – zu Ausstellungen „Entarteter Kunst", die eine Brandmarkung zum Ziel hatten. Um Arbeits- und Ausstellungsverboten zu entgehen emigrierten viele Künstler oder gingen in die innere Emigration. Den Maßnahmen gegen die „Entartete Kunst" kam häufig eine Abwehrhaltung des deutschen Bürgertums zugute, die auf Unkenntnis und mangelndem Verständnis beruhte.

Entente cordiale

(frz. = herzliches Einvernehmen)
Nach dem Scheitern der deutsch-englischen Bündnisgespräche 1902 suchte *Großbritannien* Anlehnung an andere Mächte. Nach Gesprächen mit *Frankreich* gelang ein wechselseitiger Ausgleich der kolonialen Streitpunkte, indem Ägypten zum englischen, Marokko hingegen zum französischen Interessengebiet erklärt wurde.
Diese Verständigung führte 1904 zum Bündnis der *Entente cordiale* zwischen Großbritannien und Frankreich, das durch Absprachen zwischen den Generalstäben beider Länder ergänzt wurde. Durch den englisch-russischen Ausgleich kam es 1907 zur Erweiterung des Bündnisses um *Russland*.
Die deutschen Politiker sowie Kaiser Wilhelm II. hatten die Gegensätze zwischen England, Frankreich und Russland für unü-

Das europäische Bündnissystem vor dem Ersten Weltkrieg

▢	deutsch-österreichischer Zweibund
▢	Dreibund
▢	französisch-russischer Zweibund (1894)
▬	französisch-italienischer Ausgleich (1902)
▬	Entente cordiale (1904)
▬	bitisch-russischer Ausgleich (1907)
🔥	Balkankriege 1912/13
➡	Spannungen und offene Fragen

berwindbar gehalten und wurden vom Abschluss der *Entente cordiale* überrascht. Mehrere diplomatische Versuche, die neue Koalition zu sprengen und die Einkreisung aufzubrechen, misslangen. Im Ersten Weltkrieg bildete dann die *Entente cordiale* die Basis für Deutschlands Gegner.

Entkolonialisierung

Der 1. Weltkrieg bedeutete für die alten europäischen Kolonialmächte einen Machtverlust, der die Widerstandsbewegungen in den ➡ Kolonien stärkte. Der 2. Weltkrieg bewirkte die endgültige Auflösung der Kolonialreiche und brachte in den folgenden Jahren nahezu allen Kolonien die ersehnte Freiheit. Beschleunigt wurde dieser Prozess der Entkolonialisierung durch den ➡ Kalten Krieg, der im Gefolge des Ost-West-Konflikts ausbrach. Die meisten früheren Kolonien – besonders die des afrikanischen Kontinents – zählen heute zu den ➡ Entwicklungsländern.

Entnazifizierung

Das ➡ Potsdamer Abkommen vom 2. August 1945 sah eine Bestrafung der *Nationalsozialisten* und ihre Entfernung aus allen staatlichen, politischen und wirtschaftlichen Schlüsselstellungen vor. Auf dieser Grundlage führten die alliierten Besatzungsmächte in Deutschland nach 1945 die Entnazifizierung durch.
In den westlichen Besatzungszonen wurden die Beschuldigten in fünf verschiedene Belastungskategorien eingestuft: 1. Hauptschuldige, 2. Belastete, 3. Minderbelastete, 4. Mitläu-

E

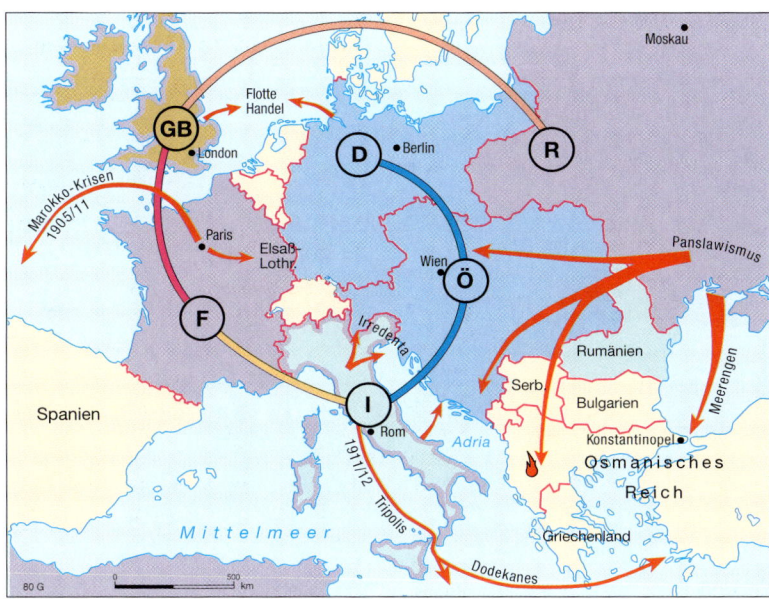

fer, 5. Entlastete. Die Anklage erfolgte durch den öffentlichen Kläger vor einer Spruchkammer. Sühnemaßnahmen waren z. B. Gefängnis, Einzug des Vermögens, Amtsverlust, Berufsverbot, Geldbußen usw. Im Schatten des ➡ Kalten Krieges, der Westdeutschland zum Verbündeten gegenüber dem kommunistischen Machtblock machte, wurden viele Strafen bald gemildert oder aufgehoben. 1949 war die Entnazifizierung im wesentlichen beendet.

Entstalinisierung

Nach STALINS Tod kam es auf dem XX. Parteitag der KPdSU 1956 zu einer Abkehr von dessen Terrormethoden. Dazu zählte auch eine Verurteilung des von Stalin geförderten *Personenkults* sowie die Rehabilitierung politischer Opfer der Stalindiktatur.
Diese vom neuen Generalsekretär der KPdSU CHRUSCHTSCHOW eingeleitete Entstalinisierung griff auf andere Ostblockstaaten über und führte zumeist zur Ablösung der „Stalinisten". Das System der Diktatur und die beherrschende Rolle der Kommunistischen Partei bestanden in allen Staaten unverändert fort.

Entwicklungsländer

Bezeichnung für die Länder der ➡ Dritten Welt, die im Vergleich zu den Industriestaaten einen wirtschaftlich geringen Entwicklungsstand aufweisen. Infolge eines sehr niedrigen Lebensstandards ist die Bevölkerung dieser Länder, die etwa drei viertel der Weltbevölkerung umfasst, von Hunger, Armut und Krankheit bedroht.
Die Probleme der Entwicklungsländer haben verschiedene Ursachen: mangelnde Industrialisierung, rückständige Landwirtschaft, hohes Bevölkerungswachstum mit Unterernährung, Auslandsverschuldung, Abhängigkeit von Industriestaaten und deren Importen, hohe Analphabetenquote und geringer Bildungsgrad, Mangel an Fachkräften für die Wirtschaft und Verwaltung.
Hinzu kommen häufig feudale Oberschichten, die Reformansätze verhindern, da sie um ihre politische Macht fürchten. Der Export dieser Länder beschränkt sich zumeist auf wenige landwirtschaftliche Produkte aus Monokulturen oder auf billige Rohstoffe.
Länder, die nicht einmal über solche Exportprodukte verfügen, bezeichnet man auch als „Vierte Welt".

E

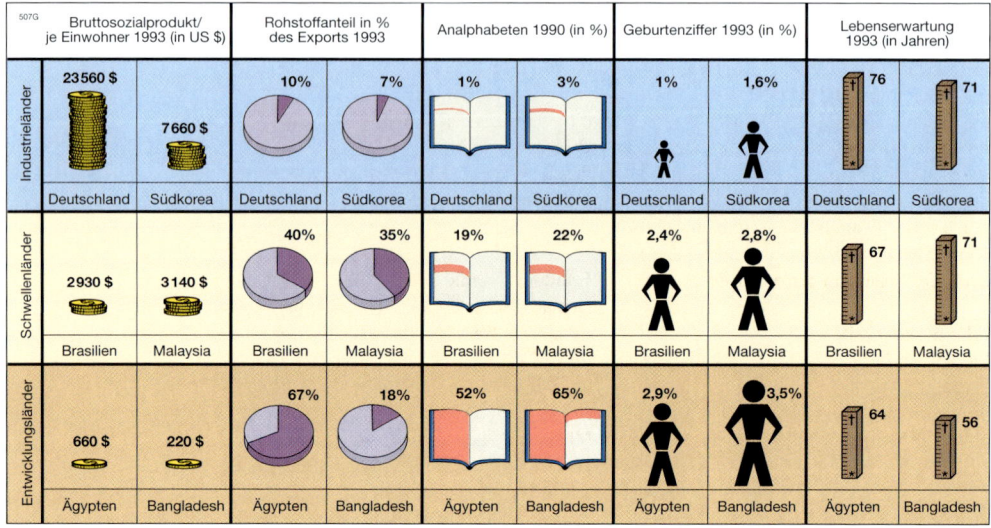

507G Bruttosozialprodukt/ je Einwohner 1993 (in US $)		Rohstoffanteil in % des Exports 1993		Analphabeten 1990 (in %)		Geburtenziffer 1993 (in %)		Lebenserwartung 1993 (in Jahren)	
Industrieländer									
23 560 $	7 660 $	10%	7%	1%	3%	1%	1,6%	76	71
Deutschland	Südkorea	Deutschland	Südkorea	Deutschland	Südkorea	Deutschland	Südkorea	Deutschland	Südkorea
Schwellenländer									
2930 $	3140 $	40%	35%	19%	22%	2,4%	2,8%	67	71
Brasilien	Malaysia	Brasilien	Malaysia	Brasilien	Malaysia	Brasilien	Malaysia	Brasilien	Malaysia
Entwicklungsländer									
660 $	220 $	67%	18%	52%	65%	2,9%	3,5%	64	56
Ägypten	Bangladesh	Ägypten	Bangladesh	Ägypten	Bangladesh	Ägypten	Bangladesh	Ägypten	Bangladesh

Typische Daten armer und reicher Länder anhand sechs exemplarisch ausgewählter Staaten.

Enzyklika
(griech. enkyklios epistole = allgemeiner Rundbrief)
Rundschreiben der Päpste, die zu aktuellen Fragen des christlichen Lebens Stellung nehmen. Sie sind entweder an die gesamte katholische Kirche oder aber an bestimmte Gruppen von Bischöfen gerichtet. Die amtliche Urfassung ist in lateinischer Sprache abgefasst. Enzykliken werden nach ihren lateinischen Anfangsworten zitiert.

Enzyklopädie
(griech. enkyklios paideia= Bildungskreis).
Seit dem 16. Jh. gebräuchliche Bezeichnung für Nachschlagewerke, die das gesamte Wissen oder wissenschaftliche Teilgebiete darstellen wollen. 1751–72 erschien eine 24 Bände umfassende französische Enzyklopädie. Mitarbeiter waren unter anderem DIDEROT, ROUSSEAU, VOLTAIRE und MONTESQUIEU. Von ihr ging eine starke Wirkung im Sinne der ➡ Aufklärung aus, sodass man die Anhänger der dort vertretenen philosophischen Richtung als „Enzyklopädisten" bezeichnete.

Ephoren
(sing. Ephoros, gr. = Aufseher)
Die jährlich von der Heeresversammlung gewählten fünf höchsten Beamten in Sparta. Sie sollten ursprünglich die Könige entlasten, gewannen jedoch später eine starke Machtposition und bestimmten die gesamte Außenpolitik. Zu ihren Aufgaben zählte die Vertretung und Beratung der Könige, die Organisation von Kriegszügen sowie die Leitung der Heeresversammlung. Ausgestattet mit weit reichender Polizeigewalt beaufsichtigten sie das gesamte Staatswesen. Ihre Macht teilten sie mit dem „Rat der Alten", wobei wichtige Fragen der Politik gemeinsam beraten wurden.

Erbfolge
In einer ➡ Monarchie regelt die Erbfolge, wer nach dem Tod eines Herrschers dessen Nachfolger wird. Dabei gibt es unterschiedliche Möglichkeiten. In einer *Erbmonarchie* wird die Thronfolge durch Geburt erworben. Thronfolgeberechtigt war früher meist der älteste Sohn des regierenden Herrscherhauses, sofern es keine anderen Bestimmungen gab. So erließ Kaiser KARL VI. (reg. 1711–40), der in seinen habsburgischen Landen ohne männliche Erben war, eine Erbfolgeordnung zugunsten seiner Tochter MARIA THERESIA (➡ Pragmatische Sanktion). Dies beschwor nach seinem Tod freilich den *Österreichischen Erb-*

folgekrieg herauf (1740–48). Während die Länder des mittelalterlichen Reichs nur die männliche Erbfolge erlaubten, war in anderen Staaten wie England oder Russland auch die weibliche Erbfolge zugelassen.

Im Gegensatz zur Erbmonarchie steht die *Wahlmonarchie.* Hier wird nach dem Tod des regierenden Monarchen ein neuer Herrscher durch einen Wahlakt bestimmt. Im Deutschen Reich des Mittelalters geschah dies durch das Kollegium der ➡ Kurfürsten.

Erbuntertänigkeit

Wirtschaftliches und persönliches Abhängigkeitsverhältnis des Bauern vom *Gutsherrn,* das der ➡ Leibeigenschaft ähnelte. Der Bauer war nicht nur an die Scholle gefesselt und zur Fronarbeit verurteilt, er war sogar verpflichtet, seine Kinder für einige Jahre auf dem Gutshof als *Gesinde* arbeiten zu lassen (Gesindezwangsdienst). Damit wurde der Bauer zum eigentlichen *Erbuntertan* des Gutsherrn, den man folglich auch als *Erb-* *herrn* bezeichnete. Die Erbuntertänigkeit war regional unterschiedlich geregelt und ging bisweilen so weit, dass der Gutsherr den Bauern sogar verkaufen konnte. Verbreitet war dies System vor allem im 17. und 18. Jh. in Ostdeutschland.

Preußen hob die Erbuntertänigkeit im Zuge seiner umfangreichen Reformen 1807 auf, Österreich erst 1848.

Erfüllungspolitik

Demagogisches Schlagwort von rechten Gegnern der ➡Weimarer Republik. Es bezeichnete die 1921 eingeleitete Politik der deutschen Regierung, welche die *Reparationsverpflichtungen* aus dem ➡ Versailler Vertrag nach Möglichkeit zu erfüllen trachtete, um damit zugleich die Grenzen der Leistungsfähigkeit offenkundig zu machen. Ziel dieser Politik war somit eine Revision der unhaltbaren Reparationsbestimmungen, was die radikale Rechte jedoch als Verrat am deutschen Volk diffamierte.

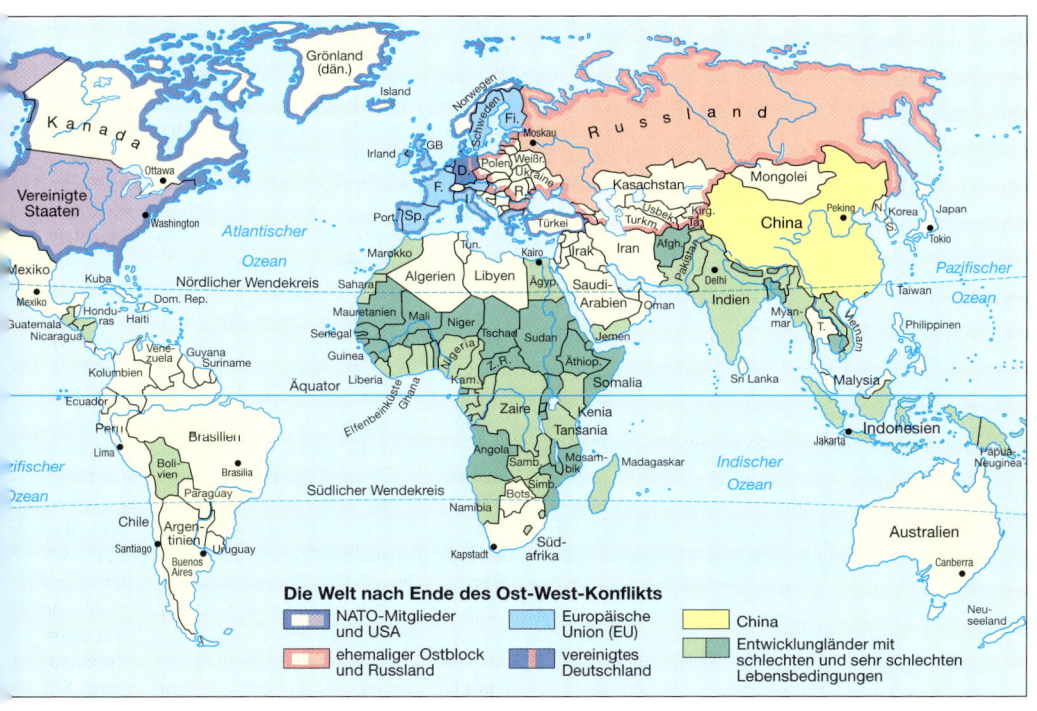

Die Welt nach Ende des Ost-West-Konflikts

- NATO-Mitglieder und USA
- ehemaliger Ostblock und Russland
- Europäische Union (EU)
- vereinigtes Deutschland
- China
- Entwicklungländer mit schlechten und sehr schlechten Lebensbedingungen

Ermächtigungsgesetz

Ein Gesetz, durch das ein Parlament die Regierung dazu ermächtigt, an seiner Stelle Gesetze oder Verordnungen zu erlassen. Die ➡ Gewaltenteilung ist damit aufgehoben und die demokratische Ordnung gefährdet. Katastrophale Folgen hatte das Ermächtigungsgesetz vom 24. 3. 1933 („Gesetz zur Behebung der Not von Volk und Reich"). Es übertrug die gesamte Staatsgewalt der nationalsozialistischen Regierung und schuf damit die Grundlage der NS-Diktatur.

Erster Weltkrieg

Im 19. Jh. gewannen nationale Einigungsbestreben zunehmend an Bedeutung. Italien errang die nationale Einheit 1861, BISMARCK erzwang sie 1871 unter preußischer Vorherrschaft mit der deutschen Reichsgründung. Besonders für den Vielvölkerstaat Österreich-Ungarn wurde der Nationalismus zu einem Problem, da die slawischen Völker nach Unabhängigkeit drängten und der ➡ Panslawismus große Sprengkraft entfaltete. In dieser Situation steigerte sich die Politik der Großmächte zum ➡ Imperialismus, der auch den Krieg als letztes Mittel in Kauf nahm. Er drückte sich in fortgesetzten wirtschafts- und militärpolitischen Konflikten aus, wurde aber erst durch folgende Gegensätze kriegsgefährlich: die deutsch-britische Flottenrivalität, Frankreichs Ziel Elsass-Lothringen zurückzugewinnen und Russlands Drang zu den Meerengen des Bosporus. Hinzu kam die nationalistische Propaganda in allen Staaten und der von Russland geschürte Panslawismus, der sein Ziel nur durch eine Zertrümmerung Österreich-Ungarns erreichen konnte. Ein Funke genügte, um den starren Automatismus der europäischen Bündnissysteme auszulösen.
Im Juni 1914 erschoss ein serbischer Attentäter den österreichischen Thronfolger und seine Frau in *Sarajewo* und löste damit Österreichs Kriegserklärung an Serbien aus. Das rief Russland auf den Plan, das sich als Schutzmacht Serbiens betrachtete, während Deutschland nun an die Seite Österreich-Ungarns trat. Als Vermittlungsversuche vergeblich blieben, erklärte Deutschland am 1. Au-

gust 1914 Russland den Krieg, dem am 3. August eine Kriegserklärung an Frankreich folgte. Der deutsche Überfall auf das neutrale Belgien löste am 4. August den Kriegseintritt Großbritanniens mit allen Ländern des Commonwealth gegen Deutschland aus. Schließlich trat noch die Türkei in den Krieg gegen Russland ein und auch die Kolonialgebiete Afrikas wurden in die Kämpfe verstrickt. Was als lokaler Konflikt begann, hatte sich zu einem *Weltkrieg* ausgeweitet. Die Frage, wer die Hauptschuld am Ausbruch des Ersten Weltkriegs trägt – die so genannte ➡ *Kriegsschuldfrage* – ist bis heute in der Geschichtsforschung umstritten.
Problematisch war für Deutschland der *Zweifrontenkrieg,* den schon BISMARCK so gefürchtet hatte. Der für diesen Fall entwickelte ➡ Schlieffen-Plan scheiterte, denn der rasche Vorstoß deutscher Armeen nach Frankreich kam bald zum Stillstand. Er wandelte sich vom *Bewegungskrieg* in einen *Stellungskrieg, der* ungeheure Opfer forderte. Im Osten drangen die Russen in Ostpreußen ein, wurden aber in der Schlacht bei Tannenberg besiegt.
Ende 1914 waren alle offensiven Kriegspläne gescheitert und es trat ein gewisser Gleichgewichtszustand ein zwischen den *Mittelmächten* – vor allem Deutschland, Österreich-Ungarn, Türkei – und den *Alliierten* Frankreich, Großbritannien und Russland, denen sich später Italien anschloss. 1915 kam es im Westen unter Einsatz neuer Waffen (Flugzeuge, Panzer, Giftgas) zu gewaltigen *Materialschlachten,* die freilich keine Veränderung der Kriegslage brachten, sondern ungeheure Menschenopfer kosteten. Allein die *Schlacht um Verdun,* die fast das ganze Jahr 1916 andauerte, forderte 700 000 Tote auf beiden Seiten. Ende 1917 war die Lage der Mittelmächte ernst, da sich die Hungerblockade der Alliierten dank der britischen Flotte auszuwirken begann. Der als Gegenmaßnahme von Deutschland verstärkte U-Boot-Krieg blieb erfolglos.
Entscheidend für den Ausgang des Ersten Weltkriegs wurde das Jahr 1917. Die USA traten in den Krieg ein und verschoben das Kräfteverhältnis aufgrund ihrer wirtschaftli-

Französisches Plakat für eine Kriegsanleihe 1914.

Mit Gasmasken ausgestattete Soldaten und Pferde einer Munitionskolonne.

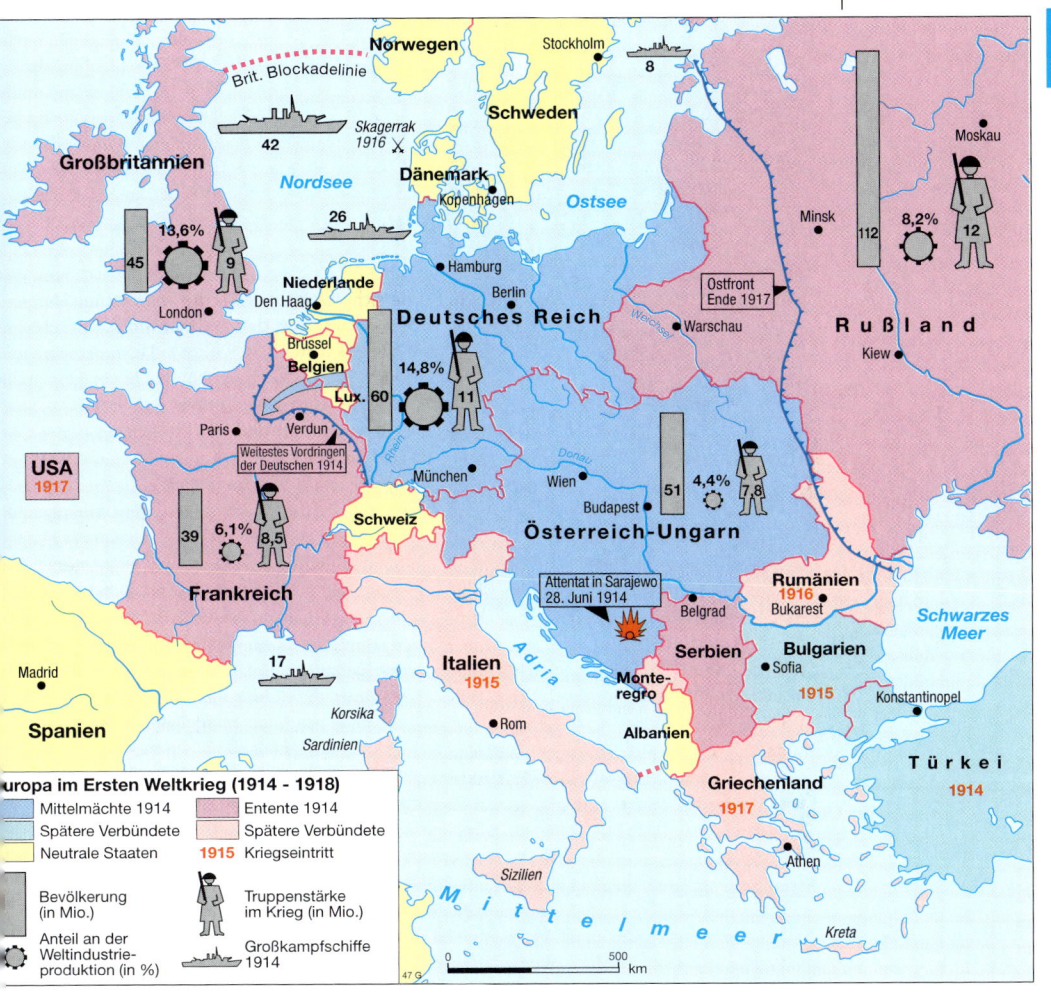

Europa im Ersten Weltkrieg (1914 - 1918)

Mittelmächte 1914	Entente 1914
Spätere Verbündete	Spätere Verbündete
Neutrale Staaten	**1915** Kriegseintritt

Bevölkerung (in Mio.)

Anteil an der Weltindustrieproduktion (in %)

Truppenstärke im Krieg (in Mio.)

Großkampfschiffe 1914

chen und materiellen Überlegenheit zu Gunsten der Alliierten. Der Zusammenbruch Russlands, das 1917 von der ➡ *Oktoberrevolution* erschüttert wurde, brachte Deutschland kaum Entlastung. Auch innenpolitisch häuften sich die Probleme. Der Krieg erfasste alle Lebensbereiche und löste im Volk eine zunehmende Kriegsmüdigkeit aus. Spätestens seit dem verheerenden Hungerwinter 1917 war klar, dass sich der Krieg dem Ende zuneigte. Im November 1918 war Deutschland besiegt. Es musste einen Waffenstillstand schließen und im 1919 unterzeichneten ➡ *Vertrag von Versailles* gewaltige ➡ Reparationen und schwere territoriale Einbußen hinnehmen.

Der Erste Weltkieg bildete eine Zäsur in der Menschheitsgeschichte. Nie zuvor hatte ein Krieg in so kurzer Zeit so viele Menschenleben gekostet (etwa 10 Millionen Tote) und ein solches Ausmaß an Zerstörung angerichtet. Zugleich fegte er die Monarchien in Deutschland, Österreich und Russland hinweg und bedeutete das Ende der mo-

D

Leichensammler im Schützengraben 1915.

Erster Weltkrieg

Erzbischof

Ein ➡ Bischof, der einer Kirchenprovinz mit mehreren Bistümern vorsteht. Er besitzt nicht nur in seinem eigenen Bistum die bischöfliche Gewalt, sondern hat auch in den anderen Diözesen seiner Kirchenprovinz gewisse hoheitliche Befugnise.

Etrusker

Volk umstrittener Herkunft, das zwischen dem 8. und 4. Jh. v. Chr. große Teile Mittel- und Norditaliens beherrschte. Die Etrusker bauten *Rom,* das einen etruskischen Namen trägt, zur Stadt aus und stellten bis 510 v. Chr. auch seine Könige. Auf Grund ihrer hohen Kultur und weit reichenden Handelsbeziehungen beeinflussten sie die italischen Stämme sehr nachhaltig.

Das militärische Ausgreifen *Roms* führte im 4. Jh. v. Chr. zum allmählichen Niedergang der etruskischen Stadtstaaten. 396 zerstörten die Römer die Stadt *Veji,* 303 scheiterte der Versuch des etruskischen Städtebundes, die Römer durch ein gemeinsames Heer aus *Etrurien* zu verdrängen. Mitte des 3. Jh. v. Chr. hatten die Römer ganz *Etrurien* erobert, das wegen der Kriege zum Teil verödet war. Der Landschaftsname *Toskana* erinnert noch heute an die Etrusker, die von den Römern auch *Tusci* genannt wurden.

narchisch-autoritären Herrschaftsform. Das geschwächte Europa verlor durch den Ersten Weltkrieg an machtpolitischer Bedeutung, während die USA und die Sowjetunion zu neuen Weltmächten aufstiegen, die das 20. Jahrhundert bestimmten.

Soldaten auf dem Weg an die Westfront. Der Kriegsbegeisterung folgte schon bald der Tod und das Grauen in den Schützengräben.

Erster Weltkrieg

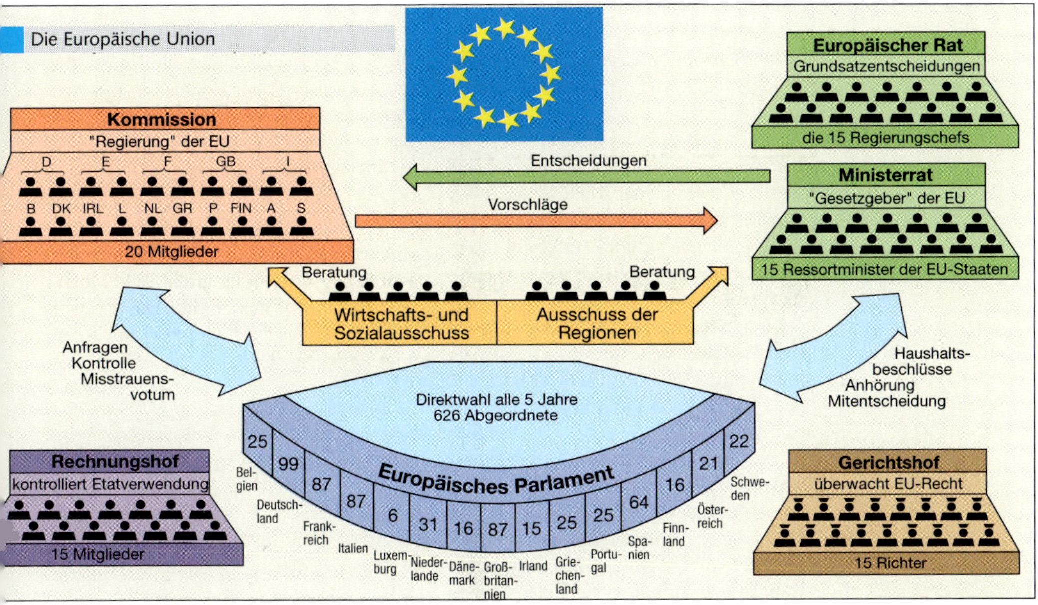

Die Europäische Union

D

Kommission
"Regierung" der EU

| D | E | F | GB | I |

B DK IRL L NL GR P FIN A S

20 Mitglieder

Europäischer Rat
Grundsatzentscheidungen

die 15 Regierungschefs

Ministerrat
"Gesetzgeber" der EU

15 Ressortminister der EU-Staaten

Entscheidungen

Vorschläge

Beratung Beratung

Wirtschafts- und Sozialausschuss **Ausschuss der Regionen**

Anfragen
Kontrolle
Misstrauens-
votum

Haushalts-
beschlüsse
Anhörung
Mitentscheidung

Direktwahl alle 5 Jahre
626 Abgeordnete

Europäisches Parlament

Rechnungshof
kontrolliert Etatverwendung

15 Mitglieder

| Bel-gien | 99 | 87 | 87 | 6 | 31 | 16 | 87 | 15 | 25 | 25 | 64 | 16 | 21 | 22 |

Deutsch-land Frank-reich Italien Luxem-burg Nieder-lande Däne-mark Groß-britan-nien Irland Grie-chen-land Portu-gal Spa-nien Finn-land Öster-reich Schwe-den

Gerichtshof
überwacht EU-Recht

15 Richter

Die Kunst der Etrusker ist aus zahlreichen *Grabanlagen,* welche die Zeiten unbeschädigt überdauerten, gut bekannt. Dabei handelt es sich oft um monumentale Rundgräber aus Steinblöcken, die von einem Erdhügel überdeckt sind und ein verzweigtes System von Grabkammern enthalten. Die Gräber besitzen farbenprächtige Wandmalereien, die Jagdszenen, Festgelage oder Tänze zeigen und einen guten Eindruck von der Lebensweise und den Jenseitsvorstellungen der Etrusker vermitteln. Eine Besonderheit sind etruskische Sarkophage, deren Deckel die liegenden Verstorbenen zeigen, die in Ton oder Marmor in Lebensgröße modelliert sind.
Ihre Siedlungen und Städte legten die Etrusker gern auf gut zu verteidigenden Bergrücken oder Hügeln an. Noch heute finden sich in etruskischen Stadtgründungen wie *Volterra* gewaltige Stadtbefestigungen mit Stadttoren und Brücken.

Europäische Union (EU)
Mit den *Römischen Verträgen* zwischen der Bundesrepublik Deutschland, Frankreich,

Italien und den Benelux-Staaten wurde 1958 die *Europäische Wirtschaftsgemeinschaft* (EWG) gegründet. Nach ihrer Verschmelzung mit der *Montanunion* und der *Europäischen Atomgemeinschaft* (EURATOM) entstand 1967 die *Europäische Gemeinschaft* (EG), der im Lauf der Jahre zahlreiche weitere europäische Staaten beitraten.
1987 beschlossen die Mitglieder der EG die Schaffung eines *europäischen Binnenmarktes,* der die so genannten „Vier Freiheiten" herbeiführen sollte. Dazu zählten der freie Verkehr von Personen, Waren, Dienstleistungen und Kapital, wofür folgende Voraussetzungen zu schaffen waren: Fortfall von Grenzkontrollen, Niederlassungsfreiheit für alle EG-Bürger, Harmonisierung von Normen und Vorschriften, Öffnung der Finanz- und Telekommunikationsmärkte, Freizügigkeit des Kapitalverkehrs. Obwohl die meisten dieser Ziele verwirklicht werden konnten, ist der Binnenmarkt noch immer nicht gänzlich vollendet.
Eine grundlegende Ergänzung der Gründungsverträge bedeutete der in *Maastricht* beschlossene „Vertrag über die Europäische

Etrusker mit der Kithara, Grabgemälde, um 490 v. Chr.

D

Union", der 1993 in Kraft trat. Die *Europäische Union* (EU), wie die Gemeinschaft seither heißt, strebt eine vertiefte europäische Integration an, was durch folgende Maßnahmen erreicht werden soll:
Die Errichtung einer Wirtschafts- und Währungsunion, eine gemeinsame Außen- und Sicherheitspolitik, die Einführung einer Unionsbürgerschaft sowie eine Zusammenarbeit in der Innen- und Rechtspolitik. Dies betrifft besonders die Asyl- und Einwanderungspolitik sowie die Bekämpfung des organisierten Verbrechens. Mit den ehemaligen Ostblockstaaten schloss die EU seit 1991 Assoziierungsabkommen und beabsichtigt einige von ihnen als Vollmitglieder aufzunehmen.
Um den Entwicklungsländern entgegenzukommen schloss die EU mit über 60 Ländern Afrikas, der Karibik und des Pazifiks (*AKP-Staaten*) 1975 die *Konvention von Lomé*, der weitere Abkommen folgten. Sie garantieren einen nahezu zollfreien Zugang zum Binnenmarkt und gewähren zinsgünstige Darlehen.
Die *Europäische Union* besitzt folgende Organe: Der *Ministerrat* (auch „Rat der EU"), der das Entscheidungsgremium in allen Angelegenheiten der EU ist; er setzt sich aus je einem Minister der Regierungen der Mitgliedstaaten zusammen.
Die *Europäische Kommission*, die die Erfüllung der Verträge überwacht und die Beschlüsse des Rates als Exekutivorgan ausführt; die *Kommissare* werden von den Mitgliedstaaten für 5 Jahre ernannt.
Das *Europäische Parlament*, das mit direkt gewählten Abgeordneten Kontroll- und Beratungsfunktionen wahrnimmt und bei der Gesetzgebung ein Mitentscheidungsrecht besitzt. Wichtige internationale Abkommen bedürfen seiner Zustimmung, ebenfalls der EU-Haushalt. Die vollen Rechte eines Parlaments – Gesetzgebung und Regierungsbildung – hat das Europaparlament noch nicht erlangt.
Der *Europäische Gerichtshof*, der bei allen Streitigkeiten hinsichtlich des Gemeinschaftsrechts angerufen werden kann; seine Rechtsprechung hat Vorrang vor nationalem Recht.

Der *Europäische Rechnungshof* kontrolliert den Haushalt der EU und überwacht die korrekte Verwendung aller Einnahmen und Ausgaben.
Die allgemeinen politischen Zielvorstellungen der EU legt der *Europäische Rat* (früher EG-Gipfelkonferenz) fest. Er besteht aus den Regierungschefs der Mitgliedstaaten, tritt mindestens zweimal jährlich zusammen und ist gegenüber dem *Ministerrat* weisungsbefugt.

Europäische Gemeinschaft, Europäische Wirtschaftsgemeinschaft (EWG)
s. Europäische Union

Europarat
Der 1949 gegründete Europarat ist eine lockere Organisation europäischer Staaten. Er hat es sich zum Ziel gesetzt, das gemeinsame kulturelle Erbe zu bewahren, den wirtschaftlichen und sozialen Fortschritt zu fördern sowie über die Einhaltung der Menschenrechte zu wachen. Der Europarat, der seinen Sitz in *Straßburg* hat, besitzt folgende Organe:
Lediglich beratende Funktion hat die *Parlamentarische Versammlung*, in welche die Parlamente der Mitgliedstaaten Abgeordnete entsenden; das *Ministerkommitee* der Außenminister legt die Richtlinien fest; ferner besteht als ausführendes und koordinierendes Organ das von einem Generalsekretär geleitete ständige *Sekretariat*.
Im Rahmen des Europarats entstanden zahlreiche Vertragswerke über Menschenrechte, Umweltschutz, sprachliche und ethnische Minderheiten, Bildungsabschlüsse usw. Am bekanntesten ist die 1953 in Kraft getretene *Europäische Menschenrechtskonvention*. 1959 konstituierte sich der *Europäische Gerichtshof für Menschenrechte*, dessen Urteile völkerrechtliche Wirkung haben.

Euthanasieprogramm
Im Oktober 1939 erließ Hitler seinen Euthanasiebefehl. Er leitete eine Aktion zur Ermordung Geisteskranker oder mit Missbildungen behafteter Menschen ein, die in staatlichen, privaten oder kirchlichen Pflegeanstalten untergebracht waren.

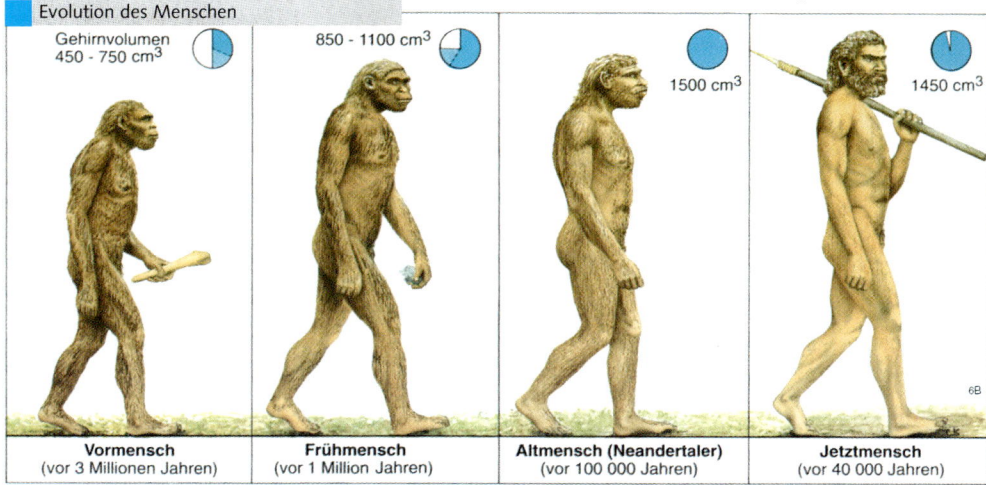

Evolution des Menschen

Gehirnvolumen
450 - 750 cm³

850 - 1100 cm³

1500 cm³

1450 cm³

| Vormensch (vor 3 Millionen Jahren) | Frühmensch (vor 1 Million Jahren) | Altmensch (Neandertaler) (vor 100 000 Jahren) | Jetztmensch (vor 40 000 Jahren) |

Der Euthanasiebefehl zur „Vernichtung lebensunwerten Lebens" führte zu einer Massentötung missgebildeter Kinder und geistig Behinderter. Die Zahl der Opfer schwankt zwischen 100 000 und 275 000 Personen, darunter 5000 Kinder. Als besonders kirchliche Kreise Protest erhoben (z. B. Bischof GRAF VON GALEN), brachen die Nationalsozialisten die Aktion 1941 ab. Die Anstalten wurden jedoch weiterhin zu Mordaktionen an Bewohnern von Altersheimen, Fürsorgezöglingen, Juden, Homosexuellen und Fremdarbeitern genutzt.

In den *Euthanasieprozessen* nach 1945 wurden Ärzte und Pflegepersonal, die an den Morden mitgewirkt hatten, zur Rechenschaft gezogen.

Evolution des Menschen

Wissenschaftler gehen davon aus, dass sich menschenähnliche Lebewesen – die so genannten ➡ *Vormenschen* (Hominide) – vor etwa 7–8 Millionen Jahren von der Linie der Menschenaffen getrennt haben. Als sichere Belege solch menschenähnlicher Lebewesen gelten Skelettreste, die man in *Laetoli* (Tansania) in Ostafrika fand und die ein Alter von etwa 3,7 Millionen Jahren besitzen. Diese Vormenschenart, die von den Wissenschaftlern den Namen *Australopithecus* (Südaffe) erhielt, besaß schon einen aufrech-

ten Gang und bewegte sich zweibeinig fort. Der Schädelinhalt lag mit etwa 440–530 cm³ bereits über dem der Menschenaffen (Schimpanse rund 390 cm³). Über den Gebrauch oder die Herstellung von Steinwerkzeugen ist nichts bekannt.

Die Epoche der Vormenschen wird als *Tier-Mensch-Übergangsfeld* bezeichnet, da diese Lebewesen wegen bestimmter anatomischer Merkmale nicht mehr zum Tierreich, andererseits aber auch noch nicht eindeutig zum Menschen gerechnet werden können.

Unbestreitbar zur Entwicklungsstufe des Menschen zählen hingegen die ➡ *Frühmenschen,* als deren erste Vertreter der *Homo rudolfensis* (nach dem Rudolfsee in Kenia) und der *Homo habilis* („geschickter Mensch", nach der Fähigkeit zur Werkzeugherstellung) gelten. Sie traten vor etwa 2,5 Millionen Jahren in Ostafrika auf, verfügten über ein fortschrittlicheres Skelett als die Vormenschen und über ein Gehirnvolumen von etwa 600–700 cm³. Sie konnten bereits einfache Steinwerkzeuge herstellen und zielgerichtet verwenden, was in ihrer Nähe gefundene plumpe Schlag- und Schneidewerkzeuge beweisen.

Auf diese beiden noch sehr urtümlichen Menschenformen folgte vor etwa 1,8 Millionen Jahren der *Homo erectus* (aufrecht gehender Mensch). Die Bezeichnung ist irre-

Hackmesser eines Frühmenschen (500 000 v. Chr.).

Faustkeil eines Neandertalers (100 000 v. Chr.).

Höhlenmalerei des Jetztmenschen (15 000) v. Chr.).

führend, da bereits der Vormensch *(Australopithecus)* aufrecht ging, was man zur Zeit der Namensgebung aber noch nicht wusste. Dieser Frühmensch verließ erstmals Afrika und breitete sich in Europa und Asien aus. Australien und Amerika erreichte er hingegen nicht. Sein Gehirnvolumen umfasste bereits 900–1100 cm^3 und obwohl er mächtige Überaugenwülste und eine fliehende Stirn hatte, unterschied sich sein Skelett nur noch wenig von dem der heutigen Menschen. Der *Homo erectus* erreichte eine Größe von etwa 1,60 m, erlangte erstmals die Gewalt über das Feuer und starb vor etwa 250 000 Jahren aus.

Auch in Deutschland fanden sich Reste des Frühmenschen, so z. B. in einer Sandgrube bei *Heidelberg,* wo der ungefähr 550 000 Jahre alte Unterkiefer eines *Homo erectus* zum Vorschein kam. Noch bedeutender sind freilich die Funde von *Bilzingsleben* in Nordthüringen, die ein Alter von 350 000 Jahren aufweisen. Dort entdeckte man einen über Jahrtausende benutzten Rastplatz der Frühmenschen zusammen mit Skelettresten und Steingeräten.

Aus den Frühmenschen der Art *Homo erectus* ging vor mehr als 300 000 Jahren eine Menschengruppe hervor, die man zu den unmittelbaren Vorläufern des modernen Menschen zählt. Ihr lateinischer Name lautet *Homo sapiens,* was soviel wie „vernunftbegabter Mensch" heißt. Diese Menschengruppe spaltete sich nach Meinung vieler Wissenschaftler schon relativ früh in zwei getrennte Entwicklungslinien auf.

Die eine Linie führte zu den Vorläufern des Neandertalers und schließlich vor etwa 100 000 Jahren zum ➡ *Neandertaler* selbst *(Homo sapiens neanderthalensis).* Diese Menschengruppe bezeichnet man auch als ➡ Altmenschen. Der Neandertaler, den man stammesgeschichtlich als unseren „Vetter" bezeichnen könnte, siedelte vor allem im eiszeitlichen Europa. Die Gründe für sein Aussterben vor etwa 35 000 Jahren sind umstritten, werden aber häufig mit der Ausbreitung des eiszeitlichen Jetztmenschen in Verbindung gebracht.

Die andere Entwicklungslinie endete nicht wie beim Neandertaler in einer biologischen Sackgasse, sondern führte vor ungefähr 150 000 Jahren zum *Jetztmenschen (Homo sapiens sapiens).*

Die meisten Forscher vermuten, dass er in Süd- und Ostafrika entstand, wo man vor wenigen Jahren die mit Abstand ältesten Skelettreste des Jetztmenschen fand. So z. B. in Omo/Äthiopien (Alter: 110 000 Jahre) oder in Border Cave/Südafrika (Alter: 110 000–90 000 Jahre). In Europa und Asien ist der Jetztmensch erst seit knapp 40 000 Jahren nachweisbar, in Australien seit 30 000 und in Nordamerika seit etwa 25 000 Jahren.

Diese Daten erhärten die Hypothese von der Entstehung des modernen Menschen in Afrika und lassen seine Ausbreitungswege gut erkennen.

Wichtige Funde und verbesserte technische Untersuchungsverfahren (➡ Archäologie) haben unser Wissen über die Evolution des Menschen in den letzten Jahren beträchtlich erweitert. Dennoch muss man sich vor Augen halten, dass ein neuer Fund die heutigen Erkenntnisse der Wissenschaftler jederzeit infrage stellen kann.

Exekutive

Nach der Lehre von der ➡ Gewaltenteilung die „vollziehende Gewalt", welche die Leitung des gesamten Staatswesens (Regierung, Verwaltung) umfasst. Unabhängig von der Exekutive besteht neben ihr die *Legislative* („gesetzgebende Gewalt") und die *Judikative* („rechtsprechende Gewalt").

Exkommunikation

Kirchenstrafe, die einen Sünder oder vom rechten Glauben Abgefallenen aus der kirchlichen Gemeinschaft ausschließt. Sie zieht den Ausschluss vom Gottesdienst und die Verweigerung der Sakramente nach sich und fordert alle Gläubigen zur Meidung des Betroffenen auf. Besonders im Mittelalter verwendeten die Päpste die Exkommunikation *(Kirchenbann)* als politische Waffe beim Kampf um Macht und Einfluss (➡ Investiturstreit).

Evolution des Menschen

Vormensch

E

Frühmensch

Altmensch
(Neandertaler)

Rekonstruktionsversuche nach Schädel- und Skelettresten.

F

Faschismus
(von lat. fasces = Rutenbündel römischer Beamter als Symbol der Richtgewalt)
Der Begriff bezeichnet ursprünglich die nationalistische, autoritäre und nach dem Führerprinzip ausgerichtete Bewegung MUSSOLINIS, die 1922 in Italien zur Macht kam.
Die Bezeichnung wurde bald übertragen auf rechtsgerichtete Bewegungen in anderen Staaten, die gleiche Merkmale aufwiesen: eine antimarxistische, antiliberale und demo-

kratiefeindliche Ideologie mit extrem nationalistischen Zügen und imperialistischen Tendenzen.
Ziel des Faschismus ist der *Einheitsstaat* mit dem Machtmonopol der faschistischen Partei, die das gesamte öffentliche Leben beherrscht. Der Staat fordert vom Bürger bedingungslose Unterwerfung, verherrlicht die ➡ „Volksgemeinschaft" und stilisiert den „Führer" zum Mythos. Die Durchsetzung der Macht besorgt ein brutales Polizei- und

Europa zwischen Demokratie und Diktatur (1918-1938)

▨ Faschistische Diktatur	▨ Kommunistische Diktatur	**1936** Jahr der Errichtung einer Diktatur oder eines autoritären Regimes
▨ Autoritäres Regime, Militärdiktatur	▨ Demokratie	

Überwachungssystem, verbunden mit der Einschränkung von Menschenrechten und einer intensiven Propaganda.

Das Ergebnis dieser Diktatur ist der „totale Staat": Verlust aller demokratischen Freiheiten, Terror gegenüber Andersdenkenden, Ausgrenzung ethnischer und religiöser Minderheiten. Zu den Erscheinungsformen des Faschismus zählt auch der ➡ Nationalsozialismus.

Faustkeil

Faustkeil

Meist aus Feuerstein gefertigtes Werkzeug der *Altsteinzeit* (➡ Steinzeit). Er wurde mit Hilfe eines Schlagsteins kegelförmig zugeschlagen und zum Stoß in der Faust geführt. Der Faustkeil war handlich, besaß ein dickes Griffende und eine dünne, scharfe Spitze. Seine Form läst erkennen, dass schon die ➡ Frühmenschen, die vor über 1 Million Jahren Faustkeile herstellten, eine Arbeit im Voraus planen und technisch umsetzen konnten.

Fehde(wesen)

Streit, Feindschaft oder Rache zwischen zwei Parteien im Mittelalter (z.B. Adlige, Städte, Sippen oder Familien), wenn die öffentliche Gerichtsbarkeit versagte. Mit dieser eigenmächtigen Selbsthilfe, die nach mittelalterli-

cher Vorstellung gerechtfertigt war, sollte das wirkliche oder vermeintliche Recht durchgesetzt werden.

Im Gegensatz zur Blutrache vollzog sich die Fehde nach bestimmten ritterlichen Formen. Sie wurde dem Gegner vor Beginn der Feindseligkeiten mit dem Fehdebrief angekündigt und durch den Sühnevertrag beendet. Durch das Werfen des Fehdehandschuhs forderte der Ritter seinen Gegner zum Zweikampf. Im Sühnevertrag enthalten war ein feierliches Friedensversprechen, d.h, ein beschworener Verzicht auf Rache.

Sowohl die Kirche als auch der Staat versuchten das Fehdewesen einzudämmen. So durch einen ➡ Gottesfrieden oder die Verkündung eines ➡ Landfriedens (z.B. der 1495 auf dem Wormser Reichstag verkündete „Ewige Landfriede"). Dennoch blieben Fehden des Landadels oder Fehden zwischen Adligen und Städten bis in die Neuzeit hinein üblich. Erst der Rechtsschutz und die Vollstreckungsgewalt des modernen Staates überwanden Fehden endgültig.

Fellachen

(arab. = Pflüger)
Die bäuerliche Bevölkerung des alten Ägypten, die den Ackerbau betrieb. Auch heute werden die Bauern in allen arabischen Ländern so genannt.

Feudalismus

(lat. feudum = Lehen)
Das Herrschaftssystem des mittelalterlichen ➡ Lehnswesens, das stellenweise bis zur frühen Neuzeit reichte.

Der ➡ Marxismus dehnte den Begriff auf jedes Gesellschaftssystem aus, das durch adligen Grundbesitz und die damit verbundenen Herrschaftsrechte und Standesprivilegien gekennzeichnet ist. Er betrachtet den Feudalismus als Entwicklungsstufe zwischen der antiken Sklavenhaltergesellschaft und dem modernen ➡ Kapitalismus.

Fibel

(von lat. fibula = Spange)
Bezeichnung für eine in vor- und frühgeschichtlicher Zeit verwendete Nadelkon-

Ostgotische Adlerfibel

F

Fibel

struktion aus Metall, mit der Kleidung zusammengehalten wurde. Die Fibel diente häufig zugleich als Schmuckstück und war dann kunstvoll gefertigt und verziert. Die Germanen der ➡ Völkerwanderungszeit besaßen unter anderem Schmuckfibeln aus Gold und Silber, oftmals mit Einlagen aus Edelsteinen, Korallen oder Email.

Föderalismus
(lat. foedus = Bündnis)
Gliederung eines Staates in mehrere politische Einheiten, die eine verfassungsrechtlich geregelte Teilhabe an der Regierungsgewalt des Gesamtstaates besitzen. Weiterhin genießen diese *Landesteile, Provinzen* oder *Regionen* in bestimmten politischen Bereichen Autonomie bzw. Selbstverwaltung. Derartige föderative Staaten sind z. B. die Bundesrepublik Deutschland, die USA oder die Schweiz. Der gegensätzliche Begriff zum Föderalismus ist *Zentralismus.* Ein zentralistischer Staat konzentriert die gesamte Regierungsgewalt an einem Ort und erlaubt seinen *Provinzen* oder *Landesteilen* keinerlei Selbstverwaltung.

Forum
(lat. = Marktplatz)
Das Forum war in allen römischen Städten Mittelpunkt des öffentlichen Lebens und Zentrum für die städtischen Behörden. Magistratsgebäude, Tempel, Wandelgänge und Markthallen umgaben den Platz. Nach dem Vorbild des *Forum Romanum* wurden auch die Foren in den Städten der ➡ Provinzen erbaut.

Franken
Germanischer Stamm, der im 3. Jh. n. Chr. aus kleineren Stämmen zusammenwuchs, die zwischen Weser, Mittel- und Niederrhein und der Mosel siedelten. Bestimmend blieben noch lange Zeit die beiden fränkischen Kernstämme der *Salier* und *Ripuarier.*
Der Aufstieg der Franken erfolgte unter König CHLODWIG I. (466 – 511) aus dem Geschlecht der ➡ Merowinger. Er eroberte Ende des 5. Jh. *Gallien,* besiegte die *Alemannen* und beseitigte gewaltsam alle rivalisierenden Kleinkönige. Damit fügte er den lockeren Stammesverband fest zusammen und legte die Grundlage des *Frankenreichs* unter einheitlicher Herrschaft. Durch CHLODWIG erfolgte auch der Übertritt der Franken zum *katholischen* Christentum, was das Zusammenwachsen von fränkischer und gallo-römischer Bevölkerung erleichterte.
Unter CHLODWIGS Nachfolgern unterwarf das Frankenreich die Stämme der Thüringer, Bayern, Burgunder, Alemannen und Sachsen und erreichte unter KARL DEM GROSSEN (742– 814) aus dem Geschlecht der ➡ Karolinger seine größte Ausdehnung. Diese Expansion ermöglichte der fränkischen Reichskultur ein allmähliches Vordringen in die Gebiete östlich des Rheins und ließ für diesen Raum den Namen *Ostfranken* – das spätere Deutsche Reich – aufkommen.
Die Franken nahmen Reste *spätantiker* Kultur auf und verschmolzen sie mit *germanischen* Vorstellungen und *christlichem* Gedankengut. Damit schufen sie das Fundament des ➡ Abendlandes und prägten seine künftige Entwicklung.

Das Reich Karls des Großen (768 - 814)
- Frankenreich um 768
- Erwerbungen Karls d. Gr.
- Gebiet der Pippinschen Schenkung
- Grenzmarken
- Fränkisches Einflußgebiet
- ♁ ♁ Erzbistümer, Bistümer
- ♁ ♁ Unter Karl d. Gr. gegründete Erzbistümer u. Bistümer
- + Wichtige Klöster
- ○ Wichtige Pfalzen
- ● Orte, in denen sich Karl d. Gr. mindestens viermal aufgehalten hat
- Byzantinische Gebiete
- ≍ Wichtige Pässe

Französische Revolution

Die Französische Revolution begann mit dem Sturm auf die Pariser *Bastille* am 14. 7. 1789 und endete am 9. 11. 1799 mit dem Staatsstreich von NAPOLEON BONAPARTE. Sie beseitigte gewaltsam das ➡ Ancien Régime, bewirkte eine umfassende politische und gesellschaftliche Neuordnung und strahlte über Frankreich auf Europas Staatenwelt aus. Mit ihren universalen Menschheitsidealen und nationalem Gedankengut zerbrach die *Französische Revolution* das überkommene europäische Staatensystem, das auch die ➡ Restauration nur vorübergehend und unvollkommen erneuern konnte. Zentrale Forderungen wie ➡ *Demokratie* und ➡ *Liberalismus* bewirkten einen allmählichen Strukturwandel in Europa, der die Voraussetzungen für unsere moderne Industriegesellschaft schuf.

Die Wurzeln der *Französischen Revolution* liegen in der Reformbedürftigkeit des ➡ Ancien Régime, gegen das sich die Kritik der ➡ Aufklärung richtete. Die endlosen Kriege LUDWIGS XIV. die prunkvolle Hofhaltung sowie die Unfähigkeit der Herrscher zu Reformen führten den Staat an den Rand des Bankrotts. Hinzu kamen die *Privilegien* des Adels und des hohen Klerus, die Steuerfreiheit genossen und alle wichtigen Staatsämter besetzten. Das führte zu Unzufriedenheit im wohlhabenden Bürgertum, das zwar eine erhebliche Steuerlast trug, aber keinerlei politischen Einfluss besaß.

Nach 1750 verschärfte sich die Situation. Missernten führten auf dem Land zu Hungerrevolten, Bauern und besitzlose Landarbeiter fristeten ein kärgliches Dasein. Doch auch das Stadtproletariat in den Großstädten lebte in ärmlichsten Verhältnissen und wer seine Arbeit verlor, vermehrte nur das Heer der Bettler.

Wegen einer massiven Wirtschafts- und Finanzkrise berief König LUDWIG XVI. (reg.

Présenté par le 1er chelat, l'un des Vainqueur de la Bastille

Erstürmung
der Pariser Bastille
am 14. Juli 1789.

Französische Revolution

Französische Revolution

Der Ballhausschwur vom 20. Juni 1789. In der Mitte Präsident Bailly, der den Text des Eides vorliest.

1774–1793) erstmals seit 1614 die ➡ Generalstände ein um Steuerreformen zu beraten. Die Beschwerdebriefe der Bevölkerung *(Cahiers de doléances)*, die anlässlich der Wahlen zu den Generalständen verfasst wurden, spiegelten die herrschenden Missstände und Reformwünsche wieder.

Am 5. 5. 1789 traten die Generalstände erstmals in Versailles zusammen. Die beiden privilegierten Stände *Adel* und *Geistlichkeit* hatten je 300 Abgeordnete gewählt, der *Dritte Stand*, der über 95% der Bevölkerung repräsentierte, stellte 600 Abgeordnete. Als der Dritte Stand eine Abstimmung nach Köpfen statt nach Ständen forderte, wurde dies vom König verweigert. Das bedeutete, dass Adel und Geistlichkeit die Bürger stets im Verhältnis 2:1 niederstimmen konnten. Daraufhin erklärten sich die Abgeordneten des Dritten Standes am 17. 6. zur *Nationalversammlung* und leisteten am 20. 6. im Ballhaus den Schwur, nicht vor Vollendung einer Verfassung auseinanderzugehen *(Ballhausschwur)*.

Truppenbewegungen um das gärende Paris brachten das Volk auf und führten am 14. 7. 1789 (französischer Nationalfeiertag) zur Erstürmung der *Bastille*, dem Symbol der verhassten Herrschaft. Als sich die alte Ordnung lockerte und Bauernaufstände ausbrachen, verkündete die Nationalversammlung am 4. 8. 1789 die ➡ Bauernbefreiung und die Aufhebung aller *Feudalrechte* von Adel und Klerus. Am 26. 8. 1789 folgte die *„Erklärung der Menschen- und Bürgerrechte"* (➡ Menschenrechte), die man nach dem Vorbild der USA formuliert hatte.

Da der König mit der Unterzeichnung dieser Beschlüsse zögerte, zwang ihn das Volk am 5.10. von Versailles ins Pariser Stadtschloss, die *Tuilerien*, umzuziehen. Damit geriet er unter den Druck der „Straße", dem sich auch die Nationalversammlung zunehmend ausgesetzt sah.

F

Im November 1789 wurden alle Kirchengüter verstaatlicht. Sie sollten als Deckung für das Papiergeld (➡ *Assignaten*) dienen, das die Nationalversammlung als Zahlungsmittel herausgab. Da jedoch mehr Papiergeld ausgegeben wurde als an Deckung durch Güter vorhanden war, kam es zu einer Inflation.

1791 verkündete die Nationalversammlung eine *Verfassung*, die Frankreich zur *konstitutionellen Monarchie* und das besitzende Bürgertum zum Träger des Staates machte: Nur Bürger, die eine bestimmte Steuersumme entrichteten, besaßen das Wahlrecht (➡ Aktivbürger). Immerhin verwirklichte die Verfassung das Prinzip der ➡ Gewaltenteilung und unterwarf den König wie jeden Bürger den geltenden Gesetzen.

In der 1791 neu gewählten Nationalversammlung bildeten die Monarchisten nur noch eine Minderheit, während die Republikaner, die gemäßigten ➡ Girondisten sowie die radikalen ➡ Jakobiner die Mehrheit hatten. Sie setzten 1792 die Kriegserklärung an Preußen und Österreich durch, was den Beginn der französischen *Revolutionskriege* einläutete. Die revolutionsfeindliche Haltung

Französische Revolution

des Königs führte am 10. 8. 1792 zum Sturm der Pariser Massen auf die *Tuilerien* und zur Verhaftung der königlichen Familie.

Im September 1792 trat ein neu gewählter ➡ Nationalkonvent zusammen, in dem die *Bergpartei* der Jakobiner die Mehrheit besaß. Der Konvent rief unverzüglich die *Republik* aus (22. 9. 1792) und erklärte den Beginn des Jahres I nach neuer republikanischer Zeitrechnung. Wenig später machte er dem König den Prozess und ließ ihn am 21. 1. 1793 wegen landesverräterischer Beziehungen hinrichten. Unter dem Druck der radikalen Pariser Massen wurde die demokratische Verfassung außer Kraft gesetzt und die Staatsgewalt einem ➡ Wohlfahrtsausschuss unter Vorsitz von ROBESPIERRE übertragen.

Damit begann eine Zeit des *Terrors*, in der die Jakobiner Bauernaufstände in der Vendeé niederschlugen, Royalistenerhebungen niedermetzelten, die Führer der Girondisten ermordeten und jeden, der ihnen verdächtig erschien, unter die Guillotine brachten. Das Christentum wurde durch den *Kult der Vernunft* ersetzt, der im „Fest des Höchsten Wesens" gipfelte. In Paris wurden durch Schnellurteile des gefürchteten *Revolutionstribunals* innerhalb weniger Monate 4000 Menschen hingerichtet, in ganz Frankreich erlitten etwa 70 000 Menschen einen gewaltsamen Tod. Zu den maßgeblichen Initiatoren dieser *Schreckensherrschaft* zählten ROBESPIERRE, DANTON, MARAT und SAINT-JUST. Die Zeit des Terrors (*La Terreur*) endete am 27. Juli 1794. Nachdem sich keiner seines Lebens mehr sicher fühlte, wurde ROBESPIERRE von gemäßigteren Kräften gestürzt und zusammen mit vielen seiner Parteigänger hingerichtet. Frankreich erhielt eine liberale Verfassung, die jedoch erneut das Großbürgertum bevorzugte. Die Regierung übernahm ein ➡ *Direktorium* von fünf Männern, das die Minister und Generäle berief.

Eine schwere Wirtschafts- und Finanzkrise sowie die Rückkehr zur Diktatur führten am 9. 11. 1799 zu einem Staatsstreich, mit dem NAPOLEON BONAPARTE das Direktorium beseitigte. Die Revolution erklärte er wenig später für beendet.

„Hier ruht ganz Frankreich" – Robespierre richtet als letzter Überlebender den Henker hin (satirisches Flugblatt, 1793).

F

Frauenbewegung, Frauenemanzipation

Organisierter Kampf der Frauen für politische und soziale Gleichberechtigung. Während der *Französischen Revolution* setzten erste Reformbestrebungen ein, die eng mit OLYMPE DE GOUGES (1748–1793) verknüpft sind. Kurz nach Verabschiedung der neuen französischen Verfassung erschien 1791 ihre „Erklärung der Rechte der Frau und Bürgerin". Dort forderte sie das aktive und passive Wahlrecht für Frauen und ihre uneingeschränkte Zulassung zu öffentlichen Ämtern. Die Engländerin MARY WOLLSTONECRAFT brachte 1792 ihr Buch „Verteidigung der Rechte der Frauen" *(Vindication of the Rights of Women)* heraus, im selben Jahr erschien die Abhandlung „Über die bürgerliche Verbesserung der Weiber" von THEODOR HIPPEL (1741–1796).

In den folgenden Jahrzehnten verstärkten sich im Zusammenhang mit anderen gesellschaftlichen Reformbewegungen Bestrebungen, für Frauen bessere Bildungsmöglichkeiten und mehr politische Rechte zu erlangen. Beispielhaft waren hier MADAME DE STAËL (1766–1817), die sich als Schriftstellerin für die Gleichberechtigung einsetzte, HENRIETTE HERZ (1764–1817) und RACHEL VON VARN-HAGEN (1771–1833), die geistreiche Mittelpunkte literarischer *Salons* bildeten, sowie die Schriftstellerinnen KAROLINE SCHELLING (1763–1809) und BETTINA VON ARNIM (1785–1859), die neben ihrem literarischen Schaffen sozial und politisch engagiert waren.

Im Zuge der *Industrialisierung,* die in Deutschland um 1840 einsetzte, kam es zu einem Strukturwandel in der Gesellschaft und der Familie. In der Frauenbewegung verstärkte sich der Wunsch nach Überwindung des hergebrachten Frauenideals, das von Familie, Kindern und hausfraulichen Pflichten geprägt war. So wurden Frauen im Jahr 1835 erstmals als Kindergärtnerinnen und Diakonissen „beruflich" tätig, zugleich begann die Fabrikarbeit von Frauen der unteren sozialen Schichten.

Der politische und soziale Aufbruch der Revolution von 1848 führte auch bei der Frauenbewegung zu einem emanzipatorischen Fortschritt. Die ersten *Frauenbildungsvereine* wurden gegründet, in Hamburg entstand 1848 eine „Frauenhochschule" und 1849 gab die Frauenrechtlerin LUISE OTTO-PETERS (1819–1895) ihre „Frauen-Zeitung" heraus. Die Hauptforderungen zielten jetzt auf Erlangung der vollen politischen und bürgerli-

Ab 1903 gab die Lehrerin Helene Lange (1848–1930) die Monatszeitschrift „Die Frau" heraus, in der sie sich für die Gleichberechtigung der Frauen einsetzte.

Frauenbewegung

Die Marquise du Châtelet – Übersetzerin der Schriften des Isaak Newton, Freundin und Mitbewerberin Voltaires um den Preis der Akademie in Paris

Frauenbewegung

Frauenbewegung

Gleiche Rechte - Gleiche Pflichten
Wählt
sozialdemokratisch!
SOZIALDEMOKRATISCHE PARTEI DEUTSCHLANDS.

Frauenbewegung

Nach Verkünden des Frauenwahlrechts 1918 wurden Frauen als wichtige Wählergruppe umworben.

„Gleiche Arbeit, gleicher Lohn", seit langem führen Frauen diesen Kampf.

chen Rechte sowie auf Zugang zu allen Berufen und Bildungsinstituten.

1865 gründete LUISE OTTO-PETERS unter demokratisch-liberalem Einfluss den „Allgemeinen Deutschen Frauenverein" (ADF). Er erklärte die Arbeit „für eine Pflicht und Ehre des weiblichen Geschlechts" und forderte, „dass alle der weiblichen Arbeit im Wege stehenden Hindernisse entfernt werden". „Gebührende Gleichberechtigung neben dem Manne" und soziale Gerechtigkeit waren weitere Forderungen des ADF.

Im Kampf gegen vielfältige männliche Einwände tat sich das besonders die Fabrikantentochter HEDWIG DOHM (1833–1919) hervor. In verschiedenen Kampfschriften wandte sie sich geistreich und temperamentvoll gegen Vorurteile hinsichtlich der Frauenarbeit, Frauenbildung und Frauenemanzipation.

Politische Hilfe erfuhr die Frauenbewegung von der SPD, welche die Forderung nach voller Gleichberechtigung als erste Partei 1891 in ihr *Erfurter Programm* aufnahm. In AUGUST BEBEL, dem Führer der SPD, fanden die Frauen dabei einen tatkräftigen Förderer, der erheblichen Einfluss in ihrem Sinne ausübte.

Ende des 19. Jh. bildete sich eine *bürgerliche* und eine *sozialistische* Richtung innerhalb der Frauenbewegung heraus. Das bürgerli-

che Lager um HELENE LANGE (1848–1930) bemühte sich besonders um die Frauenbildung. Ein wichtiger Erfolg war die Zulassung von Frauen zum Studium im Jahr 1901. Die sozialistische Richtung der Frauenbewegung vertrat CLARA ZETKIN (1857–1933), die von 1920 bis 1933 für die KPD Mitglied des Reichstags war. Ihr ging es vor allem um die Verbesserung der Lage der Arbeiterinnen und um ihre gewerkschaftliche und politische Organisierung.

1894 schlossen sich die inzwischen zahlreich gewordenen Frauenvereine zum „Bund Deutscher Frauenvereine" (BDF) zusammen, der die Interessen der Frauen bis 1933 repräsentierte.

Die Umwälzungen des *Ersten Weltkriegs* förderten die soziale und politische Integration der Frauen und brachten ihnen 1919 das aktive und passive Wahlrecht sowie die formale Gleichberechtigung. Während der → Weimarer Republik konnten weitere Gesetze mit Frauenforderungen durchgesetzt werden, vor allem im Rahmen des Familienrechts und der Rechtspflege.

Nach der Machtübernahme durch die *Nationalsozialisten* musste sich der BDF 1933 auflösen. Die NSDAP wies den Frauen lediglich eine Rolle als Mutter und Hausfrau zu, verwehrte ihnen unmittelbaren politischen Einfluss und schloss sie weitgehend aus dem Berufsleben aus.

Das hier geforderte Frauenstimmrecht führte Deutschland 1919 ein.

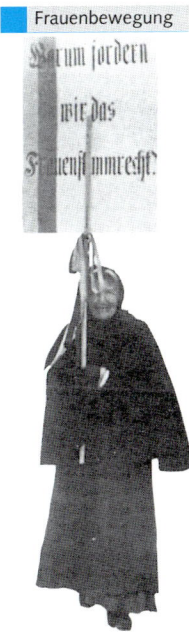

Frauenbewegung

Freimaurer

Unter Symbolen des Maurerhandwerks (Wasserwaage = Gleichgewicht; Leiter = Fortschritt; Winkelmaß = Gleichheit; Buch = Wissen; Sonne = Erleuchtung) gründeten die Freimaurer im 18. Jh. ihre Logen. Die Bewegung strebte den aufgeklärten, toleranten und humanen Menschen an.

Nach 1945 kam es jedoch rasch zur Neugründung zahlreicher Frauenorganisationen. 1958 erhielten die Frauen im *Gleichberechtigungsgesetz* die volle gesetzliche Gleichstellung.

Die uneingeschränkte Gleichberechtigung der Frau ist in Deutschland dennoch bis heute nicht verwirklicht. So gibt es im Beruf, in der Politik oder beim Lohn- und Bildungssystem trotz rechtlicher Gleichstellung noch immer Defizite. Auch das traditionelle Rollenverhalten in der Gesellschaft und Familie benachteiligt Frauen weiterhin.

In vielen außereuropäischen Staaten ist die rechtliche Gleichstellung der Frau oft noch in weiter Ferne, weil z. B. der ➡ Islam ihre völlige rechtliche und soziale Emanzipation mit gleichen Bildungschancen verbietet. Es ist völlig offen, wann hier ein Wandel eintritt.

Freihandel
(engl. Free-trade)
Völlige Freiheit des zwischenstaatlichen Außenhandels. Dies gilt besonders für Zölle und andere staatliche Maßnahmen (z. B. Einfuhrkontingente oder Devisenbewirtschaftung), die den Handelsverkehr hemmen oder beeinflussen. Die Idee des Freihandels entsprang dem ➡ *Liberalismus* und ging davon aus, dass ein unbehinderter Handelsverkehr eine ideale Arbeitsteilung zwischen den Volkswirtschaften herbeiführen würde. Er stand damit in völligem Gegensatz zum absolutistischen ➡ *Merkantilismus*, der ein Land wirtschaftlich abzuschotten suchte. Die Freihandelsbewegung ging von England aus, wo die von ADAM SMITH (1723–90) vertretene Lehre großen Anklang bei der Industrie fand.

Freikorps
Ein aus Freiwilligen bestehender Kampfverband, der nicht zur regulären Armee zählt.
In den Jahren 1919–1923 setzte die Reichsregierung mehrfach Freikorps zur Abwehr kommunistischer Aufstände und zum Grenzschutz im Osten ein. Auch nach ihrer offiziellen Auflösung bestanden die oft antirepublikanisch eingestellten Freikorps vielfach fort, meist in Form rechtsextremer Untergrundorganisationen, die den inneren Frieden der ➡ Weimarer Republik bedrohten.

Freimaurer
Im 18. Jh. schlossen sich Menschen, die bestimmte *humanitäre* Ziele verfolgten, in *Freimaurerlogen* zusammen. Im Geist der ➡ Aufklärung verpflichteten sie sich zu Toleranz, Menschenliebe, Brüderlichkeit und Wahrheit und bekämpften Fanatismus, Aberglaube, Totalitarismus und Gewalt.

Da sich die Freimaurer als *Weltbürger* verstanden und in allen Menschen das Verbindende sahen, waren ihnen Konfession oder Staatsangehörigkeit gleichgültig. Viele bedeutende Männer sind Freimaurer gewesen wie z. B. Goethe, Mozart, Friedrich der Große, Fichte, Lessing, Haydn, Hardenberg und andere.

Die liberale und demokratische Einstellung der Freimaurer rief bei autoritären oder totalitären Regierungen und Machthabern stets Argwohn hervor. So mussten sich die Freimaurerlogen nach dem Machtantritt der *Nationalsozialisten* 1933 auflösen und waren auch in der *Sowjetunion* sowie den übrigen kommunistischen Staaten verboten.

Der Name der *Freimaurer* geht auf die freien, nicht zunftgebundenen Steinmetzen der mittelalterlichen Bauhütten zurück und hat symbolische Bedeutung.

Fremdarbeiter
Bezeichnung für Männer und Frauen, die während des 2. Weltkriegs aus den besetzten Gebieten ins Deutsche Reich gebracht wurden, um hier als Arbeitskräfte zu arbeiten. Dabei handelte es sich meist um *Polen* und *Russen*, die vorwiegend in der *Rüstungsindustrie* eingesetzt wurden.

Man schätzt die Zahl der so genannten „Fremdarbeiter" auf insgesamt etwa 12 Millionen, von denen nur ein sehr geringer Teil freiwillig kam. Die meisten wurden *zwangsverpflichtet*, d. h. gewaltsam verschleppt. So führten Einsatzkommandos der Arbeitsämter, unterstützt von Einheiten der *Sicherheitspolizei* und der ➡ SS, Fahndungsstrei-

F

fen durch, bei denen polnische oder russische Bürger zusammengetrieben und zum Arbeitseinsatz nach Deutschland verschleppt wurden. In anderen Fällen wandten die deutschen Behörden in den besetzten Gebieten *Zwangsmaßnahmen* (z. B. Verweigerung von Lebensmittelkarten) an.

Die Unterbringung der Zwangsarbeiter erfolgte in primitiven Arbeitslagern, die von Mannschaften der SS und Polizei bewacht wurden und sich wenig von ➡ Konzentrationslagern unterschieden.

Fronde

Politische Opposition des Hochadels und des hohen Gerichtshofs (Parlament) in Paris gegen das absolutistische französische Königtum. Zwischen 1648 und 1653 kam es dabei zu Aufständen und Kämpfen in Paris, die den französischen Hof zur Flucht veranlassten. Hauptgegner der Fronde war Kardinal MAZARIN, der für den minderjährigen König LUDWIG XIV. die Regierungsgeschäfte führte. Uneinigkeit, Verrat und Gewalt brachten die Fronde bald um Macht und Ansehen, sodass der König 1652 wieder in Paris einziehen konnte. Der Aufstand der Fronde wirkte sich nachhaltig auf den jungen LUDWIG XIV. aus und veranlasste ihn später zur konsequen-

Fremdarbeiter

ten Durchsetzung seiner absoluten Herrschaft (➡ Absolutismus).

Frondienst

(althochdt. frô = Herr)

Der ➡ hörige oder leibeigene Bauer musste für seinen Grundherrn unbezahlte Arbeit leisten. Je nach seiner rechtlichen Stellung waren diese Arbeiten nach Anzahl der Tage, Zeit, Ort und Art festgelegt. Zu den Frondiensten zählten besonders Bodenbestellung, Fuhrdienste sowie Burg-, Haus- und Straßenbau.

Im späten Mittelalter wurden die Frondienste häufig abgeschafft und durch *Abgaben* in Naturalien oder Geld ersetzt.

Fronhof

Hof des *Grundherrn* (➡ Grundherrschaft). Dazu gehören das Herrenhaus, Häuser für Gesinde und Tagelöhner, Ställe und Scheunen. Der Fronhof ist umgeben vom *Salland,* welches der Grundherr selbst bearbeiten lässt, und den *Hufen,* welche er an ➡ Hörige ausgegeben hat. Im Fronhof findet auch das Hofgericht statt.

Frühkapitalismus

Mit dem Aufkommen der Geldwirtschaft entstand auch eine neue Wirtschaftsgesinnung, die die ➡ Zunftordnung sprengte. Einzelne Unternehmerfamilien wie die MEDICI in Florenz oder die FUGGER in Augsburg waren in verschiedenen Geschäftsbereichen europaweit aktiv: im Handel, Geldverleih, Bergbau und Verlagswesen. Nur solche Familien besaßen die erforderlichen Mittel um Produktion und Handel im großen Stil durchzuführen. Und sie waren bereit ihr Geld zur Erhöhung des Gewinns stets erneut im Unternehmen anzulegen.

Diese „frühen Kapitalisten" prägten den erst in unserer Zeit entstandenen Begriff *Frühkapitalismus.*

Frühmenschen

Sie haben sich aus dem ➡ Vormenschen entwickelt und tauchen vor etwa 2,5 Millionen Jahren in Ostafrika auf. Obwohl sie äußerlich noch längst nicht dem modernen

Zwangsarbeiterin in einem Rüstungsbetrieb.

Jakob Fugger (1459–1525) machte seine Firma zum größten Bankhaus und erhielt den Beinamen „der Reiche".

Jakob Fugger mit seinem Buchhalter Matthäus Schwarz. Der Aktenschrank zeigt einige wichtige Handelsniederlassungen bzw. Faktoreien (Miniatur von 1520).

So könnte es zu Beginn der Menschheitsgeschichte vor über 3 Millionen Jahren ausgesehen haben: Vormenschen wandern durch die von Vulkanasche bedeckte Steppe Ostafrikas.

Menschen entsprechen, werden sie auf Grund ihrer Intelligenz und ihres Körperbaus zu den ersten echten Menschen gerechnet: Das Gehirn ist im Vergleich zum Menschenaffen angewachsen und vor allem sind sie in der Lage Werkzeuge herzustellen und zu gebrauchen.

Am Anfang der Entwicklung stehen zwei Arten des Frühmenschen mit nur etwa 1,40 m Körpergröße. Wissenschaftler bezeichnen sie als *Homo rudolfensis* (nach dem Rudolfsee in Kenia) und *Homo habilis* („geschickter Mensch", nach der Fähigkeit zur Werkzeugherstellung). Aus ihnen ging vor etwa 1,8 Millionen Jahren eine fortschrittlichere Form des Frühmenschen hervor, die Forscher auch als *Homo erectus* (lat. = aufgerichteter Mensch) bezeichnen. Diese Bezeichnung ist missverständlich, da schon seine Vorgänger und auch der Vormensch aufrecht gingen, was man aber zur Zeit der Namensgebung noch nicht wusste. *Homo erectus* verließ als erste Menschenform den afrikanischen Kontinent und breitete sich über Europa und Asien aus. Lediglich Amerika und Australien erreichte er nach heutigem Kenntnisstand nicht. Im Verlauf seiner Entwicklung stieg

die Körpergröße des Frühmenschen und auch das Hirnvolumen wuchs weiter an. Er erlangte erstmals die Gewalt über das Feuer.

In Deutschland finden sich Spuren des Frühmenschen in *Bilzingsleben* (Thüringen) und in *Markkleeberg* (Sachsen), die ein Alter von 350 000 bzw. 250 000 Jahren aufweisen. Der bislang älteste deutsche Fund ist ein Unterkiefer aus dem Ort *Mauer* bei Heidelberg, der ein Alter von etwa 550 000 Jahren besitzt.

Der Frühmensch lebte bis vor etwa 250 000 Jahren und wurde dann durch eine noch fortschrittlichere Menschenform abgelöst: den ➡ Altmenschen (vgl. auch ➡ Evolution des Menschen).

Fürst s. Reichsfürst

Die Spur eines Menschen aus der Altsteinzeit im Boden einer Höhle in Italien.

Gau

In germanischer Zeit zerfiel das Siedlungsgebiet eines Stammes in mehrere Gaue, die zuweilen Herrschaftsgebiet von Fürsten (Gaukönige) waren. Den Gaunamen liegen *Flussnamen* (Rheingau, Maingau), *Gebirgsnamen* (Allgäu, Eifelgau), *Himmelsrichtungen* (Sundgau = „Südgau" im Elsass) oder alte *Völkernamen* (z. B. Breisgau, vom Keltenstamm der Brisigavier) zu Grunde. Die alten Gaugrenzen zerfielen bereits in fränkischer Zeit und wurden von den neuen Grafschaftsgrenzen überlagert.

Während der Zeit des *Nationalsozialismus* waren Gaue die Organisationseinheit der NSDAP. Die Partei hatte das Reichsgebiet in Gaue eingeteilt, an deren Spitze Gauleiter standen.

Gegenreformation

Der Begriff bezeichnet die innere Erneuerung der katholischen Kirche, beschlossen auf dem *Konzil von Trient* (1545–1563). Gleichzeitig Bezeichnung für den – oft gewaltsamen – Versuch der →Reichsfürsten, protestantisch gewordene Gebiete zur katholischen Lehre zurückzuführen. Eine wichtige Rolle spielte bei der Gegenreformation der → Jesuitenorden.

Die religiösen und politischen Spannungen führten schließlich zum *Dreißigjährigen Krieg* (1618–1648).

Geißler

1260 erschienen in Mittelitalien erstmals Menschen auf den Straßen, die sich unter Gebet und kirchlichen Gesängen bei entblößtem Oberkörper öffentlich geißelten.

Geißler

Gegenreformation

Die Bewegung der *Flagellanten* (lat. flagellum = Geißel) erfasste rasch Mittel- und Westeuropa, wo Bruderschaften Stadt und Land durchzogen und von Almosen lebten. Frauen vollzogen die Selbstgeißelung in streng verschlossenen Kirchen.

Das Phänomen der Geißler resultiert aus den sozialen und politischen Unruhen des Spätmittelalters sowie einer aufgewühlten religiösen Stimmung, die den Weltuntergang erwartete. Krankheiten und Pestepidemien wurden als Strafe Gottes empfunden, die nur durch Buße zu sühnen seien.

Ihren Höhepunkt erreichte die Bewegung der Geißler im Pestjahr 1348/49. Als sie auch die Kirche als „pflichtvergessen" angriff, wurde sie 1349 vom Papst und schließlich 1417 durch das Konstanzer Konzil verboten.

Geld, Geldwirtschaft

Nach dem Zerfall des römischen Münzwesens war Geld bis ins 12. Jh. kaum gebräuchlich. Das Wirtschaftsleben bestand zumeist im Tausch von Ware gegen Ware.

Die Geldwirtschaft blühte erst seit den Kreuzzügen in den norditalienischen Handelsmetropolen wie Venedig, Genua. Florenz oder

Die Konzilsväter von Trient tagten mit zwei mehrjährigen Unterbrechungen von 1545–1563. Sie sitzen hier im Halbrund, vor dem Kreuz der Protokollführer und der Abgesandte des Kaisers.

Mit Geißeln, an deren Ende Nägel befestigt waren, zogen Menschen zu Hunderten von Stadt zu Stadt. Um die Pest als Strafgericht Gottes abzuwenden peitschten die Geißler ihre Oberkörper.

G

Mailand wieder auf, wo sich bald ein *Bankwesen* herausbildete. Auch die *doppelte Buchführung,* welche die Veränderung der Vermögenswerte und des Kapitals einer Firma erfasst, hatte in Oberitalien um 1500 ihren Ursprung. Über die Handelshäuser der FUGGER und WELSER fanden diese kaufmännischen und finanztechnischen Neuerungen Eingang in Deutschland.

Generalstände

Versammlung von Vertretern der drei ⇒ Stände (Geistlichkeit, Adel, Bürger und Bauern) in Frankreich mit dem Recht der Steuerbewilligung. Der König konnte die Stände nach Belieben einberufen.

Ihre besondere Bedeutung erhielten die Generalstände 1789, als König LUDWIG XVI. sie nach langer Zeit zur Bewilligung von Steuerreformen einberief. Hinsichtlich des Abstimmungsverfahrens forderte der dritte Stand die Abstimmung nach Köpfen, da er bei der bislang üblichen Abstimmung nach Ständen der Geistlichkeit und dem Adel unterlegen gewesen wäre. Als diese Forderung

unerfüllt blieb, erklärte sich der dritte Stand allein zur *Nationalversammlung,* deren Entscheidungen für die ganze Nation Gültigkeit haben sollten. Damit war der Weg zur ⇒ Französischen Revolution geöffnet.

Germanen

Sammelname für Völker mit germanischen Sprachen, die in Nord- und Mitteleuropa beheimatet waren. Die Entstehung und Ausbreitung der Germanen, die zur großen Sprachfamilie der ⇒ Indogermanen zählen, ist bis heute nicht restlos geklärt. Mitte des 1. Jahrtausends v. Chr. siedelten sie in Südskandinavien, Dänemark und Norddeutschland und drangen allmählich nach Süden vor. Dabei verdrängten sie die ⇒ Kelten, die großen kulturellen Einfluss auf die germanischen Völker ausübten.

Ausführlichere Nachrichten über die Germanen erhalten wir erstmals von CAESAR, der in seinen Büchern über den *Gallischen Krieg* 58–51 v. Chr. von ihnen berichtet. Zu den wichtigsten Quellen zählt jedoch das Werk des römischen Geschichtsschreibers

Eröffnung der von Ludwig XVI. einberufenen Generalstände zu Versailles am 5. Mai 1789.

Generalstände

Germanen

TACITUS, das er 98 n. Chr. unter dem Titel „Über Herkunft und Lage der Germanen" – später nur *„Germania"* genannt – veröffentlichtc. Danach gliederten sich die Germanen in drei Stände, nämlich *Freie, Halbfreie* und *Sklaven.* Während die *Freien* die Masse der wehrfähigen Bevölkerung bildeten, waren die *Halbfreien* zwar persönlich frei, jedoch an den Boden gebunden. Diese Bevölkerungsschicht setzte sich vermutlich aus Unterworfenen und Freigelassenen zusammen. Kriegsgefangene und unfrei Geborene bildeten die unterste Schicht der *Sklaven,* die auch persönlich unfrei waren.

Aus dem Stand der Freien hob sich schließlich der *Adel* heraus, dem auch die Königssippe entstammte. Durch Fürstengräber ist diese Adelsschicht archäologisch gut belegt. Große Bedeutung besaß in der germanischen Gesellschaft die ➡ Sippe, ein auf gemeinsamer Abstammung beruhender Familienverband, der die Rechtsverhältnisse aller Angehörigen bestimmte. Über den *Sippen* stand der in *Gaue* unterteilte *Stamm,* der von den benachbarten Stämmen häufig durch Wald oder Ödland getrennt war.
Die *Rechtsprechung* beruhte auf dem mündlich weitergegebenen Gewohnheitsrecht. Auf

Germanische Schmuck-
fibel.

Germanen

Die Lure, ein germani-
sches Blasinstrument,
wurde bei Volksver-
sammlungen und zu
heiligen Festen gebla-
sen.

dem → Thing, der germanischen Volks-,
Heeres- und Gerichtsversammlung, schlich-
teten gewählte Richter Streitfälle, die den gesamten Stamm betrafen. Die übrigen
Rechtsfälle ahndete die Sippe selbst.
Wie viele Völker, die in enger Abhängigkeit
von der Natur lebten, sahen die Germanen
ihre Umwelt von göttlichen Wesen belebt.
Sie kannten einen → Mythos von der Entstehung der Welt aus den Gliedern des getöteten Riesen YMIR und glaubten an den Untergang der Welt durch einen Weltenbrand.
Schließlich gab es eine umfangreiche Göt-
terfamilie mit WOTAN an der Spitze, dem
Herrn der Schlachten und Unwetter, und seiner Gemahlin FREYA, Beschützerin der Ehe
und Familie. Weitere wichtige Götter waren
DONAR, der Hof und Acker schützte und als
Waffe einen mächtigen Hammer führte, sowie ZIU, der gewaltige Kriegsgott.
Die Götter zählten zum Geschlecht der ASEN
und hatten ihren Sitz auf einem Himmels-
berg in *Asgard*; die von Menschen bewohnte Welt hieß *Midgard*, um die sich die gewaltige Midgardschlange ringelte. Die Riesen
lebten in *Utgard*, dem von Menschen unbe-
wohnten Teil der Welt. Die Unterwelt hieß
Hel („Hölle"), doch wurden die im Kampf gefallenen Helden von Schlachtenjungfrauen,

den kriegerischen *Walküren,* nach *Walhall*
geleitet, um WOTAN in der letzten Entscheidungsschlacht beizustehen. Diese Schlacht
gegen die bösen Mächte würde nach germanischer Vorstellung in ferner Zukunft zu einem vernichtenden Weltenbrand führen.
Die Altäre der Götter standen auf Bergen
oder in heiligen Hainen, wo vornehme Männer und Frauen den Opferdienst verrichteten. Weiterhin wurden die Götter auch innerhalb des Hauses verehrt, wo der Hausva-
ter das erforderliche Ritual durchführte. Einen festen Priesterstand kannten die Germanen nicht und Tempelbauten waren ihnen zur Römerzeit noch unbekannt.
Die Germanen wohnten in Einzelhöfen, Wei-
lern oder kleinen Dörfern. Die langen, rechteckigen Bauernhäuser, die Wohnbereich und
Stall unter einem Dach vereinten, hatten
Ähnlichkeit mit den niedersächsischen Bau-
ernhäusern des Mittelalters. In der Landwirtschaft standen Ackerbau und Viehzucht
im Vordergrund, wobei vorwiegend Weizen
und Gerste, später auch Hafer, Roggen, Hirse, Flachs und Gemüse angebaut wurden.
Von den Römern übernahmen die Germanen des Westens später den Weinbau. Ge-
züchtet wurden Rind, Schaf und Schwein,
seltener Ziegen und Pferde.
Im 2. Jh. n. Chr. kam es zu ersten Bewegungen germanischer Völker, die von Norden
her gegen die Grenzen des *Römischen
Reichs* vorrückten. Aus einer Vielzahl kleinerer Stämme bildeten sich damals die
Großstämme der Sachsen, → Franken und
Alemannen.
Während Rom diese Bedrohung noch ab-
wenden konnte, löste der Vorstoß der aus
Asien hereinbrechenden → Hunnen im Jahr
375 eine wahre Völkerflut aus: die germanische → Völkerwanderung. Ostgoten, Westgoten (→ Goten), → Wandalen, Burgunder,
Gepiden, Heruler und andere Völker gerieten in Bewegung und durchzogen fast ungehindert das sich auflösende *Weströmische
Reich*.
Der enge Kontakt zum Römerreich hatte
weit reichende Folgen, denn die Germanen
übernahmen die römische Kultur und das
Christentum und verbanden sie mit germa-

nischen Vorstellungen. Aus dieser Verschmelzung ging allmählich unser heutiges Europa, das ➡ Abendland hervor.

Gerusia

„Rat der Alten" im antiken Staat *Sparta*. Die Gerusia bestand aus 28 über 60 Jahre alten Spartiaten, die auf Lebenszeit gewählt wurden, sowie den beiden Königen. Sie bereitete die Tagesordnung der *Volksversammlung* vor, kontrollierte alle politischen Entscheidungen und überwachte das korrekte Vorgehen der Gerichte. Der Vorsitzende wurde von den Königen bestimmt. Die Gerusia verfügte über großen politischen Einfluss in Sparta und wurde erst im 3. Jh. v. Chr. durch das wachsende Gewicht der ➡ *Ephoren* zurückgedrängt.

Getto

Der Name stammt angeblich von einer Insel in Venedig, die 1516 von der Stadtverwaltung zum einzigen Wohnort der jüdischen Gemeinde bestimmt wurde. Seither bezeichnet man alle behördlich erzwungenen jüdischen Wohnviertel oder von Juden bewohnte Gassen als Gettos.
Diese räumliche Absonderung der jüdischen Bevölkerung wurde bereits im 12. Jh. von der Kirche gefordert und setzte sich später überall durch. So gab es in Deutschland z. B.

Gettos in Köln, Worms, Frankfurt/M. oder Regensburg. Da die Gettos der wachsenden Bevölkerung wenig Raum boten, herrschte in ihnen eine unglaubliche Enge.
Mit der Verleihung der *Bürgerrechte* im 19. Jh. und dem Einsetzen der ➡ Judenemanzipation verschwanden die Gettos allmählich.

Geusen *(franz. gueux = Bettler)*

Der Begriff stammt aus dem Freiheitskampf der *Niederlande* gegen *Spanien* im 16. Jh. Er war zunächst ein Spottname der Spanier für die niederländischen Edelleute, die 1566 anlässlich einer Audienz bei der Statthalterin MARGARETE VON PARMA als „tas de gueux" – ein Haufen Bettler – bezeichnet wurden.
Doch schon bald wurde der Schimpf- zum Ehrennamen und die niederländischen Freiheitskämpfer bezeichneten sich selbst stolz als *Geusen*. Einige Mitglieder des Bundes, die mit Kaperschiffen Jagd auf spanische Schiffe machten, nannten sich „Wassergeusen".
Die niederländische Nationalhymne „Wilhelmus von Nassouwe", die Ereignisse jener Zeit besingt, war ursprünglich eines der zahlreichen Geusenlieder.

Gewaltenteilung

Teilung der Staatsgewalt in eine gesetzgebende *(legislative)*, gesetzesvollziehende *(exekutive)* und rechtsprechende *(judikative)*

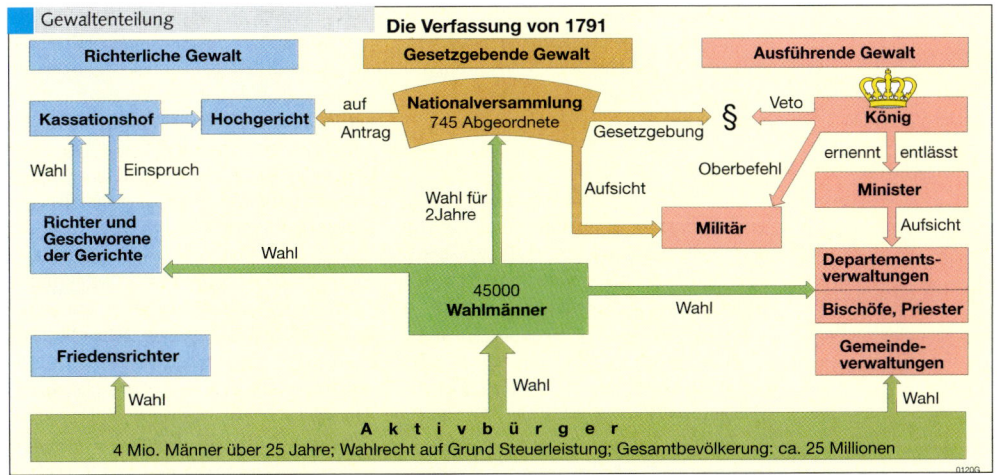

Wandschmuck mit einer Kampfparole in einer Arbeiterwohnung.

Gewalt. Die Gewaltenteilung soll einen Missbrauch staatlicher Macht verhindern und die persönliche Freiheit eines jeden Bürgers sichern. Dem Prinzip der Gewaltenteilung entsprechen die voneinander unabhängigen Verfassungsorgane *Parlament, Regierung* und *Gerichte*.

Diese Unterscheidung der drei Staatsfunktionen wurde zuerst in der ➡ Aufklärung von den Philosophen und Staatstheoretikern JOHN LOCKE (1632–1704) und CHARLES DE MONTESQUIEU (1689–1755) entwickelt. Die *Vereinigten Staaten* realisierten die Gewaltenteilung erstmals in ihrer Verfassung von 1789 (➡ Unabhängigkeitserklärung), die Franzosen nahmen sie mit der ➡ Französischen Revolution 1791 in ihre Verfassung auf. Seither zählt die Gewaltenteilung zum Grundprinzip aller modernen demokratischen Verfassungen.

Gewann

Eines der drei Großfelder, in welche die Dorfflur bei der ➡ Dreifelderwirtschaft aufgeteilt war. Die Gewanne, an denen die Bauern gleichen Anteil hatten, wurden abwechselnd genutzt für Winterfrucht, Brache und Sommerfrucht. Die Bezeichung „Gewann" hängt mit dem Wort „wenden" zusammen, da der Bauer an der Grenze des Ackers seinen Pflug wenden musste. Als die Dreifelderwirtschaft im 19. Jh. von anderen Anbaumethoden abgelöst wurde, legte man die Gewanne vielfach zu größeren Anbauflächen zusammen (Verkoppelung).

Gewerbefreiheit

In vorindustrieller Zeit unterlag das Gewerbe in den Städten einer Preis- und Produktionskontrolle durch die ➡ Zünfte. Dieser *Zunftzwang* wurde im 19. Jh. aufgehoben und die Gewerbefreiheit eingeführt. Jeder konnte nunmehr einen Gewerbebetrieb mit beliebigen Produkten eröffnen.

Gewerkschaften

Zusammenschlüsse von Arbeitnehmern zur Wahrung ihrer wirtschaftlichen Interessen. In England organisierten sich Arbeiter erstmals Ende des 18. Jh. (Trade Unions), in

Gewerkschaften

Deutschland entstanden seit 1848 zahlreiche lokale Arbeiterverbände, die sich zunächst gegen einen starken Widerstand der herrschenden Schichten durchsetzen mussten. Erst nach 1890 (Aufhebung des ➡ Sozialistengesetzes) wurden die Gewerkschaften anerkannte Vertreter der Arbeitnehmerschaft und entwickelten sich zu breiten Massenorganisationen.

Gilde

Genossenschaftliche Vereinigung im Mittelalter, die der gegenseitigen Hilfeleistung und der Förderung gemeinsamer Interessen diente. Besondere Bedeutung gewannen die *Kaufmannsgilden,* deren Mitglieder durch Eid miteinander verbunden waren. Sie gingen gemeinsam auf Handelsfahrt und bildeten einflussreiche Gruppen in den aufstrebenden Städten, wo sie Gildehallen als Zentrum ihrer Aktivitäten errichteten. Ein besonders bekanntes Beispiel für solche Kaufmannsgilden ist die ➡ *Hanse.* In manchen Gegenden Deutschlands – so z.B. in Köln – wurden auch die *Zünfte* als Gilden bezeichnet. Mit Beginn der Neuzeit und dem Aufstieg der großen Unternehmer und Fernhändler ging die Bedeutung der Gilden zurück. An ihre Stelle rückten Berufs- und Interessenverbände sowie Handwerkerinnungen.

G

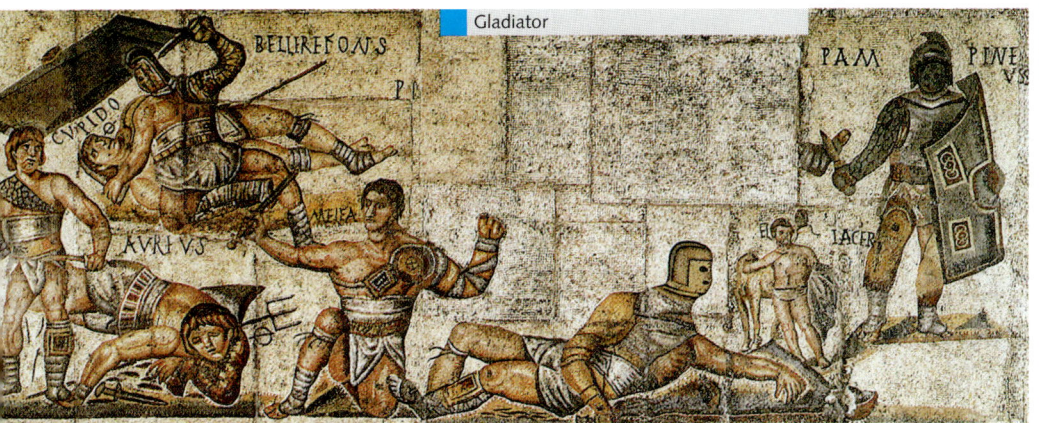
Gladiator

Girondisten

Politische Gruppe von Abgeordneten während der ➡ Französischen Revolution, deren wichtigste Führer aus dem Département Gironde stammten. Sie spalteten sich von den ➡ Jakobinern ab und verfolgten als Vertreter des Bürgertums eine gemäßigte republikanische Richtung.

Obwohl die Girondisten entschieden gegen jede Rückkehr zum ➡ Ancien Régime eintraten, lehnten sie die extremen Vorstellungen der Jakobiner ab. Gemeinsam mit ihnen stürzten sie das französische Königtum, gerieten aber in einen Gegensatz zur sich ständig radikalisierenden jakobinischen Bergpartei. Während der *Schreckensherrschaft* 1793/94 wurden sie zum großen Teil hingerichtet.

Gladiator

(von lat. gladius = Schwert)
Berufsmäßige Kämpfer und Fechter, die in Rom zur Unterhaltung des Volks auftraten. Bei den Gladiatorenspielen wurde auf Leben und Tod gekämpft. Die Gladiatoren waren Sklaven, Kriegsgefangene oder Verbrecher, doch gab es auch Angeworbene. Die Ausbildung erfolgte in Gladiatorenschulen.

Gleichgewicht der Kräfte

Ein grundlegendes Konzept insbesondere der britischen Politik *(Balance of Power)*. Es verfolgt das Ziel, die Macht der europäischen Staaten so auszubalancieren, dass keiner von ihnen die Vorherrschaft *(Hegemonie)* erlangt. Im Zuge dieser Politik wird jeweils die schwächere Staatengruppe gegenüber den stärkeren Mächten unterstützt.

Gleichschaltung

Mit der Gleichschaltung bezweckte der ➡ Nationalsozialismus die Durchdringung des Staates und die Ausrichtung aller staatlichen Organe und Interessenverbände auf die nationalsozialistische Reichsregierung.

Entsprechende *Gleichschaltungsgesetze* beseitigten ab 1933 die Länderparlamente, machten die NSDAP zur alleinigen Staatspartei, zentralisierten Gesetzgebung und Verwaltung und zwangen Presse und Kultur unter die Leitung des Propagandaministeriums. Interessenverbände wie z. B. die Gewerkschaften wurden entweder zerschlagen oder durch systemkonforme NS-Organisationen ersetzt.

Glorious Revolution

Im Jahr 1688 veranlasste das englische Parlament den Sturz von König JAKOB II., einem Katholiken, und berief den protestantischen WILHELM VON ORANIEN auf den Thron. Dieser musste vor seiner Thronbesteigung eine *Konstitution* – die *Bill of Rights* – unterzeichnen, welche die Rechte des Parlaments enthielt und die Macht zwischen König und Parlament teilte. Damit war England künf-

Auf diesem Mosaik sind verschiedene Kampfpaare zu sehen. Ihrer Rolle im Kampf entsprechend haben einige ihren Arm mit Lederbandagen, ihre Unterschenkel mit Beinschienen geschützt. Durch die ganz unterschiedliche Bewaffnung waren die Siegeschancen ungleich verteilt und ein blutiges Schauspiel garantiert.

G

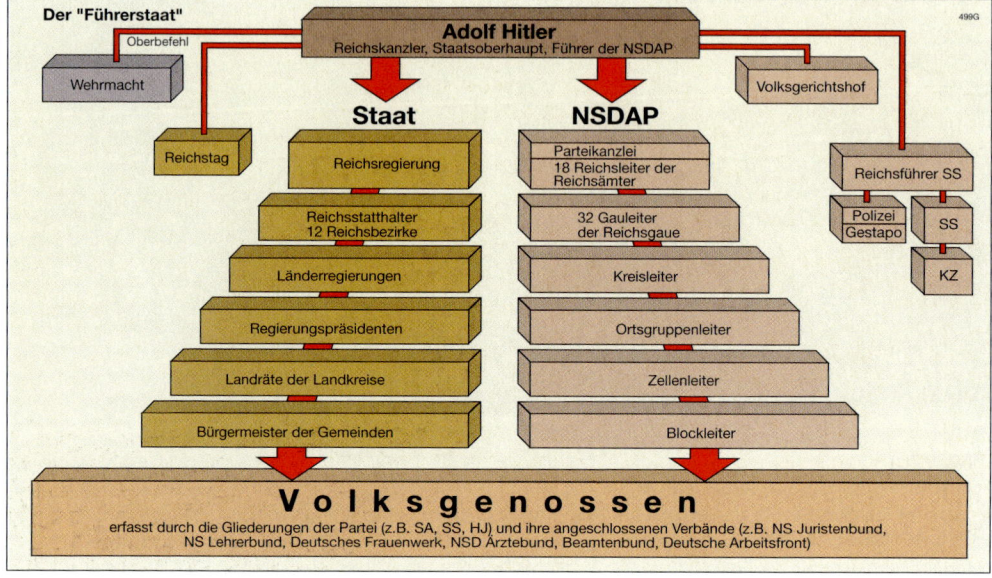

Der "Führerstaat"   499G

| Oberbefehl | **Adolf Hitler** |
| | Reichskanzler, Staatsoberhaupt, Führer der NSDAP |

Wehrmacht

Volksgerichtshof

Staat   **NSDAP**

Reichstag

Reichsregierung

Parteikanzlei
18 Reichsleiter der
Reichsämter

Reichsführer SS

Reichsstatthalter
12 Reichsbezirke

32 Gauleiter
der Reichsgaue

Polizei
Gestapo   SS

Länderregierungen

Kreisleiter

KZ

Regierungspräsidenten

Ortsgruppenleiter

Landräte der Landkreise

Zellenleiter

Bürgermeister der Gemeinden

Blockleiter

V o l k s g e n o s s e n
erfasst durch die Gliederungen der Partei (z.B. SA, SS, HJ) und ihre angeschlossenen Verbände (z.B. NS Juristenbund,
NS Lehrerbund, Deutsches Frauenwerk, NSD Ärztebund, Beamtenbund, Deutsche Arbeitsfront)

„Gleichschaltung" im NS-Staat.

tig eine *konstitutionelle Monarchie.* Da diese „Revolution" unblutig erfolgte, wurde sie von den Engländern mit dem Zusatz „Glorreich" versehen.

Die erste Seite aus der „Goldenen Bulle" mit der anhängenden goldenen Siegelkapsel, die diesem Reichsgesetz den Namen gab (Kapsel = lat. „bulla").

Golden Twenties s. Prosperität

Goldene Bulle
Von Kaiser KARL IV. 1356 erlassenes Reichsgrundgesetz, dessen Name von der goldenen Siegelkapsel der Urkunde herrührt. Sie legte das Recht der *Königswahl* fest und bestimmte hierzu allein 7 *Kurfürsten:* die Erzbischöfe von Köln, Mainz und Trier, den Pfalzgraf bei Rhein, den Markgrafen von Brandenburg, den Herzog von Sachsen und den König von Böhmen. Als Wahlort bestimmte sie Frankfurt am Main, als Krönungsort Aachen.
Um einer Zersplitterung der kurfürstlichen Territorien entgegenzuwirken legte die Goldene Bulle die *Unteilbarkeit* der Kurlande fest. Weiterhin verfügte sie die *Primogenitur* in den weltlichen Kurfürstentümern, d. h. die Erbfolge allein des Erstgeborenen. Die Goldene Bulle blieb bis zum Ende des Reichs in Kraft.

Goten
Das germanische Volk der Goten stammt ursprünglich aus Südskandinavien, wo der Name *Gotland* noch heute an sie erinnert. Im

Grabmal Theoderichs
in Ravenna. Die Decke
bildet ein Steinblock
von 11 m Durchmesser
und 3 m Dicke.

1. Jh. v. Chr. zogen sie an die Mündungen von *Oder* und *Weichsel* und wanderten Ende des 2. Jh. n. Chr. an die nördliche Schwarzmeerküste. Dort ließen sie sich nieder und unternahmen zahlreiche Raubzüge bis nach Kleinasien und Griechenland, wo sie im Jahr 268 *Sparta* plünderten.

Etwa um 270 spalteten sich die *Goten* in zwei Stammesgruppen: an der Schwarzmeerküste zwischen Don und Dnjestr siedelten die *Ostgoten*, westlich davon in *Dakien* – dem heutigen Rumänien–, die *Westgoten*.

Unter König ERMANARICH bildeten die *Ostgoten* in Südrussland ein aus vielen Völkern locker zusammengefügtes Reich, das 375 dem Ansturm der ➡ Hunnen erlag (➡ Völkerwanderung). Die *Ostgoten* mussten ihnen Gefolgschaft leisten, kämpften 451 auf hunnischer Seite in der Schlacht auf den *Katalaunischen Feldern* und erlangten ihre Freiheit erst nach ATTILAS Tod 453. Mit *Byzanz* (Ostrom) schlossen sie einen Bundesgenossenvertrag und erhielten Land an der Donau zugewiesen, zogen aber bereits im Jahr 489 unter Führung THEODERICHS (456-526) nach Italien. Nach dessen Sieg über

ODOAKER entstand ein *Ostgotenreich* in Italien, das unter THEODERICHS Regierung wirtschaftlich und kulturell aufblühte. Nach Theoderichs Tod beschloss Kaiser JUSTINIAN I., Italien wieder dem Byzantinischen Reich einzugliedern. Er entsandte seine Feldherren BELISAR und NARSES, die das im Innern gespaltene *Ostgotenreich* bis 553 vernichteten. Anders als die *Ostgoten* konnten die *Westgoten* den Hunnen ausweichen. Auf der Flucht vor ihnen überquerten sie 376 mit römischer Erlaubnis die Donau und durchzogen viele Jahre plündernd Makedonien,

Goldmünze mit dem
Bild Theoderichs.

G

So sieht die Fassade der Kathedrale von Reims von außen aus. Die großen Figuren in der obersten Reihe sind Könige.

Gotik

Der Blick auf die Wand von Haupt- und Nebenschiff zeigt, dass die Fenster die größte Fläche einnehmen. Der Skelettbau ist rotbraun hervorgehoben.

Griechenland und andere Teile des Balkans. Unter König ALARICH fielen sie in Italien ein und eroberten 410 *Rom*. 418 ließen sie sich in Südfrankreich nieder und gründeten ein Reich mit der Residenz *Toulouse* (Tolosanisches Reich). Dieses Reich fiel freilich den → Franken zum Opfer, die unter CHLODWIG I. nach Süden expandierten und die *Westgoten* im Jahr 507 besiegten. Sie zogen sich daher nach *Spanien* zurück, das sie nahezu vollständig eroberten.

Dieses *Westgotenreich* fiel im Jahr 711 dem Ansturm der *Araber* zum Opfer, welche die Straße von Gibraltar überquerten und die Iberische Halbinsel bis auf ein westgotisches Rückzugsgebiet im Nordwesten besetzten. Von dort ging später die christliche Rückeroberung, die → *Reconquista*, aus.

Gotik

Der gotische Stil, der auf die → Romanik folgte, entstand Mitte des 12. Jh. in *Frankreich*. Von dort verbreitete sich die Gotik über ganz Europa.

Ursprünglich war der Begriff „Gotik" abwertend gemeint. Im Vergleich zur → Antike empfanden die Menschen der → Renaissance diese Kunst des Mittelalters als barbarisch und führten sie auf die *Goten* der Völkerwanderung zurück. Die Gotik ist freilich durchaus nicht barbarisch, sondern ein künstlerisch und bautechnisch höchst anspruchsvoller Kunststil. Die Kirchenbauten verwirklichen dabei ein großes theologisches Programm: Durch die riesigen bunten Glasfenster, die Szenen aus der Bibel und aus Heiligenlegenden zeigen, sollte den Kirchenbesuchern die Schönheit Gottes als Licht und Farbe vor Augen treten.

Technisch möglich wurde dieses Bauprogramm erst durch die Einführung des *spitzen Bogens*, an dem gotische Bauten leicht erkennbar sind. Der *Spitzbogen* ist dabei sowohl ein Symbol der zu Gott aufstrebenden Seele als auch ein konstruktiv notwendiges Bauelement.

Wie Baumstämme wachsen die *Pfeiler* bis zur eindrucksvollen Höhe der *Rippengewölbe* hinauf. Die Gewölbe mussten allerdings von außen durch *Strebepfeiler* abgestützt

G

werden und auch die großen Fenster erhielten zur Verstärkung dünne steinerne Stege: das *Maßwerk.* Architektonisch markante Stellen schmückten die Baumeister mit steinernen kreuzförmigen Blüten, den *Kreuzblumen.*

Zur Zeit der Gotik wurden die Kirchen vielfach mit *Steinskulpturen* geschmückt, die biblische Figuren, Heilige oder Kirchenstifter darstellten. Gepflegt wurde auch die *Tafelmalerei:* auf Holztafeln gemalte religiöse Darstellungen, ausgeführt in Ölfarbe und häufig mit Goldgrund versehen, die die Altäre schmückten.

Ende des 15. Jh. – in Italien schon früher – wurde die Gotik allmählich von der ➡ *Renaissance* abgelöst.

Gottesfrieden

Vom Kloster ➡ Cluny ging um das Jahr 1000 die Anregung aus, das ausufernde ➡ Fehdewesen durch einen Gottesfrieden einzudämmen. Dieser Friede sollte ein vor Gott beschworenes Versprechen enthalten, bestimmte Personengruppen wie Geistliche, Pilger, Kaufleute, Bauern und Frauen zu schonen und Kirchen und Klöster vor Übergriffen zu schützen. Auch sollten Fehden an bestimmten Feiertagen – z. B. Advents- und Fastenzeit, Auferstehung Christi – ruhen. Wer sein Versprechen brach, wurde mit Kirchenstrafen wie z. B. der *Exkommunikation* bedroht.

Mit dem Erstarken der Staatsgewalt erlosch diese *Gottesfriedensbewegung* und wurde durch den ➡ Landfrieden ersetzt.

Gottesgnadentum

Bezeichnung für den nach mittelalterlicher Vorstellung von Gott erhaltenen Auftrag des christlich-abendländischen Herrschers. Er enthält die Vorstellung, dass dem König die Sicherung von Frieden und Recht übertragen ist um die göttliche Ordnung zu bewahren. Diese Anschauung findet ihren Ausdruck in der Königsweihe, der Königskrönung sowie dem Königseid. Seit der Zeit der *Karolinger* wurde dem Herrschertitel die Formel „Dei gratia" (von Gottes Gnaden) beigefügt.

Gottesurteil

Hatte ein Angeklagter bei Rechtsstreitigkeiten wie Mord oder Ehebruch keine Entlastungszeugen, konnte er seine Unschuld durch ein Gottesurteil beweisen. Solche Gottesurteile beruhten im Mittelalter auf dem Glauben, dass Gott den Unschuldigen bei der Probe schützen würde.

Gewisse Überlebenschancen brachte das *Losurteil,* bei dem das Los über Schuld oder Unschuld bestimmte. Bei der *Feuerprobe* musste der Beschuldigte über glühende Pflugscharen schreiten oder ein glühendes Eisen in der bloßen Hand halten. Bei der Wasserprobe wurde der Angeklagte gefesselt ins Wasser geworfen. Blieb er auf der Wasserfläche schwimmen war er schuldig, weil das „reine Wasser" den Übeltäter nicht aufgenommen hatte.

Gottesurteile in Strafprozessen gab es bereits im Frankenreich. Das Laterankonzil verbot sie 1215, doch behauptete sich die Wasserprobe bei Hexenprozessen bis in die frühe Neuzeit.

Graf

Im Fränkischen Reich Stellvertreter des Königs in einem bestimmten Gebiet. Er hatte den Auftrag den Frieden zu sichern und die Finanzen, d. h. die Zölle, zu verwalten. In der Karolingerzeit wuchs seine Bedeutung, da der Graf das Heeresaufgebot befehligte. Außerdem übte er im Namen des Königs die hohe Gerichtsbarkeit aus.

KARL DER GROSSE hatte das Amt noch an Unfreie gegeben, doch bald wurde es in den vornehmen Familien erblich. Seit dem 12. Jh. gelang es einigen Grafen, ihr Herrschaftsgebiet zu selbstständigen ➡ Territorien auszubauen. Damit wurden sie zu ➡ Landesherren.

Großdeutsch

In der *Frankfurter Nationalversammlung* 1848/49 bildeten sich zwei Richtungen hinsichtlich Österreichs Zugehörigkeit zu einem deutschen *Nationalstaat.* Während die eine Gruppe die Vereinigung aller Deutschen unter Einbeziehung Österreichs anstrebte *(großdeutsche Lösung),* lehnte die andere dies ab *(kleindeutsche Lösung).*

G

Die Kleindeutschen – vor allem norddeutsche Protestanten, Teile der Liberalen und Demokraten – hielten einen starken Bundesstaat nur unter Führung Preußens und unter Ausschluss Österreichs für möglich.

Als der österreichische Ministerpräsident SCHWARZENBERG schließlich die Aufnahme der gesamten Donaumonarchie unter Einschluss aller nichtdeutschen Völker forderte, war eine großdeutsche Lösung zum Scheitern verurteilt.

BISMARCK verwirklichte dann im 1871 gegründeten Kaiserreich endgültig eine kleindeutsche Lösung.

Großsteingrab s. Hünengrab

Gründerzeit
Im engeren Sinn die Jahre 1871–73, in denen die Milliarden der französischen Kriegsentschädigung extreme Spekulationen bewirkten und schließlich zu Kursstürzen und Firmenpleiten führten (Gründerkrach).
Weiterhin die der *Reichsgründung* 1871 folgenden zwei Jahrzehnte, die im Zeichen von Wirtschaftswachstum und industriellem Aufschwung standen.

Grundgesetz
Die vom ➡ Parlamentarischen Rat ausgearbeitete und 1949 in Kraft getretene Verfassung der Bundesrepublik Deutschland wurde *Grundgesetz* genannt. Damit sollte ihr provisorischer Charakter angesichts der deutschen Teilung deutlich werden, die zu beheben das Grundgesetz gebot.
Nach der Wiedervereinigung Deutschlands 1990 kam es zu Diskussionen, ob das Ende der Teilung die Erarbeitung einer neuen Verfassung erforderlich mache. Dies wurde mehrheitlich verneint, sodass es beim Grundgesetz blieb.

Grundherrschaft
Herrschaft über das Land und die darauf lebenden Leute. Adlige oder auch Klöster gaben an meist unfreie Bauern (➡ Hörige, ➡ Leibeigene) Land zur Bewirtschaftung und gewährten den Bauern Schutz. Dafür leisteten diese Abgaben und ➡ Frondienste.

Geleitet wurde die Grundherrschaft von einem zentral gelegenen *Herrenhof* (➡ Fronhof). Der Grundherr verfügte über die niedere Gerichtsbarkeit und verurteilte leichtere Vergehen; damit war er Teil der Obrigkeit. Die Grundherrschaft formte die europäische Wirtschaft und Gesellschaft über Jahrhunderte, in Deutschland bis zum Beginn des 19. Jh.

Grundlagenvertrag
Vertrag von 1972 „über die Grundlagen der Beziehungen zwischen der Bundesrepublik und der DDR". Der Vertrag erkannte erstmals die *Souveränität* der DDR an und sollte im Rahmen der neuen *Ostpolitik* der sozial-liberalen Koalition eine Normalisierung zwischen beiden deutschen Staaten einleiten.
Als Preis für die Anerkennung ihrer Souveränität musste die DDR freilich erweiterte Besuchsmöglichkeiten für Menschen aus dem Westen zugestehen. Als Folge betrieb sie eine verschärfte ideologische Abgrenzungspolitik.

Grundrechte
Zusammenfassende Bezeichnung für die unantastbaren und unveräußerlichen Freiheits-

Letzte Seite der Urschrift des Grundgesetztes

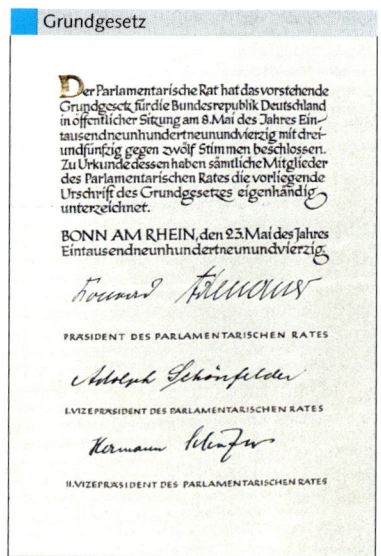

Grundgesetz

Der Parlamentarische Rat hat das vorstehende Grundgesetz für die Bundesrepublik Deutschland in öffentlicher Sitzung am 8. Mai des Jahres Eintausendneunhundertneunundvierzig mit dreiundfünfzig gegen zwölf Stimmen beschlossen. Zu Urkunde dessen haben sämtliche Mitglieder des Parlamentarischen Rates die vorliegende Urschrift des Grundgesetzes eigenhändig unterzeichnet.

BONN AM RHEIN, den 23. Mai des Jahres Eintausendneunhundertneunundvierzig.

PRÄSIDENT DES PARLAMENTARISCHEN RATES

LVIZEPRÄSIDENT DES PARLAMENTARISCHEN RATES

II.VIZEPRÄSIDENT DES PARLAMENTARISCHEN RATES

Grundlagenvertrag

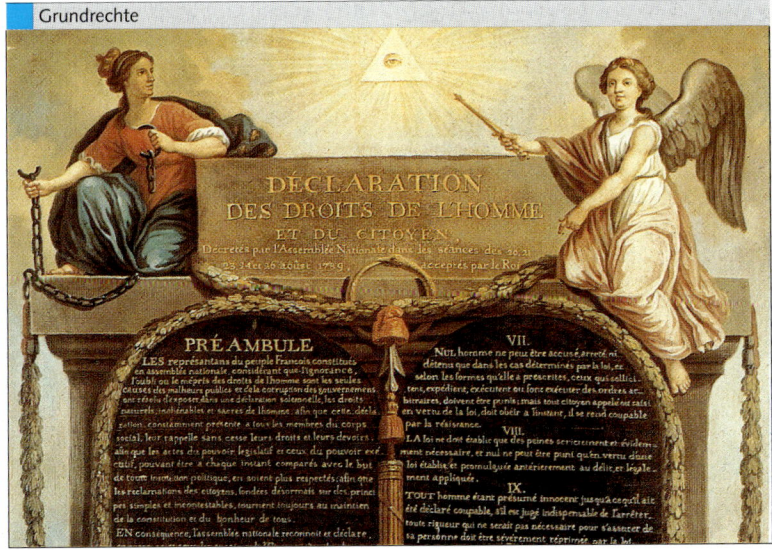

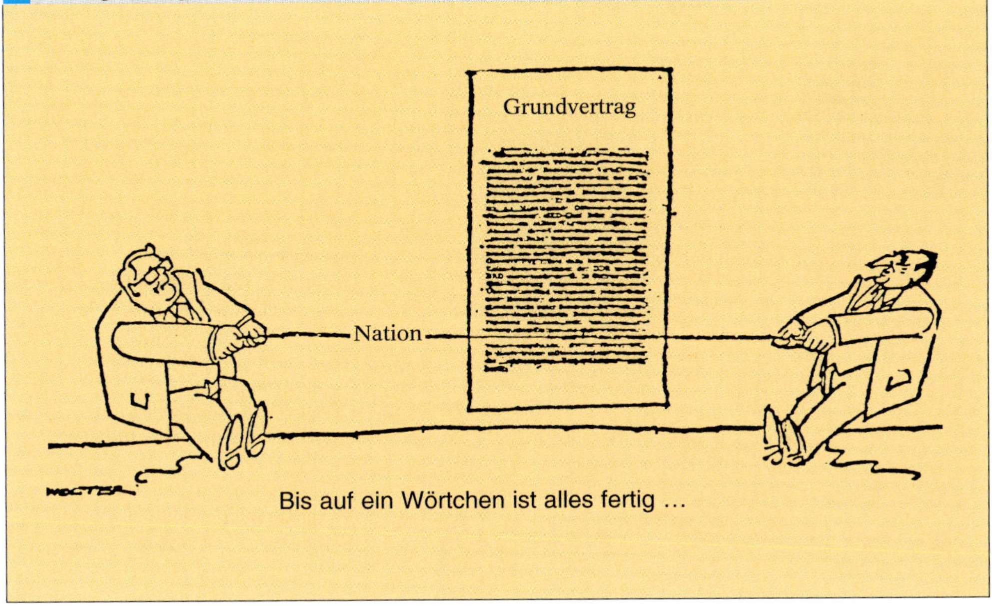
Grundvertrag
Nation
Bis auf ein Wörtchen ist alles fertig ...

Karikatur von 1972 mit Egon Bahr (rechts) und DDR-Unterhändler Kohl.

rechte, die ein Staat jedem Einzelnen zu garantieren hat. Hierzu zählen u. a.: die Menschenwürde; Religions-, Glaubens- und Gewissensfreiheit; Meinungs- und Pressefreiheit; Privateigentum; Rechtsgleichheit; Widerstandsrecht; Wahlrecht; Versammlungs-

Grundrechte

DÉCLARATION
DES DROITS DE L'HOMME
ET DU CITOYEN
PRÉAMBULE
VII.
VIII.
IX.

Erklärung der Menschen- und Bürgerrechte durch die französische Nationalversammlung, Gemälde von 1790.

Michail Gorbatschow.

Abtransport der
letzten Denkmäler
des Diktators Stalin
nach Auflösung der
Sowjetunion.

freiheit; Koalitionsfreiheit einschließlich des Rechts auf Arbeitskampf; Brief- und Postgeheimnis.

Die Grundrechte sollen den Bürger vor Übergriffen des Staats schützen und ihm die ungehinderte Mitwirkung im staatlichen Gemeinwesen erlauben. Sie sind in den *Verfassungen* der Staaten verbürgt, so z. B. im *Grundgesetz* der Bundesrepublik Deutschland, Artikel 1–19.

Als Ursprung der Grundrechte gelten die englische ➡ Magna Charta (1215) und die ➡ Bill of Rights (1689). Seit 1776 nahmen die Einzelstaaten der USA bei ihrer Trennung von England Grundrechte in ihre Verfassungen auf, was 1789 Vorbild für die *„Erklärung der Menschen- und Bürgerrechte"* zu Beginn der Französischen Revolution wurde. Sie sind das klassische Dokument der Grundrechte und wurden Fundament aller späteren Rechtsentwicklungen. Unter ihrem Eindruck kam es in den meisten Staaten Westeuropas und auch in den Ländern des Deutschen Bundes zu verfassungsrechtlichen Garantien der Grundrechte.

1848 legte die *Frankfurter Nationalversammlung* die „Grundrechte des Deutschen" durch ein Reichsgesetz fest, das zwar nur kurz galt, doch spätere Entwicklungen beeinflusste. Während die Reichsverfassung von 1871 die Ausformung der Grundrechte den Länderverfassungen überließ, enthielt

die *Weimarer Verfassung* von 1919 einen erweiterten Grundrechtekatalog, der erstmals *soziale Grundrechte* verankerte. Die Nationalsozialisten hoben durch Verordnung vom 28. 2. 1933 die Grundrechte auf, die erst mit dem *Grundgesetz* der Bundesrepublik Deutschland vom 23. 5. 1949 erneut proklamiert wurden.

GUS
(Gemeinschaft Unabhängiger Staaten)
1985 leitete der neue sowjetische Generalsekretär MICHAIL GORBATSCHOW *demokratische Reformen* ein, die jedoch bald zur Abspaltung nichtrussischer Sowjetvölker und schließlich zum Zerfall der UdSSR führten. 1991 wurde die Sowjetunion formell aufgelöst und auf ihrem Territorium entstanden neben der *Russischen Föderation* zahlreiche neue Nachfolgestaaten, die aus den früheren Sowjetrepubliken hervorgingen. Sie schlossen sich unter der Führung Russlands zur lockeren *Gemeinschaft Unabhängiger Staaten* zusammen, der lediglich die drei baltischen Staaten fern blieben.

Gymnasion
(lat. Gymnasium)
Öffentliche Anlage für sportliche Übungen und Schulunterricht der Jugend im antiken Griechenland. Das Gymnasion umfasste folgende Einrichtungen: eine offene und eine gedeckte Laufbahn von etwa 190 m Länge, einen Platz für Weitwurf und Spiele sowie einen weiten, von Säulenhallen umgebenen Sandplatz (Palästra) für Ringen, Faustkampf und Weitsprung. Ferner verfügten die Gymnasien über Umkleide-, Wasch- und Aufenthaltsräume sowie Warm- und Kaltbäder. An die Säulenhallen der Palästra schlossen sich die Unterrichtsräume, gelegentlich auch eine Bibliothek an.

Das griechische Gymnasion bildete für die Jugendlichen der Polis das eigentliche Zentrum körperlicher und geistiger Bildung und war durch angegliederte Heiligtümer auch in die Sphäre der Religion einbezogen. Bedeutende Gymnasien befanden sich Athen, Olympia, Epidaurus, Priene, Milet und Pergamon.

Habsburger

Deutsches Herrschergeschlecht, das seinen ältesten Besitz im Elsass, am Oberrhein und im Aargau hatte und sich nach der dort gelegenen *Habsburg* („Habichtsburg") nannte. Stets kaisertreue Anhänger der → Staufer mehrten die Habsburger ihren Besitz, wurden 1135 Landgrafen im Elsass und 1170 Grafen im Zürichgau. Die Wahl RUDOLFS I. (reg. 1273–1291) zum deutschen König im Jahr 1273 beendete das → Interregnum und leitete den Aufstieg der Habsburger ein. Durch seinen Sieg über OTTOKAR VON BÖHMEN gewann RUDOLF die Herzogtümer *Österreich* und *Steiermark* und schuf damit die Grundlage einer bedeutenden → Hausmacht.

Sein Sohn ALBRECHT I., deutscher König von 1298–1308, konnte keine unmittelbare Thronfolge für seine Söhne erreichen. Nach seiner Ermordung mussten die Habsburger das Königtum für über 100 Jahre den Herrschergeschlechtern der → WITTELSBACHER und → LUXEMBURGER überlassen. In dieser Zeit verloren sie nahezu alle Besitzungen in der Schweiz an die *Eidgenossenschaft,* konnten dafür aber die Herzogtümer *Kärnten* und *Krain* (1335), die Grafschaft *Tirol* (1363) sowie den *Breisgau* und die Stadt *Freiburg* (1368) erwerben.

Nach Aussterben der LUXEMBURGER gelangten die Habsburger mit ALBRECHT II. 1438 erneut auf den Thron und stellten – mit Ausnahme des Wittelsbachers KARL VII., der von 1742–45 regierte – alle deutschen Herrscher bis zum Ende des „Heiligen Römischen Reichs" 1806.

Mit Kaiser MAXIMILIAN I., 1486 zum deutschen König gewählt, begann eine geschickte Heirats- und Vertragspolitik, welche die Hausmacht der Habsburger nachhaltig stärkte. Seine Heirat mit MARIA, Erbtochter KARLS DES KÜHNEN von Burgund, brachte ihm das *burgundische Erbe* sowie die reichen *Niederlande,* trug ihm aber auch die erbitterte Feindschaft *Frankreichs* ein.

Maximilians Sohn PHILIPP DER SCHÖNE heiratete 1496 JOHANNA, Erbin der spanischen Krone, was die Habsburger zur Weltmacht aufsteigen ließ: mit *Spanien* gewannen sie

Habsburger

Grabplatte Rudolfs I. von Habsburg (1218 –1291) im Dom zu Speyer.

nicht nur die Nebenländer *Neapel-Sizilien,* sondern auch das von den spanischen Konquistadoren CORTEZ und PIZARRO zu Beginn des 16. Jh. eroberte Kolonialreich in Amerika. Ohne den Strom kostbarer Edelmetalle, der von *Peru* und *Mexiko* nach Europa floss, hätte das Haus Habsburg seine Kriege gegen Frankreich und die Türken nicht finanzieren können.

Diese umfangreichen Besitzungen gingen an Philips Sohn KARL V. über, den die Kurfürsten dank gewaltiger Bestechungsgelder 1519 zum deutschen Kaiser wählten. KARLS V. Außenpolitik wurde beherrscht vom Gegensatz zu *Frankreich* und der Auseinandersetzung mit den *Türken,* die 1529 mit einem gewaltigen Heer Wien belagerten. Seine Innenpolitik war gekennzeichnet vom Kampf gegen die Lehre LUTHERS und die protestantischen Fürsten, wobei KARL V. schließlich scheiterte. Die Weltmachtstellung des Hauses Habsburg und des spanischen Imperiums sind jedoch sein Werk.

Da die riesige Ländermasse Habsburgs kaum regierbar war, überließ KARL V. die österreichischen Erblande seinem Bruder FERDINAND, sodass sich das Haus Habsburg in eine *spanische* und *österreichische* Linie teilte. Die spanische Linie setzte sich mit Karls Sohn PHILIPP II. (reg. 1555–1598) fort

Das Reich Karls V. (um 1550)

Habsburgische Lande

Grenze des
Deutschen Reiches
("Heiliges Römisches Reich
Deutscher Nation")

0 _____ 500 km

und erlosch bereits 1700. Das führte zum *Spanischen Erbfolgekrieg,* der die französischen BOURBONEN in den Besitz Spaniens brachte, während die Habsburger lediglich die spanischen Nebenländer behaupten konnten.

Der Stammvater der österreichischen Linie, FERDINAND I., konnte 1526 den habsburgischen Besitz durch den Erwerb *Böhmens* und *Ungarns* beträchtlich erweitern. Er schloss mit den Reichsfürsten im Jahr 1555 den ➡ Augsburger Religionsfrieden und wurde nach der Abdankung seines Bruders KARL V. 1556 deutscher Kaiser.

Kaiser FERDINAND II. (reg. 1619–1637) kämpfte im *Dreißigjährigen Krieg* gegen Protestanten, Schweden und Franzosen, sein Sohn FERDINAND III. beendete den Krieg 1648 durch den ➡ Westfälischen Frieden. Beide bemühten sich um eine Stärkung der Reichsgewalt, konnten sich jedoch gegenüber den auf ihre Unabhängigkeit bedachten Reichsfürsten nicht durchsetzen.

Mit Kaiser KARL VI. (reg. 1711–1740), der ohne männliche Erben war, drohte das Haus Habsburg zu erlöschen. In dieser schwierigen Lage gelang ihm die Durchsetzung der ➡ Pragmatischen Sanktion, welche die

weibliche Erbfolge in den habsburgischen Landen erlaubte und seiner Tochter MARIA THERESIA die Thronfolge sicherte.

Im „Heiligen Römischen Reich" hingegen konnte MARIA THERESIA die ununterbrochene Folge der habsburgischen Kaiser nicht fortsetzen, da diese Würde allein Männern vor-

Karl V. (1500–1558). Das Gemälde zeigt den Kaiser etwa zur Zeit des Wormser Reichstags von 1521.

Habsburger

Habsburger

Familienbild aus
Schloss Schönbrunn:
Maria Theresia, ihr
Mann Franz I., Kron-
prinz Joseph (Mitte)
sowie die übrigen Kin-
der (um 1754).

H

behalten war. Daher entschieden sich die Kur-
fürsten, Maria Theresias Mann – FRANZ I.
STEPHAN (reg. 1745–1765) aus dem Haus Lo-
thringen – zum deutschen Kaiser zu wählen.
Im Jahr 1806 endete eine lange Tradition.
Kaiser FRANZ II. legte unter dem Druck NA-
POLEONS die Krone des „Heiligen Römischen
Reichs" nieder und nannte sich nur noch
„Kaiser von Österreich". Unter FRANZ JOSEPH
I. (reg. 1848–1916) wurde das Kaiserreich
Österreich 1867 zur Doppelmonarchie *Öster-
reich-Ungarn* umgewandelt und 1914 in den
1. Weltkrieg verstrickt. Der letzte habsburgi-
sche Kaiser, KARL I., regierte nur 2 Jahre und
musste nach dem verlorenen Krieg 1918 auf
den Thron verzichten.

Hakenpflug
Primitiver Holzpflug, der mittels eines Ha-
kens den Boden aufreißt, die Erdscholle jedoch nicht umwendet.

Hallstein-Doktrin
s. Alleinvertretungsanspruch.

Hambacher Fest
Volksversammlung auf dem *Hambacher
Schloss* bei Neustadt (Rheinpfalz) vom

Hambacher Fest

Der Festzug vom 27.
Mai 1832. Collage
nach einem kolorierten
Stahlstich von 1832.

Rathaus von Stralsund

Hanse

Siegel der Stadt Lübeck aus dem Jahr 1256. Die zwei Schiffsinsassen auf der Kogge symbolisieren die Schwurgemeinschaft der Lübecker Bürger.

Karikatur auf das Hambacher Fest im Mai 1832 mit Siebenpfeiffer als „Großem Maikäfer", der Deutschland seine Gaben bringt.

27.–30. Mai 1832. Etwa 25 000 Menschen, die nationale, liberale und demokratische Ziele vertraten, kamen hier zu einer Massenkundgebung zusammen.

Die Hauptredner und Veranstalter, darunter JACOB SIEBENPFEIFFER und AUGUST WIRTH, forderten Deutschlands Wiedergeburt in Einheit und Freiheit sowie eine demokratische, republikanische Nation. Die besondere Solidarität vieler Teilnehmer galt den Mitgliedern einer polnischen Delegation. Sie waren nach der Niederwerfung des polnischen Novemberaufstands durch die russische Besatzungsmacht 1830 nach Deutschland geflüchtet.

Der ➡ Deutsche Bund reagierte auf METTERNICHS Initiative mit der gänzlichen Beseitigung der Presse- und Versammlungsfreiheit. AUGUST WIRTH wurde verhaftet, die anderen Redner der Kundgebung konnten ins Ausland flüchten.

Hanse
(althochdt. = bewaffnete Schar)
Zusammenschluss deutscher Kaufleute (= Gilde) zur Sicherung ihrer Handelsinteressen im Ausland. Richtungweisend für die Entwicklung der Hanse war die Neugrün-

dung *Lübecks* im Jahr 1158 sowie die deutsche *Ostsiedlung,* in deren Verlauf ein Kranz von Städten entlang der Ostseeküste entstand.

Die im lockeren Bund organisierten Handelsstädte der deutschen Hanse, unter denen seit Ende des 13. Jh. *Lübeck* die unbestrittene Führung genoss, bauten den Nord- und Ostseebereich als Wirtschaftsraum aus. Das Zentrum des Handels bildete der Güteraustausch zwischen Ost und West, zwischen den *Naturprodukten* der Länder des Ostens und den *Fertigwaren* der Länder im Westen. Getauscht wurden vor allem Pelze, Holz, Getreide, Honig und Wachs gegen rheinischen Wein, flandrische Tuche oder fein geschmiedete Metallwaren. *Bergen* und *Schonen* waren Hauptumschlagplätze für Stockfische und Heringe.

Obwohl die Hanse keine gemeinsamen politischen Ziele erstrebte, führte sie doch mehrfach Kriege zur Sicherung ihrer Handelsinteressen. So z. B. gegen König WALDEMAR IV. von Dänemark, dem 1370 der *Friede von Stralsund* diktiert wurde, welcher der Hanse eine Vormachtstellung in Nordeuropa verschaffte.

Die Mitgliederzahl der Hanse schwankte. Neben 70–80 aktiven Hansestädten gab es etwa 120 kleinere Städte, die auf den *Hansetagen* nicht vertreten waren. Im Ausland verfügte die Hanse über vier große Hansekontore in Nowgorod (Peterhof), London (Stalhof), Brügge und Bergen (Deutsche Brücke). Dort besaß sie wichtige Handelsprivilegien.

Seit Ende des 15. Jh. wurde die Hanse von den aufkommenden *Nationalstaaten* und den deutschen *Landesfürsten* entmachtet und wirtschaftlich durch den Atlantikhandel verdrängt. Vor allem das Vordringen der Engländer und Holländer beeinträchtigte den Handel der Hanse. Den letzten *Hansetag* im Jahr 1669 beschickten nur noch 6 Städte.

Hausmacht
Bezeichnung für die politische Macht, über die ein Fürst auf Grund der Bedeutung seines ➡ Territoriums verfügte. Da die ➡ Lan-

Die Hanse und ihre Handelswege

0 ——— 300 km

Norwegen — Bergen

Schweden — Oslo, Stockholm

Nordsee

Dänemark — Schonen, Kopenhagen, Flensburg

England — London

Wisby, Gotland

Deutscher Orden — Pernau, Nowgorod, Dorpat, Riga

Kiel, Rostock, Stralsund, Kolberg, Lübeck, Wismar, Hamburg, Stettin, Stargard, Danzig, Elbing, Königsberg, Thorn

Bremen, Lüneburg, Stendal, Osnabrück, Minden, Braunschweig, Frankfurt, Posen, Warschau, Münster, Wesel, Magdeburg

Brügge, Antwerpen, Gent, Maastricht, Paderborn, Soest, Erfurt, Leipzig, Köln, Frankfurt, Fulda, Breslau, Krakau, Lublin

Frankreich — Trier, Mainz, Prag, Nürnberg

Deutsches Reich

Polen

Wichtige Straßen und Seewege
Hansestädte
Kontore der Hanse

Handelsgüter
Tuche
Metallwaren
Wolle, Hanf, Flachs
Wein
Getreide
Fisch
Honig, Wachs
Holz
Felle, Leder
Salz
Kupfer, Eisen

desherren ihre Hausmacht durch Krieg und Heirat zu vergrößern suchten, bedrohten sie die zentrale Reichsgewalt. Die Kaisergeschlechter der ➡ LUXEMBURGER und ➡ HABSBURGER waren daher stets darauf bedacht, die eigene Hausmacht kräftig zu stärken, um ihrer kaiserlichen Gewalt im Reich Autorität zu verleihen.

Hausmeier
(Meier aus lat. maior = groß, hoch stehend)
Im Mittelalter setzten die ➡ Grundherren auf ihren ➡ Fronhöfen *Meier* zur Verwaltung ein. Seit dem 12. Jh. erhielten manche Meier den Hof zur Pacht und mussten dem ➡ Grundherrn eine feste Jahressumme zahlen. Andere stiegen sogar zu ➡ Ministerialen auf und trachteten danach, den Hof zu einem erblichen *Lehen* zu machen.
Bei den fränkischen Herrschern der Teilreiche *Austrasien, Neustrien* und *Burgund* waren die Hausmeier Vorstände der königlichen Hofhaltung und Anführer des adligen Gefolges. Im Lauf der Zeit entwickelte sich

daraus das höchste Amt der Staatsverwaltung.
687 errang die Familie der ➡ *Karolinger* die erbliche Hausmeiergewalt in allen Teilen des Frankenreichs und beschränkte die Könige aus dem Geschlecht der ➡ *Merowinger* auf ein Schattendasein. Im Jahr 751 setzte PIPPIN DER JÜNGERE mit päpstlicher Zustimmung den letzten Merowingerkönig CHILDERICH ab und ließ sich selbst zum König krönen. Damit gelangte die Dynastie der Karolinger auf den Thron, die mit KARL DEM GROSSEN sogar die Kaiserwürde erwarb.

Hedschra
Auswanderung MOHAMMEDS von *Mekka* nach *Medina* im September 622. Die Hedschra markiert den Beginn der islamischen Zeitrechnung.

Hegemonie
(griech. = Führung)
Vormachtstellung eines Staates gegenüber anderen Staaten, die sich auf politische, wirt-

Symbolische Darstellung der Heiligen Allianz mit Zar Alexander I., Kaiser Franz I. und König Wilhel III. (zeitgenössisches Bild).

schaftliche oder militärische Überlegenheit stützt.

Zu Kämpfen um die Hegemonie ist es in der Geschichte häufig gekommen. So z.B. in der Antike zwischen *Athen* und *Sparta*, wo der ➡ Peloponnesische Krieg über die Hegemonie in Griechenland entschied; oder während der napoleonischen Ära, wo *Frankreich* zur Hegemonialmacht aufstieg. Auch der *Deutsche Krieg*, den *Österreich* und *Preußen* 1866 ausfochten, war ein Kampf um die Hegemonie in Deutschland. Im 20. Jh. kam es nach dem 2. Weltkrieg zur Bildung politisch-militärischer Blöcke, die von den *USA* und der *UdSSR* als unbestrittene Hegemonialmächte angeführt wurden.

Heilige Allianz

1815 veröffentlichte Erklärung der Monarchen von Russland, Österreich und Preußen, der sich später zahlreiche europäische Fürsten anschlossen. Ziel der Allianz sollte eine Politik sein, welche die Prinzipien der christlichen Religion und des Friedens verfolgte. Tatsächlich diente sie der Unterdrückung nationaler und liberaler Bewegungen und wurde – obwohl politisch weitgehend folgenlos – zum Symbol der ➡ Reaktion.

Heliaia

(griech. halés = versammelt)

Bezeichnung für das durch SOLON in Athen eingeführte *Volksgericht,* an dem jeder über 30 Jahre alte Bürger teilnehmen konnte. Seit dem 5. Jh. wurden jährlich 6000 Geschworene ausgelost, die man verschiedenen Richterkollegien zuordnete. Bei einem Prozess fällten die Richter das Urteil nach Anhörung der Parteien in geheimer Abstimmung. Die Richter mussten vor Beginn der Verhandlung einen Eid schwören (Heliasteneid), in dem sie die Befolgung der Gesetze und eine gerechte Anhörung der Parteien versprachen.

Das heliozentrische Weltbild des Kopernikus, das auf die Sonne (Helios = griech. Sonnengott) als Mittelpunkt bezogen ist. Bereits 1506 glaubte Kopernikus, dass die Sonne unbeweglich ist und die Erde und andere Planeten um sie kreisen.

Heliozentrisches Weltbild

Der Astronom NIKOLAUS KOPERNIKUS (1473 –1543) vertrat die Ansicht, dass die Sonne (griech. = Helios) das Zentrum der Welt bildet und die Planeten um sie kreisen. Bis dahin hatte die Meinung vorgeherrscht, dass

Heilige Allianz

die Erde der Mittelpunkt der Welt sei (geozentrisches Weltbild).

Hellenismus

Eine von ALEXANDER DEM GROSSEN eingeleitete Epoche, in der sich die griechische Kultur im gesamten Mittelmeerraum und bis in den Orient ausbreitete. Die nach Alexanders Tod entstandenen hellenistischen Reiche (➡ *Diadochenreiche*) bildeten die Basis für die Expansion der griechischen Kultur. Die Aufnahme orientalischer Elemente führte in ei-

Heliozentrisches Weltbild

Hellenismus

nigen Regionen zu einer Mischkultur, in der das Griechische jedoch bestimmend blieb.

Heloten

(griech. heilotes = Gefangene)
Die von den Spartanern nach ihrer Einwanderung in Lakonien und Messenien versklavte Vorbevölkerung. Die Heloten gehörten dem Staat, mussten mit ihren Familien das Land der *Spartiaten* – der spartanischen Herren – bebauen und mindestens die Hälfte des Ertrags abliefern. Im Krieg hatten sie als Waffenknechte zu dienen.
Da das Staatswesen der Spartiaten von den Naturabgaben der Heloten abhing, war die Furcht vor Aufständen groß. Mehrere Helotenaufstände erschütterten immer wieder den spartanischen Staat.

Herzog

Bei den Germanen der oberste gewählte Heerführer eines Stammes. Diese *Stammesherzöge* erlangten eine vom König fast unabhängige erbliche Macht. Sie lenkten ihre Herzogtümer Bayern, Schwaben, Sachsen, Franken und Lothringen als Kriegsherr und Friedenssicherer, als Richter und Gesetzgeber.
Die Stammesherzöge wählten im Jahr 919 den Sachsenherzog HEINRICH I. zum König

und gründeten damit das mittelalterliche Deutsche Reich.
Seit dem 12. Jh. zerfielen die Stammesherzogtümer in zahlreiche kleinere Herrschaftsgebiete. In ihnen gelangten Fürsten zur Macht, die konkurrierende Adelsfamilien verdrängt oder unterworfen hatten. Das konnten weltliche Fürsten wie Grafen oder Herzöge sein, aber auch geistliche Fürsten wie Bischöfe oder Äbte. Sie herrschten jedoch nicht mehr über einen Stamm, sondern nur über ein bestimmtes Gebiet (➡ Territorium), das unabhängig von der Stammeszugehörigkeit seiner Bewohner war.
Weil sich die Hoheit dieser Fürsten auf das Land erstreckte, bezeichnet man sie mit einem zusammenfassenden Begriff als ➡ *Landesherren* (Landesfürsten).

Hexenverfolgung

Schon in frühen Zeiten war der Glaube an zauberkundige Frauen verbreitet, die mit bösen Mächten im Bunde standen und den Menschen Schaden zufügten. Im Mittelalter verdichtete sich dieser Aberglaube zum *Hexenwahn*, der seinen Höhepunkt im 14.–17. Jh. erreichte. Die daraus entstehende *Hexenverfolgung* erfasste alle Schichten der Bevölkerung und verschonte keine noch so abgelegene Gegend. 1484 erließ Papst INNOZENZ VIII. die so genannte *Hexenbulle* („Summis desiderantes"), welche der Verfolgung eine kirchenrechtliche Grundlage gab.
Entscheidende Wirkung für die Ausbreitung der Verfolgung hatte die 1487 erschienene Schrift *„Der Hexenhammer"* (lat. Mallus maleficorum), den die Dominikanermönche H. INSTITORIS und J. SPRENGER verfasst hatten. Er befürwortete den Gebrauch der Folter, schrieb Zauberei vor allem dem weiblichen Geschlecht zu und gab eine konkrete Anleitung zur Bekämpfung des Hexenunwesens. Der Hexenhammer löste in Deutschland eine Welle von *Hexenprozessen* aus, die nach den Anweisungen des Buchs durchgeführt wurden. Dementsprechend verfügte die „Peinliche Halsgerichtsordnung" Kaiser KARLS V. aus dem Jahr 1530 in Artikel 109: „So jemand den Leuten durch Zauberey Schaden oder Nachtheyl zufügt, soll man

Kopf Alexanders des Großen (356–323 v. Chr.) von einem römischen Mosaik. Es zeigt den Makedonenkönig als Sieger über den Perserkönig Dareios III.

H

Das „Zwicken mit glühender Zange" und die Hinrichtung in den Flammen, Miniatur aus einer Handschrift um 1514.

Hexenverfolgung

ihn strafen vom Leben zum Todt, und man soll solche Straf mit dem Feuer thun."

Im Zentrum der Anklagen standen vor allem Unzucht und „Buhlschaft" mit dem Teufel, Flug durch die Luft (Hexenflug), Hexensabbat, auf dem Gott abgeschworen und der Teufel angebetet wurde, Hexerei, Schadenszauber gegenüber Mensch und Tier sowie Wetterzauber. Bei einer Schädigung an Leib und Leben war das weltliche Gericht zuständig, bei Verkehr mit dem Teufel das geistliche Gericht bzw. die ➡ *Inquisition.* Das „Geständnis" der unglücklichen Frauen wurde meist durch die Folter erpresst, die Hinrichtung erfolgte in der Regel durch Verbrennung auf dem Scheiterhaufen.

Daneben gab es noch die *Wasserprobe,* bei der sich nur vermeintliche Hexen an der Wasseroberfläche halten konnten, die anschließend den Feuertod starben. Wer unwi-

derruflich versank galt zwar als unschuldig, hatte aber mit diesem Unschuldsbeweis sein Leben durch Ertrinken verloren. So führte eine Anklage wegen Hexerei meist unweigerlich zum Tod, sodass die Frauen jener Zeit in ständiger Furcht vor Verleumdung und Anklage lebten. Der Glaube an Zauberei und Hexerei hielt sich bis ins späte 18. Jh. und endete mit letzten Verbrennungen unter anderem in Würzburg (1749), Kempten (1775) und Posen (1793).

Die Ursachen der Hexenverfolgung sind vielschichtig. Viele Forscher sind der Meinung, dass der Umbruch der religiösen und politischen Verhältnisse im späten Mittelalter eine zentrale Rolle spielt. Pest, Hungersnöte und Krieg versetzten die Menschen in Furcht und ließen sie das in der Bibel prophezeite Reich des Satans und den Anbruch einer düsteren Endzeit erwarten. Dies führte

H

zu der verbreiteten Ansicht, dass Buße getan und das Böse ausgerottet werden müsse.

Daneben gab es aber auch ganz banale Gründe, die zur Anklage führen konnten. So begünstigten Streit, Missgunst oder blanker Neid eine Denunziation, weil man sich so an unbequemen Nachbarn rächen konnte. Nach den Rechtsvorschriften blieben Denunzianten anonym und die Bürger wurden sogar ausdrücklich hierzu ermuntert.

Besonders gefährlich lebten so genannte „weise Frauen", die in der Kräutermedizin bewandert waren und sich in der Wirkung heilender Substanzen auskannten. Das Kräutergebräu in Tiegeln und Pfannen erschien vielen verdächtig und schürte das lebensbedrohende Gerücht eines „Teufelspaktes".

Schließlich waren Hexenprozesse für die Ankläger eine sehr einträgliche Einnahmequelle, da sie sich trotz Verbots am Vermögen der hingerichteten Opfer bereicherten. Richter und Henker verdienten gut an solchen Prozessen und viele Juristen erwarben einen überregionalen Ruf, der sich in klingende Münze umsetzen ließ.

Seit dem 17. Jh. nahmen unerschrockene Männer den Kampf gegen den Hexenwahn und die Hexenverfolgungen auf. So FRIEDRICH VON SPEE (1591–1635), der 1631 eine Streitschrift gegen Hexenprozesse verfasste, oder der Jurist CHRISTIAN THOMASIUS (1655–1728), der sich ebenfalls öffentlich gegen Folter und Verfolgung wandte.

Nach vorsichtigen Schätzungen fielen dem Hexenwahn etwa 80 000 Frauen zum Opfer, davon ungefähr 40 000 in Deutschland. Bekannte Opfer waren z.B. JEANNE D'ARC (1431 in Rouen verbrannt) oder AGNES BERNAUER (1435 in Straubing ertränkt).

Hieroglyphen

(griech. = heilige Zeichen, heilige Eingrabungen)

Die Bilderschrift der alten Ägypter, die neben Zeichen für Begriffe auch Silben- und Konsonantenzeichen umfasste. Die Entzifferung der ägyptischen Hieroglyphen gelang 1822 dem französischen Gelehrten JEAN FRANÇOIS CHAMPOLLION (1790–1832).

Grundlage der Entzifferung bildete ein Stein, den man beim Ort *Rosetta* im Nildelta fand. Er enthielt einen Verwaltungserlass aus dem Jahr 196 v. Chr. in drei Sprachversionen, nämlich in Griechisch, einer vereinfachten ägyptischen Alltagsschrift sowie in Hieroglyphenschrift. Da aus dem griechischen Text hervorging, dass es sich um die Übersetzung der beiden anderen Schriften handelte, hatte CHAMPOLLION den Schlüssel zu den Hiroglyphen gefunden.

Hitlerjugend

(HJ)

Bezeichnung für die nationalsozialistische Jugendorganisation mit ihren verschiedenen Untergliederungen. Bereits 1926 von der NSDAP gegründet, wurde die HJ nach der Machtübernahme durch die Nationalsozialisten 1933 zur umfassenden Staatsjugendorganisation ausgebaut. Das 1936 erlassene „Gesetz über die Hitlerjugend" bestimmte, dass diese Organisation die Jugend außerhalb von Schule und Elternhaus im Geist des Nationalsozialismus erziehen sollte. 1939 wurde der Dienst in der HJ Pflicht und

Hieroglyphenschrift aus dem Grab des Pharao Ramses VI. (um 1135 v. Chr.).

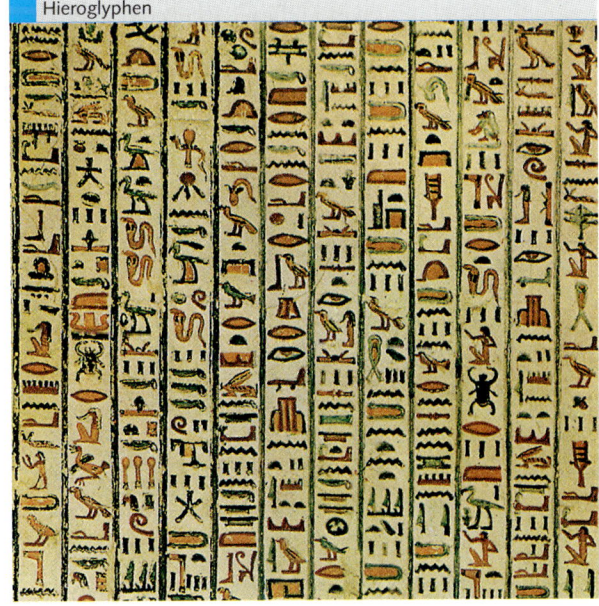

Hieroglyphen

„Ich verspreche, in der Hitlerjugend allzeit meine Pflicht zu tun in Liebe und Treue zum Führer und zu unserer Fahne. So wahr mit Gott helfe!" Treuegelöbnis beim Eintritt in die Hitlerjugend.

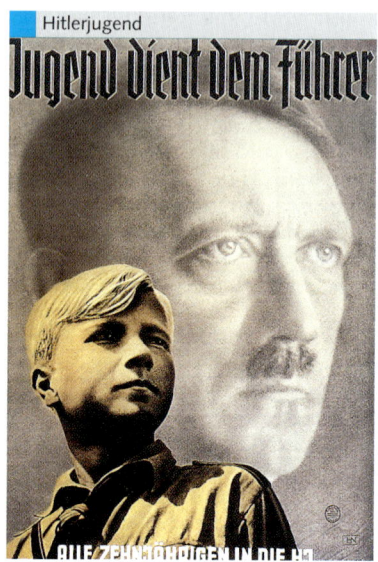

Hitlerjugend

Jugend dient dem Führer

ALLE ZEHNJÄHRIGEN IN DIE HJ

zum „Ehrendienst am Deutschen Volke" erklärt.

Schon die 10–14-jährigen Jungen, seit 1934 offiziell *Pimpfe* genannt, mussten im *Deutschen Jungvolk* (DJ) Dienst tun, während die gleichaltrigen Mädchen im *Jungmädelbund* (JM) ihren Dienst ableisteten. Danach kamen die 14–18-jährigen in die *Hitlerjugend* (HJ) bzw. den *Bund Deutscher Mädel* (BDM). Der Name „Hitlerjugend" (HJ) blieb die übergeordnete Bezeichnung für die Gesamtorganisation.

Hauptziel der HJ war die weltanschauliche Schulung im Sinne des *Nationalsozialismus,* d. h. die Ausrichtung auf den Führer Adolf Hitler und die Partei. Die Entfremdung vom Elternhaus wurde dabei ausdrücklich gebilligt und vorangetrieben. Diese Indoktrination konnte zu dramatischen Situationen führen, wenn z. B. ein Jugendlicher seinem Scharführer meldete, dass die Eltern Gegner der Nationalsozialisten seien. Eine wesenliche Aufgabe der HJ war die Abhärtung des Körpers durch Sport sowie die vormilitärische Ausbildung. Dafür gab es Wehrertüchtigungslager, wo erste Kenntnisse durch Geländespiele und den Umgang mit Waffen eingeübt wurden. Ferner zählten

zum Dienst in der HJ wöchentliche Heimabende und Sportnachmittage, wozu noch Feierstunden, Sportfeste und Aufmärsche bei öffentlichen Veranstaltungen kamen.

Im 2. Weltkrieg wurde die HJ bei Geldsammlungen für das Winterhilfswerk, Kleider- und Altmaterialsammlungen, bei der Erntehilfe sowie der Lazarett- und Soldatenbetreuung eingesetzt. In den letzten Kriegswochen wurden die Jungen noch als Flakhelfer und im *Volkssturm* eingesetzt, wobei viele den Tod fanden.

Hochkultur
s. Kultur

Hochmeister
Oberster Leiter des ➡ Deutschen Ordens, der vom Generalkapitel, d. h. der Versammlung aller Deutschordensritter, auf Lebenszeit gewählt wurde. Er war abhängig vom Rat der „Großgebietiger", die wichtige Funktionen in der Landesverwaltung des Deutschordensstaates bekleideten.

Hofkapelle
Der Name geht zurück auf einen Kirchenraum am fränkischen Hof, wo die „cappa" (der Mantel) des hl. Martin von Tours verwahrt wurde. Dieser Begriff ging schließlich auf alle am Hof dienenden Geistlichen über, die man insgesamt „Capella" nannte.

Die *Hofkapelle* wurde bereits von Karl dem Grossen mit allen Schreibarbeiten der Reichsverwaltung betraut und unterstand zunächst einem Erzkaplan, dann einem *Erzkanzler.* Der König entsandte die Mitglieder der Hofkapelle auch zu diplomatischen Verhandlungen, sodass sie beträchtlichen Einfluss auf die Politik gewannen. Auch die Bildungsreform der ➡ Karolingischen Renaissance, die Karl der Grosse ins Leben rief, wurde vor allem von der Hofkapelle getragen.

Hohenzollern
Adelsgeschlecht, das sich nach seiner Stammburg auf dem *Zollerberg* (Kreis Hechingen) in Schwaben nannte und 1061 erstmals erwähnt wird. Im Jahr 1191 erhielten die Ho-

Hohenzollern

Der Aufstieg des Geschlechts begann im Jahr 1417: Burggraf FRIEDRICH I. wurde wegen seiner treuen Dienste von Kaiser SIGMUND mit der *Mark Brandenburg* belehnt und erhielt zudem die erbliche Kurfürstenwürde. Damit begann die bis 1918 ununterbrochene Regierung des Hauses Hohenzollern im Kurfürstentum Brandenburg bzw. im späteren Königreich Preußen.

Da die *Mark Brandenburg* durch häufigen Herrscherwechsel verwahrlost war, festigten die Kurfürsten zunächst ihr ➡ Territorium im Innern und setzten ihre Landeshoheit gegenüber dem Adel und den Städten durch. Nach Abschluss dieser *Territorialisierung* begann im 16. Jh. eine zielstrebige Außenpolitik, welche zu großen Gebietserwerbungen führte und die ➡ Hausmacht der Hohenzollern beträchtlich stärkte.

1525 trat der letzte Hochmeister des ➡ Deutschen Ordens, ALBRECHT VON BRANDENBURG, zur Reformation über und verwandelte die Reste des Ordensstaates in das weltliche *Herzogtum Preußen*. Die Lehnshoheit über dies Land, das ungefähr dem späteren Ostpreußen entsprach, übte der polnische König aus. 1618 erbten die brandenburgischen Hohenzollern das *Herzogtum Preußen* und konnten 1660 die Lehnsherrschaft Polens abschüttelten.

Kurfürst Friedrich I. von Hohenzollern. Zwei Bannerträger halten die schwarz-weiße Fahne der Hohenzollern und das Adlerbanner der Mark Brandenburg.

henzollern die *Burggrafschaft Nürnberg* und teilten sich 1214 in zwei Linien: eine *schwäbische* (später katholische) Linie mit den Stammgütern und Besitz um Hechingen und Sigmaringen, sowie eine *fränkische* (später evangelische) Linie mit der Burggrafschaft Nürnberg und Besitz um Bayreuth und Ansbach.

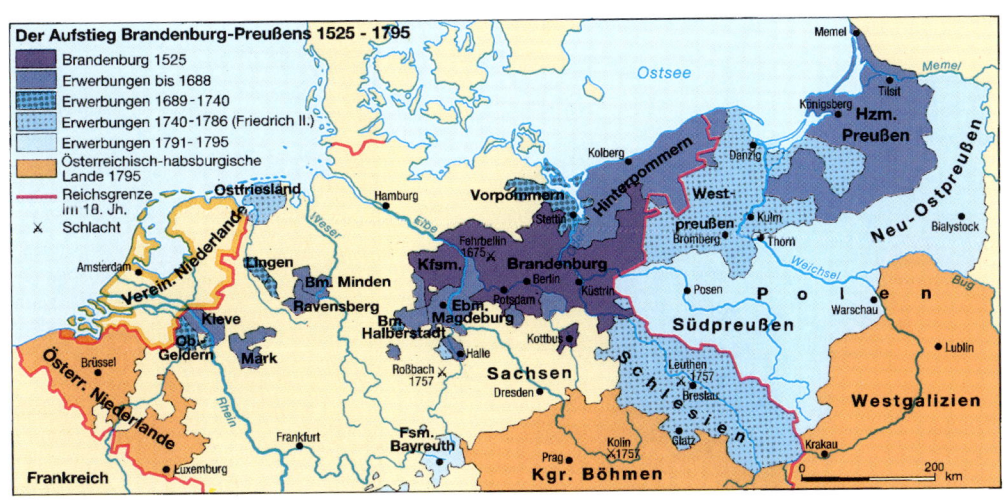

Hohenzollern

Die „Langen Kerls": Ein Hobby des Soldatenkönigs Friedrich Wilhelm I. ohne militärischen Nutzen.

Beträchtlichen Gebietszuwachs erreichte FRIEDRICH WILHELM, genannt der Große Kurfürst, im ➡ Westfälischen Frieden, der ihm 1648 *Hinterpommern* sowie die Bistümer *Halberstadt, Minden* und *Kammin* eintrug. 1680 folgte das Erzbistum *Magdeburg*. Gestützt auf ein stehendes Heer und eine gut organisierte Verwaltung war Brandenburg trotz seines zersplitterten Besitzes zur Vormacht in Norddeutschland aufgestiegen. 1701 erreichte Kurfürst FRIEDRICH III. die Zustimmung des Kaisers zu einer Rangerhöhung. Nach dem außerhalb der Reichsgrenzen gelegenen *Herzogtum Preußen* durfte er sich künftig „König in Preußen" (ab 1772 „von Preußen") nennen. Seit dieser Zeit ging der Name *Preußen* auf den ganzen Hohenzollernstaat über.
FRIEDRICH WILHELM I., der Soldatenkönig, erwarb im Jahr 1720 die Südhälfte *Schwedisch-Vorpommerns* und konzentrierte sich anschließend auf den Ausbau des Heers, die Binnenkolonisation und die Konsolidierung des Staatshaushalts. Die Stärkung des Militärs zählte zu seinen zentralen Anliegen. Unter ihm begann die Herausbildung einer besonderen preußischen Staatsgesinnung und eines dem Staat treu ergebenen Beamtentums, das Gehorsam, Pflichterfüllung und Sparsamkeit zu seinen Idealen erhob.

Unter seinem Sohn FRIEDRICH II., dem Großen (reg. 1740–1786), stieg Preußen zur europäischen Großmacht auf. Er konnte in den ➡ Schlesischen Kriegen, die er 1740-1745 gegen MARIA THERESIA führte, das österreichische *Schlesien* erobern und das Land im *Siebenjährigen Krieg* (1756–1763) erfolgreich behaupten. In der ersten Teilung Polens sicherte sich FRIEDRICH II. im Jahr 1772 *Westpreußen* und stellte damit eine Landverbindung zwischen der *Mark Brandenburg* und *Ostpreußen* her.
Auch auf wirtschaftlichem und sozialem Gebiet erzielte FRIEDRICH II. Erfolge. So vor allem bei der Kultivierung des Oder- und Netzebruchs, der Förderung von ➡ Manufakturen, der Verbesserung des Schulwesens und der Bildung sowie einer Rechtsreform. Hinsichtlich der verschiedenen Glaubensrichtungen und Religionen in Preußen übte der König *Toleranz*. Aufgrund dieser Einstellung gegenüber dem Staat und den Untertanen gilt FRIEDRICH II. als typischer Herrscher des ➡ aufgeklärten Absolutismus.
Eine wechselvolle Regierung erlebte FRIEDRICH WILHELM III. (reg. 1797–1840), der den Bestand seines Landes gegen NAPOLEON zu verteidigen hatte. In der Schlacht bei *Jena* und *Auerstedt* erlitt Preußen 1806 eine vernichtende Niederlage und musste alle

Selbstdarstellung und Selbsterhöhung: Kaiser Wilhelm II. in der Pose des Imperators. Mit der Ära des Wilhelminismus ging die preußische Idee vom „dienenden König" endgültig zu Ende.

Hohenzollern

Friedrich II., Gemälde von Friedrich Weitsch aus dem Jahre 1780.

Hohenzollern

Gebiete links der Elbe abtreten. Grundlegende Reformen des Staates (VOM STEIN, HARDENBERG, SCHARNHORST, GNEISENAU) und die aktive Teilnahme an den *Befreiungskriegen* gegen NAPOLEON führten zur Erstarkung Preußens, das auf dem ➡ Wiener Kongress 1815 große Gebiete im Westen Deutschlands (*Rheinland, Westfalen*) erhielt und dazu auch das restliche *Schwedisch-Vorpommern* erwarb.

Bereits 1791 waren die Fürstentümer *Ansbach* und *Bayreuth* der fränkischen Hohenzollern an Preußen gefallen, 1850 folgte das Fürstentum *Hohenzollern* in Südwestdeutschland, das bislang die schwäbische Linie regiert hatte.

Ausgelöst durch die Märzrevolution erhielt Preußen 1848 eine Verfassung. 1849 lehnte König FRIEDRICH WILHELM IV. die ihm von der *Frankfurter Nationalversammlung* angebotene deutsche Kaiserkrone ab und führte nach dem Scheitern der Revolution 1849 das ➡ Dreiklassenwahlrecht ein. Es begünstigte die Reichen, die erheblichen Einfluss auf das Abgeordnetenhaus nehmen konnten,

und benachteiligte die ärmeren Schichten, insbesondere den Arbeiterstand. Von den *Sozialdemokraten* jahrzehntelang bekämpft, blieb das Dreiklassenwahlrecht in Preußen bis 1918 in Kraft.

Bestimmend wurde in den nächsten Jahren der ➡ Dualismus zwischen Preußen und Österreich um die Vorherrschaft in Deutschland, der 1866 zum *Deutschen Krieg* führte. Das siegreiche Preußen annektierte eine Reihe deutscher Länder wie Hannover, Kurhessen, Nassau und Schleswig-Holstein, gründete unter seinem Vorsitz den ➡ Norddeutschen Bund und verdrängte Österreich endgültig aus Deutschland.

Nach dem deutsch-französischen Krieg erlangten die Hohenzollern im Jahr 1871 mit WILHELM I. die erbliche deutsche Kaiserwürde. Architekt dieses Kaiserreichs war OTTO VON BISMARCK, 1862 preußischer Ministerpräsident und 1871 erster deutscher Reichskanzler.

1888 gelangte mit WILHELM II. der letzte Hohenzollernkaiser auf den Thron. Nach dem verlorenen 1. Weltkrieg musste er 1918 ab-

Karl Freiherr vom Stein (1757–1838).

Der an einer Gruppe von Wildpferden vorbeistürmende Auerochse befindet sich in der Höhle von Lascaux. Er gehört zu einem gewaltigen Wandgemälde und hat ein Länge von etwa 1,80 m.

Höhlenmalerei

Spartanischer Hoplit

Vogelherd-Höhle im Lonetal.

Felsmalerei im Gebiet der Sahara.

Hoplit

danken und ging ins Exil nach Doorn in die Niederlande.

Höhlen

Die Menschen der Altsteinzeit lebten keinesfalls nur in Höhlen, denn schon im offenen Flachland boten sich dafür keine Voraussetzungen. Forscher gehen daher davon aus, dass auch einfache Hütten aus Ästen, Laub oder Mammutknochen sowie zeltartige Unterkünfte als Lagerplätze dienten. Bodenspuren, Knochenreste und Geräte erhärten diese Annahme.

Die Entdeckung einstmals bewohnter Höhlen ist freilich ein archäologischer Glücksfall, da sie wegen der ungestörten Bodenschichten zahlreiche Überreste eiszeitlicher Menschen enthalten.

So ergaben Ausgrabungen in der *Vogelherd-Höhle* im Lonetal (Kreis Heidenheim, Baden-Württemberg), dass diese Höhle bereits vor 200 000 Jahren bewohnt war. Die obere Fundschicht enthielt Skelette aus der Jungsteinzeit, die in Hockerstellung beigesetzt waren. Die mittleren Bodenschichten enthielten Funde aus der Altsteinzeit: Stein- und Knochenwerkzeuge, Mammutzähne und kleine Elfenbeinplastiken mit Darstellungen vom Mammut, Rentier und Höhlenbären, die eiszeitliche Jetztmenschen gefertigt hatten. Ganz unten auf der Höhlensohle schließlich fand man Überreste vom → Neandertaler. Alle Schichten gaben zudem Skelettreste zahlreicher Tierarten frei, die im Verlauf des riesigen Zeitraums hier gewohnt hatten.

Höhlenmalerei

Kunstvolle Felsbilder, die sich an den Wänden meist unterirdischer Höhlen befinden. Sie wurden zwischen 30 000 und 10 000 v. Chr. geschaffen, also während einer Epoche, in der die → Eiszeit in Europa ihren Höhepunkt erreichte. Ein Zentrum der Höhlenmalerei befindet sich in Südfrankreich (z. B. Höhlen von Lascaux, Niaux, Laussel), ein anderes in Spanien (z. B. Höhlen von Altamira, Parpallo).

Doch auch an anderen Stellen der Erde gibt es Felsbilder, die freilich erheblich jünger sind. So z. B. im Gebiet der Sahara in Nordafrika, wo Rinderherden, Antilopen und sogar Flusspferde dargestellt sind. Diese Bilder entstanden etwa in der Zeit zwischen 5000 und 8000 v. Chr. und stammen damit aus einer Zeit, in der die Sahara noch erheblich wasser- und vegetationsreicher war.

Die Felsmalereien in den Höhlen Südeuropas zeigen häufig Großwildarten wie Wisente, Auerochsen oder Wildpferde, denen die Menschen damals nachspürten. Der Sinn der Bilder, die sich oft an unzugänglichen Stellen befinden, ist bis heute ungeklärt. Vielleicht glaubten die Menschen, dass die Bilder eine magische Kraft besaßen und Gesundheit und Fruchtbarkeit der Tiere mehren konnten. Vielleicht sollte auch das Jagdglück beeinflusst werden, da häufig von Pfeilen und Speeren getroffene Tiere abgebildet sind. Andere Forscher hingegen meinen, die Felsbilder könnten Symbole einer frühen Religion sein.

Die Leuchtkraft der Farben hat sich bis heute erhalten. Chemische Analysen ergaben Ocker aus bestimmten Erdschichten, Holzkohle und erzhaltige Steine wie Mangan.

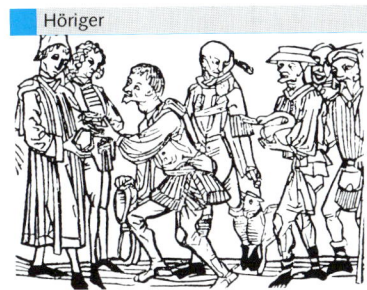

Höriger

Die Mineralien wurden zermahlen und mit Pflanzensäften, Eiweiß, Blut oder Wasser gemischt.

Hoplit
Schwer bewaffneter griechischer Fußsoldat, der in geschlossener Formation (➡ Phalanx) kämpfte. Zur Ausrüstung zählten Schwert, Speer, Schild und Beinschienen. Hopliten mussten das *Bürgerrecht* besitzen und für ihre Ausrüstung selbst aufkommen.

Horde
Kleine Menschengruppe in der Altsteinzeit, die sich von der Jagd und dem Sammeln pflanzlicher Nahrung ernährte. Sie bildete eine familienähnliche Lebensgemeinschaft von etwa 20–30 Personen. Nur im Schutz einer solchen Horde konnten Menschen angesichts der feindlichen Umwelt überleben.

Höriger
Ein Bauer, dem ein ➡ Grundherr Land gegen Abgaben und ➡ Frondienste leiht. Hörigkeit war eine Form der dinglichen Abhängigkeit. Der Hörige bearbeitete den Boden selbstständig, war aber an ihn gebunden; das galt auch für seine Kinder und für den Fall, dass das Land verkauft wurde. Der Hörige war zu persönlichen Leistungen auf dem ➡ Fronhof verpflichtet, ebenfalls seine Kinder, sofern sie unverheiratet waren. Im Gegensatz zum Leibeigenen konnte ein Höriger bewegliches Eigentum, jedoch keinen Grundbesitz erwerben.
Oftmals wurden Freie durch Schuldknechtschaft zu Hörigen oder sie unterstellten sich freiwillig dem Schutz eines Grundherrn, da sie den Kriegsdienst nicht mehr leisten konnten.

Hügelgräber
Grabanlagen, die zumeist in der älteren ➡ Bronzezeit (1800–1300 v. Chr.) entstanden. Nach einer Epoche, in der man Tote verbrannte, kamen ab etwa 800 v. Chr. Hügel-

Bauern liefern ihre Abgaben an den Grundherrn: Geld, eine Gans und ein Lamm.

H

Hügelgräber

Grabkammer eines keltischen Fürsten aus Hochdorf bei Ludwigsburg (Württemberg). Das Hügelgrab enthielt zahlreiche Grabbeigaben (Rekonstruktion).

Hügelgrab mit
aufgeschnittenem
Grabhügel.

gräber erneut in Mode. Vor allem die ➡ Kelten setzten ihre Fürsten auf diese Weise bei. Zentrum eines Hügelgrabes bildete zumeist ein Baum- oder Holzsarg, der leicht vertieft im Boden stand und zum Schutz mit einer Steinpackung aus Feldsteinen umgeben war. In ihn wurde der festlich bekleidete Leichnam zusammen mit den Grabbeigaben gelegt. Darüber schüttete man einen kreisförmigen Erdhügel aus Sand, Grassoden oder Lehm auf und setzte einen Steinkreis zur Einfriedung und Abstützung.

Die meisten Hügelgräber liegen an markanten Punkten wie weit sichtbaren Höhenzügen, auf Bergkuppen oder an alten Wegstrecken. Sie haben einen Durchmesser von etwa 15–40 m und erreichen Höhen von ungefähr 1,50–8 m. Kennnzeichnende Grabbeigaben sind Bronzewaffen und Bronzegeräte, Keramik, Schmuckgegenstände wie Armreifen, Ketten, Gürtelschließen und Nadeln, außerdem Bernsteinperlen oder Bronzespiralen. Solche imposanten Grabanlagen waren vermutlich nur für Fürsten oder Adlige bestimmt. Die einfache Bevölkerung musste mit erheblich schlichteren Gräbern vorlieb nehmen.

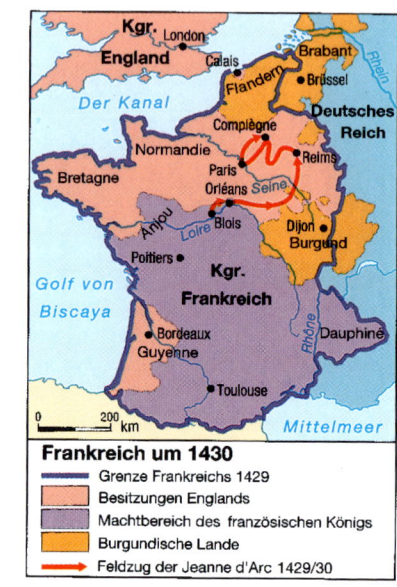

Frankreich um 1430

- ▬ Grenze Frankreichs 1429
- ▮ Besitzungen Englands
- ▮ Machtbereich des französischen Königs
- ▮ Burgundische Lande
- ➡ Feldzug der Jeanne d'Arc 1429/30

Hugenotten

(dt.-frz. = Eidgenossen)
Bezeichnung der französischen – meist calvinistischen – Protestanten. In Frankreich hatte sich die Reformation bis in hohe Adelsfamilien durchgesetzt und zu blutigen Machtkämpfen geführt. Nach der Ermordung der hugenottischen Führer in der ➡ „Bartholomäusnacht" 1572 und weiteren Auseinandersetzungen erließ der neue König 1598 das *Edikt von Nantes*. Darin gewährte er den Hugenotten Gewissensfreiheit und politische Gleichberechtigung. Die Aufhebung des Edikts durch LUDWIG XIV. im Jahre 1685 führte viele Hugenotten auf ihrer Flucht nach Brandenburg.

Humanismus

(lat. humanus = menschlich)
Künstler und Gelehrte, Fürsten und Päpste sammelten seit dem 15. Jh. (➡ Renaissance) antike Handschriften und Kunstwerke und machten sie anderen zugänglich. Durch das Studium der griechischen und römischen ➡ Antike versuchten sie – besonders im Gegensatz zur „finsteren Epoche" des Mittelalters – ein neues Bildungsideal und Selbstverständnis zu gewinnen. Denn die *Humanisten* waren davon überzeugt, dass die Menschen durch das Studium der klassischen Vorbilder vollkommener würden. Die Würde des Menschen und die Bedeutung der Einzelpersönlichkeit rückten in den Mittelpunkt des Interesses.

Von Italien strahlte der Humanismus nach Norden aus und fasste auch in Deutschland Fuß. Hier zählt ERASMUS VON ROTTERDAM (1466–1536), der als Theologe, Schriftsteller und Kirchenkritiker bekannt wurde, zu den bedeutendsten Vertretern der Humanisten.

Hundertjähriger Krieg

Als das französische Herrscherhaus der KAPETINGER 1328 in direkter Linie ausstarb, erhob der englische König EDUARD III. aufgrund naher Verwandtschaft Anspruch auf den Thron Frankreichs. Daraus entstand ein über 100 Jahre währender zerstörerischer Konflikt zwischen beiden Ländern, der militärisch auf französischem Boden ausgetragen wurde.

Für England hatte die Auseinandersetzung einen macht- und wirtschaftspolitischen Hintergrund: Zum einen verfügte es über alten Lehnsbesitz in *Südwestfrankreich,* den es gegen Übergriffe zu verteidigen galt. Zum anderen besaß es Wirtschaftsinteressen im französischen *Flandern,* das Absatzmarkt für englische Wolle war, die in der ausgedehnten Tuchindustrie weiterverarbeitet wurde.

Der Krieg zog sich mit vielen Unterbrechungen hin und führte Frankreich nach mehreren verlorenen Schlachten und inneren Wirren an den Rand der Niederlage.

Als bereits weite Teile von englischen Truppen besetzt waren, brachte das Auftreten von JEANNE D'ARC 1429 die Wende. 1450 mussten die Engländer die *Normandie* räumen und verloren bis 1453 alle französischen Territorien außer *Calais,* das bis 1558 englisch blieb.

Hünengrab

Volkstümliche Bezeichnung für Grabanlagen aus der Jungsteinzeit, die aus großen Steinblöcken errichtet wurden *(Großsteingräber, Megalithgräber).* Sie stammen zumeist aus dem 4. und 3. Jahrtausend v. Chr. und finden sich vorwiegend an der Atlantikküste, in Norddeutschland sowie in Südskandinavien. Hünengräber bestehen aus mehreren *Tragsteinen* und werden von einem tischartigen *Deckstein* abgeschlossen. Während die frühen Gräber mit meist vier Tragsteinen nur *einen* Toten aufnahmen (Einmannkammern), vermehrte man später die Zahl der Tragsteine. Auf diese Weise entstanden große Grabkammern, die vermutlich ganze Sippen der jungsteinzeitlichen Bauernbevölkerung aufnahmen. In Dänemark entdeckte man in einem solchen Grab Skelettreste von mehr als 200 Personen, die vermutlich von Generation zu Generation bestattet worden waren.

Ursprünglich waren die Großsteingräber von Erdhügeln überdeckt. Wind und Regen haben die Erde im Lauf der Jahrhunderte abgetragen, sodass die Steine nun frei in der Landschaft stehen.

Hünengrab

Hünengrab bei Grevesmühlen in Mecklenburg.

Hunnen

Nomadisches Reitervolk aus Innerasien, das im 4. Jh. n. Chr. aus den Steppen Südrusslands nach Westen vordrang und damit die germanische ➡ *Völkerwanderung* auslöste. 375 n. Chr. vernichteten die Hunnen das *Ostgotenreich* (➡ Goten) nördlich des Schwarzen Meers und stießen nach Mitteleuropa bis zum Rhein vor. Dabei unterwarfen sie weitere Völker oder trieben sie vor sich her, wie z. B. die ➡ Wandalen, Alanen und Sueben.

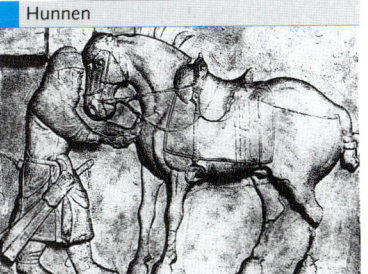

Hunnen

Nomadische Krieger aus dem 6. Jahrhundert.

Die Verbrennung von
Jan Hus (Miniatur von
1415).

Diese Völker überquerten im Jahr 406 in
großen Scharen den Rhein, um Schutz in der
römischen Provinz *Gallien* zu suchen.
Als ATTILA im Jahr 434 König der Hunnen
wurde, beherrschten die hunnischen Reiterscharen weite Teile Europas zwischen der
Donau und der Ostsee, dem Rhein und der
Ukraine. ATTILA schlug sein Hauptlager in
der Theiß-Ebene im heutigen Ungarn auf
und unternahm von dort Raubzüge ins Römische Reich. Dabei stieß er ins heutige
Frankreich, Italien und Griechenland vor
und richtete in den Städten schwere Verwüstungen an. Um die Schäden einzudämmen
zahlte das *Oströmische Reich* jährlich gewaltige Tributsummen.
Im Jahr 451 fiel ATTILA erneut in *Gallien*
ein, stieß jedoch auf ein Bündnis von *Westgoten, Burgundern* und *Franken*. Angeführt
vom weströmischen Feldherrn AETIUS
brachten sie ihm in der Schlacht auf den *Katalaunischen Feldern* eine vernichtende Niederlage bei. Im folgenden Jahr unternahm
er einen Raubzug nach Italien, kehrte jedoch
vor *Rom* wieder um. Nach ATTILAS Tod 453
zerfiel das Hunnenreich rasch, die Reste des
Volks gingen in anderen Völkerschaften auf.

Hussiten

Zu Beginn des 14. Jh. wirkte an der Univer-
sität Prag der tschechische Kirchenreformer
JAN HUS (um 1370–1415). Er kritisierte den
Güterbesitz und die Verweltlichung der Kirche und verurteilte den Missbrauch des ➡
Ablasswesens. 1410 wurde HUS von der Kir-
che exkommuniziert und 1414 – trotz Zusi-
cherung freien Geleits durch König SIG-
MUND – während des *Konstanzer Konzils* als
Ketzer verbrannt.
Der Feuertod von HUS löste in *Böhmen*
schwere religiöse und nationale Unruhen
aus. Dabei spalteten sich seine Anhänger, die
Hussiten, in zwei Gruppen. Die Gemäßigten
forderten die Spendung des heiligen Abend-
mahls unter beiderlei Gestalt (Brot *und*
Wein) auch für Laien (*Laienkelch*), die freie
Predigt und die Armut des Klerus.
Seit 1419 kam es zu den blutigen *Hussitenkriegen*. Anlass war die Weigerung der Böh-
men, König SIGMUND anzuerkennen, den

Hussiten unter
Führung des erblinde-
ten Jan Ziska. Das Ban-
ner trägt das Symbol
der Hussiten, den
Kelch (Miniatur,
15. Jh.).

Hussiten

man für den Tod von HUS verantwortlich
machte.
Unter ihrem Feldherrn JAN ZISKA (1370
–1424) errangen die Hussiten zahlreiche Erfolge und unternahmen verheerende Einfälle nach Schlesien, Brandenburg, Sachsen,
Bayern, Österreich und Ungarn. Da sich auf
beiden Seiten Erschöpfung einstellte, gelangte man schließlich zu einem Ausgleich. 1433
wurde den Hussiten der *Laienkelch* zugestanden, 1436 kehrte SIGMUND als böhmi-
scher König nach Prag zurück.

Hussiten

Ideologie

Ein vielschichtiges Denkmodell, das gesellschaftliche Verhältnisse und historische Entwicklungen deutet und mit dem Anspruch auf allgemeine Gültigkeit propagiert. Da ideologisch geprägte Denkmodelle häufig aktuelle Zustände oder angestrebte Veränderungen rechtfertigen wollen, verfolgen sie bestimmte Interessen. Ihre Argumentation ist daher vielfach einseitig oder verzerrt.

Ilias und Odyssee

Zwei Heldendichtungen (Epen) des Griechen HOMER, der Ende des 8. Jh. an der griechisch besiedelten Westküste Kleinasiens lebte. Die *Ilias* behandelt den zehnjährigen Kampf der Griechen vor *Troja* (Ilion), der schließlich zur Zerstörung der Stadt führt. Die *Odyssee* berichtet von den Irrfahrten des ODYSSEUS und seiner Gefährten im Mittelmeer. Die beiden Epen umfassen zusammen 28 000 *Hexameter* (Verse mit sechs Versfüßen) in jeweils 24 Büchern.

Die von HOMER geschilderten Ereignisse, vor allem aber die beschriebenen Orte, beruhen teilweise auf historischen Grundlagen. So gelang es dem Archäologen HEINRICH SCHLIEMANN, nach Hinweisen in der Ilias die Orte *Troja* an der NW-Spitze Kleinasiens und *Mykene* auf dem Peloponnes zu lokalisieren. Ihre besondere Bedeutung erhalten die Epen HOMERS auch dadurch, dass sie einen Einblick in das Leben der frühen griechischen Adelsgesellschaft und die soziale Struktur vermitteln.

Illyrer

Indogermanisches Volk, das seit dem 8. Jh. v. Chr. östlich der Adria im Raum des heutigen Jugoslawien siedelte. Sie zerfielen in zahlreiche Stämme, die mehrfach Staaten gründeten und wurden nach den illyrischen Kriegen (35–33 und 7–8 v. Chr.) von Kaiser AUGUSTUS unterworfen. Damit entstand die römische *Provinz Illyrien,* die nach der Reichsteilung 395 n. Chr. ans *Weströmische Reich,* 537 an *Byzanz* fiel.

In der Antike genossen die Illyrer den Ruf tüchtiger Krieger und die Legionen im Donauraum setzten sich vorwiegend aus ihnen

Odysseus

Im 5. Jahrhundert v. Chr. stellten die Griechen Homer als alten, blinden Sänger dar.

zusammen. Ab 250 n. Chr. gingen aus ihnen mehrere bedeutende römische Kaiser wie DECIUS, CLAUDIUS, AURELIAN, DIOKLETIAN oder KONSTANTIN hervor. Die illyrische Sprache ist versunken und hat sich nur noch in einigen geografischen Namen und Personennamen erhalten. Als Nachkommen der alten Illyrer gelten die *Albaner.*

Imperialismus

Das Streben eines Staates seine Herrschaft auf andere Länder und Völker auszudehnen. Als Machtmittel dienen Eroberungen oder wirtschaftliche Beherrschung auf Grund ökonomischer Überlegenheit (➡ Dollarimperialismus). Als Epoche des Imperialismus gilt besonders die Zeit von 1880–1914, in der die Großmächte ihre *Kolonialreiche* ausbauten und die Welt in *Einflusssphären* aufteilten.

Aufgabe der Kolonien war es, dem Mutterland die *Rohstoffzufuhr* zu sichern und der heimischen Industrie zugleich neue *Absatzmärkte* zu erschließen. Weiterhin konnten für den Bevölkerungsüberschuss des Mutterlandes neue Siedlungsgebiete erschlossen werden (➡ Kolonialismus, Kolonie).

Imperium

(lat. = Befehlsgewalt)

Ursprünglich Bezeichnung für die Amtsgewalt der höchsten römischen ➡ Magistrate.

Später bezeichnete „Imperium" auch das Gebiet, in dem der Beamte die Amtsgewalt ausübte, sodass schließlich das römische Weltreich der Kaiserzeit „Imperium Romanum" genannt wurde. Diese römische Tradition setzte sich im Reich KARLS DES GROSSEN und im Deutschen Reich fort, bis man später jedes Weltreich als „Imperium" bezeichnete (z. B. englisches und französisches Empire).

Indogermanen

(Indoeuropäer)
Im 19. Jh. entdeckten Sprachwissenschaftler, dass nahezu alle europäischen Sprachen im Wortschatz, in der Grammatik und der Lautbildung Übereinstimmungen aufwiesen. Selbst einige asiatische Sprachen wie z. B. das *Persische* oder *Indische* zählten zu diesem Kreis, was zur Bezeichnung *Indogermanen* führte: eine Verklammerung der östlichsten Sprache (indo-arisch) mit der westlichsten (germanisch), zwischen denen alle anderen miteinander verwandten indogermanischen Sprachen liegen. So z. B. das Keltische, Italische, Slawische, Baltische, Albanische, Griechische, Armenische oder Iranische. Auch längst ausgestorbene Sprachen wie das Illyrische, Thrakische oder Hethitische zählen zum Indogermanischen.
Manche Forscher vermuten, dass sich diese Sprachen auf ein gemeinsames „Urvolk" zurückführen lassen, das um 2500 v. Chr. seinen Sitz im Raum zwischen Mitteleuropa und dem Ural hatte. Von hier aus breiteten sich die Indogermanen nach Süd- und Westeuropa sowie Vorderasien aus, bis sie ihre heutigen Sitze erreicht hatten. Obwohl die indogermanischen Sprachen seither großen Veränderungen unterworfen waren, erschlossen die Wissenschaftler einen gemeinsamen Sprachkern, aus dem sie die Grundsprache ableiteten.
Doch sind alle Hypothesen und Theorien, die sich mit der Entstehung und Verbreitung der Indogermanen befassen, bis heute äußerst umstritten. Vor allem vermag niemand mehr zu sagen, welcher „Rasse" die Indogermanen einst angehörten. Ethnisch völlig unterschiedliche Stämme könnten

Träger der gleichen Sprache gewesen sein, denn die Sprache sagt nichts über die „Rasse" aus.
Aus diesem Grunde ist auch die so genannte ➡ *Rassenlehre* der Nationalsozialisten, welche zum millionenfachen Mord an den Juden führte, wissenschaftlich unhaltbar und längst widerlegt. Die Nationalsozialisten behaupteten, dass die Deutschen zur „nordisch-germanischen Herrenrasse" zählten, die zur Herrschaft über die anderen Völker berufen sei. Diese angeblich „nordische Rasse" erhielt den Namen ➡ *Arier,* was aus dem indogermanischen Sanskritwort *arya* = der Edle abgeleitet ist. Damit begingen die Nationalsozialisten den Irrtum, den Sprachbegriff „arisch" mit „nordisch-germanisch" gleichzusetzen.

Induskultur

Etwa zwischen 2500 und 1700 v. Chr. entstand im *Industal* und den angrenzenden Gebieten eine Hochkultur, die durch städtische Zentren gekennzeichnet war. Die Anlage der Städte erfolgte sehr einheitlich, wie es die beiden Hauptstädte *Harappa* und *Mohenjo-daro* zeigen. Das Zentrum gliederte sich in eine befestigte Oberstadt (Zitadelle) mit repräsentativen Gebäuden für die Verwaltung und eine meist offene Unterstadt mit Wohnhäusern, Läden und Werkstätten. Die Städte verfügten über ein gutes Entwässerungssystem, öffentliche Bäder sowie Getreidespeicher zur Sicherung der Versorgung.
Den hohen Stand der Induskultur bezeugen Statuetten und Gegenstände aus Kupfer, Bronze, Ton oder Stein sowie reich bemalte Keramikgefäße. Zur Kennzeichnung ihres Eigentums oder vielleicht auch zum Schutz gegen böse Mächte verwendeten die Menschen häufig Steinsiegel mit Pflanzen, Tieren oder Fabelwesen. Die bis heute unentzifferte *Indusschrift* sowie ein einheitliches Maß- und Gewichtssystem lassen auf eine zentralisierte Verwaltung schließen. Große Paläste haben die Archäologen bis heute nicht gefunden, sodass es vermutlich keinen König gab, der das gesamte Industal beherrschte. Stattdessen nimmt man die Exis-

Induskultur

tenz zahlreicher kleiner Priesterkönige in den Städten an, wie es auch bei den → Sumerern der Fall war.
Der Untergang der Induskultur erfolgte möglicherweise durch klimatische Veränderungen bzw. eine Dürrekatastrophe. Manche Forscher sind hingegen der Ansicht, dass der Einbruch der indogermanischen *Arier,* die den Norden des indischen Subkontinents gegen 1500 v. Chr. eroberten, dieser Hochkultur ein Ende setzte.

Industrielle Revolution

Einschneidender wirtschaftlicher und gesellschaftlicher Umwälzungsprozess, ausgelöst durch die um 1760 in *England* einsetzende Industrialisierung. Sie erreichte um 1840 Deutschland und breitete sich später weltweit aus.
Zu den Voraussetzungen der *Industrialisierung* zählte vor allem der Einsatz von *Maschinen,* was neue industrielle Produktionsweisen nach sich zog (Massenfabrikation, Arbeitsteilung, Fabriken).
Besonders in ihrer Anfangsphase war die Industrielle Revolution mit sozialer Verelendung verbunden, zugleich entstanden neue → Klassengegensätze aufgrund sozialer Probleme der Arbeiterschaft (→ soziale Frage).

Inka

Indianisches Volk in Südamerika, das vor Eintreffen der Spanier ein großes Reich errichtete. Das Wort *Inka* bezeichnete ursprünglich nur den Herrscher und seine Sippe, ging jedoch später auf die gesamte Reichsbevölkerung über.
Das Kerngebiet der Inka lag im Bergland des heutigen *Peru,* wo sie im Hochtal von Cuzco um 1200 n. Chr. einen Kleinstaat bil-

Siegel mit einer vermutlich im Industal heimischen Rinderart.

I

Industrielle Revolution

Die Harkortsche Fabrik auf Burg Wetter 1834. Hier baute Harkort den ersten Hochofen ohne Rauchgemäuer.

Goldenes Opfermesser
aus Peru.

Inka

Ackerbau, der auch Terrassen und künstliche Bewässerung kannte. Angebaut wurden unter anderem Mais, Bohnen, Kartoffeln, Kürbisse und Kokapflanzen. Ferner gab es ein differenziertes Handwerk, das Keramik produzierte, Stein und Holz zu Geräten und Gefäßen verarbeitete und kunstvoll gewebte Stoffe herstellte. Besondere Bedeutung besaß jedoch die Metallverarbeitung, die Kunstwerke von hohem Rang lieferte. Die Kunstschmiede verarbeiteten Gold, Silber, Kupfer und Bronze zu Schmuck, Kultgegenständen und Geräten, die für die Oberschicht bestimmt waren.

Öffentliche Gebäude wurden ohne Mörtel aus sorgfältig behauenen und sorgsam aneinandergefügten Steinblöcken erbaut (Zyklopenmauern). Straßen- und Festungsbau waren äußerst fortschrittlich, wie man noch heute an der berühmten Festung *Machu Picchu* sehen kann. Sie bildet ein einzigartiges System von Mauerringen, Türmen, Geheimgängen, Kasernen, Magazinen sowie Tempel- und Palastanlagen. Statt einer Schrift benutzten die Inka ein kompliziertes System von *Knotenschnüren* zur Erfassung der Abgaben und für statistische Zwecke.

Alle Anbauflächen des Inkareichs waren *Staatseigentum*. Was die Bauern erwirtschafteten, floss in genau festgelegten Anteilen an Hof, Adel, Beamte und Priester. Ferner wurden damit die Speicher gefüllt, die in allen Provinzen zur Versorgung der Bevölkerung bei Hungersnöten standen. Nur ein Drittel des Ertrags stand den Bauern zur Selbstversorgung zu. Statt Steuerzahlungen im heutigen Sinn war jeder Einwohner zu Gemeinschaftsaufgaben verpflichtet. So z. B. in der Armee, auf dem Feld, als Bote oder Bauarbeiter. Gut ausgebaute Fernstraßen verbanden die Hauptstadt Cuzco mit allen Landesteilen, Läuferstafetten sorgten für eine rasche Nachrichtenübermittlung.

Im Vordergrund der Religion stand der Sonnengott INTI, auf den sich die Inkaherrscher zurückführten. Er hatte die höchste Gottheit, den Weltenschöpfer VIRACOCHA, im Lauf der Zeit verdrängt. Daneben wurden zahlreiche Kräfte verehrt, die ihren Sitz in Sternen, Quellen, Bäumen oder Steinen hatten.

deten. Die militärische Expansion begann jedoch erst unter dem 9. Herrscher, dem Inka PACHACUTI YUPANQUI, der 1438 gekrönt wurde. Er und seine Nachfolger, TUPAC YUPANQUI (1471–93) und HUAYANA CAPAC (1493–1525), dehnten das Reich so weit aus, dass es im Norden bis Kolumbien und im Süden bis weit nach Chile reichte – eine Ausdehnung von 4000 km! Die Inkaherrscher galten als direkte Nachfahren des Sonnengottes und genossen göttliche Verehrung. Sie regierten absolut und waren Mittelpunkt eines feierlichen Zeremoniells.

Neben dem Inka gab es eine mächtige Adelsschicht, die sich aus Angehörigen des Herrscherhauses und den Fürsten der unterworfenen Völker zusammensetzte. Als Rangabzeichen trugen Adlige große goldene Ohrpflöcke (orejones). Eine einflussreiche Priesterkaste komplettierte die Oberschicht.

Die Masse der Bevölkerung bestand aus Bauern. Sie betrieben einen intensiven

1531 landeten die Spanier unter dem Konquistador PIZARRO an der Küste. Rasch drangen sie ins Landesinnere vor, nahmen 1532 den Inka ATAHUALPA gefangen und schlossen die Eroberung des Inkareichs mit der Einnahme der Hauptstadt Cuzco 1533 ab. Nach ATAHUALPAS Ermordung setzten die Spanier den Inka MANCO CAPAC ein, der sich jedoch 1535 an die Spitze eines Aufstands gegen die Spanier stellte, der aber fehlschlug. Mit dem Untergang eines kleinen Inkareichs, das sich noch bis 1572 im abgelegenen Bergland hielt, endete die Geschichte dieses erstaunlichen Imperiums.

Innere Mission

1848 gründete J. H. WICHERN die „Innere Mission" der evangelischen Kirche, worunter er die „Missionsarbeit innerhalb der Christenheit" verstand. Das bedeutete für ihn praktische evangelische Sozialarbeit, besonders in Form von Anstalten für Kinder, Kranke und Arme. Dabei griff er zurück auf sein Wirken im „Rauhen Haus", ein 1833 von ihm in Hamburg eröffnetes Rettungshaus für Kinder aus asozialen Verhältnissen.

1849 wurde der *Centralausschuss* der Inneren Mission gegründet, der Koordinierungsaufgaben übernahm und eine rege Tätigkeit durch die Errichtung zahlreicher Anstalten, die Bekämpfung von Prostitution und Alkoholismus sowie die Gründung von Jünglings- und Gesellenvereinen entfaltete. Besonders bekannt wurden die unter der Leitung von F. VON BODELSCHWINGH stehenden Anstalten in Bethel bei Bielefeld, der Christliche Verein Junger Männer (CVJM) oder der Verband der Bahnhofsmission. Im Dritten Reich beteiligte sich die Innere Mission am Kampf gegen die Euthanasie (Vernichtung des „lebensunwerten" Lebens) und wurde bei ihrer Arbeit vielfach behindert. 1957 erfolgte der Zusammenschluss mit dem Hilfswerk der Evangelischen Kirche Deutschlands (EKD) zum *Diakonischen Werk*.

Inquisition

(lat. inquirere = untersuchen)
Mittelalterliches Rechtsverfahren, bei dem Anklage, Untersuchung und Urteilspruch in

einer Hand lagen. Papst GREGOR IX. gründete 1232 die päpstliche Inquisition und beauftragte den Dominikanerorden ➡ Ketzer aufzuspüren, zu bekehren oder zu bekämpfen. Das Verfahren begann mit der öffentlichen Mahnung an alle Ketzter sich zu stellen, sowie dem eindringlichen Hinweis an die Gläubigen zur Anzeigepflicht beobachteter Vergehen. Daraufhin erfolgte die Vorladung, in schweren Fällen die sofortige Gefangennahme.

Wer sich rasch schuldig bekannte, kam bei etwas Glück mit einer kirchlichen Strafe wie Fasten, Wallfahrt, Gebeten oder Almosen davon. In Fällen, die nach Meinung des kirchlichen Anklägers besonders schwerwiegend waren, kam es zu langwierigen Verhören. Das Geständnis wurde durch Anwendung der *Folter* erzwungen, das Opfer danach der weltlichen Macht zum Tod auf dem Scheiterhaufen übergeben.

Vor allem im Zusammenhang mit den *Hexenverfolgungen* griff die Inquisition zwischen dem 15. und 17. Jahrhundert auf ganz Europa über.

In vielen Staaten Europas blieb die Inquisition erstaunlich lang verankert. In Spanien, wo man 1781 das letzte Todesurteil vollstreckte, wurde sie 1834 abgeschafft, in Italien erst 1859, in Frankreich 1772. Im Kirchenstaat erhielt sich die Inquisition sogar bis 1870.

Interregnum

(lat. = Zwischenherrschaft)
In Wahlmonarchien die Zeitspanne, die zwischen dem Tod oder auch der Absetzung eines Herrschers und dem Amtsantritt seines Nachfolgers liegt. Im Mittelalter nahmen die Wahlvorbereitungen lange Zeit in Anspruch und bis sich die Großen eines Landes – in Deutschland z. B. die ➡ Kurfürsten – auf einen neuen Monarchen geeinigt hatten, konnten viele Monate vergehen.

In Deutschland gilt als Interregnum besonders die Zeit zwischen dem Erlöschen der ➡ STAUFER und dem Regierungsbeginn des ersten deutschen Königs aus dem Haus der ➡ HABSBURGER, also die Zeit zwischen 1254 und 1273. Die Bezeichnung Interregnum ist

Innere Mission

Johann Heinrich Wichern (1808–1881) betreute im Hamburger „Rauhen Haus" gefährdete Kinder und Gründete 1848 die „Innere Mission" der evangelischen Kirche.

Investitur

jedoch nicht ganz korrekt, da es in dieser Periode drei gewählte Könige gab – WILHELM VON HOLLAND, RICHARD VON CORNWALL und ALFONS VON KASTILIEN – die freilich keine allgemeine Anerkennung erlangten.

Investitur
(lat. investire = bekleiden)
Die Einsetzung eines *Bischofs* oder *Abts* in sein geistliches Amt (➡ Spiritualien) und zugleich die Übertragung von weltlichen Herrschaftsrechten. Als Zeichen der geistlichen Würde übergab der König Ring und Hirtenstab.
Diese Mitwirkung eines Laien, selbst des Königs, wollten der Papst und Vertreter der ➡ Kirchenreform nicht länger dulden. Daher brach im Jahr 1075 der so genannte *Investiturstreit* aus, der die religiösen und politischen Grundlagen des Mittelalters erschütterte. Papst und König setzten sich im Jahr 1076 gegenseitig ab und bannten sich. Ein Kompromiss konnte erst 1122 mit dem ➡ Wormser Konkordat erreicht werden.

Ionier
Einer der griechischen Stämme, der bei der Einwanderung 2000 v. Chr. *Attika, Euböa* sowie Teile der *Peloponnes* besetzte (➡ Achäer). Als die ➡ Dorier um 1100 v. Chr. in Griechenland einwanderten, konnten sich die Ionier nur auf der Halbinsel Attika und auf Euböa behaupten. Die auf der Peloponnes ansässige ionische Bevölkerung wurde von den Doriern vertrieben und besiedelte die *Kykladen* sowie den Mittelteil der Küste *Kleinasiens.* Hier bildeten die kleinasiatischen Küstenstädte den *Ionischen Bund,* dessen religiöser Mittelpunkt ein Poseidonheiligtum am Mykalegebirge war. Für diesen Küstenstreifen und seine vorgelagerten Inseln bürgerte sich der Name *Ionien* ein. Im 6. Jh. v. Chr. gerieten die Städte der Ionier unter persische Oberhoheit, was von 500-494 v. Chr. zu einem erfolglosen Aufstand führte, der die ➡ *Perserkriege* auslöste.

Islam
(arab. = Ergebung in Gottes Willen)
Eine der großen Weltreligionen, die der Prophet MOHAMMED im 7. Jh. begründete. Seine Anhänger, die *Moslems* oder *Muslime,* bekennen sich zu einem einzigen Gott (Allah) und betrachten den ➡ Koran, das heilige Buch, als Glaubens- und Lebensgrundlage. Zum Islam zählen heute rund 1 Milliarde Gläubige.
Der Islam schreibt den Moslems das Bekenntnis zu Allah und das Gebet – fünfmal täglich an beliebigen Orten, Freitagnachmittag in der Moschee – zwingend vor. Weiterhin fordert er von den Gläubigen die

Islam

Die Ausbreitung des Islam von 622 bis 750

Eroberungen bis zum Tod Mohammeds (622 - 632)	● Sitz eines Kalifen (mit Jahreszahl)
Eroberungen unter den ersten vier Kalifen (632 - 656)	■ Arabisches Heerlager
Eroberungen unter den Omaijaden (661 - 750)	→ Islamische Kriegszüge
	✕ Schlacht
	Oströmisches Reich um 700

Spendung von Almosen (heutzutage als spezielle Steuer), das Fasten tagsüber im Monat Ramadan sowie – falls irgend möglich – die Wallfahrt zur KAABA in Mekka.

Nach dem Tod MOHAMMEDS spaltete sich der Islam in zwei große Glaubensrichtungen. Davon zählen zu den ➡ *Sunniten* etwa 92% der Gläubigen, zu den vorwiegend im Iran beheimateten ➡ *Schiiten* 7,5%. Den Rest bilden kleine Randgruppen wie die *Drusen,* die mit etwa 250 000 Gläubigen im Südlibanon leben.

Als geistliche Nachfolger des Propheten MOHAMMED und weltliche Führer des islamischen Reichs betrachteten sich die ➡ Kalifen, deren Aufgabe in der Bewahrung des rechten Glaubens und seiner Ausbreitung bestand. Die Ausdehnung des islamischen Herrschaftsbereichs führte zur Verbreitung der Religion in Asien, Afrika und Europa.

Isolationismus

Eine außenpolitische Richtung in den USA, die seit der ➡ Monroe-Doktrin von 1823 jede Einmischung in außeramerikanische Konflikte – insbesondere Europas – ablehnte. Im 1. Weltkrieg wurde die isolationistische Phase der USA kurz unterbrochen, lebte da-

Israel

Die Reiche Israel und Juda (860 v.Chr.)

nach jedoch wieder auf und verhinderte den Beitritt zum ➡ Völkerbund. Die Basis dieser Politik bildeten entsprechende Neutralitätsgesetze, die zwischen 1935 und 1937 erlassen wurden.

Erst der Eintritt der Vereinigten Staaten in den 2. Weltkrieg beendete die Isolationspolitik der USA endgültig.

Flagge des modernen Staates Israel mit dem Davidstern.

Israel
(hebräisch = „für den Gott streitet")
Nach der Überlieferung des Alten Testaments erhielt JAKOB – einer der legendären Stammväter seines Volks – den Ehrennamen „*Israel*". Dieser Name ging auf alle Stämme des Volks über, das sich nach ihm „Kinder Israels" oder „Israeliten" nannte.

Etwa um 1000 v. Chr. gründete König DAVID in Palästina ein Reich, das alle 12 israelitischen Stämme umfasste. Nach seinem Tod zerfiel dies Reich in zwei Teilstaaten: ein nördlicher, der sich *Israel* und ein südlicher, der sich *Juda* nannte. Als der Staat Israel im 8. Jh. v. Chr. von den ➡ Assyrern vernichtet wurde, bewahrte allein *Juda* die alte Traditi-

on. Von ihm leitet sich der Name ➡ Juden ab, der zur neuen Volksbezeichnung wurde. Als die Juden im Jahr 1948 einen eigenen Staat in Palästina gründeten, gaben sie ihm erneut den raditionsreichen biblischen Namen *Israel*.

Italiker
Bezeichnung für mehrere indogermanische Stämme, die zwischen 1200 und 1000 v. Chr. aus Mitteleuropa nach Italien einwanderten. Zu ihnen zählen z. B. die *Latiner,* deren Zentrum später die Stadt Rom bildete, ferner die *Umbrer, Sabiner, Volsker* oder *Samniten.* Die Italiker waren Bauern und Hirten, die in verstreuten Gehöften oder Dörfern siedelten. Sie verehrten ihre Götter in kleinen Heiligtümern und hatten Totemtiere wie den Wolf, Adler oder Stier.

Den Italikern folgten später weitere Völker wie die ➡ *Etrusker,* die seit dem 8. Jh. in Mittelitalien saßen, oder die Griechen, die im Rahmen der griechischen ➡ *Kolonisation* die Küsten Siziliens und Unteritaliens besiedelten. Im 4. Jh. v. Chr. brachen schließ-

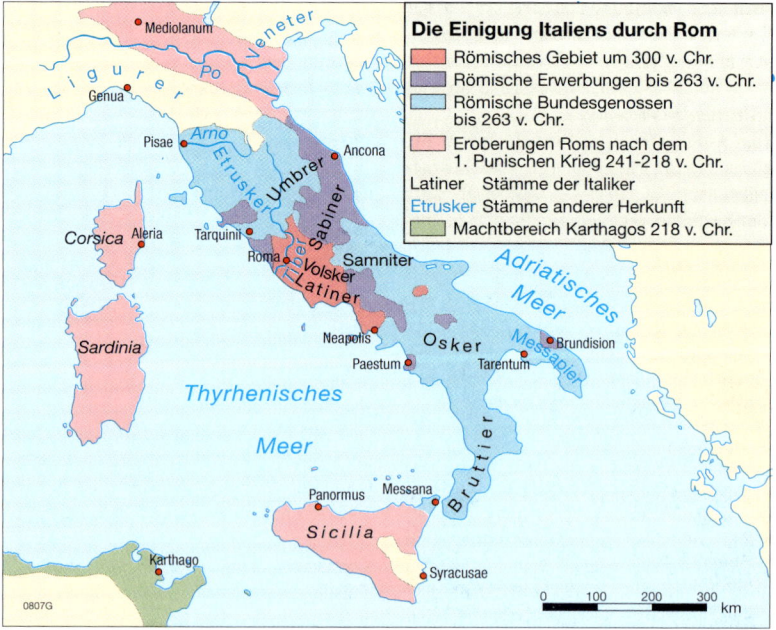

lich noch die ➡ *Kelten* in Italien ein. Alle diese Völker, die im Lauf der Jahrhunderte miteinander verschmolzen, lieferten ihren Beitrag zur Kultur und Zivilisation des Römischen Reichs.

Jagdzauber

Magische Handlungen bei Naturvölkern, die den Jagderfolg günstig beeinflussen sollten. Wissenschaftler vermuten, dass auch auch die ➡ Höhlenmalerei der eiszeitlichen Menschen diesem Ziel diente.

Jakobiner

Die Mitglieder des bedeutendsten politischen Klubs während der ➡ Französischen Revolution, benannt nach ihrem Tagungsort, dem Pariser Dominikanerkloster *St. Jacques* (St. Jakob). Nach Abspaltung der ➡ Girondisten Bezeichnung allein der radikalen Republikaner unter der Führung von ROBESPIERRE UND SAINT-JUST.

Hier fielen im Sommer 1792 auch die Entscheidungen, die Frankreich in die *Schreckensherrschaft* (Terreur) der Jahre 1793–1794 führten. Als ROBESPIERRE und seine Anhänger am 28. Juli 1794 unter der Guillotine starben, wurde auch der Jakobinerklub aufgelöst.

Jalta, Konferenz von.

Vom 4.–11. Februar 1945 trafen sich die Regierungschefs der USA (ROOSEVELT), Großbritanniens (CHURCHILL) und der Sowjetunion (STALIN) zu einer Gipfelkonferenz in Jalta

Jalta

auf der Krim. Gegenstand der Gespräche war das künftige Vorgehen gegenüber dem besiegten Deutschland sowie die Behandlung Polens. Man einigte sich auf die *Curzon-Linie* als polnische Ostgrenze, was die Abtretung ganz Ostpolens an die Sowjetunion bedeutete. Im Gegenzug sollte Polen durch deutsche Ostgebiete entschädigt werden, deren Umfang jedoch strittig blieb und erst auf der ➡ *Potsdamer Konferenz* festgelegt wurde (➡ *Oder-Neiße-Linie*).

Ferner einigte man sich über die Grundzüge der alliierten Besatzungspolitik in Deutschland. So vor allem über seine Entwaffnung und ➡ Entnazifizierung, die Einteilung in Besatzungszonen mit einem alliierten Kontrollrat sowie über die grundsätzliche Forderung von Reparationen nach Feststellung der deutschen Zahlungsfähigkeit.

Weiterhin einigten sich die Teilnehmer über die künftige Struktur der ➡ *Vereinten Nationen* (UNO), insbesondere über den Abstimmungsmodus und das Vetorecht im künftigen Sicherheitsrat.

Jesuiten

Die wichtigste Kraft der katholischen Kirche gegen die ➡ Reformation und den ➡ Protestantismus wurde der *Jesuitenorden* (societas Jesu = Gesellschaft Jesu, abgek. SJ). Gegründet hat ihn 1534 der spanische Adlige IGNATIUS VON LOYOLA (1491–1556). Die Jesuiten übten als Erzieher und Beichtväter an Fürstenhöfen sowie durch die Einrichtung vieler Schulen und Hochschulen großen Einfluss aus. Das Volk gewannen sie durch Predigten und karitative Tätigkeiten. Sie erhielten vom Papst den Auftrag der weltweiten Mission.

Juden

Angehörige des jüdischen Volks und der jüdischen Religion. Die Frühgeschichte der Juden beginnt etwa um 1800 v. Chr., ist jedoch wegen der schlechten Quellenlage nur schwer rekonstruierbar. Viele geschichtliche Einzelheiten finden sich lediglich im ALTEN TESTAMENT, das die religiösen Schriften des jüdischen Volkes bewahrt und natürlich keine wissenschaftliche Abhandlung ist. Den-

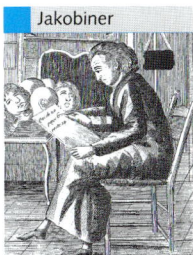

Jakobiner

Robespierre (1758 –1794) als Buchhalter des Schreckens.

Churchill, Roosevelt und Stalin (von links) auf der Konferenz von Jalta 1945.

J

noch sind sich die meisten Forscher einig, dass die dort beschriebenen historischen Ereignisse zumindest auf einen wahren Kern zurückgehen.

In ihrer Frühzeit nannten sich die Juden „Kinder Israels" (➡ Israel) und durchzogen unter ihrem legendären Stammvater ABRAHAM um 1800 v. Chr. Vorderasien. Wissenschaftler vermuten, dass ABRAHAM und seine Sippe zu den zahlreichen kleinen Nomadenvölkern zählten, die damals *Syrien* und *Palästina* durchwanderten. Vermutlich wegen einer Hungersnot zog ein Teil der Stämme um 1500 v. Chr. nach *Ägypten*. Dort standen sie nach Aussage des ALTEN TESTAMENTS im Dienst der Pharaonen und wurden vom Staat beim Tempel-, Straßen- und Städtebau eingesetzt. Unter Führung von MOSES, dem eigentlichen Religionsstifter, flohen die Israeliten aus Ägypten und traten eine langjährige Wanderung durch die *Wüste Sinai* an.

Etwa um 1250 v. Chr. wurden die Nomadenstämme sesshaft und siedelten in *Palästina*, dem ihnen von Gott versprochenen „Gelobten Land" Kanaan. Dort gründete König DAVID um 1000 v. Chr. ein Reich mit der Hauptstadt *Jerusalem*, das unter seinem Sohn, König SALOMO, für kurze Zeit zur Großmacht aufstieg. Dieses Reich zerfiel später in die Staaten *Juda* und *Israel*, was zum Niedergang führte. 721 v. Chr. vernichteten die ➡ Assyrer den Teilstaat *Israel* und deportierten seine Bevölkerung. Übrig blieb allein *Juda*, das nunmehr namengebend für das ganze Volk wurde.

587 v. Chr. eroberten die Babylonier den Staat *Juda*, zerstörten Jerusalem und den Tempel und verschleppten große Teile der Bevölkerung nach Babylonien. Diese in der Bibel beschriebene *Babylonische Gefangenschaft* einte jedoch das jüdische Volk, das sich verstärkt zu seinem Gott JAHWE bekannte und zu einer neuen Religiosität fand. 520 v. Chr. durften die Juden aus Babylonien zurückkehren und betonten nun den Bund mit Gott als Grundlage ihres Zusammenlebens.

Gegen die Unterdrückung ihrer Religion durch den Seleukidenkönig ANTIOCHOS IV. setzten sich die Juden 167 v. Chr erfolgreich zur Wehr. Sie erhoben sich im *Makkabäeraufstand* und errangen im Jahr 147 v. Chr.

Die Wanderungen der Israeliten

- vermutlicher Zug Abrahams
- Joseph und seine Brüder
- Moses und das Volk Israel

- Kulturland
- Steppe
- Wüste

Juden

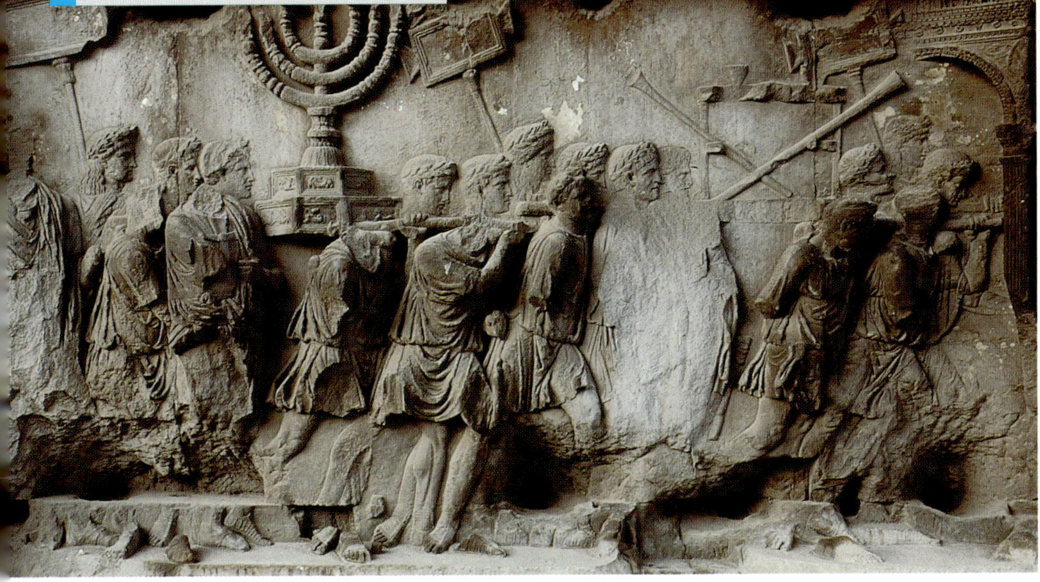

unter der Königsdynastie der HASMONÄER ihre Unabhängigkeit.

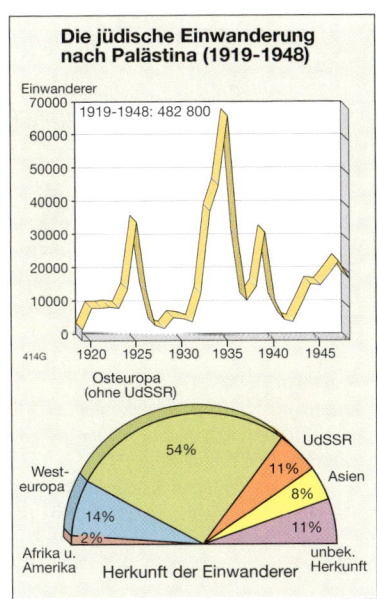

Die jüdische Einwanderung nach Palästina (1919-1948)
Einwanderer
70000
60000
50000
40000
30000
20000
10000
0
1919-1948: 482 800
1920
1925
1930
1935
1940
1945
414G
Osteuropa (ohne UdSSR)
54%
UdSSR
11%
Asien
8%
West-europa
14%
11%
2%
Afrika u. Amerika
unbek. Herkunft
Herkunft der Einwanderer

63 v. Chr. gliederten jedoch die Römer *Judäa* in ihr Reich ein und ernannten HERODES I., einen verhassten Nichtjuden, zum Vasallenkönig. Ein Aufstand gegen die Römer führte 70 n. Chr. zur Eroberung *Jerusalems* und zur erneuten Zerstörung des jüdischen Tempels. Dies bedeutete auch das Ende eines eigenen jüdischen Staates.

Kriege, Fremdherrschaft und Unterdrückung hatten jüdische Familien seit langem zur Auswanderung veranlasst. Während der Römerzeit verstärkte sich diese Entwicklung und nach dem Ende ihres Staates zerstreuten sich die Juden im ganzen Römischen Reich *(Diaspora)*. Nach dem Untergang Roms mussten sich die Juden in die entstehende europäische Staatenwelt einordnen. Das war oft problematisch, da sie sich in einer fremden Sprache verständigten, eine eigene Schrift verwendeten, abweichende Gebräuche hatten und eine andere Religion ausübten. So blieben sie meist Fremde und eine lediglich geduldete Minderheit. Besonders die christliche Kirche betrachtete die Juden mit Argwohn, da sie keine Religion neben dem Christentum dulden wollte und die

Nach der Zerstörung des Tempels in Jerusalem führte Kaiser Titus im Triumphzug den siebenarmigen Leuchter – das Wahrzeichen der Juden – mit. Noch heute geht kein frommer Jude durch den Titusbogen in Rom.

Juden

Heinrich Heine (1797–1856) zählt zu den großen deutschen Dichtern. Er entstammte einem jüdischen Elternhaus.

Ankunft jüdischer Einwanderer 1949 in Israel.

Juden als „Christusmörder" brandmarkte. Schon damals kam es vereinzelt zu Übergriffen und Ausweisungen von Juden.

Trotz mancher Verfolgungen hielten die Juden in ihrer Mehrzahl am jüdischen Glauben fest und verstanden sich als eigenständiges Volk. Anfangs konnten sie in ihren Gastländern noch jeden Beruf ausüben, wurden aber zunehmend in den Fernhandel und das den Christen verbotene Geldverleihgeschäft gedrängt.

Mit Beginn der Kreuzzüge im 12. Jh. mussten die Juden zunehmend um ihre Sicherheit fürchten. Bekehrungseifer christlicher Fanatiker, üble Verleumdungen, Unbehagen über die fremde Lebensart und Neid auf jüdischen Wohlstand führten in vielen europäischen Staaten zu blutigen Verfolgungen. Juden mussten nun einen spitzen Judenhut und einen gelben Fleck an der Kleidung tragen und in eigenen Stadtvierteln, den ➡ Gettos leben. Zudem besaß die jüdische Bevölkerung eine unsichere Rechtsposition, war oft nur geduldet und daher staatlicher Willkür ausgeliefert. Dieser vielfach rechtlose Zustand überdauerte das Mittelal-

Juden

ter und reichte bis in die Neuzeit. So kam es noch im 19. Jh. in Russland und anderen Staaten zu *Judenpogromen* (➡ Pogrom), d. h. Plünderungen und gewalttätigen Ausschreitungen gegenüber der jüdischen Bevölkerung. Vom Staat wurden solche Gewalttaten manchmal organisiert und oft schweigend gebilligt.

Erst Mitte des 19. Jh. erkannten die meisten europäischen Staaten die Juden als *Vollbürger* an (➡ Judenemanzipation). Jüdische Dichter und Musiker, Ärzte und Gelehrte, Bankiers und Kaufleute errangen Bedeutung und auch Wohlstand. Dagegen erhob sich eine neue Judenfeindschaft: der ➡ *Antisemitismus*. Seine Vertreter stellten die absurde Behauptung auf, die Juden seien eine „minderwertige Rasse", die bekämpft werden müsse. Für zahlreiche Missstände in Wirtschaft und Gesellschaft machten die *Antisemiten* nun erneut Juden verantwortlich und schürten dabei primitive Vorurteile.

Als Reaktion auf diese Hetze entstand mit dem ➡ *Zionismus* eine weltweite jüdische Bewegung, deren Anhänger sich nicht länger anpassen, sondern einen eigenen jüdischen Staat in *Palästina* gründen wollten. Die Gründung dieses Staates, der den biblischen Namen *Israel* erhielt, erfolgte am 15. Mai 1948.

Eines der schlimmsten Kapitel menschlicher Geschichte wurde nach dem Machtantritt der *Nationalsozialisten* 1933 in Deutschland aufgeschlagen. Als Folge der so genannten ➡ *Rassenlehre* wurde die jüdische Bevölkerung zwischen 1933 und 1945 verfolgt und millionenfach in Vernichtungslagern umgebracht (➡ Arier, Antisemitismus, „Endlösung der Judenfrage", Konzentrationslager, Nürnberger Gesetze, Reichskristallnacht).

Judenemanzipation
Befreiung der jüdischen Bevölkerung aus ihrer rechtlichen Ungleichheit und gesellschaftlichen Diskriminierung.

Zwar setzte die Judenemanzipation bereits in der ➡ Aufklärung ein, doch brachte erst die *Französische Revolution* den Juden Frankreichs das volle *Bürgerrecht* (1791). Obwohl auch andere europäische Länder Refor-

J

Julirevolution

„Die Freiheit führt das Volk an." Symbolisches Gemälde zur Revolution von 1830 von Eugène Delacroix.

men einleiteten (z. B. Preußen 1812), erfolgte die völlige Gleichberechtigung in den meisten Staaten erst nach 1850. Die gesellschaftliche Diskriminierung wirkte zumeist fort und hat sich vielfach bis heute erhalten.

Judenverfolgung
s. Antisemitismus, Arier, „Endlösung der Judenfrage", Getto, Nürnberger Gesetze, Reichskristallnacht

Julirevolution
Erhebung der Pariser Bevölkerung im Juli 1830, ausgelöst durch eine Politik der ➡ Restauration durch den Bourbonenkönig KARL X. Sie führte zum Sturz des Monarchen sowie zu revolutionären Erhebungen in anderen europäischen Staaten.

In Deutschland kam es zu revolutionärem Aufruhr 1830 im Herzogtum Braunschweig, wo der despotische Herzog KARL II. abgesetzt wurde. Andere revolutionäre Unruhen erfolgten in Kurhessen, Hessen-Darmstadt, Sachsen, Bayern und Hannover. Die Folge waren eine Reihe neuer konstitutioneller Verfassungen, doch behauptete schließlich erneut die Restauration das Feld.

Jungsteinzeit s. Steinzeit

Junta
(span. = Versammlung, Rat)
In den lateinamerikanischen Ländern Bezeichnung für eine Gruppe gewaltbereiter Putschisten, die durch einen Staatsstreich an die Macht gelangt ist (z. B. Militärjunta).

Kabinett

(frz. = kleines Zimmer)

Im ➡ Absolutismus ein kleiner Kreis vertrauter Ratgeber, die den Fürsten bei der Regierung des Landes unterstützten. Als offizielle Regierungsorgane bestanden daneben ein *Geheimer Rat* oder ein *Staatsrat*. Heute bezeichnet man die Gesamtheit der Minister einer Regierung als Kabinett.

Kabinettskrieg

Bezeichnung für einen Krieg, den absolutistische Herrscher nur im engsten Kreis des ➡ Kabinetts beschlossen und aus eigensüchtigen dynastischen Gründen führten. Die Interessen des Landes wurden dabei wenig beachtet.

Kaisertum

Die Herrscher des Römischen Reichs führten den Beinamen „CAESAR", aus dem unser Lehnwort „Kaiser" hervorging. Die Kaiserkrönung KARLS DES GROSSEN setzte diese Tradition im ➡ Abendland fort. Mit ihr verband sich die Idee eines geeinten christlichen Weltreichs, dessen Herrscher als Beauftragte Gottes regierten.

Als OTTO I. im Jahr 962 das Kaisertum erneuerte, ging der Kaisertitel auf die deutschen Könige über. Die Kaiserwürde war lange Zeit mit der Krönung durch den Papst in *Rom* verbunden. Diese Tradition endete 1508, als die deutschen Könige nach ihrer Wahl in *Frankfurt* und der Krönung in *Aachen* sogleich den Titel „Erwählter Römischer Kaiser" annahmen. Wahl- und Krönungsort wurde seit 1562 allein Frankfurt.

1806 legte FRANZ II., der letzte Kaiser des „Heiligen Römischen Reichs Deutscher Nation", unter dem Druck NAPOLEONS die Kaiserkrone nieder und nannte sich nur noch „Kaiser von Österreich".

Die Idee des Mittelalters, dass es nur *einen* Kaiser geben könne, der das Haupt der gesamten Christenheit sei, wurde damit endgültig aufgegeben. NAPOLEON nannte sich „Kaiser der Franzosen", die Zaren „Kaiser von Russland" und die britische Königin VIKTORIA nahm 1877 den Titel einer „Kaiserin von Indien" an.

Kalif

Bezeichnung der Nachfolger bzw. Stellvertreter (arab. = chalifa) des Propheten MOHAMMED. Der Kalif war geistliches Oberhaupt aller *Muslime* und weltlicher Herrscher des islamischen Reichs, das vom Atlantik im Westen bis zum Himalaya im Osten reichte (➡ Islam). Die Aufgabe der Kalifen bestand darin, Hüter des rechten Glaubens zu sein und seine Ausbreitung zu fördern.

Die ersten vier Kalifen nach dem Tod MOHAMMEDS waren unterschiedlicher Herkunft und regierten von 632–661 in der arabischen Stadt *Medina*. Nach ihnen erlangte die Kalifenwürde das Geschlecht der OMAJJADEN, die in *Damaskus* residierten. In einem blutigen Aufstand wurden sie im Jahr 750 durch die Herrscherfamilie der ABBASIDEN gestürzt, die ihre Residenz nach *Bagdad* verlegten.

Kaiser Otto III. (980–1002) mit den als Frauen personifizierten Ländern Deutschland, Frankreich, Italien und Slawenland.

Kaisertum

K

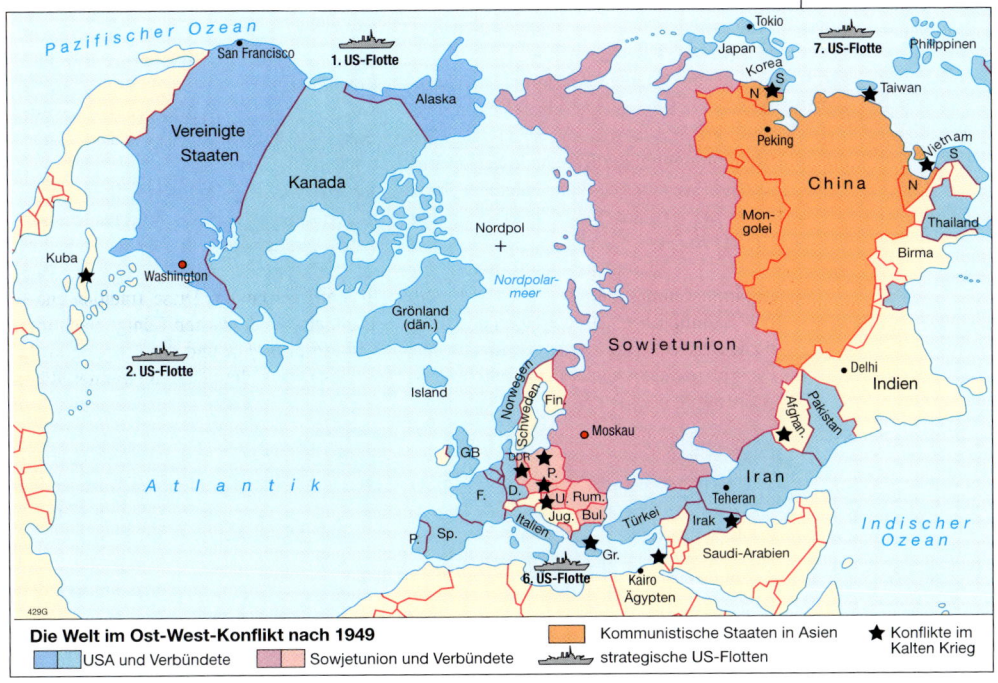

Die Welt im Ost-West-Konflikt nach 1949

USA und Verbündete | Sowjetunion und Verbündete | Kommunistische Staaten in Asien | strategische US-Flotten | ★ Konflikte im Kalten Krieg

In den folgenden Jahrhunderten machten sich große Teile des islamischen Reichs unter eigenen Herrschern selbstständig. Der Kalif blieb zwar geistliches Oberhaupt, doch schrumpfte sein weltlicher Herrschaftsbereich auf ein Gebiet zusammen, das ungefähr dem heutigen Irak entsprach. Mit der Eroberung durch die ➡ Mongolen 1258 erlosch das *Kalifat von Bagdad* und damit auch das äußere Symbol der Einheit des Islam.

Nach dem Untergang des Kalifats und der rechtmäßigen Abbasidendynastie beanspruchten Herrscher mehrerer islamischer Staaten die Kalifenwürde, doch fanden sie keine allgemeine Anerkennung. So nahmen die türkischen Sultane im Jahr 1460 den Kalifentitel an und führten ihn bis 1924. Seither gibt es in der islamischen Welt keine Kalifen mehr.

Kalter Krieg

Bezeichnung für die machtpolitische und ideologische Auseinandersetzung zwischen

den USA und der Sowjetunion nach dem 2. Weltkrieg. Der Kalte Krieg war eingebettet in den globalen *Ost-West-Konflikt,* in dem sich die Militärblöcke der ➡ NATO und des ➡ Warschauer Pakts gegenüberstanden.

Angesichts der Vernichtungskraft nuklearer Waffen vermieden die *Supermächte* eine direkte militärische Konfrontation. Stattdessen versuchten sie die Position des Gegners durch Militärbündnisse, Infiltration, Spionagetätigkeit und wirtschaftlichen Druck zu schwächen. An die Schwelle eines „heißen" Kriegs führten vor allem die ➡ Berliner Blockade (1948/49), der Koreakrieg (1950–53) und die Kubakrise (1962/63).

Nach 1963 ließen Entspannungsbemühungen den Kalten Krieg abklingen, doch führte erst der Zerfall des Ostblocks 1989/90 sein endgültiges Ende herbei.

Kapitalismus

Wirtschaftssystem, bei dem das Kapital unternehmerisch eingesetzt wird um hohe Gewinne zu erzielen. Angebot und Nachfrage

Kappsoldaten mit der kaiserlichen Reichskriegsflagge in Berlin 1920.

bestimmen den Verkaufspreis, der Staat enthält sich jeder Einflussnahme.

Für den ➡ Marxismus bzw. ➡ Kommunismus ist der Kapitalismus ein System profitorientierten Eigentums, das die Lohnarbeiter ausbeutet und ihre Verelendung bewirkt. Zentrale Bedeutung hat daher für KARL MARX das Produktivkapital, das alle *Produktionsmittel* wie Maschinen, Fabriken und sonstige Produktionsstätten umfasst. Sie gehören Privatpersonen – Unternehmern bzw. „Kapitalisten" –, denen die Lohnarbeiter als ➡ *Proletariat* gegenüberstehen. Nur der ➡ *Klassenkampf* kann nach MARX ihre Ausbeutung beenden.

Kapp-Putsch

Umsturzversuch rechtsradikaler Politiker um WOLFGANG KAPP und unzufriedener Armeeteile um General v. LÜTTWITZ. Am 13.3. 1920 besetzte die Marinebrigade Ehrhardt das Berliner Regierungsviertel und rief Kapp zum Reichskanzler aus. Das Kabinett floh nach Stuttgart. Mangelnde Unterstützung seitens der Reichswehr, die loyale Beamtenschaft sowie ein von den Gewerkschaften ausgerufener Generalstreik ließen den Umsturzversuch nach wenigen Tagen scheitern.

Kardinal

In der katholischen Kirche der höchste Würdenträger nach dem Papst. Die Kardinäle werden ausschließlich vom Papst ernannt und sind seine wichtigsten Mitarbeiter und Berater bei der Leitung der Weltkirche. Während die Zahl der Kardinäle früher auf 70 festgelegt war, wird sie seit 1958 überschritten, um Vertreter aller Erdteile ins Kardinalkollegium aufnehmen zu können. Durch eine Altersgrenze erlischt die Amtsgewalt der Kardinäle mit 80 Jahren.

Das wichtigste Recht der Kardinäle besteht in der Papstwahl. Hierzu versammeln sie sich in einem von der Außenwelt abgeschlossenen Raum *(Konklave),* wo sie so lange beraten, bis einer zwei Drittel aller abgegebenen Stimmen erhält.

Zum Zeichen ihrer herausragenden Stellung tragen Kardinäle eine besondere Tracht (z. B. roter Kardinalshut, purpurne Kleidung),

Kapp-Putsch

führen ein Wappen und genießen in Italien bestimmte Vorrechte.

Karlsbader Beschlüsse

Die auf den Karlsbader Ministerkonferenzen 1819 beschlossenen Maßnahmen gegen nationale und liberale Bewegungen (➡ Liberalismus). Anlass war die Ermordung des reaktionären Dichters VON KOTZEBUE. An den Beschlüssen, die auf Initiative METTERNICHS zu Stande kamen, wirkten Österreich, Preußen sowie acht weitere deutsche Staaten mit.

Karolinger

Fränkisches Herrscher- und Königsgeschlecht aus dem Maas- und Moselgebiet, das nach seinem bedeutendsten Mitglied, KARL DEM GROSSEN, benannt ist.

Als die Macht der ➡ Merowinger im 7. Jh. schwand und das Frankenreich von Auflösung bedroht war, begann mit PIPPIN II. der Aufstieg der KAROLINGER. Er setzte sich 687 in allen Reichsteilen als ➡ *Hausmeier* gegen seine Rivalen durch und vererbte dies Amt an seinen Sohn KARL MARTELL. Der besiegte die aus Spanien heranstürmenden *Araber* im Jahr 732 in der Schlacht bei *Poitiers* und sicherte so das Reich. Die Königswürde er-

K

Das Bild Karls des
Großen aus der Silber-
münze ist dem Gesicht
der Reiterstatuette aus
Bronze verblüffend
ähnlich. Erst über vier-
hundert Jahre später
haben sich mittelalterli-
che Herrscher wieder
so naturgetreu wieder-
geben lassen.

langte 751 PIPPIN III., der den letzten Merowinger mit Zustimmung des Papstes absetz-
te und in ein Kloster verbannte.
Unter Pippins Sohn KARL DEM GROSSEN erreichte das Frankenreich seinen Höhepunkt
und seine größte Ausdehnung. Im Jahr 800
wurde KARL vom Papst in Rom zum *Kaiser*
gekrönt, womit sich die Idee eines geeinten
christlichen Weltreichs verband. Unter Karls
Nachfolger LUDWIG DEM FROMMEN (reg.
814–840) begann der Zerfall des Frankenreichs. Die Söhne LUDWIGS teilten sich in
mehrere Linien, die einander bekämpften.
843 kam es zum ➡ Vertrag von Verdun, der
das Reich in drei Reichshälften teilte. KARL
DER KAHLE erhielt den Westen, LUDWIG DER
DEUTSCHE den Osten und LOTHAR I., bei dem
die Kaiserwürde blieb, ein schmales Mittel-
reich.
Innere Konflikte und äußere Feinde wie ➡
Wikinger, Ungarn und Araber ließen die
Reichseinheit zerfallen. Mit LUDWIG DEM
KIND starben die Karolinger im Jahr 911 zunächst im *Ostfränkischen Reich*, dem späte-

ren Deutschen Reich aus; im *Westfränki-
schen Reich*, aus dem später Frankreich hervorging, starb 987 der letzte Karolinger.

Karolingische Renaissance
Mit dem Untergang des Weströmischen
Reichs im 5. Jh. verließen die meisten Römer
– so z. B. Beamte, Kaufleute, Gutsbesitzer,
Soldaten – die Provinzen und kehrten in ihre Heimat zurück. Die Römerstädte an
Rhein und Donau verödeten, römische Guts-
höfe verschwanden, Straßen und Brücken
zerfielen. Der Untergang der römischen Zivilisation führte bei den germanischen Völkern zu einem Niedergang des Wissens und
der Kultur und bewirkte einen Rückfall in
barbarische Verhältnisse. Um diesen Prozess
aufzuhalten fassten KARL DER GROSSE und
seine Berater den Plan, die Bildung im *Frankenreich zu* heben und alle Bereiche des
Wissens und der Kunst zu erneuern. Um
dies Ziel zu erreichen griffen sie ganz bewusst auf Werke der römischen ➡ *Antike*
zurück, die bei diesem Vorhaben als Vorbild
dienen sollte.
Mittelpunkt der Bildungsreform, die vor allem von Geistlichen getragen wurde, war
der königliche Hof des Frankenreichs. An
ihn berief KARL DER GROSSE berühmte Gelehrte wie ALKUIN oder EINHARD, sodass
sich die ➡ Hofkapelle zu einem Zentrum
der Gelehrsamkeit entwickelte. Zu ihren Leistungen zählten: eine Reform der Schrift *(karolingische Minuskel)*, die Rückwendung
zum klassischen Latein, eine Wiederbelebung der Dichtung und Geschichtsschreibung, die Erneuerung des Gottesdienstes
und der Liturgie, die Einführung der Regel
des hl. BENEDIKT im Klosterleben und
schließlich eine erneuerte Fassung der Bibel.
In die zahlreichen lateinischen Bibelabschrif-
ten hatten sich im Lauf der Zeit Fehler ein-
geschlichen, die manche Bibeltexte völlig
entstellten.
Der karolingischen Renaissance ist es zu
verdanken, dass viele literarische Werke der
Antike nicht vernichtet wurden, sondern der
Nachwelt erhalten blieben.
Nach dem Tod KARLS DES GROSSEN verlager-
te sich das literarische Schaffen stärker auf

Kaiser Lothar I.
(795–855)

Rekonstruiertes Nord-
tor des Limeskastells
Weißenburg.

Kastell

die Klöster, die ihre *Bibliotheken* und *Schreibschulen* nach dem Vorbild der Hofkapelle einrichteten.

Kartell

Zusammenschluss rechtlich selbstständig bleibender Unternehmen mit dem Ziel den Markt zu beherrschen. Die Kartellabsprachen beziehen sich auf Preise, Absatzhöchstmengen oder die Aufteilung von Absatzgebieten.

Karthago

(phönikisch Kart-Hadascht = Neue Stadt)
Die Bedeutung des Namens rührt daher, dass Karthago um 800 v. Chr. von der phönikischen Stadt *Tyros* gegründet wurde. Ein geschützter Hafen, das fruchtbare Hinterland sowie die strategisch günstige Lage am engsten Teil des Mittelmeers ließen Karthago zur bedeutendsten Handelsstadt des Altertums aufsteigen. Dank seiner großen Seemacht hatte es bald die Küsten Nordafrikas, Sardiniens, Westsiziliens und Spaniens erobert und beherrschte mit seiner Flotte das westliche Mittelmeer.
Karthagos Reichtum rührte jedoch nicht von Eroberungen her, sondern beruhte auf ei-

nem ausgedehnten Handel. Die Handelsschiffe der Stadt durchkreuzten das ganze Mittelmeer und fuhren sogar bis Britannien, wo das seltene Zinn aus Cornwall geladen wurde.
Zu *Rom* unterhielt Karthago lange Zeit gute Beziehungen, die sogar durch Freundschaftsverträge bestätigt wurden. Eine Wende brachte erst der Zusammenstoß beider Mächte auf *Sizilien* im Jahr 264 v. Chr., der zu den → Punischen Kriegen und 146 v. Chr. zur Vernichtung Karthagos führte. 44 v. Chr. gründeten die Römer an gleicher Stelle eine Kolonie, die den selben Namen führte.

Kastell

Befestigtes Truppenlager an römischen Grenzabschnitten wie dem germanischen → Limes oder dem Hadrianswall in Britannien.
Die römischen Kastelle wurden meist nach einem einheitlichen Bauplan errichtet. Sie bildeten einen rechteckigen oder quadratischen Grundriss und waren von einem Wall und einer zinnengekrönten Mauer umgeben. An allen vier Seiten befanden sich Tore, die im Innern des Kastells durch zwei Straßenachsen verbunden waren. An ihrem Schnitt-

Rekonstruierter Limes-
Wachturm bei Rhein-
brohl.

punkt lag das Stabsgebäude, das als Verwaltungssitz und Kultzentrum (Heiligtum für die Feldzeichen der Truppe) diente. Die am Stabsgebäude (*principia*) vorbeiführende Hauptstraße hieß *via principalis,* während an der *via praetoria* der Wohnsitz des Lagerkommandanten – das *Prätorium* – lag. Den übrigen Raum nahmen die Kasernenbaracken der Soldaten, ein Lagerspital sowie Wirtschafts- und Speichergebäude ein. Die *Thermen,* auf welche die Römer auch in abgelegensten Gebieten nicht verzichten wollten, lagen außerhalb des Kastells.

In unmittelbarer Nähe der Limeskastelle entstanden oft Lagerdörfer, welche bei den Römern *vicus* hießen. Hier lebten Angehörige der Militärs sowie Gewerbetreibende, in deren Läden und Schankwirtschaften die Soldaten ihren Sold lassen konnten. Viele dieser Siedlungen überdauerten die Zeiten und bestehen bis heute fort.

Die Kastelle, deren Besatzung etwa 300–500 Mann umfasste, lagen unmittelbar hinter der Grenzlinie des Limes und hatten Schutz- und Kontrollfunktionen. Feindliche Aktivitäten ansässiger Stämme wurden über eine Kette von Wachttürmen, die am Limes in Sichtweite standen, benachbarten Kastellen übermittelt.

Während die zahlreichen Kastelle direkt an den Reichsgrenzen eher bescheidene Ausmaße erreichten, bedeckten große *Legionslager* wie Mogontiacum (Mainz) oder Castra Regina (Regensburg) eine große Fläche und bildeten oft den Kristallisationspunkt späterer Städte.

Katakomben

Unterirdische Begräbnisstätten der frühen römischen Christen, die vom 2.–4. Jh. in Betrieb waren. Es handelt sich um ein labyrinthartiges System von Gängen, Treppenschächten und Kammern, die stellenweise in mehreren Stockwerken übereinander liegen. Die Toten ruhen in Grabnischen der Seitenwände, die mit Platten verschlossen wurden. Inschriften nennen den Namen der Toten, ferner wurden in den Putz kleine Erinnerungsgaben wie Münzen, Bronzefigürchen oder Goldgläser eingedrückt. Einige größere Räume dienten zum Abhalten der Totenmahle, während Gemeindegottesdienste wohl nur in Zeiten der Verfolgung gefeiert wurden. Bedeutend sind die Wand- und Deckenmalereien, die eine Hauptquelle der frühchristlichen Kirchengeschichte sind. Seit dem 10. Jh. gerieten Roms Katakomben in Verfall und Vergessenheit und wurden

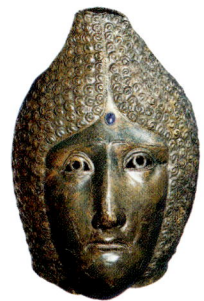

Gesichtsmaske einer Paraderüstung aus dem Kastell Abusina, dem heutigen Eining (Bayern).

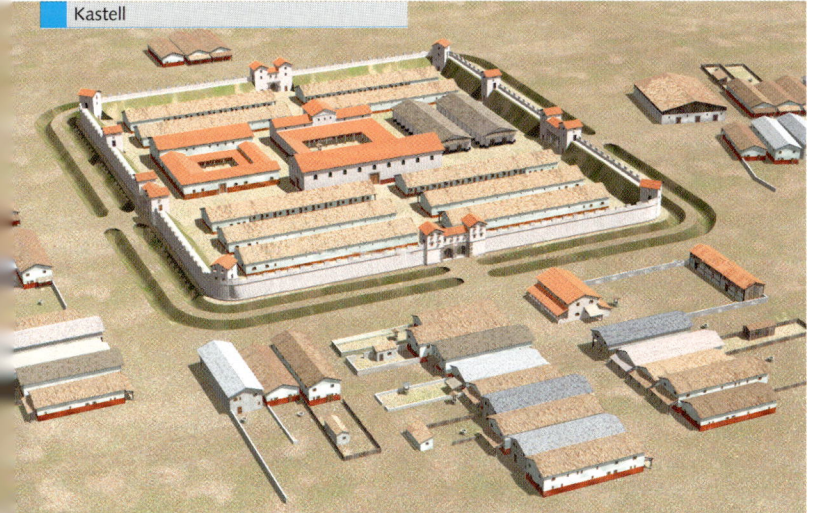

Kastell

Computeranimation eines Kastells mit dem Lagerdorf.

Blick in einen der oft kilometerlangen Gänge der Katakomben mit ihren Grabnischen (Calixtus-Katakombe, Rom).

Katakomben

Katakomben

Jesus als „Guter Hirte", Calixtus-Katakombe.

erst seit dem 16. Jh. wiederentdeckt. Die Erforschung der Gänge, deren Gesamtlänge auf etwa 150 km geschätzt wird, ist noch immer nicht abgeschlossen.

Katarakt

Stromschnelle oder Wasserfall. Bekannt sind besonders die sechs Stromschnellen des Nils *(Nilkatarakte),* die der Fluss auf seinen letzten 2.700 km bis zum Mündungsdelta durchläuft. Beim 1. Katarakt nahe *Assuan* ist der Fluss durch einen Damm zum Nasser-Stausee aufgestaut. Der See ist 500 km lang, 10 km breit und hat eine Staukapazität von 165 Mrd. m³.

Kathedrale

(griech. kathedra = Stuhl, Sitz)
Bezeichnung für die Bischofskirche, d.h. die Hauptkirche eines katholischen Bistums. Dort befindet sich auch der meist reich verzierte Stuhl des Bischofs, den er während des Gottesdienstes benutzt und der der Kirche den Namen gab. In Deutschland und Italien ist statt der Bezeichnung „Kathedrale" meist der Name „Dom" (von lat. domus = Haus) üblich.

Kellogg-Pakt

Von 15 Staaten am 27. 8. 1928 in Paris unterzeichneter Vertrag zur Ächtung des Krieges. Signatarstaaten waren unter anderem Deutschland, Frankreich, Großbritannien, die USA, Italien und Japan. Vorgeschlagen hatte das Abkommen der amerikanische Außenminister FRANK KELLOGG auf Anregung seines französischen Amtskollegen ARISTIDE BRIAND. Die Vertragspartner verurteilten den „Krieg als Mittel zur Lösung internationaler Streitfälle" und versprachen auf ihn „als Werkzeug internationaler Politik in ihren gegenseitigen Beziehungen" zu verzichten. Das Recht auf Selbstverteidigung gegenüber feindlicher Aggression blieb davon unberührt. Bis 1939 waren dem Pakt 63 Staaten (im September 1928 die UdSSR) beigetreten. Die Rechtsprechung des internationalen alliierten Gerichtshofs in Nürnberg stützte sich nach dem Zweiten Weltkrieg bei Feststellung der Strafbarkeit von Angriffskriegen auf den Kellogg-Pakt.

Kelten

Volksstamm, der zwischen 800 v. Chr. und Christi Geburt weite Teile Mitteleuropas beherrschte und bis nach Spanien, England, Italien und auf die Balkanhalbinsel vordrang. Das Ursprungsgebiet erstreckte sich über Ostfrankreich, Süddeutschland und Böhmen. Metallverarbeitung und Kunsthandwerk standen bei ihnen in hoher Blüte. Wohnorte der Kelten waren befestigte Siedlungen, die meist auf Bergeshöhen lagen. Solche *Höhensiedlungen* waren zugleich *Fürstensitze,* wie kostbar ausgestattete Fürstengräber beweisen. Hochgestellte Persönlichkeiten wurden in prunkvollen ➡ Hügelgräbern beigesetzt, die oft ein hölzernes Totenhaus enthielten, in das der Leichnam samt reichen Beigaben gelegt wurde. Zum Teil war es Sitte, den toten Keltenfürsten zusammen mit seinem Prunkwagen zu bestatten und Rüstungen, Schwerter und Schmuck beizugeben. In solchen Gräbern fand man auch kunstvoll geschmiedete Behälter, die

Speisen und Getränke für das Leben im Jenseits enthielten.

Besonders in der Schmiedekunst brachten es die Kelten zu großer Fertigkeit und ihre Produkte waren in ganz Europa begehrt. So z. B. lange eiserne Hiebschwerter, Lanzen mit eisernen Spitzen, zweirädrige Streitwagen, Langschilde mit Buckelbeschlägen, Eisenhelme mit kunstvollen Gold- oder Bronzeverzierungen. Daneben wurden Metall- und Luxusgegenstände mit fantasievollen Tier- und Pflanzenelementen sowie Schmuck in Form von Hals- und Armringen, Gürtelketten oder Fibeln hergestellt.

Obwohl die Welt der Kelten sprachlich und kulturell eine Einheit bildete, hat es ein politisches Zusammengehörigkeitsgefühl nicht oder nur ansatzweise gegeben. Jeder Stamm bildete eine eigene militärische, politische und soziale Einheit, sodass es zu einem geschlossenen Staatswesen nie kam. Die meisten Stämme waren zudem untereinander zerstritten und rafften sich nur selten zu gemeinsamen Aktionen gegen fremde Invaso-

Kelten

Keltischer Halsring aus versilbertem Eisen (2. Jahrhundert v. Chr.).

K

ren auf. Lediglich die Priesterkaste der ➡ Druiden, die über große Macht verfügte, bildete ein lockeres Band der Einheit.

Das stete Vordringen der Römer und Germanen vernichtete die Macht der Kelten, die bis zur Zeitenwende an den Westrand Europas zurückgedrängt wurden.

Reste des keltischen Volkstums finden sich heute noch in *Irland, Wales* und der *Bretagne.*

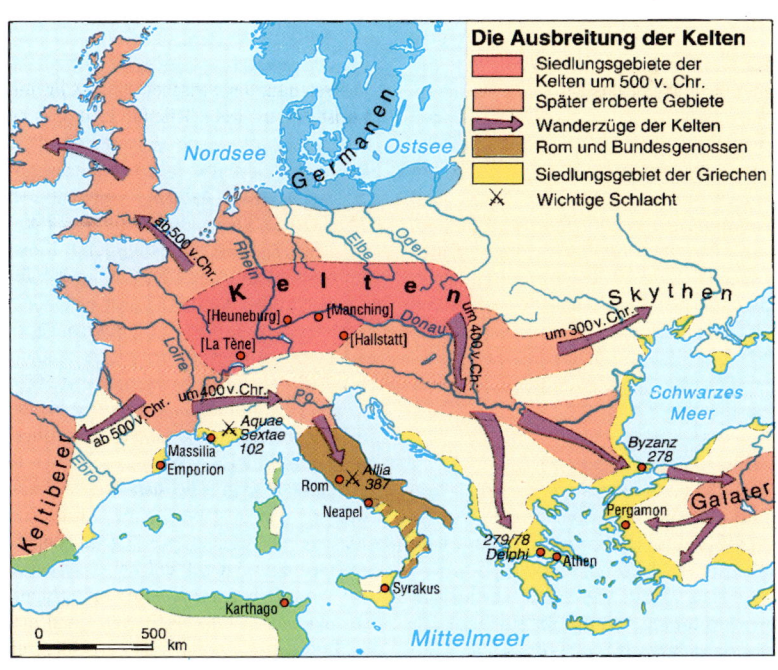

Die Ausbreitung der Kelten

Siedlungsgebiete der Kelten um 500 v. Chr.

Später eroberte Gebiete

Wanderzüge der Kelten

Rom und Bundesgenossen

Siedlungsgebiet der Griechen

✕ Wichtige Schlacht

Nordsee

Ostsee

Germanen

Schwarzes Meer

K e l t e n

S k y t h e n

[Heuneburg] [Manching] Donau um 300 v. Chr.

[La Tène] [Hallstatt]

ab 500 v. Chr.

Rhein

Elbe

Oder

Loire

um 400 v. Chr.

um 400 v. Chr.

Po

ab 500 v. Chr.

Ebro

Keltiberer

Massilia
Emporion

Aquae
Sextae
102

Allia
387

Rom

Neapel

Byzanz
278

Pergamon

Galater

279/78
Delphi Athen

Karthago

Syrakus

0 500 km

Mittelmeer

Ketzer

Menschen, die der amtlichen Kirchenlehre widersprechen. Die → Inquisition verfolgt sie. Der Begriff leitet sich von den *Katharern* (→ Albigenser) ab, die im 12. Jh. besonders in Südfrankreich die Lehre der römischen Kirche und deren Machtapparat (Hierarchie) bekämpften.

Keynianismus

Theorie des Wirtschaftswissenschaftlers JOHN MAYNARD KEYNES (1883–1946) über die Ursachen der Arbeitslosigkeit. Danach reichen die freien Kräfte des Marktes allein nicht aus, um eine hohe Arbeitslosenquote in sozial vertretbaren Zeiträumen zu senken. Da KEYNES als Ursache der Arbeitslosigkeit die mangelnde Nachfrage von Haushalten und Unternehmen ansieht, empfiehlt er eine Belebung durch staatliche Investitionsprogramme und Förderhilfen. KEYNES Theorie ist bis heute aktuell und eine Grundlage der Wirtschaftspolitik in Marktwirtschaften. Gefahren liegen bei diesem Konzept in wachsenden Inflationserscheinungen und einer hohen Staatsverschuldung.

Kirchenbann

Der Bann ist das Recht des Herrschers etwas unter Androhung von Strafe zu gebieten oder zu verbieten. Der Kirchenbann ist die vom Papst verhängte Kirchenstrafe gegen → Ketzerei und schwere Sünden. Er bedeutet Ausschluss von den Sakramenten (Exkommunikation) und damit Ausschluss aus der Gemeinschaft der Gläubigen. Der Bann kann durch Buße des reuigen Sünders aufgehoben werden. Der Kirchenbann war ein wichtiges Mittel im politischen Kampf des Papstes gegen die weltliche Macht (→ Investiturstreit).

Kirchenreform

Um das Jahr 1000 führte der moralische Verfall der Kirche und vieler Klöster zu einer Gegenbewegung, die zur ursprünglichen Reinheit des Glaubens zurückkehren wollte. Diese Reformkräfte waren auch unzufrieden mit dem Einfluss von Laien im religiösen Leben und strebten Veränderungen an.

Von der Benediktinerabtei → Cluny in Burgund/Frankreich ging die Kirchenreform aus und gewann durch hervorragende Äbte und zahlreiche Tochterklöster in ganz Europa starken Einfluss.

Kirchenstaat

Das weltliche Herrschaftsgebiet des Papstes in Mittelitalien bis zu seiner Eingliederung in den italienischen Staat 1870.

Der Kirchenstaat geht zurück auf ausgedehnten Grundbesitz, den die römische Kirche seit dem 4. Jh. durch Kauf und Schenkung erwarb. Dieses Gebiet hieß auch PATRIMONIUM PETRI, was so viel wie „Vermächtnis des hl. Petrus" heißt; denn die Päpste betrachteten sich als Nachfolger des Apostels PETRUS. Das Vordringen der → Langobarden in Italien veranlasste Papst STEPHAN II. (752–75), das Frankenreich um Hilfe zu bitten. Dafür musste er die Krönung des Hausmeiers PIPPIN zum Frankenkönig wiederholen und die Familie der → KAROLINGER zur Königsdynastie erheben. Als Gegenleistung sagte PIPPIN militärische Hilfe gegen die Langobarden zu und versprach dem Papst große Gebiete in Mittelitalien: Ein breiter Gebietsstreifen, der von Rom bis Bologna reichte, sollte künftig päpstlicher Herrschaft unterstehen.

Diese Gebietsübertragung, die im Jahr 754 beurkundet wurde, bezeichnen Historiker als *„Pippinsche Schenkung"*. Sie gilt als Grundlage des Kirchenstaats.

Da er wirtschaftlich rückständig und politisch ohnmächtig blieb, war der Kirchenstaat vom Wohlwollen der Großmächte abhängig, die Italiens Geschicke bestimmten. Am Ende der napoleonischen Zeit verschwand der Kirchenstaat, wurde aber durch den → Wiener Kongress 1815 erneut errichtet. 1860 wurde er vom italienischen Nationalstaat auf ein kleines Gebiet beschränkt und ging trotz päpstlicher Proteste 1870 völlig in Italien auf.

Erst 1929 erhielt der Papst in den *Lateranverträgen* mit dem italienischen Staat die volle Souveränität über ein kleines päpstliches Territorium innerhalb der Stadt Rom: den *Vatikanstaat*.

usw.) verfügt. Daraus resultiert ein Klassenkampf, der schließlich zur „Proletarischen
Revolution" führt und mit dem Sieg des Proletariats endet („Diktatur des   Proletariats").
Nach Überführung aller Produktionsmittel
in Gemeineigentum, entsteht nach der
Übergangsphase des ➡ *Sozialismus* allmählich die klassenlose Gesellschaft des ➡
Kommunismus.

Karl Marx und Frie-
drich Engels auf einer
Briefmarke der DDR.

Klassik

Bezeichnung für die griechische Kunst der
➡ *Antike* (= Altertum), die von den Menschen späterer Epochen als vorbildlich ange-
sehen wurde. Schon die Römer respektierten in diesem Sinn die griechische Kunst
und Literatur, was sich vor allem seit der
Zeit der ➡ *Renaissance* (15. Jh.) in Europa
fortsetzte. Etwa zwischen 1770–1830 entstand ein Baustil, der antike Schmuckfor-
men wie Tempelfriese oder Säulenreihen in
seine Bauten einbezog. Wegen seiner starken Anlehnung an die Klassik bezeichnet
man diesen Stil, der auch die Bildhauerei
und Malerei erfasste, als *Klassizismus.* Das
Brandenburger Tor oder die *Neue Wache* in
Berlin sind gute Beispiele dafür.

Der Parthenon in
Athen, Tempel der
Stadtgöttin Athene,
wurde im 5. Jh. v. Chr.
auf der Akropolis er-
richtet.

Klassen(kampf)

Gesellschaftliche Gruppen innerhalb einer
Sozialordnung, deren Stellung durch Vermögen, Bildungsgrad und gesellschaftliches Bewusstsein gekennzeichnet ist. Die folgen-
reichste Klassentheorie entwickelte der *Marxismus.* Hiernach beutet die herrschende
Klasse der ➡ Bourgeoisie die Arbeiterklasse
– das ➡ Proletariat – aus, weil sie über die
Produktionsmittel (Maschinen, Fabriken

Klassik

Klassizismus
s. *Klassik*

Kleindeutsch
s. *Großdeutsch*

Kleriker
Die Gesamtheit der katholischen Geistlichen, die mit der Weihe zum Diakon in den Stand des Klerus eintreten. Jeder Kleriker ist zum *Zölibat,* d. h. zur Ehelosigkeit und zum *Gehorsam* gegenüber seinen kirchlichen Oberen verpflichtet.

Klient
Die meisten Römer waren in republikanischer Zeit *Klienten* (Schutzbefohlene) eines einflussreichen adligen *Patrons* (Schutzherr). Sie unterstützten dessen politische Absichten, traten bei Wahlen für ihn ein und bildeten seine Anhängerschaft. Für diese Treue schuldete der Patron dem Klienten Schutz und Hilfe in allen Nöten und vertrat seine Interessen vor Gericht. Dieses Schutz- und Treueverhältnis *(Klientel)* stützte den Einfluss adliger Politiker und brachte armen Bürgern manche Vorteile.

Kloster
(lat. claustrum = abgeschlossen)
Durch eine Mauer von der Welt abgetrennter Lebensraum von Mönchen oder Nonnen. Sie haben das Gelübde abgelegt in Armut, Gehorsam und Ehelosigkeit ihr Leben im Dienst Gottes zu führen. Die Leitung des Klosters hat ein ➡ Abt oder Prior.
     BENEDIKT VON NURSIA gab um 530 den zahlreichen abendländischen Klöstern einen klaren Aufbau und

strenge Regeln, die jahrhundertelang gültig blieben (vgl. auch ➡ Orden).

Knappe

Junger Mann, der etwa vom 14. Lebensjahr an im Dienst eines ➡ *Ritters* stand, wo er eine ritterliche Ausbildung erhielt. Er bekam eine Lanze, ein Kurzschwert sowie einen Schild mit Wappen und hatte sich von nun an stets in unmittelbarer Nähe seines ritterlichen Lehrmeisters aufzuhalten. Auch im blutigsten Scharmützel durfte er nicht von dessen Seite weichen und musste ihn, falls er in Bedrängnis geriet, aus einem feindlichen Haufen heraushauen.

Am Ende seiner Ausbildung musste der Knappe folgende Fertigkeiten beherrschen: reiten, jagen, mit Armbrust und Bogen schießen, fechten, Zweikampf mit Schwert und Lanze, gutes Benehmen bei Hofe und bei Tisch. Ferner erwartete man von ihm, dass er beim Laufen, Schwimmen, Klettern und Springen flink und behende sei. War ein Knappe derart sportlich gestählt, kriegerisch ausgebildet und in den höfischen Sitten unterwiesen, galt er als reif für den ➡ *Ritterschlag.* Der erfolgte meist im 21. Lebensjahr, doch war das Alter nicht bindend. Der ritterliche Lehrherr allein bestimmte, ob der Knappe reif für den Beruf des Ritters sei.

Koexistenz

Auf dem XX. Parteitag der KPdSU proklamierte CHRUSCHTSCHOW die „Friedliche Koexistenz" von Staaten unterschiedlicher Gesellschaftsordnung als Leitlinie sowjetischer Außenpolitik. Die weltweite Auseinandersetzung zwischen ➡ Sozialismus und ➡ Kapitalismus sollte künftig auf wirtschaftlicher und sozialer Ebene ausgetragen, der ideolo-

K

Hansekogge   Kogge

war ein Ergebnis der ➡ Kollektivierung und entstand durch Zusammenschluss bäuerlicher Einzelbetriebe unter Aufgabe des Privateigentums an Land und Produktionsmitteln. Jeder Kolchosbauer durfte daneben ein Stück Hofland bis 0,5 ha in privater Regie bewirtschaften.

Kollegialität

(lat. collega = Amtsgenosse)
Neben der ➡ Annuität Verfassungsgrundsatz der römischen Republik, wonach öffentliche Ämter bzw. ➡ Magistrate mit mehreren gleichberechtigten Trägern besetzt werden mussten. Motiv für die zumindest doppelte Ämterbesetzung war das Bedürfnis, die Macht der Amtsinhaber durch gegenseitige Kontrolle zu beschränken.

Kollektivierung

Bezeichnung für die Überführung von Produktionsmitteln – vor allem landwirtschaftlicher Privatbesitz – in genossenschaftlich bewirtschaftetes *Gemeineigentum.* Die Kollektivierung der sowjetischen Landwirtschaft erfolgte vor allem nach 1927 unter STALIN und zwar zumeist gewaltsam als *Zwangskollektivierung.* Die so entstandenen Betriebe nennt man ➡ Kolchosen.

gische Kampf jedoch fortgesetzt werden. Diese Politik führte allmählich zu einer Entspannung im sowjetisch-amerikanischen Dialog.

Kogge

Dickbauchiger, hochbordiger Schiffstyp der ➡ *Hanse,* der vom 13–15. Jh. Verwendung fand. Die Kogge war etwa 30 m lang, 8 m breit und bot Laderaum für bis zu 300 t. Die Schiffe hatten eine einfache Takelung und benötigten daher nur eine geringe Mannschaftsstärke. Später wurden Koggen auch mit Armbrust- und Bogenschützen bemannt sowie Kanonen bestückt und fanden Verwendung als Kriegsschiffe.
Da die Schiffe im Lauf der Zeit immer größer und teurer wurden, konnte ein einzelner Schiffsherr den Bau und Unterhalt nicht mehr finanzieren. So fanden sich mehrere Kaufleute zusammen, die als Reedergenossenschaft ein Schiff betrieben. Auf der Leistungsfähigkeit dieser breitbauchigen Fahrzeuge beruhte zum großen Teil der Erfolg der Hansekaufleute und die Ostseestädte haben nach dem Vorbild *Lübecks* die Kogge als Emblem in ihre Stadtsiegel gesetzt.

Kolchose

Landwirtschaftlicher Großbetrieb in der Sowjetunion auf genossenschaftlicher Basis. Er

Kolonen

Ursprünglich waren Kolonen freie römische Bauern, die von Großgrundbesitzern ein Stück Land gepachtet hatten. In der späten römischen Kaiserzeit verloren sie zunehmend ihre Selbstständigkeit, wurden durch Gesetze erblich an das Land gebunden und in ihren Rechten gegenüber den Grundherren eingeschränkt.
Mit diesen Maßnahmen wollte der Staat die Landflucht verhindern, die Bebauung des Landes erzwingen und regelmäßige Steuerzahlungen sicherstellen. Angesiedelt waren die Kolonen besonders auf den kaiserlichen Domänen und den riesigen Ländereien (➡ Latifundien) privater Großgrundbesitzer.

Kolonialismus

Eroberung meist überseeischer Gebiete durch einen militärisch überlegenen Staat.

Der neuzeitliche Kolonialismus setzte im 16. Jh. ein und erreichte in der Phase des ➡ Imperialismus zwischen 1880 und 1914 einen weiteren Höhepunkt. Der moderne Kolonialismus verfolgt vor allem militärische und wirtschaftliche Ziele.

Kolonie

Ein abhängiges Gebiet in Übersee. Mit den Entdeckungen und Eroberungen der Neuzeit begann um 1500 das *Kolonialzeitalter.* Spanien, Großbritannien, Portugal, Frankreich, die Niederlande und andere europäische Staaten

den Abschluss ungleicher Verträge (➡ Opiumkrieg), in denen einheimische Staaten oder Herrscher zur Preisgabe ihrer Unabhängigkeit gezwungen wurden.

Ausgeübt wurde die Kolonialherrschaft durch zentrale Behörden wie z. B. einem *Kolonialministerium,* das Regierungsbeamte unter der Leitung von *Gouverneuren* in die Kolonien entsandte. Die untere Verwaltungsebene war zumeist mit Einheimischen besetzt.

besetzten dank ihrer überlegenen Waffen überseeische Gebiete auf allen Kontinenten. Sie unterwarfen die einheimische Bevölkerung, besiedelten das Land und beuteten es wirtschaftlich aus. Oft erfolgte die Landnahme auch im Staatsauftrag durch Privatleute oder private Unternehmen (z. B. die englische *Ostindienkompanie),* denen die Staatsgewalt des Mutterlandes alsbald folgte. Vielfach erfolgte die Besitznahme auch durch

Im 20. Jh. bildete sich in den Kolonien zunehmender Widerstand gegen die europäischen Kolonialherren. Es kam zu Aufständen, Guerillabewegungen, passivem Widerstand oder zu gewaltfreien Aktionen wie unter GANDHI in Indien. Zudem bewirkten die beiden Weltkriege einen erheblichen Machtverlust der europäischen Mächte, der

Deckengemälde im Haus der Ostindischen Kompanie in London. Britannia sitzt auf einem Felsen, während ihr die Kolonien Gaben reichen: Seide, Porzellan, Tee, Perlen und Juwelen.

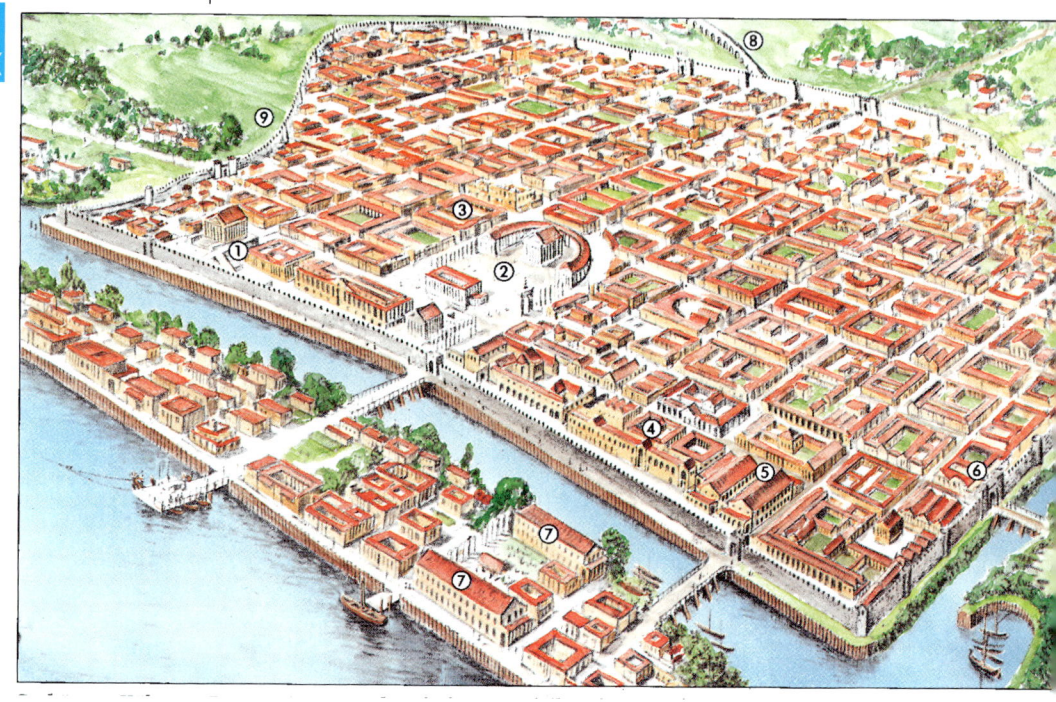

Zu den wichtigsten römischen Kolonien in Germanien zählte die Colonia Agrippina, das heutige Köln (Rekonstruktionszeichnung). ① Kapitol, ② Forum, ③ Thermen, ④ Prätorium, ⑤ Getreidespeicher, ⑥ Nordtor, ⑦ Lagerhallen, ⑧ Äquädukt, ⑨ Stadtmauer.

nach 1945 zur Auflösung der Kolonialreiche führte (➡ *Entkolonialisierung*).

Kolonisation

(lat. colonia = Ansiedlung)
Im Altertum kolonisierten besonders *Phöniker, Griechen* und *Römer* durch Neugründung von Städten oder Handelsstützpunkten in fremden Gebieten.

Zu den frühesten Kolonisatoren zählten die ➡ *Phönizier* (Phöniker), deren Heimatland *Phönizien* sich ungefähr mit dem heutigen *Libanon* deckt. Als reines Seefahrervolk, das besonders am Handel interessiert war, gründeten sie zwischen dem 11. und 8. Jh. v. Chr. zahlreiche Handelsstützpunkte an den Küsten des Mittelmeers. Einige dieser Handelskolonien wurden zu Städten, die noch heute existieren. So z.B. *Gades* und *Malaca* (heute Cadiz und Malaga) in Spanien oder *Panormos* (heute Palermo) auf Sizilien. Die berühmteste Siedlung der Phönizier war jedoch das um 800 v. Chr. in Nordafrika gegründete ➡ Karthago, das zu einer Großmacht aufstieg, die mit Rom konkurrierte.

Landmangel, Übervölkerung, Verschuldung und Abenteuerlust führten im 8.–6. Jh. v. Chr. zur Besiedlung der Küsten des Mittelmeers und des Schwarzen Meers durch die *Griechen*. Die dort gegründeten *Kolonien* waren von ihren Mutterstädten unabhängig, blieben jedoch durch geistige und oft auch wirtschaftliche Bande mit ihnen verbunden. Zu den Schwerpunkten der Besiedlung zählten die kleinasiatische Westküste, Sizilien und Unteritalien sowie die Küste der nordafrikanischen Cyrenaika. In Süditalien erreichte die griechische Kolonisation eine solche Dichte, dass man von „Großgriechenland" sprach. Städte, die auf griechische Gründungen zurückgehen, sind *Syrakus, Messina, Neapel, Marseille* oder *Tarent*.

Die *römischen Kolonien* dienten hingegen der militärischen Sicherung eroberter Gebiete und wurden daher an strategisch günstiger Stelle angelegt. Die Unterworfenen mus-

Römer bei der Abstimmung auf einer Volksversammlung. Jeder erhielt ein Stimmtäfelchen, auf dem man Kandidaten oder anstehende Entscheidungen markieren konnte. Danach warf man die Tafel in die Urne.

sten hierfür Land abtreten, auf dem die Kolonien nach einheitlichem Schema entstanden: mit rechtwinkligem Straßennetz und schachbrettartigen Bezirken *(insula)* sowie einer turmbewehrten Mauer, welche die Kolonie umschloss. Im Zentrum errichteten die Römer ein *Forum* sowie ein *Kapitol,* dessen Tempel wie in Rom den drei Göttern JUPITER, JUNO und MINERVA geweiht war. Entsprechend der Bedeutung der Kolonie gab es ein *Prätorium* (Statthalterpalast) sowie *Thermen, Aquädukte,* ein *Theater* und Wirtschaftsgebäude. Da die Kolonien militärische Bedeutung besaßen, wurden in ihnen häufig ausgediente Soldaten (➡ Veteranen) angesiedelt. Mit Beginn der Kaiserzeit kam es sogar zur geschlossenen Ansiedlung ganzer Truppenteile.

Zu bekannten *Coloniae* zählen *Colonia Agrippinensis* (Köln) oder *Colonia Ulpia Traiana* (Xanten).

Komitien

Bezeichnung für die *Volksversammlungen* (comitiae) der römischen Bürger während der Republik. Es existierten drei Formen von Komitien nebeneinander, die unterschiedliche Zusammensetzungen und Aufgaben hatten.

Die wichtigste war die *Heeresversammlung* (comitia centuriata), in der die wehrfähigen Bürger in *Zenturien* (Hundertschaften) eingeteilt waren. Diese gliederten sich nach dem Vermögen in *Ritter,* wozu die Reichsten zählten, sowie weitere 5 Klassen. Die Stimmrechte waren so verteilt, dass die Vermögenden –

nämlich Ritter und 1. Klasse – bei Abstimmungen über die absolute Mehrheit verfügten. Die *Heeresversammlung* büßte ihren vorwiegend militärischen Charakter früh ein und wurde allmählich zu einem Instrument für Abstimmungen und Steuerfestsetzungen. Zu ihren Aufgaben zählte die Wahl der höchsten Beamten, die Entscheidung über Krieg und Frieden, die Abstimmung über Gesetze und die Aburteilung von Staatsverbrechen.

Die *Tributkomitien* (comitia tributa) konnten rascher einberufen werden. Sie setzten sich nach der Zugehörigkeit der Bürger zu Bezirken zusammen, in die das römische Staatsgebiet eingeteilt war. Seit 241 v. Chr. waren das 4 städtische und 31 ländliche Bezirke. Die in dieser Form einberufene *Volksversammlung* wählte die niederen Beamten, gewann aber zunehmenden Einfluss auf die Gesetzgebung. Auch hier hatte die begüterte Aristokratie das Übergewicht.

Die Versammlung der *Kuriatkomitien* (comitia curiata) ging auf die Königszeit zurück. Hier waren die Bürger nach ihrer Herkunft bzw „Sippe" *(gens)* in 30 *Kurien* gegliedert, die Einberufung erfolgte durch die Konsuln oder den Oberpriester *(pontifex maximus).* Die Versammlung hatte vorwiegend sakrale und keine politischen Funktionen. So bekräftigte sie die Amtseinführung hoher Beamter durch eine religiöse Zeremonie und gab Staatsakten die feierliche Bestätigung. Doch auch familien- und erbrechtliche Angelegenheiten sowie die Adoption von Söhnen fiel in ihren Aufgabenbereich.

Eine wichtige Funktion hatte schließlich die *Versammlung der Plebejer* (concilia plebis). Sie ging zurück auf die Ständekämpfe, wo sie den Willen der Plebejer *(plebs)* durchzusetzen hatte. Diese Volksversammlung, die unter Ausschluss der Patrizier tagte, wählte die ➡ *Volkstribunen*, die in der Geschichte Roms große Bedeutung erlangten. Ferner bestimmte sie 2 *plebejische Ädilen*, welche die Aufsicht über Tempel, Marktverkehr und die Versorgung der Stadt führten. Durch ein Gesetz im Jahr 287 v. Chr. *(lex Hortensia)* wurden die Beschlüsse der *Plebejerversammlung* für ganz Rom verbindlich.

Die römischen Volksversammlungen wurden von den Beamten des ➡ Magistrats, d.h. den Vertretern der vermögenden Schicht, beherrscht. Nur der Magistrat konnte eine Volksversammlung einberufen, Anträge stellen, die Abstimmung leiten oder auch das Verfahren vorzeitig abbrechen. Der Versammlung selbst stand keinerlei Initiativrecht zu. Rom bildete somit eine *aristokratische Republik* im Gegensatz zum antiken Athen, das eine *demokratische Republik* entwickelt hatte.

Kommune

In engerer Bedeutung der Pariser Gemeinderat, der während der *Französischen Revolution* radikaldemokratische Positionen vertrat. Weiterhin die 1871 gewählte revolutionäre Stadtregierung von Paris, die sozialistische Ziele verfolgte.

Kommunismus

Marx-Engels-Denkmal
in Berlin.

Von KARL MARX und FRIEDRICH ENGELS begründete Theorie, die im *„Kommunistischen Manifest"* von 1848 zusammengefasst wurde. Der Kommunismus enthält die Vorstellung einer klassenlosen Gesellschaft, in der das Privateigentum abgeschafft ist und die Produktionsmittel (Fabriken, Maschinen) in Gemeineigentum überführt worden sind. Dieses Ziel ist freilich nur durch einen ➡ *Klassenkampf* erreichbar, in dem die Arbeiterklasse die herrschende Klasse der ➡ *Bourgeosie* beseitigt.

Eingeleitet wird der Kommunismus daher durch die *Proletarische Revolution*, in der

die Arbeiterklasse die „Diktatur des Proletariats" errichtet und nach der Übergangsphase des ➡ *Sozialismus* allmählich die klassenlose kommunistische Gesellschaft aufbaut. Erst wenn durch die Gleichheit aller Menschen auch Gerechtigkeit herrscht, waren nach Auffassung von MARX und ENGELS die Menschenrechte gesichert.

Im 20. Jh. bezeichnete der Kommunismus vor allem die Gesellschaftsform, die nach der ➡ *Oktoberrevolution* 1917 in der Sowjetunion errichtet wurde und durch die Diktatur der Kommunistischen Partei und ihrer Funktionäre gekennzeichnet war. Die Begriffe Kommunismus und Sozialismus werden häufig synonym gebraucht.

Kommunistische Internationale (Komintern)

Im März 1919 auf Anregung LENINS gegründete Vereinigung aller kommunistischen Parteien. Als straff organisierte internationale Organisation lenkte und koordinierte sie die nationalen Parteien nach einheitlichen Grundsätzen und verfolgte als Ziel die Weltrevolution. Die Führung der Komintern lag beim Exekutivkomitee in Moskau. Der starke sowjetische Einfluss verwandelte die Or-

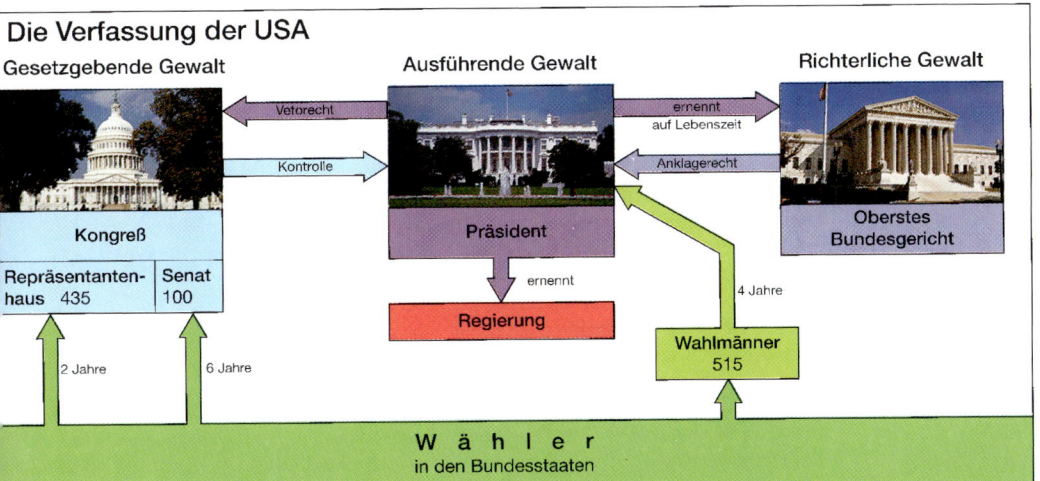

Die Verfassung der USA

Gesetzgebende Gewalt — Ausführende Gewalt — Richterliche Gewalt

Vetorecht · Kontrolle · ernennt auf Lebenszeit · Anklagerecht

Kongreß — Präsident — Oberstes Bundesgericht

Repräsentanten-haus 435 | Senat 100

ernennt → Regierung

4 Jahre · Wahlmänner 515

2 Jahre · 6 Jahre

W ä h l e r
in den Bundesstaaten

ganisation allmählich in ein willfähriges Instrument der sowjetischen Außenpolitik. Mit Rücksicht auf die westlichen Alliierten im Zweiten Weltkrieg wurde die Komintern im Mai 1943 aufgelöst. 1947 entstand das ➡ Kommunistische Informationsbüro (Kominform).

Kommunistisches Informationsbüro (Kominform)
Es wurde 1947 auf Anregung STALINS gegründet und umfasste die kommunistischen Parteien der Sowjetunion, Polens, Bulgariens, Rumäniens, Ungarns, der Tschechoslowakei, Italiens und Frankreichs. Die KP Jugoslawiens wurde 1948 ausgeschlossen. Sitz der Organisation war zunächst Belgrad, später Bukarest. Das Kominform demonstrierte nach außen die Gleichheit aller Parteien, war jedoch ein Instrument der Sowjetunion, das STALIN zur Kontrolle benutzte. Nach seinem Tod wurde das Kominform im Zuge der ➡ Entstalinisierung aufgelöst.

Konfessio
(lat. = Bekenntnis)
Zusammenfassender Begriff für Menschen, die das gleiche *Glaubensbekenntnis* ablegen und damit zur gleichen *Glaubensgemeinschaft* gehören. Katholiken und ➡ Protes-

tanten bilden die beiden großen Konfessionen in Deutschland.

Kongress
Parlament und gesetzgebendes Organ der USA, das sich aus 2 Häusern zusammensetzt. Das *Repräsentantenhaus* besteht aus 435 Abgeordneten, die für 2 Jahre nach dem Mehrheitswahlrecht gewählt werden. Der *Senat* hat 100 Mitglieder und ist die Vertretung der *Bundesstaaten*. Jeder Einzelstaat entsendet in ihn 2 Senatoren, die gleichfalls nach dem Mehrheitswahlrecht für 6 Jahre gewählt sind.
Jede Gesetzesvorlage bedarf der Zustimmung beider Häuser des Kongresses und der Unterzeichnung durch den *Präsidenten*. Legt dieser ein Veto ein, kann es der Kongress mit Zweidrittelmehrheit überstimmen. Das schärfste Kontrollinstrument des Kongresses gegenüber dem Präsidenten ist das *Amtsanklageverfahren*.

Kongresspolen
Bezeichnung für das durch den ➡ *Wiener Kongress* 1815 geschaffene Königreich Polen, das der Oberhoheit Russlands unterstellt war. Preußen und Österreich behielten die einst polnischen Gebiete Westpreußen (Posen) bzw. Galizien, die sie in den ➡ Polni-

Die Verfassung der USA.

Diese goldene Göttermaske gehört zu den wenigen Edelmetallfunden, die der Raffgier der Spanier entgangen sind.

schen Teilungen gewonnen hatten. Polen galt nominell als Königreich mit der Hauptstadt Warschau, das in ➡ Personalunion mit dem russischen Zaren verbunden war. Volksaufstände für die Unabhängigkeit wurden 1830, 1848 und 1863 unterdrückt.

Königsbote

Von den fränkischen Königen entsandte Beauftragte, die mit außerordentlichen Vollmachten für die Rechtsprechung und Provinzverwaltung ausgestattet waren. Sie bereisten zu bestimmten Terminen die ihnen zugewiesenen Bezirke, in die das *Frankenreich* eingeteilt war. Für diese Aufgabe wurden zumeist hohe Würdenträger wie Grafen und Bischöfe ausgewählt, die das Vertrauen des Königs genossen.
Besonders KARL DER GROSSE bediente sich der Königsboten, um das beträchtlich angewachsene Frankenreich kontrollieren zu können.

Königsgut
s. Reichsgut

Königsheil

Der bereits von den Germanen verwendete Begriff „Heil" bezeichnete eine besondere Kraft, die nach alter Vorstellung einzelnen Menschen oder einer ➡ Sippe von den Göttern verliehen wurde. Hiervon leitet sich das Heil des Königs ab, das ihm nach mittelalterlichem Verständnis zu erfolgreicher Herrschaft verhilft und ihn mit übernatürlichen Kräften ausstattet.

Konkordat

Vertrag zwischen der katholischen Kirche und einem Staat zur Regelung kirchlicher Angelegenheiten. Ein wichtiges Konkordat des Mittelalters war das ➡ Wormser Konkordat von 1122, welches den ➡ Investiturstreit beendete.

Konquistadoren

(von span. conquista = Eroberung)
Spanische und portugiesische Eroberer, die im 16. Jh. große Teile *Mittel- und Südamerikas* besetzten und dabei indianische Reiche

Konquistadoren

Christoph Kolumbus (1451–1506) bereitete den Konquistatoren den Weg.

vernichteten. Sie folgten Entdeckern wie CHRISTOPH KOLUMBUS auf dem Fuße und verursachten eine dramatische Umschichtung der gesellschaftlichen und sozialen Struktur.
Bei den Konquistadoren handelte es sich um Offiziere und Abenteurer, die – meist in spanischen Diensten stehend – das tropische Amerika eroberten. Der offizielle Auftrag, die Länder der Krone zu unterwerfen, verband sich unlösbar mit dem Ziel nach raschem Reichtum, Ruhm und Ehre. Zu den bekanntesten Konquistadoren zählen HERNANDO CORTEZ, der 1519–1521 das *Aztekenreich* eroberte, und FRANCISCO PIZARRO, der 1531–34 das *Inkareich* zerstörte. Dabei setzten sie die den Indios unbekannten Feuerwaffen rücksichtslos ein, machten sich die anfängliche Verehrung als „weiße Götter" zu Nutze und säten Zwietracht unter den Indianerstämmen. So gelang es ihnen, die großen Reiche mit lächerlich geringen Truppenzahlen zu erobern.
Die unersättliche Gier der Konquistadoren nach Gold führte zur Versklavung der Indios, brach ihre Identität und verursachte eine erschreckende Dezimierung der indianischen Bevölkerung.

Konservatismus

Geistige und politische Haltung, die auf Bewahrung überlieferter Werte abzielt. Reformen werden nicht grundsätzlich abgelehnt, wohl aber Neuerungen, die auf unüberprüfbaren Theorien oder ➡ Ideologien beruhen. Der Konservatismus entstand in der Auseinandersetzung mit den Ideen der *Französischen Revolution* und wurde im 19. Jh. zum Verbündeten der ➡ Restauration gegen den ➡ Liberalismus.

Konstitutionelle Monarchie

Regierungsform, in der die Gewalt des Monarchen an eine ➡ Verfassung *(Konstitution)* gebunden ist, die eine Mitwirkung der Volksvertretung bei der Gesetzgebung und Staatsführung vorsieht.
Der Gegenbegriff zur konstitutionellen Monarchie ist die *absolute Monarchie,* die dem Monarchen unumschränkte Macht verleiht

K

Grönland

Rußland
• Nowgorod
• Moskau

M o n g o l e i

Venedig
Genua

Seidenstraße

Peking

Konstantinopel
Samarkand

Tunis
Persien
Bagdad

Nanking •
China

Alexandria
Hormuz
Tibet

*Nordamerikanische
Indianerkulturen*

Kuba

Kolumbus 1492

Arabien
Indien
Surat

Siam

Tenochtitlan
**Maya-
Staaten**
**Azteken-
Reich**

Songhai
Mali
Kanem **Darfur**

Aden

Kalikut

Malakka

Benin
Äthiopien

Ceylon

Atlantischer

Sumatra

*Südamerikanische
Indianerkulturen*
• Cuzco
• Tiahuanaco

Magellan 1519

Ozean
Kongo
Luba
Lunda

Vasco da Gama 1497/98

*Indischer
Ozean*

Java

1521

I n k a – R e i c h

**Mone-
motape**

Madagaskar

Elcano 1522 auf Magellans Schiff

*Pazifischer
Ozean*

Die Welt zu Beginn der großen Entdeckungen (um 1500)

Spanien	Wichtige Landverbindungen zwischen Europa und Asien
Portugal	Wichtige Seeverbindungen zwischen Europa und Asien
Osmanisches Reich	Wichtige Seewege der Hanse
Gebiet afrikanischer Staaten	

0 ⟼ 2000 km

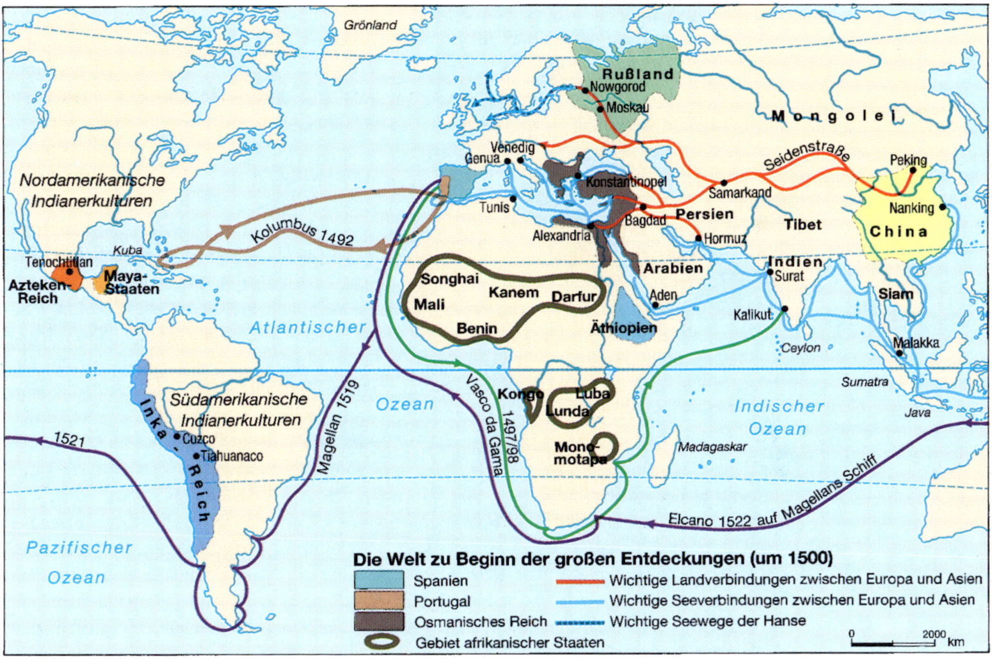

Konquistadoren

Stich von der Landung
der Spanier auf der In-
sel Hispaniola (= Haiti).

K

(➡ Absolutismus). In einer *parlamentarischen Monarchie* hingegen verbleiben dem Monarchen lediglich Repräsentationsaufgaben, während die eigentliche Staatsgewalt beim ➡ Parlament liegt (➡ Monarchie).

Konsul

Titel der zwei höchsten *Beamten* der *römischen Republik*, die für ein Jahr gewählt wurden. Anfangs stand das Amt nur ➡ Patriziern offen, seit 367 v. Chr. auch ➡ Plebejern. Die Konsuln führten die Regierungsgeschäfte, beaufsichtigten die Militär- und Zivilverwaltung, beriefen ➡ Senat und ➡ Volksversammlung ein und hatten im Krieg den Oberbefehl. Das Amt verlor in der Kaiserzeit seine Bedeutung.

Konsumgesellschaft

Schlagwort für die moderne Industrie- und Wohlstandsgesellschaft, die einseitig am Verbrauch von Konsumgütern (Verbrauchs- und Gebrauchsgüter, Luxuswaren) orientiert ist. Ermöglicht wird dies in den wohlhabenden Industriestaaten durch eine preiswerte Massenfabrikation und die hohe Kaufkraft breiter Bevölkerungsschichten. Kritik wird daran geübt, dass die Konsumfähigkeit und der Besitz von Waren das gesellschaftliche Wertesystem bestimmen und soziales Prestige verleihen. Kritisiert wird ferner die Produktionsweise, die vorzeitigen Warenverschleiß einplant („Wegwerfgesellschaft") sowie die Werbung, die Bedürfnisse künstlich weckt.

Kontinentalsperre

Nach Preußens militärischem Zusammenbruch 1806 und Russlands Annäherung stand nur noch England NAPOLEONS Vorherrschaft in Europa im Wege.
Da nach dem Verlust der französischen Flotte im Jahr 1803 bei *Trafalgar* eine Eroberung ausschied, verlegte sich NAPOLEON auf einen Wirtschaftskrieg. Mit dem Berliner Dekret von 1806 verhängte er eine *Wirtschaftsblockade* gegen Großbritannien, die das Land vom europäischen Kontinent abriegelte. Diese *Kontinentalsperre* wurde in den Folgejahren ständig verschärft und erreichte 1810 mit der öffentlichen Verbrennung aller englischen Waren ihren Höhepunkt. Ihr Ziel, England in die Knie zu zwingen, erreichte die Handelsblockade nicht.

Konzentrationslager (KZ)

Nach ihrer Machtübernahme 1933 errichteten die *Nationalsozialisten* Konzentrationslager, in denen anfangs politische Gegner,

Verbrennung eingeschmuggelter Waren in Frankfurt am Main im Jahre 1810.

Kontinentalsperre

K

Konzentrationslager

später auch „rassisch" oder religiös Verfolgte in großer Zahl inhaftiert wurden (1945: 715 000 Häftlinge). Die Lager dienten der Einschüchterung, Ausschaltung und Vernichtung und unterstanden der ➡ SS. Zwangsarbeit, Hunger, Seuchen und sadistische Quälerei brachten vielen Häftlingen den Tod.

Im Rahmen der so genannten ➡ „Endlösung der Judenfrage" errichtete die SS seit 1942 *Vernichtungslager* in den eroberten Ostgebieten. Etwa 6 Millionen Juden aus allen Teilen des besetzten Europas wurden hier durch Giftgas ermordet.

Konzern

Zusammenfassung rechtlich selbstständig bleibender Unternehmen unter einer einheitlichen Konzernleitung. Die Unternehmen sind durch gegenseitige Kapitalbeteiligungen miteinander verflochten. Ziel einer solchen Unternehmenskonzentration sind Rationalisierung, höhere Rentabilität und Konkurrenzvorteile aufgrund des starken Kapitalrückhalts.

Konzil

(lat. concilium = Zusammenkunft)

Versammlung von Bischöfen und anderen kirchlichen Würdenträgern zur Beratung und Entscheidung von kirchlichen Angele-

genheiten und Fragen des Glaubens. Konzile konnten auch vom ➡ Kaiser als obersten Schutzherrn der Kirche einberufen werden. Kirchenversammlungen für ein begrenztes Gebiet nennt man *Synoden.*

Koran

Das heilige Buch des ➡ Islam, das die von MOHAMMED verkündeten Offenbarungen ALLAHS enthält. Er ist in 114 Kapitel *(Suren)* gegliedert, die Weissagungen, Belehrungen, Predigten und Prophetenerzählungen enthalten. Der Koran ist für die islamische Welt zugleich Gesetzbuch und religiöses Lehrwerk.

Koreakrieg

Nach der Kapitulation Japans 1945 besetzten sowjetische Truppen den Norden Koreas, amerikanische Einheiten den Süden des Landes. Die Demarkationslinie bildete der *38. Breitengrad.* Da sich die Besatzungsmächte nicht über die Strukturen eines unabhängigen, demokratischen Koreas einigen konnten, fanden 1948 nur im Süden die von der UNO anberaumten freien Wahlen statt. Sie führten zur Gründung der westlich orientierten *Republik Korea* unter Präsident SYNGMAN RHEE, der ein autoritäres Regime errichtete. Es stützte sich auf das Militär und die Großgrundbesitzer und suchte enge An-

Appell in Oranienburg, einem der ersten Konzentrationslager (April 1933).

Koreakrieg

Flüchtlinge im Kampfgebiet des Koreakriegs.

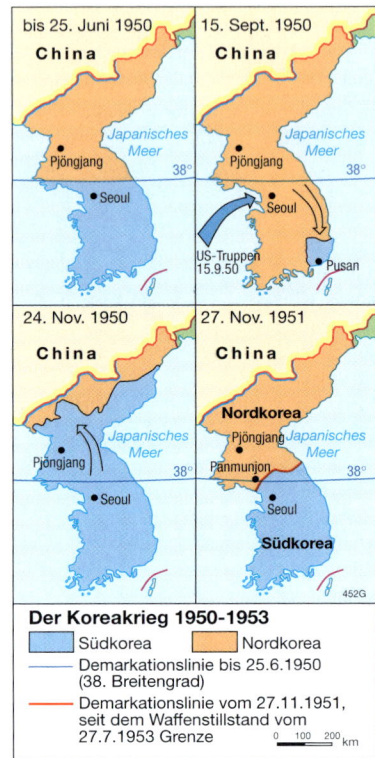

Der Koreakrieg 1950-1953

▢ Südkorea	▢ Nordkorea

— Demarkationslinie bis 25.6.1950
(38. Breitengrad)

— Demarkationslinie vom 27.11.1951,
seit dem Waffenstillstand vom
27.7.1953 Grenze

0 100 200 km

452G

Koreakrieg

Der kommunistische
Diktator Kim Il Sung
regierte Nordkorea von
1948 –1994.

lehnung an die USA. Der Norden hielt hingegen eigene Wahlen ab und proklamierte 1948 die *Demokratische Volksrepublik Korea* mit KIM IL SUNG als Präsidenten. Dieses kommunistische Regime fand Rückhalt bei China und der Sowjetunion.

Im Juni 1950 überschritten nordkoreanische Truppen überraschend den 38. Breitengrad. Sie bedrohten damit auch die internationale Machtbalance zwischen West und Ost, was sofort zu einer Ausweitung des regionalen Konflikts führte.

Innerhalb von 2 Monaten überrannten die nordkoreanischen Truppen den größten Teil Südkoreas bis auf einen Brückenkopf um *Pusan*. Im September begann die see- und luftgestützte Gegenoffensive der UN-Streitkräfte – größtenteils Amerikaner –, die die nordkoreanischen Einheiten rasch über die Demarkationslinie zurückdrängten und im

Oktober 1950 die chinesische Grenze erreichten.

Das veranlasste chinesische Truppen (etwa 200 000 so genannte „Freiwillige") zu einer gewaltigen Gegenoffensive, welche die UN-Truppen bis zum 38. Breitengrad zurückwarf. Dort stabilisierte sich die Front. Als General MCARTHUR in dieser Situation den Einsatz der Atombombe gegen China forderte, stand der Globus an der Schwelle eines neuen Weltkriegs. Auch wenn es dazu nicht kam, schleppte sich der Krieg noch eine Weile unentschieden hin, bis im Juli 1951 Waffenstillstandsverhandlungen in *Panmunion* begannen.

Sie führten 1953 zu einem *Waffenstillstand,* der den 38. Breitengrad mit kleinen Korrekturen wieder als Grenze zwischen Nord- und Südkorea bestimmte. Ferner legte er eine 4 km breite entmilitarisierte Zone beiderseits der Grenze fest. Bemühungen in den Folgejahren, eine Wiedervereinigung und demokratische Wahlen zu erreichen, scheiterten stets am Widerstand Nordkoreas, Chinas und der Sowjetunion. Erst der Zusammenbruch des Ostblocks Ende der 80er Jahre führte zu vorsichtigen Annäherungen beider Landesteile.

Die Zahl der Opfer, die der Koreakrieg unter der Zivilbevölkerung forderte, ist unbekannt, dürfte aber bei 1 Million liegen. Ferner schätzen Experten, dass etwa 1 Million chinesischer und nordkoreanischer Soldaten auf den Schlachtfeldern ihr Leben ließen. Auf westlicher Seite starben 27 000 UN-Soldaten, darunter allein 24 000 Amerikaner.

Kosaken

(tatarisch kazak = freier Krieger, Abenteurer) Angeworbene Soldaten zum Schutz der Steppengrenze Russlands. Sie dienten bis zum Ende des Zarenreichs als kampfkräftige Reiterverbände im russischen Heer.

Den Ursprung der Kosaken bildeten russische Bauern, die im 15. Jh. aus der Leibeigenschaft und Unfreiheit in die menschenleeren Steppen am unteren Don flohen. Dort lebten sie als freie Wehrbauern und ihre Reiterscharen verteidigten die Grenze gegen Türken und Tataren. Sie besaßen ein hohes

K

Maß an Selbstverwaltung und eine eigene militärische und politische Organisation. Großen Anteil hatten die Kosaken an der Eroberung *Sibiriens,* die ihr Anführer JERMAK durch seinen Sieg über den sibirischen Chan 1582 einleitete. 1645 erreichten sie die Amurmündung und drangen 1648 bis zur Beringstraße vor.

Nach der *Oktoberrevolution* hob die Sowjetregierung die Privilegien der Kosaken auf, die die Bolschewiken folglich im Bürgerkrieg 1918–21 bekämpften.

In der Folklore der Kosaken haben Heldenlieder eine große Bedeutung, die z.B. die Taten JERMAKS oder STENKA RASINS – eines anderen legendären Anführers – besingen. Berühmtheit erlangte schließlich der im Exil entstandene Chor der Donkosaken.

Kreuzzüge

Verschiedene Kriegszüge der abendländischen Christenheit zwischen 1095 und 1275 zur so genannten Befreiung des Heiligen Landes (Palästina) von der Herrschaft des ➡ *Islam.*

Zum ersten Kreuzzug rief Papst URBAN II. im Jahr 1095 in der südfranzösischen Stadt Clermont auf. Es gelang den *Kreuzrittern,* einen schmalen Küstenstreifen zu erobern, der etwa das Gebiet des heutigen Libanon und Palästina umfasste. Dort gründeten sie mehrere *Kreuzfahrerstaaten* wie z.B das Königreich Jerusalem, die Grafschaften Tripolis und Edessa oder das Fürstentum Antiochia. Eine Kette mächtiger Kreuzritterburgen sollte die Herrschaft sichern, doch ließ sich das Land auf Dauer nicht gegen die benachbarten muslimischen Herrscher halten. 1187 ging *Jerusalem* verloren, 1275 endete der siebte und letzte Kreuzzug, den LUDWIG IX. von Frankreich ohne Erfolg geführt hatte. 1291 räumten die Kreuzritter kampflos die noch verbliebenen Reste Palästinas. Von den in der Kreuzfahrerzeit entstandenen christlichen Staaten konnte sich allein das Königreich Zypern behaupten, das 1489 an Venedig fiel und 1571 von den muslimischen Türken erobert wurde.

Obwohl die Kreuzritter ihr Ziel verfehlten, hatte der Kontakt zur islamischen Welt kulturelle Rückwirkungen auf das ➡ Abendland. Neue Kenntnisse und Gedanken gelangten nach Europa, vor allem im Bereich der Technik und der Naturwissenschaften.

Der Begriff *Kreuzzüge* umfasst auch die Kriege, zu denen die Kirche im Mittelalter gegen Heiden oder Ketzer aufrief. So z.B. der Wendenkreuzzug, der 1147 von deutschen Fürsten zur Christianisierung der Slawen geführt wurde, oder der Kreuzzug gegen die ➡ Albigenser in Südfrankreich (1209–29), zu dem Papst INNOZENZ III. aufrief.

Kriegsanleihe

Kreditaufnahme eines Staats von seinen Bürgern zur Finanzierung von Kriegskosten.

Kreuzritter besteigen die Schiffe. Neben Proviant und Waffen mussten sie auch Pferde mitnehmen. Sie wurden unter Deck in hölzernen Gestellen wegen des Seegangs angegurtet.

Kreuzzüge

K

Deutsche Kriegsanleihe von 1918.

Kriegsanleihe

ist die 8. KRIEGSANLEIHE

Protestkundgebung in Berlin gegen das so genannte „Versailler Diktat".

Kriegsschuldfrage

Durch solche Kriegsanleihen beschaffte sich das Deutsche Reich im 1. Weltkrieg 98 Mrd. Mark, die etwa 55% der Kriegskosten deckten. Nach den letzten Weltkriegen belasteten Kriegsanleihen die internationale Wirtschaft erheblich und führten zu Inflationen und Währungszusammenbrüchen.

Eine andere Form der Finanzierung sind *Kriegssteuern,* wie sie vor allem England im 1. Weltkrieg erhob.

Kriegskommunismus

Von LENIN nachträglich geprägte Bezeichnung für die Wirtschaftspolitik der Sowjetunion im *Bürgerkrieg* 1918–21. Sie ist gekennzeichnet von völliger *Zentralisierung* der Produktion, radikaler *Verstaatlichung* auch kleiner und mittlerer Industriebetriebe, dem Verbot des Privathandels und einem Zwang für Bauern zur Abgabe von Nahrungsmitteln.

Da diese radikalen Maßnahmen zu wirtschaftlich verheerenden Folgen führten, wurden sie im Frühjahr 1921 im Rahmen der ➡ Neuen Ökonomischen Politik teilweise aufgehoben.

Kriegsschuldfrage

Die Frage nach der Verantwortung für den Ausbruch des 1. Weltkriegs. Sie erhielt politi-

sche Bedeutung durch *Artikel 231* des *Versailler Vertrags,* der Deutschland die alleinige Kriegsschuld aufbürdete. Mit der alliierten Behauptung, Deutschland habe den Krieg geplant und vorsätzlich herbeigeführt, wurden die geforderten *Reparationen* begründet (Haftpflicht). Die deutsche Regierung lehnte diese Behauptung ab und unterzeichnete den *Versailler Vertrag* nur unter Protest.

Während der ➡ Weimarer Republik war die Kriegsschuldfrage Gegenstand leidenschaftlicher Auseinandersetzungen mit dem Ziel einer *Revision* des „Diktats von Versailles". Erst nach dem 2. Weltkrieg gelangte die Geschichtswissenschaft zu einer differenzierteren Betrachtung, wobei die Rolle Deutschlands überwiegend negativ eingeschätzt wurde.

Eine eindeutige Zumessung der Schuldlast ist bis heute nicht gelungen und die Kriegsschuldfrage in der Forschung nach wie vor umstritten.

Kuba-Krise

Nach dem ➡ Koreakrieg und der Verschärfung des Ost-West-Konflikts erreichte der ➡ Kalte Krieg mit der Kuba-Krise einen Höhepunkt. Ausgelöst wurde der Konflikt, als die *Sowjetunion* 1962 atomare Mittelstreckenraketen auf Kuba stationierte, die jedes Ziel in den USA erreichen konnten. US-Präsident JOHN F. KENNEDY forderte daher den sofortigen Abzug aller sowjetischen Raketen und

Kuba-Krise

Ku-Kux-Klan

Kubanisches Propa-
gandaplakat: „Halt,
Mister Kennedy, Kuba
ist nicht allein."

K

Der Terror des Ku-
Klux-Klan erstreckte
sich auf Brandstiftun-
gen, Auspeitschungen
und Fememorde. Ob-
wohl die Macht des
Klan heute gebrochen
ist, gibt es immer wie-
der Erneuerungsbestre-
bungen.

verhängte eine Seeblockade. Die Welt geriet dicht an den Rand eines Atomkriegs, bis beide Supermächte schließlich einlenkten. Die Sowjets zogen alle Raketen aus Kuba ab, während die USA im Gegenzug Mittelstreckenraketen in der Türkei demontierten und künftig auf Gewaltmaßnahmen gegenüber dem sozialistischen Kuba unter FIDEL CASTRO verzichteten.

Trotz aller Gegensätze machte die friedliche Lösung der *Kuba-Krise* den Weg frei für Verhandlungen. Als erstes wurde eine direkte Telefonleitung zwischen dem Kreml und dem Weißen Haus eingerichtet, die sofortige Gespräche bei bedrohlichen Konflikten ermöglichte. 1963 folgten Abrüstungsgespräche, die 1968 in den *Atomwaffensperrvertrag* mündeten.

Ku-Kux-Klan

Nach dem amerikanischen Bürgerkrieg 1861–1865, der den Schwarzen nominell die Gleichberechtigung brachte, entwickelte sich der Ku-Klux-Klan zu einem Sammelbecken unzufriedener Weißer. Man schätzt, dass ihm in den 20er Jahren etwa 4 Millionen weiße Amerikaner angehörten. Der rassistische Ge-

heimbund terrorisierte besonders im Süden und Mittleren Westen der USA die Schwarzen, daneben aber auch Einwanderer, Katholiken, Juden oder Intellektuelle. Der „Orden" gab Erfolglosen und Vertretern der kleinbürgerlichen Mittelschicht die Möglichkeit, Neid, Sadismus, Hass und Aggression in Gewalttätigkeit umzusetzen und sich dabei noch als Vorkämpfer von Tugend und Moral vorzukommen. Der Terror des Geheimbunds erstreckte sich auf Brandstiftungen, Auspeitschungen und Fememorde. Obwohl die Macht des Klan heute gebrochen ist, gibt es immer wieder Erneuerungsbestrebungen.

Kult, Kultus

Eine Handlung, die der Gläubige einem Gott oder einer Göttin weiht. Dazu zählen Verehrung durch Gebet oder Opfer, kultische Tänze, Prozessionen oder ein Mahl zu Ehren der Gottheit. Besondere Beauftragte wie *Priester* oder *Priesterinnen* verrichten den Kult an bestimmten heiligen Plätzen. Kulte reichen in die Steinzeit zurück und sind z. B. als Fruchtbarkeits-, Ahnen-, Tier- oder Sternenkulte bekannt.

Zeitgenössische Karikatur zum Kulturkampf: Bismarck und Papst Pius IX. beim Schachspiel.

Kulturkampf

Kultur

Wenn menschliche Gruppen oder die Bevölkerung in einer bestimmten Region typische Lebensformen entwickeln, spricht man von einer Kultur. Erkennbar ist sie anhand ihrer *materiellen* und *geistigen* Schöpfungen: Geräte, Waffen, Kleidung, Kunstwerke, Siedlungen, Bauwerke, Bestattungsarten, Religion, Formen des Zusammenlebens.

Seit etwa 3000 v. Chr. entstanden mit Ägypten und den sumerischen Stadtstaaten die ersten *Hochkulturen* der Menschheit. Ihre Kennzeichen sind eine zentrale Verwaltung, Schrift, städtische Lebensformen sowie ein gegliedertes Gesellschaftssystem mit ➡ Arbeitsteilung.

Kulturkampf

Bezeichnung für die von BISMARCK geführte Auseinandersetzung zwischen dem *preußischen Staat* und der *katholischen Kirche,* die mit der Reichsgründung 1871 begann.

BISMARCK sah in der neu gegründeten *Zentrumspartei,* der politischen Vertretung des deutschen *Katholizismus,* einen Sammelpunkt von Preußens Gegnern. Er vermutete nicht zu Unrecht, dass der politische Katholizismus seine kleindeutsche Reichslösung ablehnen, und eine kulturpolitische Vorherrschaft des protestantischen Preußens bekämpfen würde. Überdies hatte das vom *Vatikanischen Konzil* 1870 verkündete Dogma von der Unfehlbarkeit des Papstes Misstrauen gegen die katholische Kirche geweckt.

Die erste staatliche Kampfmaßnahme war der *„Kanzelparagraf"* (1871). Er bedrohte Geistliche mit Gefängnis bis zu 2 Jahren, die staatliche Angelegenheiten "in einer den öffentlichen Frieden gefährdenden Weise" auf der Kanzel erörterten. Weitere Maßnahmen folgten. Das *„Jesuitengesetz"* (1872) verbot den Jesuitenorden im gesamten Reichsgebiet; die *„Maigesetze"* (1873) unterwarfen das gesamte kirchliche Leben einer staatlichen Reglementierung; das *„Zivilehegesetz"* (1874) erzwang die zivile Eheschließung; das *„Sperrgesetz"* (1875), auch „Brotkorbgesetz" genannt, sperrte alle staatlichen Zuschüsse für die katholische Kirche um den renitenten katholischen Geistlichen „den Brotkorb höher zu hängen"; das *„Klostergesetz"* (1875) verbot die Niederlassung aller geistlicher Orden mit Ausnahme reiner Krankenpflegeorden.

Da die Katholiken die Anerkennung und Befolgung verweigerten, wurden zahlreiche Bischöfe und Geistliche abgesetzt und zu Geld- und Gefängnisstrafen verurteilt. Doch auch die darauf folgenden Gesetze konnten den Widerstand nicht brechen und führten im Gegenteil zu einer Verdopplung des Stimmanteils für die *Zentrumspartei.*

Da sich der Kulturkampf zu einer schweren Niederlage für BISMARCK entwickelte, suchte er den Ausgleich mit der katholischen Kirche. Als nach dem Tod von Papst PIUS IX. 1878 Papst LEO XIII. folgte, erließ er eine Reihe so genannter „Milderungsgesetze" und

K

Kurfürst — Die siben churfürsten Die fürstlichen · Epus murineis · Epus wlonetu. · Epus neapuris · Der kayser — Des heiligen romischē reichs. Die werdlichen · Blat CLXXXIII · Rex lingeneus · Palatin rein · Dux seiceuse · Marcus impimo

„Friedensgesetze", welche die meisten Maßnahmen wieder aufhoben. 1887 erklärte Bismarck den Kulturkampf förmlich für beendet.

Kulturrevolution

1966 leitete Mao Zedong in China die „Große Proletarische Kulturrevolution" ein, um bürgerliche Verhaltensnormen auszurotten, ein revolutionäres Bewusstsein zu entwickeln und politische Gegner in der Partei auszuschalten. „Rote Garden" suchten dies Konzept durch Drangsalierung von Bürgern, Bauern und Funktionären durchzusetzen, was zu blutigen Auseinandersetzungen führte. Als die Kontrolle entglitt, wurde die Kulturrevolution 1969 für beendet erklärt.

Kurfürst

(althochdt. kuri = Wahl)
Ein Fürst der das Recht hat den Herrscher zu wählen. Allmählich erlangte im Deutschen Reich des Mittelalters eine Gruppe von 7 Fürsten dieses Privileg und bildete so die Spitze des Hochadels. Es waren die Erzbischöfe von Mainz, Köln und Trier, der Pfalzgraf bei Rhein, der Herzog von Sachsen, der Markgraf von Brandenburg und der König von Böhmen.
Die ➔ Goldene Bulle von 1356 bestimmte endgültig allein diese Kurfürsten zur Königswahl und legte ein Mehrheitswahlrecht fest. Weiterhin bestimmte sie die Unteilbarkeit der Kurländer sowie das Erstgeburtsrecht bei der Erbfolge und sorgte so für innenpolitische Stabilität.

Kurie

(lat. curia = Männerversammlung)
In der Frühzeit der römischen Republik gliederte sich die Bürgerschaft in 30 Unterabteilungen, die Kurien. Sie standen unter starkem Einfluss der Patrizier und bildeten die Grundlage der Volksversammlung. Später wurde auch das Versammlungshaus des Senats auf dem Forum Romanum so bezeichnet.
Unter der Römischen Kurie versteht man alle römischen Verwaltungsbehörden, die im Auftrag des Papstes die katholische Gesamtkirche leiten. Hierzu zählt besonders die oberste Behörde (Kurienkongregation), die ähnlich wie ein Staatsministerium aufgebaut ist. Sie besteht aus mehreren, von Kardinälen geleiteten Hauptabteilungen, die sich z.B. mit der Glaubenslehre, den Sakramenten, dem Gottesdienst, der Bibel oder dem katholischen Unterrichtswesen befassen.

Kyrillische Schrift

Im 9. Jh. entfaltete der griechisch-orthodoxe Mönch Kyrillos eine Missionstätigkeit im slawischen Mähren. Für den kirchlichen Gebrauch entwickelte er eine eigene Schrift, die auf dem griechischen Alphabet basierte, aber durch Veränderungen der slawischen Aussprache angepasst wurde. Diese Schrift, in der erstmals eine slawische Bibelübersetzung erfolgte, setzte sich in fortentwickelter Form bei allen griechisch-orthodoxen Slawen durch (z.B. Russen, Serben, Bulgaren, Ukrainer, Makedonier usw.).

Der Kaiser inmitten der sieben Kurfürsten.

Mao Zedong (1893–1976), Initiator der Kulturrevolution in China.

L

Landesherr

Inhaber der obersten Gewalt in einem fest umrissenen Gebiet *(Territorium)*. Ursprünglich waren im Mittelalter die Besitzrechte des Adels zersplittert und seine Besitzungen weit zerstreut. Die oberste militärische und richterliche Gewalt übten die ➡ Stammesherzöge aus, die in Sachsen, Bayern, Franken, Schwaben und Lothringen regierten. Ende des 12. Jh. lösten sich die *Stammesherzogtümer* jedoch auf und zahlreiche Adelsfamilien wetteiferten darum, das Machtvakuum zu schließen. Sie bemühten sich ihre Besitzungen und Herrschaftsrechte zusammenzufassen, andere Herren zu verdrängen oder zu unterwerfen und ein geschlossenes Gebiet – ein ➡ *Territorium* – aufzubauen.

In diesem Territorium unterstanden nun alle Einwohner allein der Gewalt des Landesherrn (Landesfürsten), der seine Regierung durch eine einheitliche Verwaltungs- und Gerichtsorganisation wirksam verstärkte. Solche Landesherren konnten *weltliche* Fürsten wie Herzöge oder Markgrafen sein. Doch auch *geistliche* Fürsten wie Bischöfe oder Äbte bauten solche *Territorien* auf und wurden dadurch zu geistlichen Landesherren. Die Stammeszugehörigkeit der Menschen – bei den alten Stammesherzogtümern noch die zentrale Grundlage der staatlichen Organisation – spielte künftig keine Rolle mehr.

Allerdings führte die Bildung der Landesherrschaften zur Schwächung des Königtums, das gleichfalls eine territoriale Machtposition aufbauen musste, wenn es sich im Reich durchsetzen wollte (➡ Hausmachtpolitik).

Landeskirche

Seit dem ➡ Augsburger Religionsfrieden von 1555 waren in den *protestantischen Territorien* die kirchlichen Angelegenheiten Sache des ➡ Landesherrn, der auch das religiöse Bekenntnis seines Landes bestimmte.

MARTIN LUTHER selbst setzte nach den ➡ Bauernkriegen die Fürsten als „Notbischöfe" zur Leitung der Kirche ein. Die Ämterbesetzung erfolgte nicht durch die Gemeindemitglieder, sondern wurde wieder von der Obrigkeit bestimmt. Die protestantischen Fürsten, die auch den reichen Besitz der aufgelösten Klöster und Abteien einzogen, erweiterten dadurch zusätzlich ihre Macht.

Noch heute gibt es in Deutschland zahlreiche evangelische Landeskirchen, deren Existenz im Grundgesetz verankert ist und deren Ordnung eine *Kirchenverfassung* regelt. Die *Kirchengemeinde* ist die kleinste Einheit mit weitgehenden Selbstverwaltungsrechten. Eine *Landessynode* ist für die Gesetzgebung

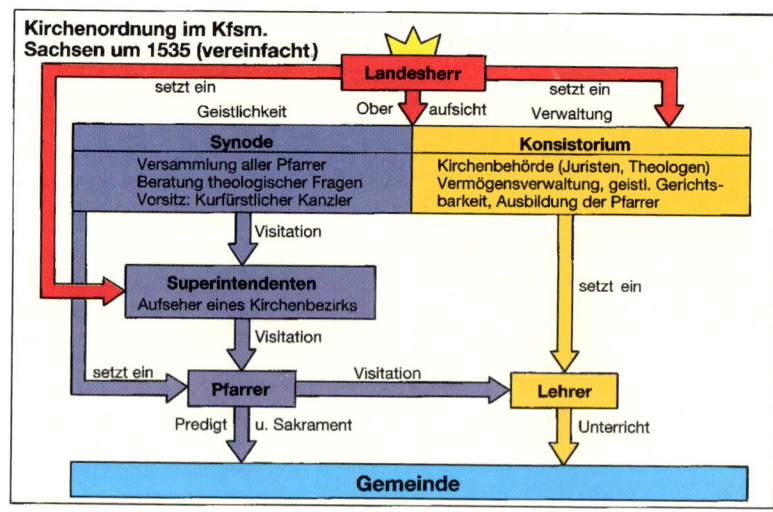

zuständig, die Verwaltung übernimmt ein *Landeskirchenamt*. An der Spitze der Landeskirche steht ein *Landesbischof,* der in einer demokratischen Wahl gewählt wird. Sein Titel ist – anders als bei katholischen Bischöfen – eine reine *Amtsbezeichnung.*

Landfrieden

Bezeichnung für Gesetze vom 11. Jh. bis 1806, die dem Schutz des öffentlichen Friedens im Reich dienten. Sie enthielten vor allem Bestimmungen zur Eindämmung des → Fehdewesens und bedrohten Rechtsbrecher mit harten Strafen. Unter besonderem Schutz standen bestimmte Personen wie Geistliche, Frauen oder reisende Kaufleute, daneben Bauern in Ausübung ihres Berufs. Weiterhin auch Kirchen, Klöster, Mühlen und Reichsstraßen.

Den ersten *Reichslandfrieden* verkündete Kaiser HEINRICH IV. 1103 in Mainz; 1495 rief

Kaiser MAXIMILIAN I. in Worms einen *Ewigen Landfrieden* aus, der das Fehderecht generell verbot und bis zum Ende des Reichs in Kraft blieb.

Landsknechte

Eine im 15. Jh. aufkommende Bezeichnung für zu Fuß kämpfende deutsche Söldner. Die Haufen gliederten sich in *Fähnlein* von 300-500 Mann, die ein Hauptmann befehligte. Während dieser einen Leutnant zum Stellvertreter ernannte, wählte das Fähnlein selbst seinen Feldwebel und die Rottmeister (Unteroffiziere). Etwa 10–15 Fähnlein bildeten ein *Regiment* unter einem *Feldhauptmann* (Oberst). An weiteren Ämtern gab es den Quartier- und Proviantmeister, den Schultheiß (Richter), den Pfennigmeister (Zahlmeister) und den Profoss (Regimentsscharfrichter).

Die Bewaffnung der Landsknechte bestand aus Spieß und Schwert, später auch aus *Arkebusen:* gewehrähnliche Feuerwaffen, die beim Schießen auf ein Gestell gelegt wurden. Landsknechte erhielten einen festen monatlichen Sold, dessen Ausbleiben ein legaler Grund zur Dienstverweigerung war. Ohne Dienstherrn und mittellos bildeten solche Haufen eine Landplage. Mit dem Aufkommen der stehenden Heere im späten 17. Jh. verschwanden die Landsknechte.

Landstände

Vertretung der Stände eines Landes gegenüber dem *Landesherrn* in den deutschen Territorien. Die Landstände gliederten sich in

Deutsche Landsknechte im 16. Jh.

Struktur einer Landesherrschaft.

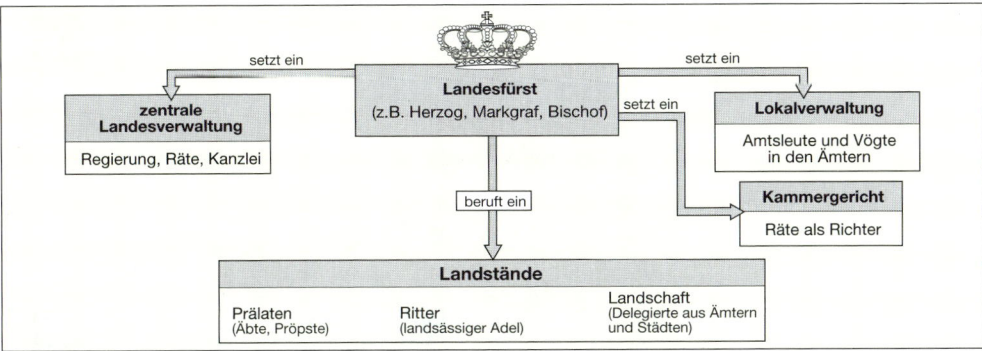

L

Geistlichkeit, Ritterschaft und *Städte* – vereinzelt zählten auch die Bauern dazu – und traten meist auf Einberufung des Landesherrn zusammen. Das wichtigste Recht der Stände war das der Steuerbewilligung, darüber hinaus wirkten sie an der Gesetzgebung mit. Zur Zeit des Absolutismus verschärften sich die Gegensätze zwischen Fürst und Ständen, bedingt durch den steigenden Geldbedarf für das Heer und die fürstliche Repräsentation.

Nach 1815 erließen die deutschen Einzelstaaten *Verfassungen,* die statt der Landstände *Volksvertretungen* vorsahen. Künftig waren die Abgeordneten also nicht mehr Ständevertreter, sondern betrachteten sich zunehmend als Repräsentanten des *ganzen* Volks.

Langer Marsch

Als der letzte chinesische Kaiser 1912 abdankte, brach in China ein langer Bürgerkrieg aus. Seit 1925 konzentrierte sich der Kampf zunehmend auf die Auseinandersetzung zwischen der *Nationalen Volkspartei* (Kuomintang) unter General CHIANG-KAI-SHEK (1887–1975) und der *Kommunistischen Partei* Chinas unter dem Bauernsohn MAO ZEDONG (1893-1976). Als die Kommunisten in der Provinz *Kiangsi* (Südchina) 1931 eine „Chinesische Sowjetrepublik" ausriefen, setzte CHIANG-KAI-SHEK

So ließ sich der junge Mao Zedong gerne propagandistisch abbilden.

zu einem Vernichtungsfeldzug an. Nur mühsam konnten die Angegriffenen entkommen, indem sie die Flucht in den Norden antraten.

Dieser 12 500 km „Lange Marsch", der von Oktober 1934 bis Oktober 1935 dauerte, führte die chinesischen Kommunisten durch 11 Provinzen bis nach *Yenan* (Provinz Shensi) in Nordwestchina. MAO ZEDONG erlangte auf diesem Gewaltmarsch seine unbestrittene Stellung als Führer der chinesischen KP, die er bis zu seinem Tod 1976 bewahren konnte. Obwohl von den 90 000 Mann nur 7000 das Ziel erreichten, galt der Lange Marsch künftig als Symbol einer zwar langwierigen, schließlich aber dennoch erfolgreichen Revolution.

Langobarden

Germanischer Stamm, der um Christi Geburt an der Unterelbe siedelte, wo der Ortsname *Bardowick* und der Landschaftsname *Bardengau* noch heute an sie erinnern. Der Name bedeutet möglicherweise „Langbärte". 490 n. Chr. wanderten die Langobarden nach Niederösterreich, wo sie das Land der *Rugier* besetzten und zogen von dort nach *Pannonien,* dem heutigen Ungarn. Hier vernichteten sie 567 das Reich der gotischen Gepiden, brachen aber schon 568 unter König ALBOIN in Italien ein, wo sie *Pavia* zum Mittelpunkt ihres Reichs machten. Bis 650 konnten die Langobarden die nach ihnen benannte *Lombardei* und große Teile Süditaliens erobern, während sich in Mittelitalien das *Papsttum* (➡ Kirchenstaat) und *Byzanz* behaupteten. Südlich davon entstanden die zeitweise unabhängigen langobardischen Herzogtümer *Spoleto* und *Benevent.*

Obwohl die arianischen (➡ Arianer) Langobarden bis Mitte des 7. Jh. zum *Katholizismus* übertraten, blieb ihr Verhältnis zu den Päpsten gespannt. Ständige Übergriffe auf päpstliche und byzantinische Gebiete sowie die Absicht, Rom zu erobern, verursachten diesen dauerhaften Gegensatz. Das Ende der langobardischen Herrschaft in Italien wurde schließlich durch ein Bündnis des Papsttums mit dem Frankenreich herbeigeführt. 774 besiegte KARL DER GROSSE den letzten Langobardenkönig DESIDERIUS und unterstellte das langobardische Italien dem Frankenreich.

Als OTTO I. im Jahr 951 den ersten Italienzug der deutschen Geschichte unternahm, trat er das Erbe der fränkischen Kaiser an. Folglich verband er die langobardische (italienische) Königskrone dauerhaft mit der deutschen.

Rekonstruktion eines zweischaligen Eisenhelms mit beweglichen Wangenklappen, einem Nackenschutz und Lederfutter, der einem einfachen römischen Soldaten gehörte.

Latifundien

Landwirtschaftliche Großbetriebe im Römischen Reich. Die Anhäufung von Landbesitz zu riesigen Gütern begann in Italien seit dem 2. Jh. v. Chr. Die Bewirtschaftung erfolgte mit Hilfe einer großen Zahl von ➡ Sklaven, was den Betrieben eine äußerst rationelle Produktion ermöglichte. Sie befanden sich dadurch im Vorteil gegenüber den verschuldeten bäuerlichen Kleinbetrieben, die ihre Selbstständigkeit zunehmend einbüßten.

Als seit dem 1. Jh. n. Chr. der Mangel an Arbeitskräften zunahm, verpachtete man das Land häufig an freie Bauern (➡ Kolonen). Diese gerieten bald in völlige Abgängigkeit von den *Großgrundbesitzern* und sanken auf die Stufe von *Leibeigenen* herab.

Lausanne, Konferenz von

Vom 16. 6.–9. 7. 1932 in Lausanne (Schweiz) tagende Konferenz, welche die deutschen Reparationszahlungen vor dem Hintergrund der ➡ Weltwirtschaftskrise überprüfen sollte. Dank der hartnäckigen Vermittlungsbemühungen des englischen Premierministers McDONALD konnte die deutsche Regierung ein Ende der Reparationsverpflichtungen gegenüber den Siegermächten des Ersten Weltkriegs erreichen. Die Zahlung cincr einmaligen Ablösung in Höhe von 3 Milliarden Reichsmark kam nie zur Ausführung.

Legion

Größter Truppenverband des römischen Heers. Größe und Gliederung der Legionen waren im Lauf der Jahrhunderte jedoch starken Schwankungen unterworfen, da sich taktische Erkenntnisse und strategische Voraussetzungen wandelten.

Zur Zeit der Republik bestand das Heer aus wehrpflichtigen Bürgern, die im Kriegsfall eingezogen wurden.

Roms Aufstieg führte jedoch zu immer neuen Eroberungskriegen, was sich vor allem auf den Bauernstand negativ auswirkte. Wegen des ständigen Militärdienstes blieben die Bauern immer häufiger ihren Höfen fern, die allmählich verschuldeten und aufgegeben werden mussten.

Die *Heeresreform* des GAIUS MARIUS trug um 100 v. Chr. dieser Situation Rechnung. Er wandelte die römische Armee in ein Söldnerheer von *Berufssoldaten* um, das nunmehr ständig einsatzbereit war. In dieser Zeit umfasste eine *Legion* etwa 6000 Fußsoldaten und 300 Reiter und gliederte sich in 10 *Kohorten,* 30 *Manipel* und 60 *Zenturien.* Zur Zeit von Kaiser AUGUSTUS gab es im Römischen Reich etwa 25 Legionen, zu denen im Bedarfsfall Hilfstruppen kamen.

Die Bewaffnung des *Legionärs* bestand aus Schwert, Wurfspieß, Kettenhemd, einem Helm aus dickem Bronzeblech sowie einem großen rechteckigen Schild. Zur technischen Ausrüstung zählten Korb, Spaten, Axt, Sichel, Schanzpfähle sowie das Essgeschirr. Für das Nachtlager und bei Kälte wurde eine wollene Decke oder auch ein Umhang

Versilberter römischer Gesichtshelm mit dem Legionsadler auf der Stirn.

Das Marschgepäck eines Legionärs.

peneinheiten befanden sich in den zahlreichen ➡ Kastellen dicht an der Grenze (➡ Limes).

In Friedenszeiten wurden Legionäre zu ganz unterschiedlichen Zwecken eingesetzt: beim Straßenbau, bei der Anlage von Häfen, bei der Errichtung von Kasernen, Festungsanlagen oder sonstigen staatlichen Bauwerken. Je nach Waffengattung und Verwendungszweck betrug die Dienstzeit eines Legionärs 16–26 Jahre. Nach Beendigung des Militärdienstes zählte er zu den ➡ Veteranen und erhielt entweder eine finanzielle Abfindung oder eine Zuteilung von Land.

Legislative

Im System der ➡ *Gewaltenteilung* moderner Staaten die gesetzgebende Gewalt im Unterschied zur Exekutive (ausführende Gewalt) und Judikative (richterliche Gewalt). Die Legislative wird durch das *Parlament* als Gesetzgeber verkörpert. Es amtiert für eine *Legislaturperiode*, d. h. für die Zeit, die vom Wähler vorgesehen wurde.

Legitimität

Nach diesem Prinzip sollten auf dem ➡ Wiener Kongress nur solche Herrscher als rechtmäßig *(legitim)* anerkannt werden, die sich auf althergebrachte Rechte einer königlichen oder fürstlichen Familie berufen konnten.

Dieser Grundsatz sollte verhindern, dass die von NAPOLEON zu Königen oder Landesfürsten erhobenen Herrscher – zumeist Verwandte oder verdienstvolle alte Weggefährten – Sitz und Stimme im Wiener Kongress erhielten.

mitgenommen. Die Soldaten führten in ihrem schweren Marschgepäck also alles mit, was sie während des Einsatzes in fremden Ländern zum Überleben brauchten.

Die Stärke des römischen Heers war der *Nahkampf* in geschlossener Schlachtordnung. Dabei kam den Legionären die Disziplin gut trainierter Berufssoldaten zugute, die ihnen oft eine Überlegenheit gegenüber dem Feind verschaffte.

Das gute Straßennetz im Römischen Reich ermöglichte eine rasche Verlegung der Legionen an gefährdete Grenzabschnitte. Die Truppenbasis bildeten große *Legionslager* im Hinterland, wozu im Rhein- und Donaugebiet z. B. Regensburg, Augsburg, Mainz, Bonn oder Xanten zählten. Kleinere Trup-

Lehnswesen

Es entstand im 8. Jh. im Frankenreich und bildete die Grundlage der politisch-gesellschaftlichen Ordnung des Mittelalters.

Der König *(Lehnsherr)* verlieh seinen Gefolgsmännern Land und Leute als *Lehen*. Dafür schuldete der *Lehnsmann* (Vasall) seinem *Lehnsherrn* lebenslange Treue, Gefolgschaft und Waffendienst. Mächtige Lehnsleute verliehen Grundbesitz an Untervasallen weiter.

Die Lehenspyramide im Mittelalter: an der Spitze der König, danach Bischöfe und Äbte, gefolgt von Fürsten und Rittern. Getragen wird die Pyramide von den arbeitenden Bauern, deren Abgaben und Dienste erst das standesgemäße Leben der Lehnsträger ermöglichen.

Da Lehen frühzeitig erblich wurden, erlangten Lehnsleute, die über Einfluss und ausgedehnten Besitz verfügten, allmählich eine starke Machtposition gegenüber dem König. Das führte im Deutschen Reich zu einer Schwächung der zentralen Staatsgewalt. Auch die Könige erkannten die ihnen drohende Gefahr. So versuchten die ➡ Salier und ➡ Staufer im 11. und 12. Jh., unfreie *Dienstmannen,* die nicht lehnsfähig waren, mit der Verwaltung des Reichsgutes zu beauftragen. Doch auch diese ➡ Ministerialen glichen sich im Lauf der Zeit dem Adel an und stiegen in den ➡ Ritterstand auf.

Leibeigenschaft
Eine Form persönlicher Abhängigkeit. Der Leibeigene war unfrei, aber kein privatrechtliches Eigentum wie der Sklave. Er gehörte zum Gesinde eines *Herrenhofes* (➡ Fronhof), musste seinem Leibherrn eine jährliche

Kopfsteuer zahlen und ➡ Frondienste leisten. Auch sein Privatleben war unfrei: er durfte nicht ohne Genehmigung heiraten und nach seinem Tod hatten die Erben dem Leibherrn besondere Abgaben zu leisten.

Leninismus s. Bolschewismus

Liberalismus
In der ➡ Aufklärung wurzelnde politische Bewegung, die im 19. und zu Beginn des 20. Jh. Bedeutung erlangte. Im Zentrum liberaler Vorstellungen steht das Recht des Einzelnen auf freie Entfaltung gegenüber staatlicher Bevormundung, was der Liberalismus als grundlegende Norm des menschlichen Zusammenlebens betrachtet.
Zu den Forderungen des Liberalismus zählen Glaubens- und Meinungsfreiheit, Sicherung der bürgerlichen Grundrechte, Rechtsgleichheit und die Mitwirkung an po-

Straßenkampf vor der Frankfurter Paulskirche 1848.

litischen Entscheidungen. Der → Wirtschaftsliberalismus fordert einen freien Wettbewerb ohne staatliche Eingriffe und Zollschranken. Im staatlich noch nicht geeinten Deutschland des 19. Jh. verband sich der Liberalismus mit der *nationalen* Bewegung, da sich deren Forderungen mit seinen politischen Zielen deckten. So entsprach der Wunsch nach einem einheitlichen nationalen Wirtschaftsraum ohne Zollschranken, wie er zu großen Teilen 1834 im → Deutschen Zollverein verwirklicht wurde, seinen Vorstellungen. Auch deckte sich die Idee des *Rechtsstaats* und einer *Volksvertretung* mit seinen Intentionen. Es ist daher nicht verwunderlich, dass das *Frankfurter Parlament* der Paulskirche 1848/49 eine außerordentlich enge Verbindung von *nationalen* und *liberalen* Vorstellungen zeigte.
Während die liberalen Parteien in allen Parlamenten des 19. Jh. noch eine bedeutende Rolle spielten, nahm ihr Einfluss in der Industriegesellschaft des 20. Jh. erheblich ab. Neue wirtschaftliche und rechtliche Bindungen bewirkten eine Krise des Liberalismus, von der er sich nie mehr vollständig erholte. In Staaten mit totalitären Gesellschaftssystemen wie dem Kommunismus oder Nationalsozialismus wurde der Liberalismus stets als Feind betrachtet und ideologisch scharf bekämpft.

Liga s. Union

Liktor(en)
Römische Bürger, die höheren → Magistraten als Amtsdiener zugeordnet waren. Sie schritten ihnen in der Öffentlichkeit voran und trugen als Zeichen der Amtsgewalt ein Rutenbündel mit Richtbeil *(fasces)*. Die Liktoren erledigten niedrige Amtspflichten im Auftrag der Magistrate wie Vorladungen, Verhaftungen oder Geißelungen.

Limes
Befestigte Grenzlinie des Römischen Reichs in besonders gefährdeten Gebieten. Dabei konnte es sich wie beim *Obergermanischen Limes,* der vom rheinischen Remagen bis Lorch reichte, um einen Schutzwall mit Palisadenzaun handeln. Es konnte aber auch wie beim *Rätischen Limes,* der von Lorch nach Castra Regina (Regensburg) führte, eine hohe Steinmauer sein.
Verstärkt wurden diese Grenzbefestigungen durch Wachtürme, die in Sichtweite von etwa 500 bis 1000 Metern standen. Weiterhin durch → *Kastelle,* die sich als ständige römische Militärlager dicht hinter der Grenze befanden.
Besonders umfangreiche Grenzbefestigungen gab es neben Germanien noch in Britannien (Hadrianswall, 120 km lang, ab 122 n. Chr. auf Befehl von Kaiser HADRIAN erbaut), in der Provinz Dakien (etwa das heutige Rumänien) sowie in Nordafrika.

Locarno-Verträge
In Locarno unterzeichneten am 16. 10. 1925 Frankreich, England, Belgien, Italien und Deutschland einen Vertrag, in dem Deutschland den → *Vertrag von Versailles* ausdrücklich anerkannte und die Unverletzlichkeit der Westgrenze bestätigte. Gegenüber der Tschechoslowakei und Polen erfolgte zwar keine endgültige Anerkennung der Ostgrenze, doch verpflichtete sich Deutschland zu einer friedlichen Regelung eventueller Revisionen. Die Verträge führten zum Eintritt

L

Grenzstation am Limes (Rekonstruktionszeichnung).

Deutschlands in den ➡ *Völkerbund* und leiteten eine Entspannung in Europa ein. Verantwortlich für den erfolgreichen Verlauf der Konferenz waren vor allem der deutsche Außenminister GUSTAV STRESEMANN und sein französischer Amtskollege ARISTIDE BRIAND. Beide Politiker erhielten für ihre Aussöhnungspolitik den Friedensnobelpreis.

Lokator s. Ostsiedlung

LPG
Nach dem Vorbild der Sowjetunion führte auch die DDR die ➡ Kollektivierung der Landwirtschaft durch. Bäuerliche Betriebe wurden ab 1952 – zunächst auf freiwilliger Basis – zu *Landwirtschaftlichen Produktionsgenossenschaften* (LPG) zusammengeschlossen, der Boden einheitlich bestellt und gemeinsam bewirtschaftet.
Da die Mehrzahl der Bauern in der Kollektivwirtschaft keine Alternative zur traditionellen Produktions- und Lebensweise sah, blieb der Zustrom enttäuschend gering. 1959 erhöhte sich daher der staatliche Druck mit Hilfe verschärfter Gesetze über die LPG. Agitationstrupps zogen im Auftrag der SED über die Dörfer um die Bauern zum Eintritt zu bewegen. Ihr Widerstand wurde jetzt gewaltsam gebrochen und es kam zu erzwungenen Eintritten in die LPG.

Luxemburger
Herrscherfamilie, die sich nach der 963 erbauten *Lützelburg* – dem späteren *Luxemburg* – benannte und noch im 13 Jh. nur eine bescheidene Machtstellung im deutsch-französischen Grenzraum zwischen Maas und Mosel einnahm.
Der Aufstieg des Hauses begann mit Graf HEINRICH IV. von Luxemburg. Unter tatkräf-

DEM SOZIALISMUS GEHÖRT DIE ZUKUNFT

WERKTÄTIGE EINZELBAUERN WERDET MITGLIEDER DER LPG

Die Zwangskollektivierung: Nur widerwillig übergaben Bauern in den 50er Jahren Höfe und Ackerland so genannten „Landwirtschaftlichen Produktionsgenossenschaften" (LPG). DDR-Plakat, 1958.

L

tiger Mithilfe seines jüngeren Bruders, des Trierer Kurfürsten und Erzbischofs BALDUIN, wurde er 1308 als HEINRICH VII. zum König gewählt und im Jahr 1312 vom Papst in Rom zum Kaiser gekrönt. Von größter Bedeutung war jedoch der Erwerb des *Königreichs Böhmen,* womit HEINRICH VII. den Luxemburgern eine eigene ➡ Hausmacht im Osten des Reichs verschaffte.

Eine unmittelbare Nachfolge seines Sohns JOHANN konnte HEINRICH VII. im Reich nicht durchsetzen. Da sich die ➡ Kurfürsten nach seinem Tod jedoch auf keinen Thronfolger einigen konnten, kam es 1314 zu einer Doppelwahl.

Während die einen den Habsburger FRIEDRICH DEN SCHÖNEN wählten, riefen die anderen den Wittelsbacher LUDWIG DEN BAYERN zum König aus. Die ungeklärte Königswahl führte zu einem Bürgerkrieg im Reich, den LUDWIG DER BAYER erst 1322 in der *Schlacht bei Mühldorf* – der letzten großen

Heinrich VII.
von Luxemburg
(1274–1313).

Europa um 1400

- ▬▬▬ Reichsgrenze
- ▢ Luxemburger
- ▢ Habsburger
- ▢ Wittelsbacher
- ▢ Haus Anjou

Kgr. Norwegen

Kgr. Schottland

Kgr. Schweden

Irland
Dublin

Kgr. England
London

Nordsee

Kgr. Dänemark
Kopenhagen

Os

Bremen
Lübeck
Brandenb.

Brügge
Köln
Leipzig

Luxem-bg.
Frankfurt
Böhmen
Prag

Nürnb.

Paris
Anjou
Orléans

Baiern
München
Österreich
Wien

Loire

Dijon
Burgund
Bidgen

Kgr. Frankreich
Bordeaux

Savoyen Mailand

Venedig

Kr

Leon
Toulouse
Avignon

Provence Genua
Florenz
Kirchen-staat

Kgr. Navarra

Ad

Rom

Lissabon
Kgr. Portugal
Tejo
Madrid

Kgr. Aragon
Barcelona
Korsika
Kgr. Neap

Kastilien
Balearen
Neapel

Sardinien

Kgr. Granada Granada

Tanger

Mittelmeer

Palermo
Kgr. Sizilien

Algier
Tunis

0   500 km

Ritterschlacht auf deutschem Boden – für sich entschied.

Mit Kaiser KARL IV. gelangte 1346 wieder ein Luxemburger auf den Thron. KARL bestimmte *Prag* zu seiner Residenz, baute die Stadt prachtvoll aus und machte sie zum geistigen Mittelpunkt des Reichs. Daneben konzentrierte sich seine Politik auf den Ausbau der Hausmacht, die er durch den Erwerb *Brandenburgs* und *Schlesiens* gewaltig stärkte. Große Bedeutung erlangte sein Reichsgrundgesetz zur deutschen Königswahl, die 1356 erlassene ➡ *Goldene Bulle,* die bis zum Ende des alten Reichs gültig blieb.

Nach KARLS Tod folgte 1378 sein Sohn WENZEL. Er versuchte vergeblich die erfolgreiche Politik seines Vaters fortzusetzen und wurde im Jahr 1400 als „unnützer König" von den Kurfürsten abgesetzt. Zum Nachfolger bestimmten sie König RUPRECHT aus dem Haus der Pfalzgrafen, doch gelangte nach dessen Tod 1410 erneut ein Luxemburger auf den Thron: Kaiser SIGMUND, ein Bruder des im Jahr 1400 abgesetzten Königs WENZEL. SIGMUND hatte zu seinem sonstigen Besitz im Jahr 1387 noch *Ungarn* erheiratet, sodass die Luxemburger über eine gewaltige Ländermasse als Hausmacht verfügten.

In SIGMUNDS Regierungszeit fiel auch das 1414 einberufene *Konstanzer Konzil,* das unter seiner Leitung die abendländische *Kirchenspaltung* (➡ Schisma) beendete. Ihm lasteten die Tschechen aber auch die während des Konzils erfolgte Verbrennung von JAN HUS an, dem SIGMUND freies Geleit zugesichert hatte. Dies löste in *Böhmen* schwere Unruhen aus, die zu den zerstörerischen ➡ Hussitenkriegen führten.

Mit SIGMUNDS Tod 1437 starben die Luxemburger in männlicher Linie aus. Seine Tochter ELISABETH heiratete Sigmunds Nachfolger, König ALBRECHT II. aus der Familie der ➡ Habsburger, die mit dem luxemburgischen Erbe ihre eigene Hausmacht bedeutend vergrößerten.

Karl IV. als deutscher König von Böhmen, Siegel von 1349.

M

Magister

Während der römischen Kaiserzeit Titel verschiedener Hofbeamter und anderer Würdenträger wie z. B.: Magister officiorum (Leiter der kaiserlichen Zentralverwaltung); Magister cubicularium (Kämmerer); Magister civitatis (Bürgermeister); Magister militum (Heermeister, Oberbefehlshaber des römischen Heers). Im Mittelalter war „Magister" der höchste wissenschaftliche Grad einer Universität, an der man den Universitätslehrer erkannte.

Magistrat

Bezeichnung der durch Wahl berufenen *Beamten* im römischen Staat und des Amtes selbst. Die Magistrate übten ihr Amt ehrenhalber und unentgeltlich aus. Da jedoch hohe Aufwendungen für repräsentative Pflichten erforderlich waren, konnten nur reiche Bürger genug Geld aufbringen um Ämter zu übernehmen. Für alle Magistrate galt der Grundsatz der ➡ Annuität (einjährige Amtszeit) und ➡ Kollegialität (Besetzung eines Amtes mit mehreren Beamten), was einen Machtmissbrauch verhindern sollte. Die Magistrate konnten nach Ablauf ihrer Amtszeit einen Sitz im ➡ Senat einnehmen. In der Kaiserzeit verloren die Magistrate ihre politische Bedeutung.

Magna Charta Libertatum
(lat. Große Freiheitsurkunde)

Im Jahr 1215 musste der schwache König *Johann I.* „Ohneland" den englischen Baronen, den hohen Kirchenfürsten und den Abgesandten der Stadt London in dieser Urkunde Freiheiten gewähren und damit Einschränkungen seiner königlichen Gewalt hinnehmen.

Anknüpfend an frühere Gesetze schützte die *Magna Charta* die Freiheit der englischen Kirche und die Rechte der Barone gegen Übergriffe der Krone. Weiterhin enthielt sie Bestimmungen über den Schutz der Bauern, den freien Handel mit ausländischen Kaufleuten sowie präzise Festlegungen über gerichtliche Verfahren und Strafen.

Die *Magna Charta* ist die älteste Verfassungsurkunde Englands. Sie bildete den Ausgangspunkt der späteren politischen Herrschaft des ➡ Parlaments, da sie eine für das Mittelalter ungewöhnliche Vorstellung vertrat: Die Idee, dass das Recht über dem

Die römische Verfassung nach Abschluss der Ständekämpfe.

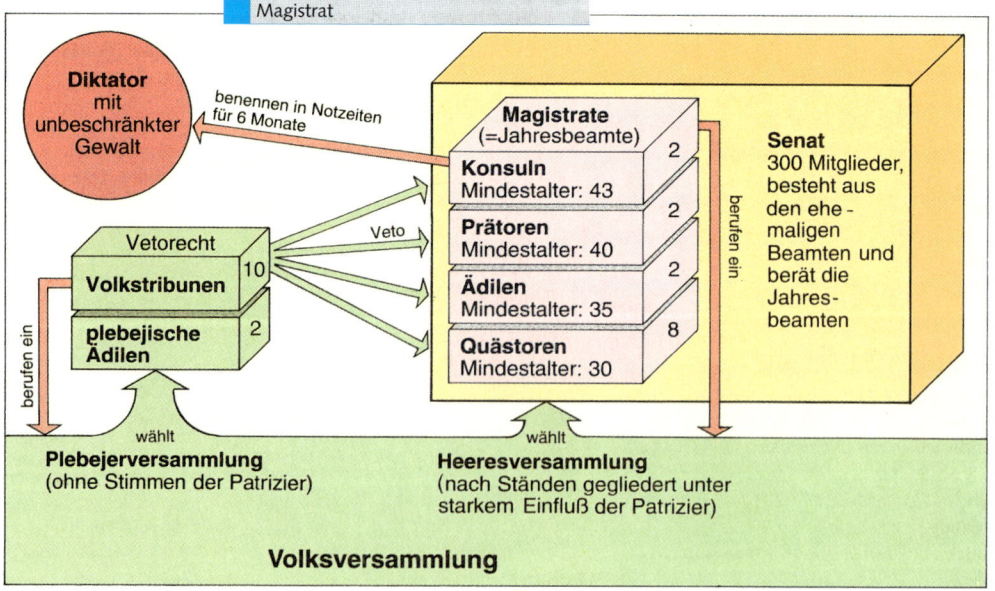

Magistrat

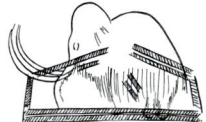

König steht und Vasallen und Freie ein Widerstandsrecht gegen einen das Recht beugenden Herrscher haben.

Mahdiaufstand

Unter „Mahdi" (arab. = „der von Gott Geleitete") verstehen die Muslime den Erlöser, der am Ende der Zeiten die Gerechtigkeit auf Erden wiederherstellt.

Mit MOHAMMED AHMED (um 1843–1885) tauchte ein Mann im ägyptischen *Sudan* auf, der sich als der vom Propheten verheißene Mahdi ausgab und Anhänger um sich sammelte. 1881 führte der Mahdi einen Aufstand gegen die Ägypter an, der als nationale Bewegung der *Nubier* gegen die Fremdherrschaft zu verstehen ist. Die Truppen des Mahdi drängten die ägyptischen Streitkräfte zurück, eroberten 1885 das von den Briten gehaltene *Khartum* und errichteten einen Mahdi-Staat im Sudan. Nach dem Tod des Mahdi 1885 übernahm ABDALLAH die Führung, wurde aber 1898 von der anglo-ägyptischen Armee besiegt.

Mammut

Am Ende der letzten Eiszeit ausgestorbener Elefant. Er wurde etwa 4 m groß, trug ein langhaariges Fell und besaß 5 m lange, gebogene Stoßzähne. Das Mammut war ein begehrtes Jagdtier der eiszeitlichen Menschen.

Die gute anatomische Kenntnis dieser Tiere rührt von einigen Exemplaren her, die man tiefgekühlt und nahezu vollständig erhalten im sibirischen Eis fand.

Mandatsgebiet

Die nach dem Ersten Weltkrieg im Namen des *Völkerbundes* (kraft *Mandats*) von bestimmten Staaten verwalteten Gebiete. Hierzu zählten die ehemaligen deutschen Kolonien sowie vormals türkische Gebiete in Vorderasien. Die Mandatsgebiete durften nicht annektiert und mussten uneigennützig verwaltet werden. Entsprechend dem Entwicklungsstand der Gebiete gab es drei Mandatsformen, die sich vor allem im Hinblick auf die Selbstverwaltung unterschieden.

Manufaktur

(lat. manu facere = mit der Hand machen)
Ein Betrieb, in dem vorwiegend Handarbeit geleistet wurde. Die Arbeit fand allerdings im Gegensatz zum traditionellen Handwerksbetrieb in großen Produktionsräumen mit vielen Arbeitern statt. Zur Steigerung der Produktion teilte man die Herstellung z.B. eines Gewehrs in Einzelschritte auf (Arbeitsteilung).

Im Zeitalter des ➡ Absolutismus gründeten viele ➡ Landesherren Manufakturen um den Bedarf an Waffen und Uniformen zu decken oder durch andere Produkte Handel und Wirtschaft zu beleben.

Mark

(ahd. Marcha = Grenze)
Bezeichnung für Grenzgebiete im Vorland des Reichs, die der militärischen Sicherung des Reichsgebiets dienten. So entstanden zur Zeit der KAROLINGER z.B. die Bretonische Mark, die Spanische Mark oder die Mark Friaul.

Die Einfälle der Slawen und Ungarn seit Ende des 9. Jh. veranlassten OTTO I. das Marksystem zu erneuern. So entstanden an der Ostgrenze z.B. die Nordmark, die sächsische

Eiszeitliche Ritzzeichnung eines Mammuts.

Markt

Der Roland, hier auf dem Bremer Marktplatz, sollte an den Marktfrieden erinnern.

Markt

Der Augsburger Marktplatz im Winter um 1530. Im Zentrum der Stadt, zwischen Rathaus (rechts), Perlachturm (Mitte) und Markthalle (links) pulsiert das Leben.

Ostmark und die Mark Meißen. Aus der Nordmark ging später die Mark Brandenburg hervor, die Mark Meißen wurde zur Keimzelle des späteren Kurfürstentums Sachsen.

Markgraf

Ein mit großen Vollmachten ausgestatteter Fürst, dem eine ➡ Mark unterstand: ein Grenzland des Reichs, das eines starken Schutzes bedurfte. Die Markgrafen hatten eine herzogsähnliche Stellung und stiegen im 12. Jh. zu ➡ Reichsfürsten auf. So z. B. die Markgrafen von Meißen und Brandenburg.

Markt(recht)

(von lat. mercatus). Im frühen Mittelalter entstanden Märkte oft an günstig gelegenen Plätzen, wo Käufer und Verkäufer Waren tauschen konnten. So z. B. am Schnittpunkt wichtiger Straßen, an Flussübergängen, im Schutz von Burgen, in der Nähe großer Klöster oder an geschützten Meeresbuchten. Markttage zogen Händler, Handwerker und Bauern an, sodass sich aus Marktplätzen oft ➡ Städte entwickelten.

Ein Markt konnte nur mit Einwilligung des *Königs* abgehalten werden, der dazu das *Marktrecht* verlieh. Später wurde dieses Recht (➡ Regal) auch von anderen Marktherren wie Fürsten oder Bischöfen gewährt. Der Ort und seine Besucher standen unter dem Gebot des *Marktfriedens*, woran häufig ein auf dem Platz errichtetes Marktkreuz gemahnte. Streitfälle wurden vor dem Marktgericht verhandelt. Da der Marktherr freien Handelsverkehr und die Sicherheit der Wege garantierte, erhob er dafür einen Marktzoll als Entgelt.

Im Laufe des Mittelalters gelangten die mit dem Markt verbundenen Vorrechte meist an die Städte, was eine wesentliche Grundlage ihrer unabhängigen Stellung bildete (➡ Stadt, Stadtrecht).

Marktwirtschaft

Wirtschaftsordnung, die keiner Lenkung durch den Staat unterliegt, sondern dem freien Spiel der Kräfte des Marktes gehorcht. Art und Umfang der erzeugten Güter werden von der Nachfrage bestimmt, die Preisregulierung erfolgt im Wettbewerb mit Konkurrenzprodukten.

Voraussetzungen einer Marktwirtschaft sind Privateigentum, Gewerbe- und Vertragsfreiheit, freie Berufs- und Arbeitsplatzwahl sowie ein freier Wettbewerb. Das Gegenmodell zur Marktwirtschaft ist die ➡ Planwirtschaft. Bei einer *sozialen Marktwirtschaft,* wie sie z. B. in Deutschland praktiziert wird, trifft der Staat Vorkehrungen um negative Auswirkungen des freien Wettbewerbs auf die Bevölkerung zu korrigieren. Das geschieht durch eine entsprechende Sozialpolitik, eine Wettbewerbsordnung sowie weitere flankierende Maßnahmen. So z. B. eine Strukturpolitik für wirtschaftlich unterentwickelte Regionen oder eine Konjunkturpolitik zur Dämpfung von Konjunkturschwankungen. Ziel dieser Maßnahmen ist eine gleichmäßigere Einkommensverteilung, der Schutz sozial schwacher Schichten sowie die Verhinderung von Wettbewerbsverzerrungen durch Monopole oder Kartelle (Bundeskartellamt).

Marokkokrisen

1904 verständigten sich Frankreich und Großbritannien in einem Abkommen auf eine Abgrenzung ihrer Interessensphären in *Afrika.* Frankreich verstärkte daraufhin seine Vormachtstellung in *Marokko,* was die deutsche Regierung zu verhindern suchte. Um Deutschlands Mitspracherecht zu unterstreichen besuchte Kaiser WILHELM II. in provokanter Weise 1905 die Stadt *Tanger,*

Marktwirtschaft

Bundeswirtschaftsminister Ludwig Erhard gilt als Begründer der sozialen Marktwirtschaft (Karikatur 1959).

wo er Gespräche mit dem marokkanischen Sultan führte.

Zur Entschärfung dieser *1. Marokkokrise* kam es 1906 auf deutsches Drängen zu einer Konferenz in *Algeciras,* an der die europäischen Kolonialmächte sowie die USA teilnahmen. Die Ziele der deutschen Regierung blieben freilich unerfüllt, denn die Konferenz führte zur Isolierung des Deutschen Reichs und zur Festigung der ➡ Entente cordiale zwischen Frankreich und Großbritannien.

Die Besetzung der marokkanischen Städte Rabat und Fes durch französische Truppen führte 1911 zur *2. Marokkokrise.* Um militärische Stärke zu demonstrieren und Kompensationen einzufordern entsandte die deutsche Regierung das Kanonenboot „Panther" in den nordwestafrikanischen Hafen Agadir (*„Panthersprung nach Agadir"*). Der Marokko-Kongo-Vertrag legte die Krise durch einen Kompromiss bei: Frankreich errichtete ein ➡ Protektorat über Marokko und besetzte das Land. Im Gegenzug trat es Gebiete am Kongo an die deutsche Kolonie Kamerun ab. Da die *2. Marokkokrise* Frankreich und England zu einer noch engeren Zusammenarbeit im Rahmen der *Entente cordiale* veranlasste, war sie für Deutschland letztlich ein diplomatischer Misserfolg.

Karl Marx
(1818–1883).

M

Marxismus

Hilfe aus dem Marshallplan 1948-1952 (in Mio. $)	
Großbritannien	3443
Frankreich	2806
Italien	1548
Deutschland	1413
Niederlande	1079
Griechenland	694
Türkei	243

419G

Marshallplan

Auf Anregung des amerikanischen Außenministers GEORGE MARSHALL entwickeltes
„Europäisches Wiederaufbauprogramm", das
die USA 1947 als Wirtschaftshilfe für das
kriegszerstörte Europa einleiteten. Die Westeuropa zufließenden Mittel umfassten Rohstoffe, Maschinen, Nahrungsmittel sowie
Kredite und waren die Grundlage eines Neu-
anfangs.
Die sozialistischen Ostblockstaaten lehnten
den Marshallplan unter sowjetischem Druck
ab und gründeten unter Führung der UdSSR
1949 den ➡ Rat für gegenseitige Wirtschaftshilfe (RGW).

Marxismus

Bezeichnung für die von KARL MARX und
FRIEDRICH ENGELS im 19. Jh. begründete
Theorie des wissenschaftlichen ➡ Sozialismus. Zentrale Grundlage ist der „Historische
Materialismus", der von der Notwendigkeit
einer sozialistischen Gesellschaftsordnung
ausgeht, die das Ergebnis der internationalen sozialen und wirtschaftlichen Entwicklung ist (vgl. hierzu ➡ Klassenkampf, Kommunismus).
Zu den theoretischen Grundlagen des Marxismus zählt ferner die „Kritik der politischen Ökonomie", in der KARL MARX die kapitalistischen Produktionsweisen und ihre
Auswirkungen auf die gesellschaftlichen
Verhältnisse untersucht (➡ Kapitalismus).

Mauren

Mauri nannten einst die Römer die Berber-
stämme Nordafrikas, eine Bezeichnung, die
später auf alle *Moslems* im Maghreb über-
ging. Auch die Araber, die 711 die Iberische
Halbinsel eroberten und ein blühendes Reich
gründeten, wurden als *Mauren* bezeichnet.
Die christliche ➡ Reconquista setzte der islamischen Herrschaft Anfang des 13. Jh. ein
Ende. Lediglich das muslimische Königreich
Granada bestand bis zu seiner Eroberung
1492 fort. Die meisten Mauren wurden aus
Spanien vertrieben, der verbleibende Rest

M

zwangschristianisiert. Die zwangsbekehrten spanischen Mauren bezeichnet man als *Moriskos*.

Mediatisierung

Beseitigung der Selbstständigkeit kleinerer weltlicher Reichsstände (z. B. Grafschaften, Reichsritter) und ihre Unterwerfung unter die Landeshoheit anderer ➡ Territorien.

Die Mediatisierung erfolgte seit 1803 durch den ➡ Reichsdeputationshauptschluss zur Entschädigung jener Fürsten, deren linksrheinische Gebiete an Frankreich gefallen waren. Dies bedeutete eine völlige Umgestaltung der politischen Landkarte Deutschlands, da die Kleinstaaterei mit nahezu 400 selbstständigen Territorien ein Ende fand.

Ziel der unter französischem Druck erfolgten Mediatisierung war ferner die Schaffung weniger mittelgroßer deutscher Staatsgebilde, die NAPOLEON 1806 im ➡ Rheinbund zusammenfasste. Sie sollten – bei Abhängigkeit von Frankreich – ein „drittes Deutschland" bilden, das ein Gegengewicht zu *Preußen* und *Österreich* darstellen konnte.

Menschen- und Bürgerrechte

In der ➡ Aufklärung entstandene Überzeugung, wonach jeder Mensch unantastbare Rechte besitzt, die der Staat achten und schützen muss. Hierzu zählen das Recht auf Gleichheit, Unversehrtheit, Eigentum, Meinungs- und Glaubensfreiheit, Widerstand gegen Unterdrückung (➡ Naturrecht).

Diese Rechte wurden erstmals im Jahr 1776 in der amerikanischen ➡ Unabhängigkeitserklärung verkündet und 1789 während der *Französischen Revolution* von der Nationalversammlung angenommen. Die Menschenrechte sind seither Bestandteil aller demokratischen Verfassungen (➡ Grundrechte).

Merkantilismus

(lat. mercator = Kaufmann)

Die staatlich gelenkte Wirtschaftsform des ➡ Absolutismus.

Um die Macht des Staates zu vergrößern und die Mittel für das ➡ Stehende Heer, die ➡ Beamten und den höfischen Prunk aufzubringen, musste durch intensiven Handel möglichst viel Geld ins Land kommen und möglichst wenig das Land verlassen. Die Regierung erhöhte daher die Ausfuhr von *Fertigwaren* in andere Länder und erschwerte durch hohe *Zölle* die *Einfuhr* ausländischer Produkte. Durch den Aufbau eines *Kolonialreichs* kam man an billige Rohstoffe.

Die Regierung förderte Unternehmer und qualifizierte Arbeiter, die in den neuen ➡ Manufakturen Exportwaren produzierten.

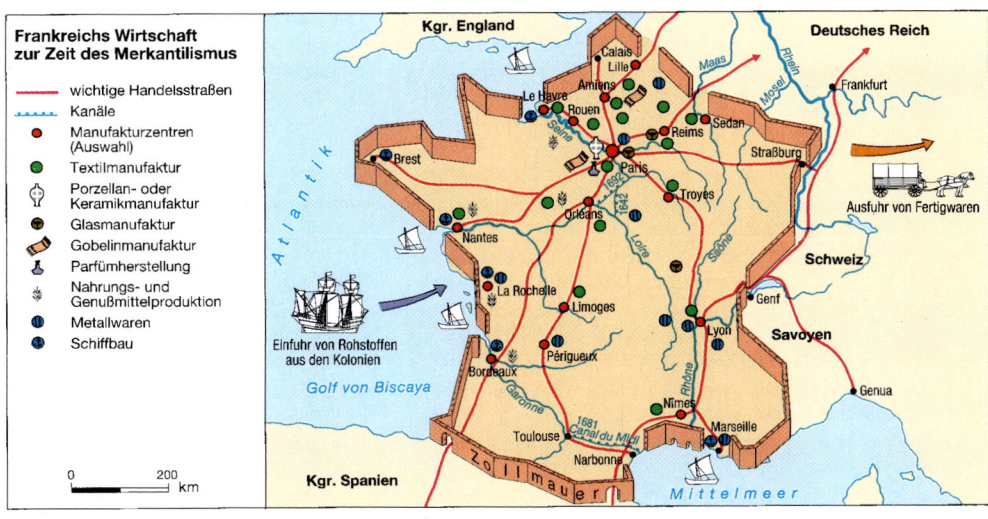

Frankreichs Wirtschaft zur Zeit des Merkantilismus

— wichtige Handelsstraßen
····· Kanäle
● Manufakturzentren (Auswahl)
● Textilmanufaktur
⚱ Porzellan- oder Keramikmanufaktur
● Glasmanufaktur
✎ Gobelinmanufaktur
🏺 Parfümherstellung
🌾 Nahrungs- und Genußmittelproduktion
● Metallwaren
● Schiffbau

0   200 km

Einfuhr von Rohstoffen aus den Kolonien

Ausfuhr von Fertigwaren

Kgr. England · Deutsches Reich · Calais · Lille · Maas · Rhein · Frankfurt · Le Havre · Amiens · Rouen · Mosel · Seine · Brest · Reims · Sedan · Straßburg · Paris · Troyes · Orléans · Nantes · Schweiz · La Rochelle · Loire · Genf · Limoges · Lyon · Savoyen · Périgueux · Bordeaux · Genua · Nîmes · Toulouse · Marseille · Narbonne · 1681 Canal du Midi · Garonne · Rhône · Mittelmeer · Atlantik · Golf von Biscaya · Kgr. Spanien · Zollmauer

M

Merowingische Gold-
münze (5. oder 6. Jh.).
Die Schrift hat keine
Bedeutung, denn sie
wurde unverstanden
römischen Schriftzei-
chen nachgebildet.

Im Inland beseitigte der Staat Handels- und
Gewerbeschranken durch den Ausbau der
Verkehrswege (insbesondere Kanäle), einheitliche Währung, Maße und Gewichte sowie durch Beseitigung von Zöllen und Zunft-
ordnungen.

Merowinger

Fränkisches Königsgeschlecht, das der Überlieferung zufolge von MEROWECH abstamm-
te, einem Kleinkönig der salischen → Franken aus dem 5. Jh. v. Chr.
Der Aufstieg der Merowinger begann mit
CHLODWIG I. (reg. 482–511), der die Macht-
grundlage des *Frankenreichs* schuf und seine Familie zur unumschränkten Alleinherrschaft führte. Zunächst einer von vielen fränkischen Kleinkönigen zwischen Schelde und
Niederrhein eroberte er 486 die Reste des
römischen *Galliens* von SYAGRIUS und stieß
bis zur Loire vor. 507 besiegte er das *Reich
der Westgoten* (→ Goten) um Toulouse und
gewann damit Südfrankreich. Durch skru-
pellose Beseitigung anderer Teilkönige einigte er schließlich die Franken unter seiner
Herrschaft und besetzte nach einem Sieg
über die *Alemannen* auch Südwestdeutschland.
CHLODWIGS Übertritt zum *katholischen*
Christentum, der Weihnachten 498 in *Reims*
erfolgte, war politisch geschickt inszeniert.
Er ermöglichte das Zusammenwachsen von
Franken und Gallorömern, verschaffte den
Merowingern kirchlichen Rückhalt bei ihrer
Expansion gegenüber den → arianischen
Germanenstaaten und bewirkte schließlich
die große Stabilität des von CHLODWIG be-
gründeten Frankenreichs.

Grabstein eines fränki-
schen Kriegers aus
dem 7. Jh.

Nach CHLODWIGS Tod im Jahr 511 setzten
Reichsteilungen und Bruderkriege ein, welche die Stellung der Merowinger schwäch-
ten. Damals bildeten sich auch die großen
Reichsteile *Austrien, Neustrien* und *Burgund*
heraus, die von verschiedenen Linien der
Merowinger regiert wurden und in ständige
Fehden miteinander verstrickt waren.
Nutznießer dieser Kämpfe waren die →
Hausmeier, die an der Spitze der Reichsaris-
tokratie standen, wichtige Hofämter bekleideten und das Reich verwalteten. Sie übten
bald die tatsächliche Regierungsgewalt aus
und ließen die unfähigen Merowinger zu
Schattenkönigen werden.
Im Jahr 687 wurde das Amt des Hausmeiers
in der Familie der → Karolinger erblich, die
das Frankenreich erneut einten. Mit päpstlicher Zustimmung setzten sie den letzten Merowinger ab und begründeten im Jahr 751
eine eigene fränkische Königsdynastie.

Metallzeit

Bezeichnung des Abschnitts der Vorgeschichte, in dem die Metallgewinnung und
-verarbeitung die Steinbearbeitung (→
Steinzeit) ablöst. Innerhalb der Metallzeit
unterscheidet man die → *Bronzezeit* und die
→ *Eisenzeit.*

Metöken

(griech. = *Mitbewohner*)
Name der freien Bewohner Athens, die keine attischen Bürger waren. Gegenüber anderen Fremden genossen sie bestimmte Vorrechte und waren, da ihnen Landbesitz verwehrt war, vorwiegend im Handel und
Handwerk tätig. Obwohl sie keine → Bürgerrechte genossen mussten sie Kriegsdienst
leisten und eine Sondersteuer entrichten.

Ministeriale

(=*Dienstleute*)
Weltliche oder geistliche Herren beauftrag-
ten *Ministeriale* mit Hof- und Kriegsdienst
oder mit der Verwaltung ihrer Besitzungen.
Die Könige nahmen für solche Aufgaben oft
Unfreie, da sie ihnen treuer ergeben waren
als die selbstbewussten großen Adligen.

Minoische Kultur

Stierspringer, Wandfresko aus dem Palast von Knossos, um 1500 v. Chr.

M

Die Stauferherrscher versuchten sogar – allerdings erfolglos – mit Hilfe der Ministerialen eine Reichsverwaltung aufzubauen und die Macht des hohen Adels zu brechen. Die Ministerialen glichen sich allmählich dem Adel an und stiegen in den ➡ Ritterstand auf.

Minne
(mittelhd. = Andenken, Gedenken)
Aus der ursprünglichen Wortbedeutung entwickelte sich schon früh die Bedeutung „liebendes Gedenken", „Zuneigung" und schließlich „Liebe". In der höfischen Kultur des ➡ Rittertums (12. und 13. Jh.) verstand man unter „Minne" die Verehrung einer unerreichbaren Herrin *(Hohe Frouwe)*, der zu dienen dem Ritter Verpflichtung war.
In der ritterlichen Dichtung wurde die Minne zu einem zentralen Motiv, das seinen Ausdruck in den Liebesliedern des Minnesangs fand. Ritterliche – später auch bürger-

liche – *Minnesänger* komponierten diese kunstvollen Lieder und trugen sie an Fürstenhöfen vor. Eine Reihe mittelalterlicher Handschriften (z. B. Manessische Liederhandschrift) hat diese Liebesdichtung bis heute bewahrt.

Minoische Kultur
Hochkultur des Volks der *Minoer* auf der Insel Kreta, die sich um 2100 v. Chr. entfaltete und bis 1400 v. Chr. währte. Seit 1600 ist ein starker Einfluss auf das griechische Festland mit dem Zentrum *Mykene* nachweisbar (➡ mykenische Kultur). Für die Minoer, eine große See- und Handelsmacht, ist eine rege Verbindung zu Vorderasien und vor allem zu Ägypten belegt.
Ein besonderes Kennzeichen der minoischen Kultur sind ihre großen Palastbauten (z. B. *Knossos*), die nicht nur als fürstliche Residenz dienten, sondern zugleich wirtschaftli-

Bonifatius tauft einen Germanen (linke Bildhälfte) und erleidet 754 den Märtyrertod (Buchmalerei, 875).

Statue einer minoi-
schen Muttergöttin.
Die Schlangen in den
Händen symbolisieren
die Verbindung zur
Unterwelt.

che, religiöse und kulturelle Zentren waren. In der Kunst gibt es hervorragende Werke im Bereich der Wandmalerei, der Schmuckverarbeitung und der Keramik. Religiöse Verehrung genossen neben einer Stiergottheit vor allem Erd- und Fruchtbarkeitsgöttinnen, wie überhaupt die Frau über großen gesellschaftlichen Einfluss verfügte.

Die Gründe für den Untergang der *Minoer* um 1400 v. Chr. sind umstritten. Die Hypothesen reichen von einem verheerenden Erdbeben im Gefolge des Vulkanausbruchs auf der Insel *Santorin* über Aufstände im Innern bis hin zu einer Invasion durch griechische Achäer.

Wiederentdeckt wurde die Kultur der *Minoer* erst um 1900 durch den britischen Archäologen ARTHUR EVANS, der Knossos freilegte und das Volk „Minoer" taufte. Wie sie sich selbst nannten ist unbekannt.

Mission

(lat. missio = Sendung)

Im engeren Sinn die Verbreitung einer Religion unter Andersgläubigen. Die christliche Mission begann mit den Wanderpredigten der ➡ Apostel und führte allmählich zur *Christianisierung* des Römischen Reichs durch die Kirche.

Seit dem 7. Jh. kamen angelsächsische und irische Mönche aufs Festland – so z. B. BONIFATIUS im Jahr 716 – um unter den noch heidnischen Germanen zu missionieren. Dabei leisteten sie besonders im *Frankenreich* einen bedeutsamen kulturellen Beitrag.

Mittelmächte

Die im ➡ Ersten Weltkrieg verbündeten Staaten Deutsches Reich und Österreich-Ungarn, später auch die hinzugetretenen Verbündeten Osmanisches Reich und Bulgarien.

Mogul

(persisch mughul = Mongole)

Muslimische Dynastie in *Indien,* die von 1526 bis 1858 regierte und mongolischen Ursprungs war. Ihr Gründer BABUR, ein Nachkomme DSCHINGIS KHANS, eroberte 1526 Nordindien und begründete damit das *Mogulreich.* Sein Enkel AKBAR (1542–1605)

festigte die Herrschaft und bemühte sich vor allem um eine Aussöhnung zwischen *Hindus* und *Moslems.* Unter späteren Herrschern verschärften sich die Gegensätze zwischen beiden Bevölkerungsgruppen, sodass es nie zu einem endgültigen friedlichen Ausgleich gekommen ist.

Seit 1700 zerfiel das Reich und die *Großmoguln* – wie man die Herrscher nannte – waren schließlich nur noch Schattenkaiser. Die wirkliche Macht mussten sie den indischen Fürsten sowie der britischen Kolonialmacht überlassen. 1858 nahmen die Briten einen indischen Aufstand zum Anlass den letzten Großmogul, BAHADUR SCHAH II., abzusetzen.

Monarchie

(griech. = Alleinherrschaft)

Staatsform, in der eine Person mit besonderer Legitimation – der *Monarch* – dauerhaftes Staatsoberhaupt ist.

Die Rechtfertigung der monarchischen Herrschaftsform kann *religiös* abgeleitet sein (Abstammung der Dynastie von den Göttern), sich auf besondere *Heilskräfte* berufen (➡ Königsheil) oder in der Unantastbarkeit des *Erbrechts* wurzeln (Legitimationsprinzip). Durch die allgemein anerkannte und legitimierte Rechtmäßigkeit seiner Herrschaft setzt sich ein Monarch z. B. von einem Diktator ab.

Hinsichtlich des Herrschaftssystems unterscheidet man die *Erbmonarchie,* in der die Herrschaft beim Tod des Monarchen kraft Thronfolgeordnung auf den erbberechtigten Nachfolger übergeht, von der *Wahlmonarchie.* Hier wird der Monarch durch einen Wahlakt berufen, den entweder mächtige Familien oder aber ein Wahlkollegium – im Deutschen Reich des Mittelalters z. B. die ➡ Kurfürsten - vornehmen. Das germanische *Volkskönigtum* kannte auch eine Wahl durch das Volk, bei der sich alle Waffenfähigen versammelten und den König – zumeist durch Akklamation - bestimmten.

Hinsichtlich ihrer Machtbefugnisse unterscheidet man im wesentlichen drei Formen der Monarchie:

1. *Absolute Monarchie:* der Monarch ist bei der Regierung keiner Beschränkung unter-

Mongolen

Dschingis-Chan, persische Miniatur aus dem 13. Jh.

Im Westen stießen mongolische Heere bis Vorderasien vor, eroberten den Iran und fielen wenig später in die Ukraine ein. Als DSCHINGIS-CHAN 1227 starb, hinterließ er ein mächtiges Reich, das von China bis zum Schwarzen Meer reichte.

Dieses Reich teilten seine Söhne unter sich auf und gewannen weitere Gebiete hinzu. So unterwarf die *Goldene Horde* unter BATU, einem Enkel DSCHINGIS-CHANS, 1236–40 weite Teile Südrusslands und machte das Land für 250 Jahre tributpflichtig. Für das russische Volk war diese Zeit eine schwere Prüfung, die bis in die Neuzeit nachwirkte.

Wenig später erschienen die Mongolen mit einem Reiterheer in Schlesien und vernichteten in der *Schlacht bei Liegnitz* 1241 ein deutsch-polnisches Heer. Nur der Tod des Großkhans ÖGEDEI, der die Rückkehr aller Heerführer in die Mongolenresidenz *Karakorum* erforderte, bewahrte Deutschland vor einer mongolischen Invasion.

Längeren Bestand hatte unter allen Mongolenstaaten allein das *Reich der Großmoguln* in Indien, dessen Untergang erst die Kolonialmacht Großbritannien 1857 herbeiführte. Im Iran brach das Mongolenreich der *Ilchane* zwar 1353 zusammen, doch setzte sich wenig später der mongolische Eroberer TIMUR (auch TIMUR LENG oder TAMERLAN = „Timur der Lahme") an ihre Stelle. Er residierte in *Samarkand*, das er glanzvoll mit Palästen, Moscheen und Gärten ausstattete. Dennoch war TIMUR gefürchtet wegen seiner blutigen Eroberungszüge in Vorderasien, die verbrannte Städte, zerstörte Kirchen und ermordete Einwohner hinterließen.

Nach seinem Tod 1405 wurde TIMUR in *Samarkand* bestattet, wo sich noch heute sein Mausoleum befindet. Seine kunstsinnigen und am Krieg wenig interessierten Nachkommen herrschten noch bis zum Jahr 1507 im Iran.

worfen und sieht sich in seinem Selbstverständnis allein Gott gegenüber verantwortlich (➡ Absolutismus).

2. *Konstitutionelle Monarchie:* Der Monarch ist an eine ➡ Verfassung – eine Konstitution – gebunden, welche die Beteiligung einer Volksvertretung bei der Gesetzgebung vorsieht.

3. *Parlamentarische Monarchie:* Die Staatsgewalt liegt allein beim ➡ Parlament, während der Monarch lediglich repräsentative Funktionen besitzt.

Mönch s. Orden

Mongolen

Nomadisches Volk in Zentralasien, das sich in den Steppengebieten südöstlich der Flüsse Onon und Kerulen in der nach ihnen benannten *Mongolei* herausbildete. In Europa und zeitgenössischen chinesischen Quellen bezeichnete man die Mongolen auch als *Tataren*, vermutlich nach einem so benannten Teilstamm des Volks.

Die Einigung der mongolischen Stämme erfolgte unter DSCHINGIS-CHAN, den Begründer des mongolischen Großreichs. Ursprünglich Sohn eines kleinen Stammesfürsten unterwarf er 1206 die Mongolei, eroberte 1215 Peking und anschließend weite Teile Nordchinas. Bis 1280 hatten mongolische Reiterheere ganz China besetzt.

Monroe-Doktrin

Die 1823 von Präsident JAMES MONROE (1758–1831) dargelegten Grundsätze der amerikanischen Außenpolitik. Im Zentrum steht die strikte Trennung amerikanischer

Die zur Moschee umgebaute Hagia Sophia in Istanbul, Vorbild aller Kuppelmoscheen.

Moschee

MOSCHEE

Gebetsnische (Mihrab) in der Moschee von Kairouan aus dem Jahr 862.

und europäischer Angelegenheiten und die Abwehr jeder Einmischung europäischer Mächte auf dem amerikanischen Kontinent.

Moschee

(aus arab. Masdschid = Gebetsort)
Gotteshaus des Islam, in dem sich die Muslime zum Gebet an den fünfmal täglich stattfindenden Gebetsgottesdiensten treffen. Jeden Freitag findet ein großer Predigtgottesdienst statt.
Die Moschee ist ein großes, gelegentlich durch Säulen unterteiltes Gebäude, in dem die *Gebetsnische* (Mihrab) die Gebetsrichtung nach Mekka (Kibla) angibt. Rechts davon steht der *Predigtstuhl* (Mimbar) sowie ein Koranständer. Der Boden ist mit Teppichen bedeckt, die man nur barfuß betreten darf. Da der Islam die Darstellung von Menschen verbietet, enthält eine Moschee keine religiösen Bilder oder Statuen. Stattdessen gibt es vielfach kunstvolle Ornamente, welche Wände und Decken überziehen. Im Vorhof der Moschee befinden sich Waschanlagen oder ein *Brunnen* für die rituelle Reinigung. Dem äußeren Bau angefügt ist ein *Minarett*, ein Turm für den *Muezzin* – den Gebetsrufer –, der vor Gottesdiensten seine Stimme laut erschallen lässt. Heute übernimmt oft ein Tonband mit Lautsprecher diese Aufgabe.

Die älteste Form der Moschee ist die *Hof-Moschee.* Sie besitzt einen großen, nicht überdachten Innenhof, den ein Säulengang umzieht. Daran schließt sich ein großer, mehrschiffiger Betsaal an. Der zweite Bautyp ist die *Kuppelmoschee.* Vorbild hierfür war die christliche Kirche HAGIA SOPHIA, welche die oströmischen Kaiser in Konstantinopel errichteten. Nach diesem Vorbild entwickelten die Osmanen einen Zentralbau mit großer Kuppel, der von 1–4 schlanken Minaretten begleitet wird.

Mumie

Eine durch Austrocknung oder entsprechende chemische Behandlung (Einbalsamierung) vor Verwesung geschützte Leiche.
Im alten Ägypten ist das Verfahren der Mumifizierung seit Beginn des 3. Jahrtausends

Mumie des Pharao Ramses II.

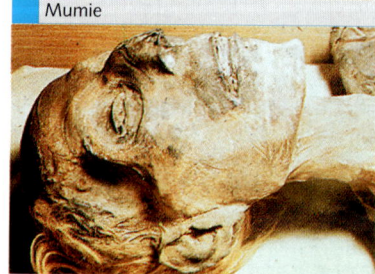

Mumie

Moschee

v. Chr. bezeugt. Nach der Entfernung von Gehirn und Eingeweiden – die man gesondert beisetzte – wurde der Körper etwa 70 Tage mit Natronsalz behandelt, um dem Gewebe alles Wasser zu entziehen. Die Körperhöhlungen füllte man mit Harz und harzgetränkten Tüchern. Anschließend wurde der ausgetrocknete Körper gewaschen und geölt, sodann mit Binden umwickelt und das Gesicht mit einer Maske bedeckt. Körperöffnungen wie Augen oder Mund wurden mit Wachs verschlossen. Zur Bestattung legte man die Mumie in einen der menschlichen Gestalt ähnelnden bemalten Sarg, der wiederum in den eigentlichen Sarkophag gestellt wurde.

Die aufwendigen Bestattungsriten wurzelten im Glauben der Ägypter. Für sie garantierte nur die Erhaltung des Körpers ein Weiterleben nach dem Tod und sie betrachteten daher die Mumie als schützendes Gehäuse für den Toten, der im Jenseits einen neuen Leib erhielt.

Anfangs wurde die künstliche Mumifizierung nur bei Königen und hohen Beamten angewandt, kam jedoch rasch allgemein in Gebrauch. Verschiedene Geschichtsschreiber – so z.B. HERODOT – haben daher ausführlich über die ägyptische Mumifizierungstechnik berichtet, die von speziell ausgebildeten Fachleuten angewandt wurde.

Münchener Abkommen

Im Rahmen der Friedensverhandlungen von *Versailles* zur Beendigung des Ersten Weltkriegs musste Österreich 1919 den Friedensvertrag von *Saint-Germain-en-Laye* unterzeichnen, der die Auflösung des Vielvölkerstaats *Österreich-Ungarn* besiegelte. Der Vertrag entließ ferner den slawischen Nachfolgestaat *Tschechoslowakei* in die Unabhängigkeit und verfügte die Eingliederung der deutsch besiedelten Randgebiete *Böhmens* und *Mährens* in das tschechische Staatsgebiet.

Diese etwa 3,1 Millionen Menschen umfassende Volksgruppe, für die sich die Bezeichnung *Sudetendeutsche* einbürgerte, fühlte sich gegenüber den Tschechen wirtschaftlich und politisch benachteiligt. Als ungeschickte Maßnahmen der Prager Regierung die Spannungen verschärften, benutzte HITLER dies zu einer hasserfüllten Agitation.

Als er schließlich mit dem Einmarsch in die Tschechoslowakei drohte, spitzte sich die *Sudetenkrise* im Sommer 1938 so bedrohlich zu, dass sich der britische Premierminister CHAMBERLAIN zur Vermittlung veranlasst

Kairorer Moschee mit Minarett und Brunnenhaus.

Der britische Premierminister Chamberlain nach seiner Rückkehr von der Münchener Konferenz 1938.

Münchener Abkommen

Der Einmarsch deutscher Truppen ins Sudetenland am 1. 10. 1938.

sah. Seine Gespräche mit HITLER in Berchtesgaden blieben freilich erfolglos und nach schweren Unruhen im *Sudetenland* trieb die Krise einem neuen Höhepunkt zu.

Um die Gefahr eines kriegerischen Konflikts zu vermeiden beugten sich Frankreich und Großbritannien den Forderungen HITLERS und drängten die Prager Regierung zur Aufgabe des Sudetenlandes (➡ Appeasement-Politik).

So kam es am 29. 9. 1938 zur *Münchener Konferenz,* auf der die Regierungschefs Großbritanniens (CHAMBERLAIN), Frankreichs (DALADIER), Italiens (MUSSOLINI) und Deutschlands (HITLER) die Abtretung des *Sudetenlandes* ans Deutsche Reich besiegelten. Der tschechischen Regierung hatten die vier Großmächte noch nicht einmal eine Gelegenheit zur Mitwirkung zugestanden.

Bereits am 1. 10. 1938 marschierten deutsche Truppen ins *Sudetenland* ein. Für den tschechoslowakischen Reststaat hatten Frankreich und England eine Garantieerklärung abgegeben, die sich jedoch nach HITLERS Einmarsch am 15.3.1939 als völlig wertlos erwies. Er gliederte die *Tschechei* als „Protektorat Böhmen und Mähren" ins Deutsche Reich ein und ließ lediglich die *Slowakei* als abhängigen Satellitenstaat fortbestehen.

Mykenische Kultur

Um 2000 v. Chr. wanderten Frühgriechen auf die Balkanhalbinsel ein. Nach einem Verschmelzungsprozess mit der Urbevölkerung kam es um 1600 v. Chr. zu einer kulturellen Blüte, die aus *Kreta* wichtige Impulse erhielt (➡ minoische Kultur).

Zahlreiche palastartige *Burganlagen* mit mächtigen Ringmauern bildeten die Zentren, von denen aus Fürsten das Land beherrschten. Eine Vormachtstellung besaß vermutlich *Mykene,* doch finden sich auch in *Tiryns, Pylos* oder *Argos* gewaltige Paläste. Eine mächtige *Kriegeraristokratie* bildete die oberste Gesellschaftsschicht, die im 14. Jh. v. Chr. in die Ägäis, nach Kreta und Zypern und an die kleinasiatische Westküste ausgriff. Der Dichter HOMER bezeichnet diese frühen Griechen in seinem Bericht vom *Trojanischen Krieg* als ➡ Achäer.

Um 1200 v. Chr. wurde die mykenische Kultur durch wandernde Völker zerstört, die von Norden hereinbrachen. Ihnen folgte eine neue Welle griechischer Einwanderer, die ➡

Goldene Totenmaske aus Mykene (um 1550 v. Chr.). Sie bedeckte das Gesicht eines bestatteten Fürsten.

Dorier, welche die Bevölkerung unterwarfen. Die mächtigen Paläste sanken in Schutt und Asche und für Griechenland brach eine Zeit des Niedergangs – das „Dunkle Zeitalter" – an, in das erst seit dem 8. Jh. v. Chr. wieder etwas Licht fällt.

Erst die auf der Peloponnes durchgeführten Grabungen HEINRICH SCHLIEMANNS, die 1874 begannen, führten zu einer Wiederentdeckung der lange verschollenen mykenischen Kultur.

Mystik

(von griech. myein = Augen oder Lippen schließen)

Schon immer haben Menschen versucht, durch innere Versenkung und Meditation eine Begegnung mit dem Göttlichen herbeizuführen. Diese Art von Frömmigkeit, die das Geheimnis des Glaubens zu erfassen sucht und auch Visionen oder rauschhafte Zustände erfährt, bezeichnet man als Mystik.

Eine große mystische Bewegung entstand im Europa des späten Mittelalters. Zu den bekanntesten Vertretern zählen die Äbtissin HILDEGARD VON BINGEN (1098–1179), die Dominikaner MEISTER ECKART (um 1260–1328) und HEINRICH SEUSE (1295–1366) und die spanische Nonne TERESA VON AVILA (1515–1582).

Mystik ist jedoch nicht auf das Christentum beschränkt, sondern in vielen Kulten und Religionen zu allen Zeiten anzutreffen. So z. B. bei den Mysterienkulten zu Ehren der griechischen Göttin Demeter in *Eleusis,* oder auch im Buddhismus, Taoismus, Judentum und Islam.

Mythos

Eine über Generationen überlieferte Erzählung, die von urzeitlichen Ereignissen berichtet. Die Mythen handeln zumeist vom Wirken göttlicher Mächte, vom Entstehen und Vergehen der Welt oder vom Ursprung bestimmter Völker und Geschlechter. Obwohl rational nicht beweisbar, erheben sie den Anspruch auf Wahrheit.

Mythen besaßen für die Völker des Altertums eine große Bedeutung und waren Gegenstand kultischer Feiern und magischer Handlungen. So zum Beispiel die Mysterien der Erd- und Fruchtbarkeitsgöttin Demeter, die jährlich in der griechischen Stadt Eleusis begangen wurden.

Nahrungsüberschuss

Die Menschen der *Altsteinzeit,* die als Jäger und Sammler umherstreiften, konnten keine Nahrungsvorräte anlegen. Sie mussten mit leichtem Gepäck dem Wild folgen und waren ständig von Hunger bedroht. Der Übergang zum *Ackerbau* und zur sesshaften Lebensweise leitete jedoch eine entscheidende Veränderung ein. Die Menschen waren nicht mehr vom Jagdglück abhängig, sondern konnten vom Ertrag der bäuerlichen Wirtschaft leben und *Nahrungsvorräte* für schlechte Zeiten anlegen.

Dieser *Nahrungsüberschuss* sicherte erstmals in der Menschheitsgeschichte ein langfristiges Überleben. Zudem konnte er gegen Erzeugnisse der Handwerker eingetauscht werden, die nun in der Lage waren sich ganz auf ihr Handwerk zu konzentrieren. Auf Grund dieser → Arbeitsteilung konnten die ersten Berufe entstehen und sich ein Handel entfalten. Bis zum heutigen Tage bilden die von der Landwirtschaft erzeugten Nahrungsüberschüsse die Grundlage für eine solche soziale Ordnung.

Nationalismus

Meist negativ besetzter Begriff für ein übersteigertes Nationalgefühl und die Überbewertung der eigenen Nation.

Das offizielle Führerbild, das in allen Amtsräumen und Schulen hing.

Nationalsozialismus

Ein Volk, ein Reich, ein Führer!

Nationalkonvent

Französische Nationalversammlung von 1792–95. Der Konvent proklamierte 1792 die *Republik* und entwarf eine nie in Kraft getretene republikanische Verfassung. Sein ausführendes Organ war der → Wohlfahrtsausschuss unter Vorsitz von ROBESPIERRE.

Nationalsozialismus

Nach dem 1. Weltkrieg in Deutschland entstandene rechtsradikale Bewegung, die nationalistische, antimarxistische, expansive und demokratiefeindliche Ziele vertrat.

Der Nationalsozialismus ist eine deutsche Ausformung des → Faschismus, von dem er sich freilich durch besonders radikale Positionen abhebt. So vor allem durch einen übersteigerten Rassenwahn (so genannte „Rassenlehre“), einen extremen → Antisemitismus und die mythische Überhöhung des „arisch-nordischen Herrenmenschen“.

Nach ihrer Machtübernahme im Januar 1933 errichteten die Nationalsozialisten unter ihrem „Führer“ ADOLF HITLER eine *Diktatur.* Das System stützte sich auf einen Terror- und Überwachungsapparat, inhaftierte Gegner und Minderheiten in → Konzentrationslagern und führte Deutschland mit dem 2. Weltkrieg in den Untergang.

Nationalstaat

Als Merkmal einer Nation gelten gemeinsame Abstammung, Sprache, Kultur und Geschichte sowie das Zusammengehörigkeitsgefühl der in einem Gebiet zusammenlebenden Menschen. Die Begriffe *„Nation“* und *„Volk“* sind nicht eindeutig voneinander abzugrenzen und werden häufig synonym gebraucht.

Ein Nationalgefühl entwickelte sich bereits im Mittelalter, vor allem in den westeuropäischen Staaten England, Frankreich und Spanien. Im 19. Jh. verstärkte sich diese Tendenz, besonders bei jenen Völkern, die keine politische Unabhängigkeit erlangt bzw. sie verloren hatten (z. B. Polen, Tschechen, Südslawen, Griechen) oder aufgrund ihrer Geschichte in zahlreiche Einzelstaaten zersplittert waren (z. B. Deutschland und Italien). Sie erhoben die Forderung nach einem

Nationalsozialismus

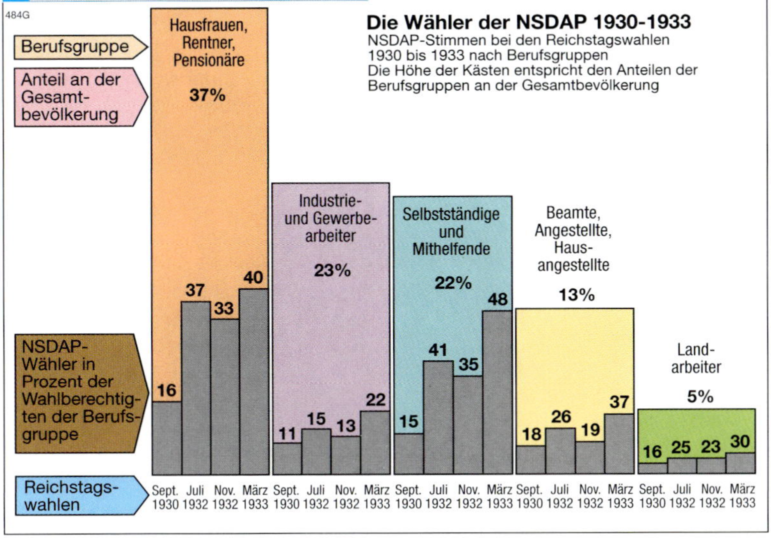
484G
Die Wähler der NSDAP 1930-1933
NSDAP-Stimmen bei den Reichstagswahlen 1930 bis 1933 nach Berufsgruppen
Die Höhe der Kästen entspricht den Anteilen der Berufsgruppen an der Gesamtbevölkerung
Berufsgruppe
Anteil an der Gesamtbevölkerung
NSDAP-Wähler in Prozent der Wahlberechtigten der Berufsgruppe
Reichstagswahlen
Hausfrauen, Rentner, Pensionäre
37%
16
37
33
40
Industrie- und Gewerbearbeiter
23%
11
15
13
22
Selbstständige und Mithelfende
22%
15
41
35
48
Beamte, Angestellte, Hausangestellte
13%
18
26
19
37
Landarbeiter
5%
16
25
23
30
Sept. 1930
Juli 1932
Nov. 1932
März 1933

Nationalstaat, der ein politisch geeintes Volk umfassen sollte.

Nationalversammlung

Gewählte Volksversammlung einer Nation, die vor allem zur Ausarbeitung einer ➡ Verfassung zusammentritt. So z. B. die französische Nationalversammlung 1789–92, die Frankfurter Nationalversammlung in der Paulskirche 1848 – 49 sowie die deutsche Nationalversammlung von 1919, welche die ➡ Weimarer Republik begründete.

NATO

(North Atlantic Treaty Organization, Nordatlantikpakt)

Angesichts der bedrohlichen Ausweitung des kommunistischen Machtbereichs durch die Sowjetunion schlossen sich 1949 12 Staaten Europas und Nordamerikas zum Militärbündnis der NATO zusammen.

Heute umfasst das Bündnis, dessen Führungsmacht die USA sind, 19 Staaten. Die Bundesrepublik Deutschland trat 1955 bei, Frankreich schied 1966 aus der militärischen Integration aus, da es sie als unvereinbar mit seiner Souveränität betrachtete. Als vorläufig letzte Mitglieder traten im Jahr 1999 die ehemaligen Ostblockstaaten Ungarn, Tschechische Republik und Polen bei.

Die NATO trug im ➡ Kalten Krieg und während des *Ost-West-Konflikts* entscheidend zur Stabilität Westeuropas bei und sucht nach Auflösung des Ostblocks 1989/90 ihre Ziele neu zu definieren. So erfolgten friedenserhaltende Militäroperationen nach 1992 im *Bosnienkonflikt* und 1999 im *Kosovo-Konflikt*.

Naturrecht

Der Begriff enthält die Vorstellung, dass jedem Menschen bestimmte Rechte gegeben sind, die ihm *„von Natur her"* zustehen. Diese in der göttlichen Ordnung oder der Natur begründeten Rechte sind unabhängig von der Rechtsetzung des Staates und zu allen Zeiten gleich.

Die Lehre vom *Naturrecht* reicht in das antike Griechenland zurück (Platon, Aristoteles) und erlebte zur Zeit der ➡ Aufklärung eine neue Blüte. Aus ihr leiteten die Philosophen unter anderem die Gleichheit aller Menschen ab. Sie schufen damit die Grundlage zur Proklamation der ➡ Menschenrechte, wie sie heute in allen demokratischen Verfassungen verankert sind.

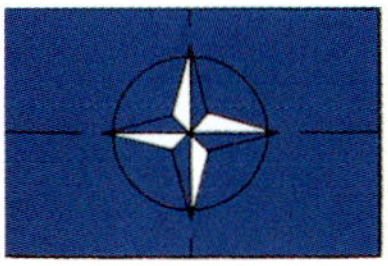

Flagge der Nato

Rekonstruktions-
versuch eines
Neandertalers.

Navigationsakte

(lat. navigare = zur See fahren)

Auf Vorschlag von OLIVER CROMWELL (1599
–1658) erließ das englische Parlament im
Jahr 1651 ein Gesetz, das die englische
Schifffahrt gegenüber der holländischen
Konkurrenz begünstigen sollte. Danach durften ausländische Waren nur noch auf englischen Schiffen oder Schiffen des Ursprungs-
landes nach England eingeführt werden.
Weiterhin sollte die englische Küstenschiff-
fahrt sowie der Handelsverkehr der Koloni-
en untereinander englischen Schiffen vorbehalten sein.

Die Navigationsakte förderte Englands Aufstieg zur führenden Handelsmacht entscheidend und wurde erst nach dem Sieg des
Freihandels 1849 aufgehoben.

Neandertaler

Neandertaler

Menschengruppe der Altsteinzeit (➡ Steinzeit), die nach nach Skelettresten benannt
ist, die der Forscher J. C. FUHLROTT 1856 im
Neandertal bei Düsseldorf entdeckte.

Der Neandertaler zählt zu den ➡ Altmenschen und tritt mit ersten Vorläufern vor etwa 250 000 Jahren auf. Der klassische Neandertaler erscheint vor etwa 100 000 Jahren
und beherrscht bis zu seinem Aussterben
vor allem das eiszeitliche Europa. Besondere
Kennzeichen sind ein äußerst robuster Kör-
perbau, eine fliehende Stirn, kräftige Augen-
brauenwülste und ein weit nach vorn
gerücktes Gebiss.

Im Gegensatz zu manchen Vorurteilen war
der Neandertaler ein echter Mensch, der sich
in einer lebensfeindlichen Umwelt geschickt
durchsetzte. Man könnte ihn abstammungs-
mäßig als unseren „Vetter" bezeichnen, der
durchaus Respekt verdient. Die Gründe für
sein Aussterben vor etwa 35 000 Jahren sind
umstritten, werden aber häufig mit der Ausbreitung des modernen eiszeitlichen Menschen in Verbindung gebracht (vgl. auch ➡
Evolution des Menschen).

Negersklaven s. Sklaverei

Neue Ökonomische Politik (NEP). 1921
von LENIN eingeleitetes Wirtschaftspro-

Präsident Roosevelt
(1882–1945) erläutert
im Rundfunk den
„New Deal".

gramm, das die katastrophale Lage am Ende des ➡ Kriegskommunismus überwinden
sollte. Die NEP erlaubte den Bauern den privaten Verkauf ihrer Erzeugnisse, ließ einen
freien Binnenhandel zu und kehrte partiell
zur Marktwirtschaft zurück. Die Folge war
eine beachtliche Erholung der Wirtschaft.
Unter STALIN wurden diese marktwirtschaft-
lichen Elemente wieder beseitigt.

New Deal

(engl. = Neuverteilung der Spielkarten)

Bezeichnung für die nach 1933 eingeleiteten
Reformen von US-Präsident ROOSEVELT, mit
denen er die Folgen der ➡ Weltwirtschaftskrise zu überwinden suchte.

Zu den zentralen Bestandteilen des New
Deal zählten: Notstandsmaßnahmen zur Sa-
nierung des Bankwesens, Drosselung der
Überproduktion, Arbeitsbeschaffungspro-
gramme sowie Unterstützungsmaßnahmen
für Farmer. Flankiert wurden diese Maßnahmen nach 1935 durch eine arbeiterfreundli-
che Sozialgesetzgebung, eine Stärkung der
Gewerkschaften sowie Gesetze zur Entflechtung der großen ➡ Trusts.

Die Impulse des New Deal vermochten zwar
die Krise nicht endgültig zu meistern, stellten aber wichtige Weichen für die Veränderung des amerikanischen Gesellschaftssys-

NEW DEAL

tems, vor allem zu Gunsten benachteiligter Schichten. Die Auffassung des modernen Sozialstaats, der für das Wohlergehen seiner Bevölkerung verantwortlich ist, setzte sich mit dem New Deal in Amerika weitgehend durch.

Nibelungensage

Sagenkreis um den Helden SIEGFRIED, die Nibelungenkönige am Rhein und den Untergang der Burgunder im Kampf gegen den Hunnenkönig ETZEL (Attila). Die Wurzeln der Sage reichen in die germanische Vorgeschichte zurück und beruhen zum Teil auf historischen Grundlagen. Im *Nibelungenlied* aus dem 12. Jh. fanden die Sagen ihren schönsten Ausdruck.

Nilschwelle

Bezeichnung der jährlichen *Nilflut,* die seit der Pharaonenzeit das landwirtschaftliche Jahr in Ägypten bestimmt.
Die Nilschwelle beginnt im Juni und erreicht Mitte September bis Anfang Oktober ihren höchsten Stand. Gespeist wird sie durch die Monsunregen, die im Sommer auf das Hochland Äthiopiens niedergehen, sowie von den tropischen Regenfällen im Innern Afrikas. Um eine ständige Bewässerung und mehrfache Ernten im Jahr zu erreichen, wurden be-

reits im alten Ägypten Kanäle, Wehre und Dämme gebaut.
In der Kunst erscheint der Nil im alten Ägypten der Pharaonen als schreitender Mann mit einer Papyrusstaude auf dem Kopf und reichen Gaben in den Händen – ein Symbol der Fruchtbarket.
Seit der Fertigstellung des Assuanstaudamms im Jahr 1971, der das Nilwasser speichert und nach Bedarf abgibt, hat die Nilschwelle für die ägyptischen Bauern ihre alte Bedeutung eingebüßt.

Nobilität

(lat. nobilis = edel)
Als nach den Ständekämpfen in Rom auch ➡ Plebejern höchste Ämter offenstanden, verschmolzen die führenden Plebejerfamilien mit den alten Patriziergeschlechtern allmählich zu einer neuen Oberschicht: der *Nobilität.* Die Bekleidung eines Staatsamtes wurde nun zum Merkmal des hohen Adels und die Nobilität bestimmte künftig die römische Politik.

Norddeutscher Bund

Der 1866 durch BISMARCK geschaffene *Bundesstaat,* dem Preußen und alle nördlich des Main gelegenen Staaten angehörten. Die Regierungsgewalt lag beim ➡ Bundesrat der verbündeten Regierungen, dessen *Präsidium* beim König von Preußen. BISMARCK war Bundeskanzler. Die Gesetzgebung lag beim Bundesrat und ➡ Reichstag, der in allgemeinen Wahlen direkt gewählt wurde. Diese Verfassung war Grundlage der *Reichsverfassung* von 1871.

Nordischer Krieg

Unter PETER I., der 1689 den Zarenthron bestieg, bildete die Erwerbung der Ostseeküste ein wichtiges Ziel. Die Anlage von Ostseehäfen sollte Russland nach Westen öffnen und das Land allmählich europäisieren. Noch immer aber trennten die schwedischen Besitzungen Estland, Livland, Ingermanland und Karelien das Russische Reich von der Ostsee. Da auch andere Mächte Schwedens Vorherrschaft im Ostseeraum bekämpften, bildete sich 1699 ein Bündnis zwischen Russland,

Unter dem berühmten Zeichen des blauen Adlers leitete die NRA (National Recovery Administration) den Wiederaufbau der Industrie und die Schaffung neuer Jobs ein.

N

Nilbauer beim Wasserschöpfen (um 2000) v. Chr.).

Nordischer Krieg

König Karl XII. von
Schweden
(1682–1718).

und Kälte erschöpfte schwedische Armee eine vernichtende Niederlage erlitt.

Damit war der *Nordische Krieg* praktisch entschieden. 1711 griff die Türkei, die KARL XII. Asyl gewährte, zwar in den Krieg ein, doch musste der russische Zar seine Niederlage lediglich mit dem Verlust der Stadt *Asow* am Schwarzen Meer bezahlen.

Nach Jahren des Kleinkriegs kam es 1721 zum *Frieden von Nystad*. Er vernichtete Schwedens Vorherrschaft im Ostseeraum und beendete die einflussreiche Stellung in Mitteleuropa, die es im 30-jährigen Krieg errungen hatte. Es musste alle Gebiete im Baltikum – Ingermanland, Livland, Estland und Teile Kareliens – an Russland abtreten, das auf Kosten Schwedens zur europäischen Großmacht aufstieg. Von Schwedens Niederlage profitierten jedoch auch die am Krieg beteiligten deutschen Länder, die bereits 1719 den *Frieden von Stockholm* geschlossen hatten. So erhielt Brandenburg große Teile *Schwedisch-Vorpommerns,* das Kurfürstentum Hannover die Gebiete der früheren Bistümer *Bremen* und *Verden,* die sich Schweden im ➡ Westfälischen Frieden 1648 angeeignet hatte.

Dänemark und dem unter AUGUST DEM STARKEN in ➡ Personalunion verbundenen Sachsen-Polen.

Der 1700 ausbrechende *Nordische Krieg* verlief zunächst günstig für den Schwedenkönig KARL XII., dessen Truppen Dänemark derart unter Druck setzten, dass es im August 1700 aus der antischwedischen Koalition ausschied.

Ende 1700 wurden die schlecht ausgebildeten Truppen des Zaren trotz zahlenmäßiger Überlegenheit bei *Narwa* von den Schweden besiegt. 1702 marschierte KARL XII. in *Warschau* ein und eroberte wenig später auch das polnische *Krakau.* 1706 vernichtete der Schwedenkönig ein sächsisches Truppenkontingent, verfolgte AUGUST DEN STARKEN nach Sachsen und zwang ihn dem polnischen Thron zu entsagen. Bereits jetzt zeigte es sich jedoch, dass die Weiträumigkeit der Kriegsschauplätze die militärischen Kräfte Schwedens zu überfordern drohte.

In den folgenden Jahren reorganisierte und modernisierte PETER I. das russische Heer, wich jedoch einer militärischen Auseinandersetzung geschickt aus. Erst 1709 kam es bei *Poltawa* in der Ukraine zu einer Entscheidungsschlacht, bei der die von Hunger

Nord-Süd-Konflikt

Bezeichnung für den Interessengegensatz zwischen wohlhabenden *Industriestaaten* und armen ➡ Entwicklungsländern, wobei ein Armutsgefälle von *Nord* nach *Süd* existiert. Seit vielen Jahren gibt es Versuche, diesen Konflikt durch einen *Nord-Süd-Dialog* zu mildern, der im Rahmen internationaler Organisationen (UNO, Weltbank, Welthandelsorganisation, Europäische Union usw.) erfolgt.

Normannen s. Wikinger

Notverordnung

Durch Artikel 48 der *Weimarer Verfassung* war der *Reichspräsident* ermächtigt, bei Gefährdung der „öffentlichen Sicherheit und Ordnung" gesetzesvertretende Verordnungen zu erlassen, welche die Grundrechte völlig oder teilweise außer Kraft setzten. Diese Maßnahmen mussten zwar auf Verlangen des ➡ Reichstags rückgängig gemacht werden, doch da der Reichspräsident den Reichstag jederzeit auflösen konnte, verlieh ihm der Artikel 48 praktisch diktatorische Vollmachten.

In der Endphase der ➡ Weimarer Republik (1930–33) wurden Notverordnungen zum eigentlichen Regierungsinstrument und ermöglichten den totalitären Staat der Nationalsozialisten.

Novemberrevolution

Im November 1918 in Deutschland ausgebrochene Aufstände, welche zum Ende der Monarchie führten und den Übergang zur parlamentarischen Republik einleiteten.

Zu den Ursachen zählten Deutschlands militärischer Zusammenbruch im 1. Weltkrieg, die langjährige Verweigerung innerer Reformen sowie die wirtschaftliche Notlage.

Meuternde Matrosen und aufständische Arbeiter in Kiel und Wilhelmshaven lösten die Revolution aus, die rasch auf die großen Binnenstädte übergriff. Träger der Erhebung waren spontan gebildete *Arbeiter- und Soldatenräte*, die am 10. 11. 1918 einen „Rat der Volksbeauftragten" als Reichsregierung bildeten. Der Streit, ob der revolutionäre Weg zu einer ➡ Räterepublik oder einer verfassunggebenden *Nationalversammlung* führen sollte, wurde auf einem Reichsrätekongress im Dezember 1918 zu Gunsten der parlamentarischen Lösung entschieden. Während die SPD diese Entscheidung befürwortete, verfochten Teile der USPD und die *Spartakusgruppe* eine Räterepublik. Die Wahlen zur Nationalversammlung am 19. 1. 1919 machten den Weg zur ➡ Weimarer Republik frei.

Nürnberger Gesetze

Die Ausgrenzung der jüdischen Bevölkerung durch eine diskriminierende Gesetzgebung leiteten die *Nationalsozialisten* gleich nach ihrer Machtübernahme ein.

Das *Berufsbeamtengesetz* von 1933 verwehrte allen Deutschen, die jüdischer Herkunft waren, den Zugang zum öffentlichen Dienst. Verschärfte Bestimmungen schlossen Juden bald aus der Wirtschaft und dem gesamten

Novemberrevolution

Revolutionäre Soldaten und Matrosen am 9. 11. 1919 vor dem Brandenburger Tor.

N

öffentlichen Leben aus und führten 1935 mit den *Nürnberger Gesetzen* zu einem Höhepunkt der nationalsozialistischen Rassegesetzgebung: Der Entzug zentraler Bürgerrechte deklassierte die jüdische Bevölkerung zu minderen Staatsangehörigen, Eheschließungen und sexuelle Beziehungen zwischen Deutschen und Juden waren als „Rassenschande" verboten und wurden mit Zuchthaus bestraft. Die rechtliche Diskriminierung zog die gesellschaftliche Isolierung nach sich und bereitete den Boden für den jüdischen Völkermord vor (➡ „Endlösung der Judenfrage", Antisemitismus).

Nürnberger Prozesse

Nach dem 2. Weltkrieg setzten die vier Siegermächte – USA, Sowjetunion, Großbritannien und Frankreich – ein *Internationales Militärtribunal* zur Aburteilung von Kriegsverbrechern in *Nürnberg* ein.

Im November 1945 begann der Prozess gegen 24 *Hauptkriegsverbrecher*, die führende Stellungen in der NSDAP, im NS-Staat, in der Wehrmacht oder der Wirtschaft bekleidet hatten. Dem Gericht gehörten je ein Richter und ein stellvertretendes Mitglied der vier Siegermächte an. Jede Siegermacht stellte einen Hauptanklagevertreter. Als Verteidiger waren deutsche Anwälte zugelassen. Der Prozess endete am 1. 10. 1946 mit 12 Todesurteilen sowie langjährigen Haftstrafen. SS, Gestapo und das Führerkorps der NSDAP wurden zu verbrecherischen Organisationen erklärt.

Wer mit Juden befreundet war, erfuhr öffentliche Demütigung.

Nürnberger Gesetze

In den Folgejahren fanden zahlreiche weitere Prozesse gegen nationalsozialistische Gewalttäter statt, die Verbrechen gegen die Menschlichkeit aus rassistischen, politischen oder ideologischen Gründen verübt hatten. Gegenstand der Verhandlungen waren unter anderem rechtswidrige Verfolgung von Ju-

den oder NS-Gegnern durch Justizbeamte, medizinische Versuche an KZ-Häftlingen und Kriegsgefangenen, Verwaltung von Konzentrations- oder Vernichtungslagern, Beschäftigung ausländischer Zwangsarbeiter und KZ-Häftlinge in der Industrie, Geiselmorde, Mordtaten von SS-Einsatzgruppen.

Oder-Neiße-Linie

Auf der ➡ Potsdamer Konferenz der Siegermächte des 2. Weltkriegs (USA, Sowjetunion, Großbritannien) 1945 festgelegte *Demarkationslinie* zwischen *Deutschland* und *Polen*. Alle deutschen Gebiete östlich dieser Linie, die entlang der Oder und Lausitzer Neiße verlief, wurden polnischer Verwaltung unterstellt. Die Oder-Neiße-Linie sollte bis zur endgültigen Regelung durch einen Friedensvertrag Bestand haben und wurde mit dem „Vertrag über die deutsche Souveränität" vom 12.9.1990 zur völkerrechtlich verbindlichen Grenze.

Die Westverschiebung Polens hatte ihre Ursache im Bestreben der Sowjetunion, das ihr im *Hitler-Stalin-Pakt* 1939 zugesicherte *Ostpolen* zu annektieren. Polen sollte dafür im Westen mit deutschen Gebieten entschädigt werden.

Die Anklagebank im Nürnberger Prozess gegen die Hauptkriegsverbrecher (erste Reihe links: Hermann Göring).

Nürnberger Prozess

Oktoberrevolution

Oktoberrevolution

Lenin 1918 im Kreml – der Revolutionär am Schreibtisch.

„Krieg den Palästen", Gemälde des russischen Malers Marc Chagall, 1918.

Oktoberrevolution

Bolschewistischer Umsturz in Russland am 25. Oktober 1917 (nach westlicher Zeitrechnung der 7. November 1917), der eine gewaltige politisch-soziale Umwälzung einleitete.

Der wirtschaftliche und militärische Zusammenbruch des Zarenreichs als Folge des Ersten Weltkriegs schuf 1917 die Voraussetzungen für die Revolution. Wegen stockender Versorgung und einer allgemeinen Kriegsmüdigkeit kam es im Februar 1917 zu Streiks und Unruhen in St. Petersburg. Diese *Februarrevolution* führte am 15. März 1917 zum Sturz des Zaren NIKOLAUS II. und zur Bildung einer linksliberalen Provisorischen Regierung unter Fürst LWOW. Diese setzte allerdings den verlustreichen Krieg gegen Deutschland fort und verlor damit jeden Rückhalt beim Volk.

Währenddessen waren neben den bürgerlichen Revolutionären auch die radikalen Sozialisten – die *Bolschewisten* oder *Bolschewiki* – aktiv. LENIN, der im April 1917 aus dem Schweizer Exil zurückgekehrt war, schürte die Agitation. Er verkündete seine *Aprilthesen* „Alle Macht den Sowjets" und organisierte einen Putsch in St. Petersburg. Nach dessen Scheitern im Juli 1917 floh LE-NIN nach Finnland, während ALEXANDER KE-RENSKI als Ministerpräsident an die Spitze der Regierung rückte. Obwohl sich die Versorgungslage der Bevölkerung weiter verschlechterte, setzte KERENSKI den Krieg fort und verlor, als er auch eine Bodenreform verhinderte, entscheidend an Unterstützung. Am 7. November 1917 (25. Oktober nach russischem Kalender) begann die von den Bolschewiki organisierte *Oktoberrevolution.* Bolschewistische Truppen und Arbeitermilizen besetzten alle wichtigen Punkte St. Petersburgs, erstürmten ohne großen Widerstand das Winterpalais und verhafteten die Provisorische Regierung. Ministerpräsident KERENSKI konnte ins Ausland entkommen. Danach trat der *Zweite Allrussische Sowjetkongress* zusammen, der als Regierung einen *„Rat der Volkskommissare"* bildete. Den Vorsitz übernahm LENIN, für das Äußere war TROTZKI zuständig, für Nationalitätenfragen STALIN. Sofort erlassene Dekrete machten den Weg frei für Russlands Umgestaltung in den ersten sozialistischen Staat der Welt: Enteignung des Großgrundbesitzes zu Gunsten der Bauern, Verstaatlichung von Banken und Industrie, Trennung von Staat und Religion, Beseitigung der Pressefreiheit. Ferner wurde allen am Ersten Welt-

Staatswappen der Sowjetunion.

krieg beteiligten Staaten ein „sofortiger Friede ohne Annexionen" angeboten.

Obwohl die Mehrheit der Bevölkerung die sozialistische Revolution zu unterstützen schien, erhielten die Bolschewisten bei den Wahlen zur *Verfassunggebenden Versammlung* nur 25% der Stimmen, während die anderen sozialistischen Parteien 62% und die Bürgerlichen 13% erhielten. Darauf ließ LENIN die demokratisch gewählte *Verfassunggebende Versammlung* am 18. Januar 1918 gewaltsam auflösen. Das war der Beginn der sozialistischen Diktatur.

Oligarchie

(griech. = Herrschaft von Wenigen)
Herrschaftsform, in der sich die Macht auf eine kleine Gruppe von Personen beschränkt. Diese Gruppe ist nicht wegen ihrer staatsmännischen Fähigkeiten an die Macht gelangt, sondern aufgrund ihrer Abkunft, ihres Reichtums oder ihrer Zugehörigkeit zu einer politisch einflussreichen Clique. Die Macht wird in solchen Oligarchien nicht zum Wohle des Volks, sondern meist für eigennützige Interessen genutzt.

Olympische Spiele

In Olympia fanden alle 4 Jahre sportliche Wettkämpfe zu Ehren des ZEUS statt, die mit feierlichen Kulthandlungen verbunden waren. Das Jahr 776 v. Chr., in dem die ersten Siegerlisten angelegt wurden, galt als Beginn der Spiele. Die Olympischen Spiele erstreckten sich über 5 Tage und waren ein nationales Bindeglied zwischen den oftmals zerstrittenen griechischen Stämmen und Stadtstaaten. Während der Olympiade herrschte ein allgemeiner Landfriede. Die letzten Spiele der Antike fanden 393 n. Chr. statt und wurden 394 durch Kaiser THEODOSIUS verboten.

Opiumkrieg

Seit dem 18. Jh. trieb die englische *Ostindienkompanie* Handel mit *China*. Sie lieferte unter anderem Blei, Zinn, Wolle und Baumwolle und führte Porzellan, Seide und Tee nach Europa aus.

Griechisches Vasenbild mit einer Darstellung des Wagenrennens.

Olympische Spiele

Ungeachtet strenger Verbote der kaiserlichen Regierung gab die Ostindienkompanie 1816 die lukrative Ausfuhr von *Opium* nach China frei. Da die Kaiser die Verbreitung dieses gesundheitsschädigenden Rauschmittels seit langem bekämpften, entschloss sich die chinesische Regierung zu energischen Gegenmaßnahmen. 1839 erzwang sie von der englischen Handelsfaktorei in *Kanton* die Herausgabe von 30 000 Kisten Opium und ließ es vernichten.

Im daraufhin ausbrechenden Krieg nutzte Großbritannien die militärische Rückständigkeit und Schwäche Chinas ohne Bedenken aus. Unterstützt von Kriegsschiffen besetzten englische Truppen chinesische Hafenstädte und erzwangen im *Vertrag von Nanking* 1842 die Öffnung Chinas für den europäischen Handel sowie die Abtretung *Hongkongs.*

In den nächsten Jahren musste China weitere „ungleiche Verträge" schließen, die das Kaiserreich zum Spielball europäischer Großmächte machten. Die Demütigungen schürten den Fremdenhass der Chinesen und entluden sich 1900 im ➡ Boxeraufstand.

Optimaten
(lat. optimi = die Besten)
Im 2. Jh. v. Chr. nannten sich in Rom die Verfechter einer uneingeschränkten Senatsherrschaft *Optimaten,* im Gegensatz zu den *Popularen* (lat. populus = Volk), die eine Staatsreform anstrebten.

Orakel
Zukunftsdeutung, Schicksalsspruch oder Weissagung. Im Altertum gab es verschiedene heilige Stätten, wo eine Gottheit durch Priesterinnen oder Priester auf Fragen antwortete und Weissagungen erteilte. Berühmt war das dem Apollon geweihte Heiligtum in *Delphi,* wo die PYTHIA ihre Sprüche verkündete. Bedeutung besaß auch der Orakeltempel des ägyptischen Gottes AMMON in der *Oase Siwa,* wo Alexander der Große Weissagungen erhielt.

Orakel wurden von Priestern und Priesterinnen auch aus natürlichen Phänomenen hergeleitet. So z. B. aus dem Vogelflug, dem Zustand bestimmter Teile von Opfertieren (Leberschau, Knochenorakel) oder durch die Beobachtung der Sterne und bestimmter Himmelserscheinungen wie Blitzen oder Sonnen- und Mondfinsternissen.

Eine besondere Sammlung von Orakelsprüchen bewahrten die Römer mit den *Sibyllinischen Büchern* auf, die angeblich von einer SIBYLLE (= Bez. für eine Seherin) aus der Stadt *Cumae* stammen sollten. Die Römer verwahrten sie im Jupitertempel auf dem Kapitol und machten wichtige Entscheidungen von ihnen abhängig. Beim Brand des Tempels wurden die Bücher 83 v. Chr. vernichtet.

Orden
(lat. ordo = Ordnung, Stand)
Religiöse Gemeinschaft von Männern *(Mönchen)* oder Frauen *(Nonnen),* die nach einer gemeinsamen Lebensordnung *(Regel)* leben und sich zu einem dauerhaften Leben innerhalb der Ordensgemeinschaft verpflichtet haben. Sie haben die Gelübde des *Gehorsams,* der *Keuschheit* und der *Armut* abgelegt, deren Befolgung durch das Leben in einem ➡ Kloster ermöglicht wird. Äußerlich sind sie an einer bestimmten Kleidung – der *Ordenstracht* – erkennbar. Ziel dieser Lebensweise ist die gänzliche Hingabe an Gott und das Streben nach christlicher Vollkommenheit.

Eine Besonderheit des Mittelalters sind die in den ➡ Kreuzzügen entstandenen *Ritterorden.* Hierbei handelt es sich um eine Ordensform, deren Mitglieder neben den drei Mönchsgelübden noch den Kampf gegen die Ungläubigen gelobten. Am bekanntesten sind die *Johanniter,* die *Tempelritter* (Templer) und der ➡ Deutsche Orden. In den Ritterorden dienten neben den Ritterbrüdern auch Priesterbrüder, die den Gottesdienst und die Verwaltung versahen und dienende Brüder (Graumäntler), die den Spitaldienst und niedere Dienste verrichteten.

Im Lauf der Jahrhunderte haben sich verschiedene Orden mit unterschiedlichen Zielen und Aufgaben gebildet. Der älteste abendländische Orden ist der im 6. Jh. durch BENEDIKT VON NURSIA gegründete *Benedik-*

Dominikanermönch.

Augustinernonne.

tinerorden. Bei ihm stehen die Missionierung sowie die Pflege der kulturellen Überlieferung und der Liturgie im Vordergrund. Der im 12. Jh. gegründete *Zisterzienserorden* zeichnete sich besonders im Mittelalter durch Kolonisationsarbeit und Bodenkultivierung aus. Die im 13. Jh. entstandenen Orden der *Franziskaner* und *Dominikaner* nahmen sich hingegen der Seelsorge in den Städten an. Wegen ihres Armutsideals zählten sie zu den so genannten *Bettelorden*, waren wegen der ihnen übertragenen ➡ Inquisition aber auch aktiv an der der blutigen Ketzerverfolgung beteiligt.

Eine besondere Bedeutung im Kampf gegen die Protestanten und bei der Durchführung der ➡ Gegenreformation besaß der 1534 durch IGNATIUS VON LOYOLA gegründete ➡ Jesuitenorden.

Orthodoxe Kirche

Bereits zur Zeit des Römischen Reichs brachen Gegensätze zwischen den christlichen Kirchen des Westens und Ostens auf. Sie betrafen zunächst unterschiedliche Lehrauffassungen vom Wesen des Christentums, später den vom Papst beanspruchten Vorrang *(Primat)* in der Gesamtkirche.

Mönch in der Schreibstube des Klosters (Miniatur, 12. Jh.).

Orden

Die Kaiserkrönung KARLS DES GROSSEN durch den Papst verschärfte die Situation, da nun ein zweites Kaiserreich neben *Byzanz* (Ostrom) entstand. Nach mittelalterlicher Vorstellung konnte es aber nur einen Kaiser geben, der als Beauftragter Gottes über die Christenheit herrschte. Im Jahr 1054 kam es aufgrund unüberbrückbarer Gegensätze zur endgültigen Spaltung der Kirchen.

Als die Türken im Jahr 1453 *Byzanz* eroberten, ging auch die byzantinische Reichskirche unter. Ihr Erbe traten verschiedene Landeskirchen in all jenen Ländern an, die zum Bereich der byzantinischen Ostkirche gezählt hatten. Um sich von der *katholischen Kirche* zu unterscheiden bezeichneten sie sich nun als „*orthodox*" (griech. = rechtgläubig). So entstand z. B. die griechisch-orthodoxe, russisch-orthodoxe oder serbisch-orthodoxe Landeskirche.

Ein kirchliches Oberhaupt, das wie der Papst Leiter der Gesamtkirche ist, gibt es in der orthodoxen Kirche nicht. Jede Landeskirche hat aber an ihrer Spitze einen *Patriarchen* als Repräsentanten.

Ostsiedlung

Während der ➡ Völkerwanderung gaben die *Germanenstämme* jenseits der Elbe-Saale-Linie ihre Sitze auf und zogen nach West- und Südeuropa. In die verlassenen Gebiete rückten allmählich ➡ *Slawen* nach.

Im Mittelalter setzte jedoch eine Entwicklung ein, die das dünn besetzte Land im Osten wieder deutscher Besiedlung, Wirtschaft und Kultur erschloss. Diesen über Jahrhunderte währenden friedlichen Prozess, der von deutschen Rittern und Klöstern, Bauern, Bürgern und Kaufleuten getragen wurde, bezeichnet man als *deutsche Ostsiedlung*.

Zu einer ersten Phase der Ostsiedlung kam es bereits unter den ➡ Karolingern im Frankenreich. Nach dem Sieg KARLS DES GROSSEN über die *Awaren*, ein nomadisches Reitervolk im heutigen Ungarn, breitete sich die bayerische Siedlung nach 796 bis zur Theiß aus. Auch unter den ➡ Ottonen, die das Grenzsystem der ➡ Marken gegen die Slawen erneuerten, kam es zu einer Ostexpan-

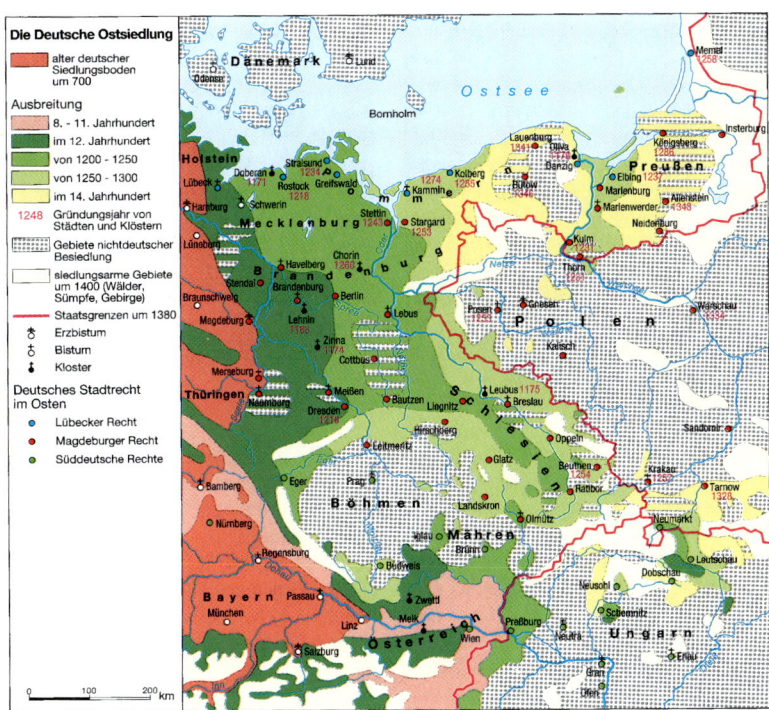

Die Deutsche Ostsiedlung

- alter deutscher Siedlungsboden um 700

Ausbreitung

- 8. - 11. Jahrhundert
- im 12. Jahrhundert
- von 1200 - 1250
- von 1250 - 1300
- im 14. Jahrhundert
- 1248 Gründungsjahr von Städten und Klöstern
- Gebiete nichtdeutscher Besiedlung
- siedlungsarme Gebiete um 1400 (Wälder, Sümpfe, Gebirge)
- Staatsgrenzen um 1380
- Erzbistum
- Bistum
- Kloster

Deutsches Stadtrecht im Osten

- Lübecker Recht
- Magdeburger Recht
- Süddeutsche Rechte

sion, die 948 zur Gründung der Bistümer *Havelberg* und *Brandenburg* inmitten slawischen Gebiets führte. Der im Jahr 983 ausbrechende große *Slawenaufstand* machte diese Erfolge jedoch zunichte, sodass die Elbe-Saale-Linie erneut politische und ethnische Grenze wurde.

Im 12. Jh. begann dann die Hauptphase der Ostsiedlung. Unter Kaiser LOTHAR VON SÜPPLINGENBURG, der die *Nordmark* den ASKANIERN und die *Mark Lausitz* den WETTINERN übertrug, setzte ein Strom von Siedlern ein, der über die Stauferkaiser hinaus anhielt. Auch der ➡ Deutsche Orden hatte seit dem 13. Jh. großen Anteil an der Kolonisation, vor allem in *Ostpreußen* und dem *Baltikum*. Dem Ruf dieser Fürsten folgten Sachsen, Franken, Friesen, Flamen und Kolonisten vom Niederrhein, um im Osten ihr Glück zu versuchen.

Solche Siedlertrecks darf man sich freilich nicht als „Eroberungszüge im Niemandsland" vorstellen. Es handelte sich um vertraglich geregelte Rechtsvorgänge, bei denen *Siedler* und *Grundherren* als Partner zusammenwirkten und zwar zum gegenseitigen Vorteil.

Doch wurden die Kolonisten nicht allein von deutschen Fürsten ins Land geholt. Auch einheimische slawische Fürsten in *Pommern*, *Mecklenburg* oder *Schlesien* erkannten rasch, dass sie ihre Einkünfte durch Urbarmachung des Bodens beträchtlich steigern konnten.

Dafür unterbreiteten sie verlockende Angebote: persönliche Freiheit für die Siedler, Vererbbarkeit von Land als persönlicher Besitz, geringere und weniger drückende Abgaben als in der Heimat.

Neben der bäuerlichen Siedlung kam es auch zu zahlreichen *Stadtgründungen*, die nach deutschem Recht – vor allem dem *Lübecker-* und *Magdeburger Recht* – erfolgten. Diese Rechtsform schloss die Beteiligung von Slawen an einer Stadtgründung keinesfalls aus.

O

Das Kloster Zinna, 1174 gegründet, zählte zu den ersten Niederlassungen der Zisterzienser in den Gebieten östlich der Elbe.

Ostsiedlung

1970 unterzeichneten Bundeskanzler Brandt und Ministerpräsident Kossygin den Moskauer Vertrag. Hinter Brandt Leonid Breschnew, Generalsekretär der KPdSU.

Ostverträge

Großen Anteil an der Ostsiedlung hatten die Deutschordensritter.

Am Landesausbau im Osten beteiligten sich schließlich zahlreiche neue Klöster – meist *Zisterzienser* –, die unerschlossene Gebiete kultivierten und versumpfte Landstriche trocken legten. Sie bildeten kulturelle Inseln in einer Landschaft, die zu Beginn der Ostsiedlung vielfach noch urwaldähnlich aussah. Die Organisation der Siedlertrecks erfolgte meist durch so genannte *Lokatoren.* Das waren vom Landes- oder Grundherrn beauftragte Siedlungsunternehmer, die für die Anwerbung der Kolonisten, die Anlage (Lokation) der neuen Siedlung und die Landverteilung zuständig waren. Für diese Dienste erhielten Lokatoren vom Grundherrn einige Hufen Land, die von jeder Abgabe befreit waren und wurden Dorfvorsteher und Richter (Erbschulze) in den neuen Dörfern.

Gegenüber der einheimischen slawischen Bevölkerung erhielten die Siedler eine bevorzugte Rechtsstellung, die jedoch im Laufe der Zeit auch den slawischen Einwohnern zugestanden wurde. Auch gab es in der Regel weder eine Vertreibung noch Unterdrückung der Slawen. Vielmehr kam es zu einer allmählichen Übernahme der deutschen Sprache und Kultur und damit zu einer langsamen Verschmelzung der Slawen mit der deutschen Bevölkerung.

Ostverträge

1969 wurde die CDU von einer sozial-liberalen Regierung unter Führung von Bundeskanzler WILLY BRANDT (SPD) und Außenminister WALTER SCHEEL (FDP) abgelöst. Die neue Regierung wollte den Menschen in der DDR Erleichterungen bringen und das Verhältnis zwischen Ost und West in Mitteleuropa entkrampfen. Für dieses Ziel war man zu erheblichen politischen Zugeständnissen bereit. So kam es nach zähen Verhandlungen zu den so genannten *Ostverträgen,* die eine neue Phase der Entspannung herbeiführen sollten.

Als erstes wurde am 12.8.1970 der *Moskauer Vertrag* mit der Sowjetunion unterzeichnet. Darin erkannte die Bundesregierung alle seit 1945 bestehenden Grenzen in Osteuropa an. Dies war die Grundlage für den *Warschauer Vertrag* mit Polen, der am 7.12.1970 geschlossen wurde. Hier gestand die Bundesrepublik die Unverletzlichkeit – nicht aber die völkerrechtliche Anerkennung – der polnischen Westgrenze entlang von Oder und Neiße zu.

Diese Vereinbarungen führten schließlich zum deutsch-deutschen *Grundlagenvertrag* vom 21.12.1972, der die Unabhängigkeit beider Staaten und die Unverletzlichkeit der zwischen ihnen bestehenden Grenzen festschrieb. Damit war der Weg frei für die internationale Anerkennung der DDR. Vereinbart wurde ferner der Austausch *Ständiger Vertretungen* – nicht jedoch Botschaften – zwischen beiden Staaten. Im Gegenzug gestand die DDR eine Reihe von Reiseerleichterungen und die Intensivierung der innerdeutschen Beziehungen zu.

Die Ostverträge blieben zwischen der sozial-liberalen Koalition und der CDU umstritten. Die Regierung war der Ansicht, dass die Anerkennung der bestehenden Grenzen nur eine längst vorhandene Realität besiegeln würde. Die CDU hingegen machte geltend, dass nationale Interessen ohne jede Gegenleistung preisgegeben worden wären.

Ottonen

Im Jahr 911 starb mit LUDWIG DEM KIND der letzte ➡ Karolinger im *Ostfränkischen Reich*. Die Stammesherzöge (➡ Herzog) wählten daraufhin den Frankenherzog KONRAD I. zum König, der die Machtkämpfe im Innern und die Raubzüge der ➡ Wikinger und Ungarn jedoch nicht beenden konnte. Nach KONRADS Tod 918 entschlossen sich die Fürsten zur Wahl eines tatkräftigen Herrschers, der den Einfällen der Wikinger, Ungarn und Slawen begegnen sollte. So übernahm der Sachsenherzog HEINRICH I. aus dem Geschlecht der LIUDOLFINGER im Jahr 919 das Amt des Königs. Mit ihm beginnt die Reihe der Sachsenkönige, die man auch OTTONEN nennt, weil auf HEINRICH I. drei weitere Herrscher mit dem Namen OTTO folgten.

HEINRICH I. gewann bis 925 *Lothringen* vom Westfrankenreich zurück, kämpfte erfolgreich gegen die Slawen und besiegte mit Hilfe aller deutschen Stämme 933 die *Ungarn*

Das Reich der Ottonen (919 - 1024)

Stammesherzogtümer des deutschen Königreichs

Reichsgrenze um 1020

Grenzen der sächsischen Marken
Gebiete slawischer Stämme
Slawenaufstand 983
Pfalzen und Orte mit Aufenthalten Ottos I.
Vorstöße oder Erwerbungen
Erzbistum, Bistum
Erloschenes Bistum
Kloster

Oldenburg · Jomsburg (Wollin) · Obodriten · 937 · Hamburg · Bremen · Verden · Liutizen · Havelberg · Brandenburg · Gnesen · **Sachsen** · Magdeburg · Werla · **Polen** · Utrecht · Hildesheim · Pöhlde · Quedlinburg · *Lusizer* · Münster · Corvey · Grona · Merseburg · Meißen · *Schlesien* · Nimwegen · Nordhausen · 929 · Breslau · Aachen · Köln · **Thüringen** · Sorben · Lüttich · Hersfeld · Fulda · Prag · **Böhmen** · Corbie · **Lothringen** · 895 · Cambrai · Stablo · Ingelheim · Mainz · Bamberg · **Mähren** · Trier · Worms · Würzburg · St. Denis · Lorsch · Speyer · **Ostmark** · Paris · Reims · Verdun · Metz · Regensburg · Wien · 976 · Melk · Sens · Straßburg · Passau · **Bayern** · Gran · **Kgr.** · Augsburg · um 750 · **Frankreich** · Luxeuil · Reichenau · **Schwaben** · Salzburg · **Ungarn** · Besançon · St. Gallen · Gurk · **Mark** · Lienz · **Kärnten** · Cluny · Clermont · Trient · Aquileja · **Kgr.** · **Kgr. Italien** · **Kgr.** · Lyon · Mailand · Verona · Venedig · **Kroatien** · Aurillac · **Burgund** · Pavia · 1032/34 zum Reich · Embrun · Canossa · Ravenna · Zara · Genua · Spalato · Nîmes · Arles · Narbonne · Aix · Pisa · *Byzanz* · Ragusa · Spoleto · **Kirchen-** · Rom · **staat** · Monte Cassino · Benevent · Normannen seit 1030

Otto III. auf dem Thron, umgeben von geistlichen und weltlichen Würdenträgern.

Ottonen

an der Unstrut. Er gilt als Begründer des mittelalterlichen Deutschen Reichs.

Dies Werk setzte sein Sohn und Nachfolger OTTO I. (reg. 936–973) fort. Er besiegte die *Ungarn* endgültig 955 auf dem *Lechfeld,* band auf seinen Italienzügen das Königreich *Italien* ans Reich und ließ sich 962 vom Papst in Rom zum *Kaiser* krönen. Damit erneuerte er das von KARL DEM GROSSEN begründete abendländische Kaisertum.

Die Ostgrenze des Reichs sicherte OTTO I. indem er neue ➡ Marken anlegte und Bistümer wie Magdeburg, Havelberg oder Brandenburg zur Slawenmission gründete. Als Gegengewicht zu den mächtigen Fürsten stellte er *Bischöfe, Äbte* und andere hohe Geistliche in den Dienst der Reichsverwaltung und belehnte sie mit Grundbesitz. Dieses Regierungsprinzip, das moderne Historiker als ➡ Reichskirchensystem bezeichnen, stärkte die Macht des Königtums.

Sein Sohn OTTO II. (reg. 973–983), der sich mit der byzantinischen Prinzessin THEOPHANO vermählte, musste sich zunächst im Innern gegen seinen Vetter HEINRICH DEN ZÄNKER durchsetzen, dem er das Herzogtum Bayern entzog. Ottos Abwesenheit in Italien nutzten die slawischen Stämme rechts der Elbe zum großen *Slawenaufstand* im Jahr 983, der die deutsche Herrschaft im Osten für viele Jahre zusammenbrechen ließ.

OTTO III. (reg. 983–1002) unternahm mehrere Italienzüge zur Schlichtung von Streitigkeiten und zur Sicherung der Reichsrechte, was sein Nachfolger HEINRICH II. fortsetzte. Er förderte die Kirche durch zahlreiche Klostergründungen und unterstützte die *Kirchenreform* im Geist der ➡ Cluniazenser.

Mit HEINRICH II., der 1146 heiliggesprochen wurde, starben die OTTONEN 1024 in männlicher Linie aus. Auf sie folgte das Geschlecht der fränkischen ➡ SALIER.

Pallium

(lat. = Mantel)

Ursprünglich war das Pallium ein von Römern getragener mantelartiger Umhang. Er war rechteckig geschnitten, hatte verschiedene Farben und bestand aus Wolle, Leinen oder Seide. Im Mittelalter hieß der purpurne und reich mit Gold verzierte Krönungsmantel der Kaiser ebenso.

Pallium wird schließlich auch eine 4 cm breite Wollstola mit 6 eingestickten schwarzen Kreuzen genannt, welche die katholischen Erzbischöfe über ihrem Messgewand tragen. Es wird vom Papst gesegnet und verliehen und seinem Träger ins Grab mitgegeben.

Panslawismus

Bestrebungen nach einem Zusammenschluss aller *Slawen*. Die Bewegung erhielt nach dem Prager Slawenkongress 1848 politische Stoßkraft, zugleich erhob Russland einen Führungsanspruch innerhalb der slawischen Völker. Diese von Russland angestrebte Vormachtstellung weckte z. B. bei Polen, Ukrainern und Kroaten Argwohn, die einen verhüllten russischen Imperialismus befürchteten.

Der Panslawismus führte zu starken Spannungen mit dem Vielvölkerstaat Österreich-Ungarn, dessen Staatsgebiet beträchtliche slawische Bevölkerungsteile umfasste (so z. B. Tschechen, Slowenen, Kroaten usw.).

Papst

(aus lat. papa = Vater)

Die *Bischöfe von Rom* betrachteten sich als Nachfolger des Apostel PETRUS und beanspruchten daher schon früh eine Vorrangstellung in der Gesamtkirche. Dieser Anspruch wurde etwa seit dem 4. Jh. von den Bischöfen des lateinischen Westens anerkannt.

Die Bischöfe des griechischen Ostens hingegen wiesen den Vorrang *(Primat)* Roms zurück, was 1054 zur Abspaltung der ➡ orthodoxen Kirche führte. Der Ehrentitel „papa", der ursprünglich allen Bischöfen zustand, führte seit dem 5. Jh. allein der römische Bischof.

Parlament

In demokratischen Staaten die aus freien Wahlen hervorgegangene *Volksvertretung*. Sie entscheidet als oberstes Staatsorgan über die Gesetze und kontrolliert die Regierung (➡ Gewaltenteilung).

Das *englische Parlament* entwickelte sich aus den Beratungen am königlichen Hof. Dort kamen die Angehörigen des Hofes mit hohen geistlichen und weltlichen Adligen sowie den Vertretern der Grafschaften (Gentry, niederer Adel) zusammen. Unter dem schwachen König JOHANN I. „Ohneland" erstarkte das Parlament (➡ Magna Charta). Im 14. Jh. teilte es sich in das Oberhaus („House of Lords" – hoher Adel und hohe Geistlichkeit) und das Unterhaus („House of Commons" – gewählte Vertreter von Gentry und Bürgertum).

In den Kämpfen des 17. Jh. (Hinrichtung KARLS I. 1649, ➡ Glorious Revolution, 1688) siegte das Parlament über den Machtanspruch der Könige und vereitelte ihre Versuche den ➡ Absolutismus in England einzuführen.

Parlamentarischer Rat

Am 1. 9. 1948 in Bonn zusammengetretene Versammlung, die auf Anordnung der Westmächte eine *Verfassung* für die Länder der westdeutschen Besatzungszonen beraten und ausarbeiten sollte. Der Rat umfasste 65 Mitglieder, welche die 11 Landtage delegiert hatten. Zum Präsidenten des Rats wurde KONRAD ADENAUER (CDU) gewählt.

Am 8. 5. 1949 verabschiedete der Rat das *„Grundgesetz für die Bundesrepublik Deutschland"*, das am 23. 5. 1949 feierlich verkündet wurde.

Parther

Nach dem Tod Alexanders des Großen gründete dessen Feldherr SELEUKOS, einer der ➡ Diadochen, im Jahr 312 v. Chr. das *Seleukidenreich*. Dieses hellenistische Großreich umfasste im wesentlichen das Gebiet des alten *Perserreichs*, das Alexander der Große vernichtet hatte.

Um 250 v. Chr. drang ein iranisches Reitervolk aus der asiatischen Steppe in die se-

Das Siegel von 1651 zeigt eine Parlamentssitzung ohne den König, dessen Platz der „Speaker" eingenommen hat.

Parlament

leukidische Provinz *Parthien* ein und übernahm mit dem Land den Namen *Parther*. Schon bald erkämpfte König ARSAKES I. die Unabhängigkeit von den *Seleukiden* und gründete 247 v. Chr. das *Partherreich*. In der Folgezeit dehnte sich der Staat weiter aus und beherrschte Ende des 2. Jh. v. Chr. ein Gebiet, das vom Euphrat bis zum Indus reichte.
Bestimmend wurde seither das Verhältnis zum *Römischen Reich*, mit dem die Parther ab 92 v. Chr. den Euphrat als gemeinsame Grenze hatten. Diese Situation führte zu zahlreichen *Partherkriegen*, in denen das Partherreich die Weltherrschaftsansprüche der Römer erfolgreich abwehrte.
224 n. Chr. wurde die Herrschaft der Parther durch die persische Dynastie der *Sassaniden* beseitigt, welche die Traditionen des alten Perserreichs erneuerten.

Passivbürger
Nach der französischen Verfassung von 1791 solche Bürger, die wegen eines zu geringen Steueraufkommens nicht wahlberechtigt waren. Wer ausreichend Steuern zahlte, war als ➡ Aktivbürger wahlberechtigt.

Patriarch
(griech. = Erzvater, Stammvater)
In der christlichen Kirche Inhaber der höchsten Rangstufe unter den Bischöfen. Die fünf großen Patriarchen der katholischen Kirche sind der *Papst von Rom* sowie die Patriarchen von *Konstantinopel, Alexandria, Antiochia* und *Jerusalem*. Während diese Patriarchen in der Zeit der frühen Christenheit über bedeutenden Einfluss verfügten, ist die Bezeichnung heute nur noch ein Ehrentitel, da sich die meisten Patriarchensitze auf islamischem Boden befinden.
In der ➡ orthodoxen Kirche hingegen führen alle Oberhäupter der unabhängigen Landeskirchen den Patriarchentitel. So gibt es z. B. Patriarchen von Russland, Rumänien, Serbien oder Bulgarien.

Partei
Organisierter Zusammenschluss politisch gleichgesinnter Bürger, die Einfluss auf die Gestaltung des Staats nehmen wollen. Die modernen Parteien entwickelten sich Anfang des 19. Jh. aus lockeren Vereinigungen angesehener Persönlichkeiten (Honoratioren-Parteien). Getragen von der Arbeiterbewegung bildeten die sozialistischen Parteien erstmals den Typ der Massenpartei, dem später häufig auch katholisch-konfessionelle Parteien (z. B. das *Zentrum*) entsprachen. Mit der Durchsetzung des Parlamentarismus erhielten die Parteien im 20. Jh. staatstragende Bedeutung.

Patrizier
(lat. patres = Väter)
In der Frühzeit der *römischen Republik* die alten Adelsfamilien, die die politische Führung bildeten und den ➡ Senat stellten. Nach den Ständekämpfen wuchsen sie mit der Führungsschicht der ➡ Plebejer zur ➡ Nobilität zusammen. Zur Kaiserzeit waren

Patrizier

Reiche Patrizierfamilie im Mittelalter.

Zu Seite 226:
Eröffnung des englischen Parlaments durch König Heinrich VI. (1422–1461) vor den Mitgliedern des Oberhauses. Am unteren Bildrand warten die Commons (Bürger und niederer Adel), die während des Parlaments Redefreiheit genießen.

Römischer Patrizier mit den Masken seiner Ahnen (Marmorstatue, 1. Jh. v. Chr.).

die uralten Patrizierfamilien nahezu ausgestorben.

Im *Mittelalter* bezeichnete der Begriff „Patrizier" die Angehörigen der Oberschicht einer Stadt. Sie sahen sich in der Nachfolge der römischen Adelsgeschlechter, die allein zur Regierung und Verwaltung der Republik berechtigt waren.

Zu den Patriziern zählten reiche Kaufleute, Dienstleute des Stadtherrn und Adlige, die sich in der Stadt niedergelassen hatten. Konnte sich eine Stadt von ihrem Stadtherrn unabhängig machen, so übernahmen diese gesellschaftlichen Gruppen die politische Führung. Sie allein waren ratsfähig, d.h. nur sie besetzten die städtischen Ämter. Seit dem 13. Jh. kämpften in vielen Städten die ➡ Zünfte gegen die Vorherrschaft des Patriziats und erlangten politische Mitsprache.

Patron s. Klient

Pauperismus
(lat. pauper = arm)
Um 1840 entstandener Begriff für die anhaltende Armut großer Bevölkerungsschichten in vorindustrieller Zeit. Aufgrund dieser Massenarmut konnten die Menschen kaum den notdürftigsten Lebensunterhalt erwerben oder waren auf Unterstützung angewiesen.
Eine Folgeerscheinung dieser sozialen Problematik war die Entstehung berüchtigter Räuberbanden wie z. B. die des *Schinderhannes* im Hunsrück oder des *Hölzerlips* im Odenwald. Auch der schlesische *Weberaufstand* im Jahr 1844 ist eine Folge des Pauperismus.

Pazifismus
(von lat. pacificus = friedliebend)
Internationale Bewegung, die aus ethischen oder religiösen Gründen den Krieg verurteilt und jede Gewaltanwendung innerhalb der zwischenstaatlichen Beziehungen ablehnt.
Der moderne Pazifismus entwickelte sich Anfang des 19. Jh. aus *Friedensgesellschaften*, die in mehreren europäischen Staaten entstanden. So z. B. 1816 die „Peace Society" in Großbritannien oder 1867 die „Ligue internationale de la Paix et de la Liberté" in

Frankreich. 1891 gründete BERTHA VON SUTTNER die „Österreichische Friedensgesellschaft", 1891 entstand das „Internationale Friedensbüro" in Bern und Genf als Zentrale aller Friedensgesellschaften.

Daneben bildeten sich Vereinigungen, welche die Kriegsdienstverweigerung verfochten, wie z. B. die 1926 gegründete „Gruppe revolutionärer Pazifisten" in Deutschland. Die *Nationalsozialisten* verboten sofort nach ihrem Machtantritt solche Gruppen und sorgten für eine Unterdrückung des Pazifismus.

Im 20. Jh. kam es zu internationalen Vereinbarungen und Institutionen, welche die Kriegsgefahr vermindern und die Abrüstung vorantreiben sollten. So z. B. die auf Friedenskonferenzen in Den Haag ausgearbeitete *Haager Landkriegsordnung* (1899/1907), die Gründung des ➡ Völkerbundes (1919) oder der 1928 unterzeichnete *Kellogg-Pakt*. Seine 63 Vertragspartner verurteilten den Krieg als Mittel zur Lösung internationaler Streitfälle und verpflichteten sich, auf ihn als Werkzeug internationaler Politik zu verzichten. Einen dauerhaften Frieden konnten alle Vereinbarungen und Organisationen nicht erreichen.

Nach dem 2. Weltkrieg erhielt der Pazifismus angesichts der weltweiten atomaren Bedrohung neuen Auftrieb. Auch bei der ➡ Abrüstung konnten sich die beiden Weltmächte *USA* und *Sowjetunion* erstmals auf konkrete Rüstungsbegrenzungen verständigen.

Peloponnesischer Bund
Im 6. Jh. v. Chr. schlossen sich die griechischen Staaten auf dem *Peloponnes* zu einem Bündnis unter der Führung *Spartas* zusammen. Einziger Zweck war die gemeinsame Kriegsführung bei einer Bedrohung. Im Bundesrat hatte jedes Mitglied eine Stimme, doch verfügte Sparta über großen Einfluss auf die Abstimmung. Im Kriegsfall standen die Streitkräfte unter Spartas Oberbefehl. Bundessteuern wurden nicht erhoben und es gab auch keine Bundeskasse. Seine größte Bewährungsprobe bestand der Bund im ➡ Peloponnesischen Krieg gegen *Athen*, der von 431–404 v. Chr. währte.

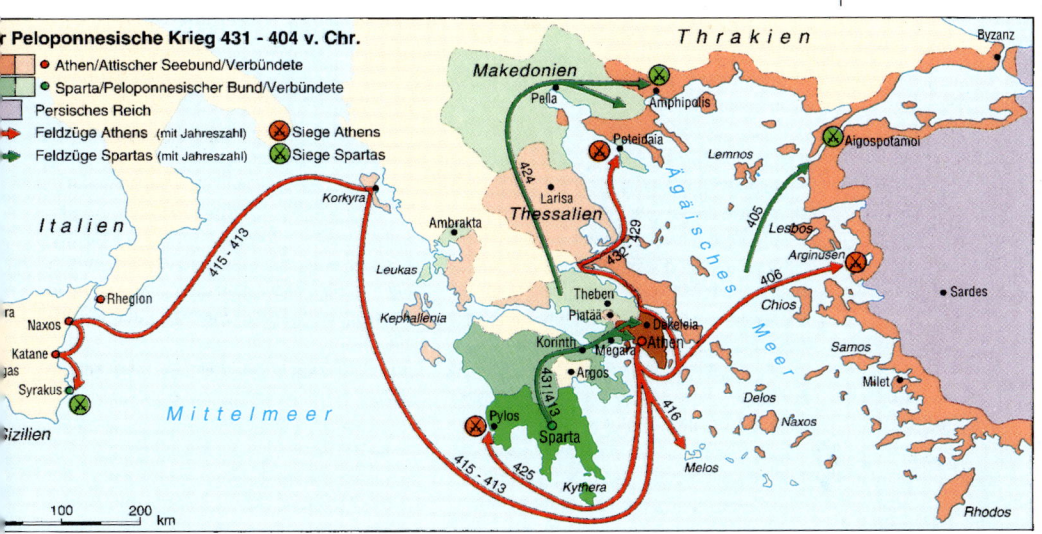

Peloponnesische Krieg 431 - 404 v. Chr.

- ● Athen/Attischer Seebund/Verbündete
- ● Sparta/Peloponnesischer Bund/Verbündete
- Persisches Reich
- ➤ Feldzüge Athens (mit Jahreszahl)   ⊗ Siege Athens
- ➤ Feldzüge Spartas (mit Jahreszahl) ⊗ Siege Spartas

Aufgrund Spartas schwindender militärischer Macht brach der Peloponnesische Bund 371 v. Chr. auseinander.

Peloponnesischer Krieg

Auseinandersetzung zwischen *Athen* und *Sparta* um die Vorherrschaft in *Griechenland*. Auf Spartas Seite standen die Mitglieder des ➡ *Peloponnesischen Bundes* sowie einige Staaten Mittelgriechenlands, auf Athens Seite die Städte des ➡ *Attischen Seebunds* und Thessalien.

In dem 431 v. Chr. ausgebrochenen Krieg verfolgte Athens führender Staatsmann Perikles eine besondere Strategie. Da Sparta zu Land eindeutig überlegen war, entschloss er sich zur Preisgabe *Attikas* und evakuierte die Bevölkerung hinter den riesigen Befestigungsanlagen der *Langen Mauern*. Im Gegenzug sollte Athens mächtige Flotte Vorstöße gegen die Staaten des *Peloponnes* unternehmen und sie allmählich zermürben. Da sich der Krieg jedoch ohne eindeutige Entscheidung hinzog, kam es 421 v. Chr. zu einem vom athenischen Feldherrn Nikias vermittelten Frieden (*Nikiasfrieden*), der den alten Besitzstand wahrte.

In dieser Lage überzeugte der Feldherr Alkibiades die Athener von einem abenteuerlichen Plan: Eine Kriegsflotte sollte nach *Sizilien* segeln, die Städte der Westgriechen unterwerfen und so die Macht Athens stärken. Doch die *sizilische Expedition* endete 413 in einer Katastrophe, da Heer und Flotte vor *Syrakus* eine vernichtende Niederlage erlitten.

Diese Situation nutzten die Spartaner zur Wiederaufnahme des Kriegs, wobei sie sogar ein Bündnis mit *Persien* schlossen, das ihnen Finanzhilfe zum Bau einer Flotte gewährte. Dieser neuen Entwicklung war Athen nicht mehr gewachsen und musste 404 kapitulieren.

Die Friedensbedingungen waren hart: Athen musste seine Flotte ausliefern, die *Langen Mauern* schleifen und die Auflösung des *Attischen Seebunds* hinnehmen. Damit hatte es seine Vormachtstellung eingebüßt, während Sparta vorübergehend zur griechischen Hegemonialmacht aufstieg.

Perioöken

(gr. = Umwohner)

Die in den Landstädten des spartanischen Staatsgebietes wohnhafte Bevölkerung. Die Perioöken genossen im Gegensatz zur Herrenschicht der Hauptstadt Sparta, den ➡ *Spartiaten,* nicht das volle Bürgerrecht, wa

Die auf der Insel Salamis gefundene Grabsäule zeigt zwei Krieger aus Athen, die im Peloponnesischen Krieg gegen Sparta fielen (420 v. Ch.).

P

ren aber keine Sklaven wie die ➡ *Heloten.* In ihrer Hand lagen Handel und Gewerbe, da dies dem Kriegerstand der *Spartiaten* verboten war.

Perser

Stammesgruppe der *Iraner,* die sich selbst *Parsa* nannte. Ursprünglich siedelten die Perser um 1000 v. Chr. im Nordwesten des Iran, zogen aber später südwärts in die nach ihnen benannte Landschaft *Persis.* Dort unterstanden sie zunächst der Oberhoheit der *Meder,* eines anderen iranischen Stammes, der ein Großreich errichtet hatte.

Der Aufstieg der Perser begann mit König KYROS II. aus dem Herrschergeschlecht der ACHÄMENIDEN. Er unterwarf 550 v. Chr. das *Mederreich,* eroberte wenig später das *Reich der Lyder* in Kleinasien und besetzte 539 v. Chr. das *Babylonische Reich.* Damit hatten die Perser ein Weltreich erobert, das vom Bosporus bis zum Indus reichte.

KAMBYSES II. (reg. 530–522 v. Chr.) gliederte dem Perserreich noch *Ägypten, Libyen* und *Nubien* an, während Großkönig DAREIOS I. (reg. 522–486 v. Chr.) mit *Thrakien* und *Makedonien* erstmals Gebiete in Europa unterwarf. DAREIOS war es auch, der den persischen Vielvölkerstaat in ➡ Satrapien (Pro-

vinzen) gliederte, ein neues Steuersystem einführte und eine einheitliche Reichsverwaltung schuf. Bedeutend waren schließlich die kulturellen Leistungen dieses Herrschers, der imposante Palastbauten in *Susa* und *Persepolis* errichtete.

Der *Ionische Aufstand* der Griechenstädte an Kleinasiens Westküste (500–494 v. Chr.) löste die ➡ *Perserkriege* mit den Griechen aus. Der Vorstoß von König DAREIOS I. gegen Griechenland endete 490 v. Chr. mit der Niederlage der Perser bei *Marathon.* Der Unterwerfungsversuch seines Sohnes XERXES I. (reg. 486–465 v. Chr.) scheiterte ebenfalls in der Seeschlacht bei *Salamis* (480 v. Chr.) und der Landschlacht von *Platää* (479 v. Chr.). Diese Niederlagen brachten die persische Expansion im Westen zum Stillstand und verhinderten das Ausgreifen einer asiatischen Großmacht nach Europa.

Unter den nächsten Großkönigen verfiel das Perserreich und erlag unter dem letzten Achämeniden DAREIOS III. (336–330 v. Chr.) dem Ansturm ALEXANDERS DES GROSSEN von Makedonien.

Nach ALEXANDERS Tod entstand in Vorderasien das ➡ Diadochenreich der SELEUKIDEN, die im 2. Jh. v. Chr. vom iranischen Stamm der ➡ *Parther* abgelöst wurden. Ein

Der persische König empfängt eine Gesandschaft (Relief aus Persepolis).

Perser

Griechenland und das Perserreich um 500 v. Chr.

- Perserreich
- Makedonien (persischer Vasallenstaat)
- gegen Persien verbündete griechische Staaten
- Königsstraße

0 500 km

Aufstand brachte 224 n. Chr. die persische Dynastie der SASSANIDEN an die Macht, die altpersische Traditionen erneuerten. Unter ihnen bestand das *Sassanidenreich* erfolgreich gegen Römer, Hunnen und Türken und erlag erst 642 n. Chr. dem Ansturm der Araber und des ➡ Islam.

Perserkriege

Im 6. Jh. v. Chr. eroberten die ➡ Perser Kleinasien und gliederten 546 v. Chr. auch die griechischen Küstenstädte des *Ionischen Bundes* in ihr Reich ein. Um die persische Oberhoheit abzuschütteln unternahmen die Städte 500 v. Chr. einen Aufstand, der jedoch 494 v. Chr. mit der Zerstörung der Stadt Milet endete. Dieser *Ionische Aufstand* eröffnete die Perserkriege.

Um auch im besetzten Thrakien ihre Herrschaft zu festigen unternahmen die Perser im Jahr 492 v. Chr. einen Feldzug längs der Ägäis. Doch erlitt das Heer durch thrakische Stämme und die Flotte durch einen Sturm am Athosgebirge so schwere Verluste, dass das Unternehmen erfolglos endete.

Um Athen und Eretria zu bestrafen, die den *Ionischen Aufstand* unterstützt hatten, rüstete DAREIOS I. 490 v. Chr. eine neue Flottenexpedition aus. Dabei wurde Eretria zwar zerstört, doch erlitt das bei *Marathon* gelandete Perserheer eine vernichtende Niederlage gegen die vom Feldherrn MILTIADES geführten Athener.

Nach umfangreichen Rüstungen, zu denen auch der Bau eines Kanals auf der Halbinsel Athos zählte, unternahm XERXES I. einen neuen Feldzug. Da diesmal ganz Griechenland unterworfen werden sollte, kommandierte der Großkönig persönlich die persische Streitmacht. Wegen der drohenden Kriegsgefahr schlossen sich die Griechen zu einem Verteidigungsbündnis unter Spartas Führung zusammen.

480 v. Chr. trafen die Heere am Pass der *Thermopylen* aufeinander. Nach dreitägigem Kampf war das griechische Aufgebot unter König LEONIDAS geschlagen, sodass XERXES bis nach Attika vorstieß und Athen zerstörte. Wenig später kam es zur Seeschlacht von *Salamis*, in der Athens Flotte unter THEMISTOKLES einen entscheidenden Sieg errang. XERXES kehrte daraufhin nach Persien zurück um einen Aufstand niederzuschlagen, während das vom Nachschub abgeschnittene persische Heer in Thessalien überwinterte. Im Sommer 479 v. Chr. wurde es von den verbündeten Griechen unter Führung des spartanischen Feldherrn PAUSANIAS endgültig bei *Platää* geschlagen, worauf auch die kleinasiatischen Griechenstädte von Persien abfielen.

Athen und der ➡ Attische Seebund führten den Krieg in kleinerem Ausmaß weiter und beseitigten nach und nach die letzten persischen Stützpunkte in der Ägäis. 448 v. Chr. kam es schließlich zum *Kalliasfrieden*, der

Themistokles (um 525–460), Sieger über die Perser in der Schlacht bei Salamis und Begründer der attischen Seemacht.

P

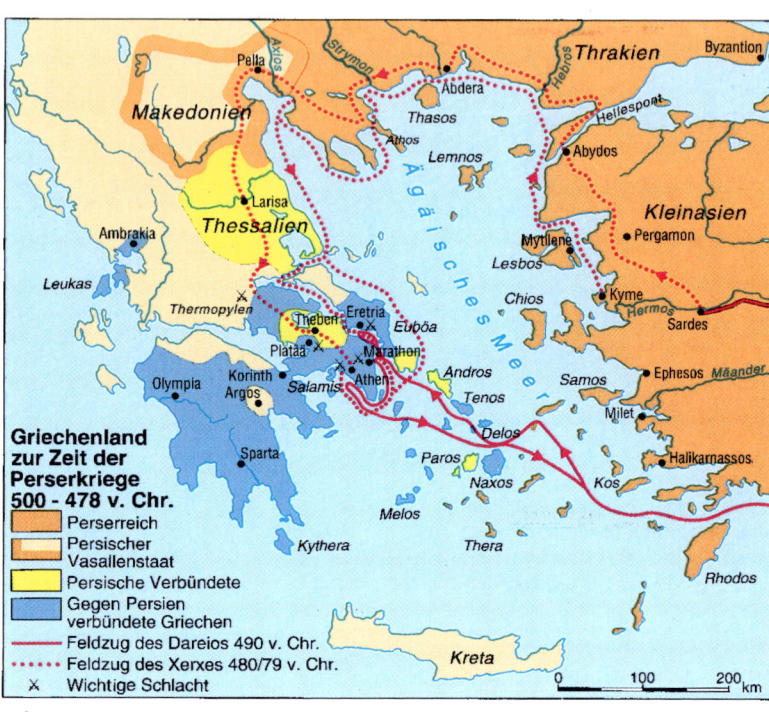

Griechenland
zur Zeit der
Perserkriege
500 - 478 v. Chr.

◻ Perserreich
◻ Persischer
  Vasallenstaat
◻ Persische Verbündete
◻ Gegen Persien
  verbündete Griechen
— Feldzug des Dareios 490 v. Chr.
····· Feldzug des Xerxes 480/79 v. Chr.
✕ Wichtige Schlacht

0   100   200 km

Ein persischer Krieger.
Er trug einen gefloch-
tenen, lederüberzoge-
nen Schild, eine Lanze,
einen Dolch sowie ei-
nen metallenen Schup-
penpanzer unter der
Tunika.

◻ Perserkriege

die Ägäis und den Einflussbereich des *Attischen Seebunds* für persische Streitkräfte
sperrte.

Die *Perserkriege* haben das Selbstbewusst-
sein der Griechen nachhaltig gestärkt und
auch in der zeitgenössischen Literatur ihre
Spuren hinterlassen. So behandelte der griechische Dichter Aischylos (525–456 v. Chr.),
der selbst Mitkämpfer war, die Schlacht bei
Salamis in seiner Tragödie „Die Perser",
während Herodot (um 490–420 v. Chr.) die
Perserkriege in seinem Geschichtswerk
darstellte. Noch Alexander der Grosse
nahm ein Jahrhundert später die persische
Invasion zum Anlass, seinen eigenen Erobe-
rungszug gegen das Perserreich zu rechtfertigen.

Personalunion
Verbindung von Staaten allein durch die Person des Herrschers. Die Selbstständigkeit
der Einzelstaaten wird dadurch nicht beein-
trächtigt.

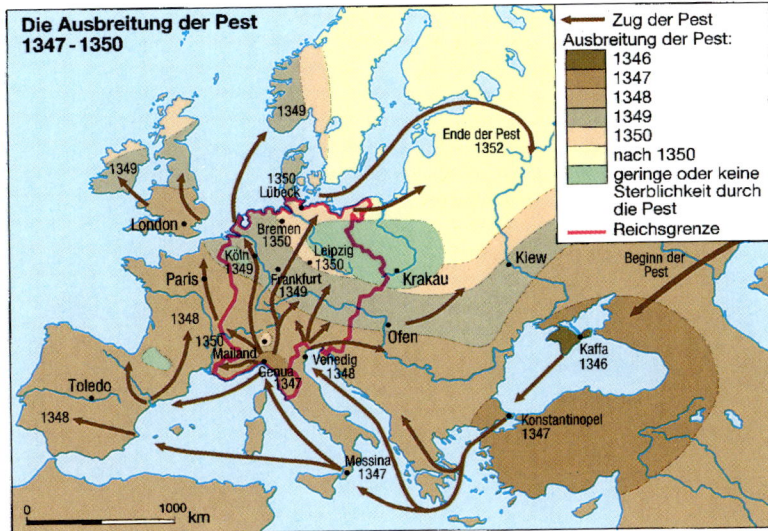

Die Ausbreitung der Pest
1347–1350

Zug der Pest
Ausbreitung der Pest:
1346
1347
1348
1349
1350
nach 1350
geringe oder keine
Sterblichkeit durch
die Pest
Reichsgrenze

1349
Ende der Pest 1352
London
1349
1350 Lübeck
Bremen 1350
Köln 1349
Leipzig 1350
Paris
Frankfurt 1349
Kiew
Beginn der Pest
Krakau
1348
1350
Mailand
Ofen
Genua 1347
Venedig 1348
Kaffa 1346
Toledo
1348
Konstantinopel 1347
Messina 1347

0   1000 km

Eine solche Personalunion bestand z. B. in
der von AUGUST DEM STARKEN angebahnten
Verbindung zwischen *Polen* und *Sachsen*
(1697–1733) oder zwischen *Großbritannien*
und *Hannover* (1714–1837). Hier hatte das
Geschlecht der WELFEN 1714 den britischen
Königsthron geerbt, sodass der Kurfürst von
Hannover zugleich britischer König war.

Pest

Eine durch Pestbakterien vom Rattenfloh
auf den Menschen übertragene Infektions-
krankheit. Die Ausbreitung von Mensch zu
Mensch erfolgt durch Tröpfcheninfektion
wie z. B. Husten oder Niesen. Nach einer In-
kubationszeit von etwa 3–6 Tagen treten
Schüttelfrost, Fieber und völlige Ermattung
auf. Es kommt entweder zur *Beulenpest,* bei
der die Lymphknoten stark anschwellen,
oder zur *Lungenpest.* Ohne wirksame Medi-
kamente verläuft die Krankheit in den meisten Fällen tödlich.

Besonders verheerend wirkte sich eine von
1347–52 in Europa wütende Pestepidemie
aus, die vermutlich aus dem Orient einge-
schleppt wurde. Ihr fielen nach vorsichtigen
Schätzungen 25 Millionen Menschen zum
Opfer, etwa ein Drittel der Bevölkerung. Europas. Der „Schwarze Tod" entvölkerte Städte und Landschaften und löschte eine ganze
Generation aus. Als Folge des Massenster-
bens zogen ➡ Geißler durch das Land und
es kam zur Verfolgung von Juden, die man
als „Pestbringer" anklagte.

Zur Abwehr der unheimlichen Seuche, die
die Menschen als Gericht Gottes empfanden,
entstanden Pestkapellen, Pestaltäre, Pestsäu-
len oder Pestblätter mit Gebeten und Illus-
trationen. Viele Wallfahrtsprozessionen berufen sich noch heute auf Pestgelübde. So
liegt z. B. den Passionsspielen von *Oberam-
mergau* die Erfüllung eines Gelübdes zu
Grunde, das anlässlich einer Pestepidemie
im Jahr 1633 gegeben wurde.

Auch später flammte die Pest immer wieder
auf, so in den Jahren 1708/09 in Nord- und
Ostdeutschland oder 1720 in Südfrankreich.
Danach erlosch die Seuche in Europa. Der
Pesterreger wurde 1894 entdeckt und bald
fand man auch ein Gegenmittel. Heute ist
die Pest ohne große Probleme heilbar, sofern
die Infektion rasch bekämpft wird.

Pfalz

(lat. palatium = Palast)
Das Frankenreich und das Deutsche Reich
des Mittelalters kannten keine Hauptstadt.
Der Herrscher reiste mit seinem Hofstaat,

Pfalz

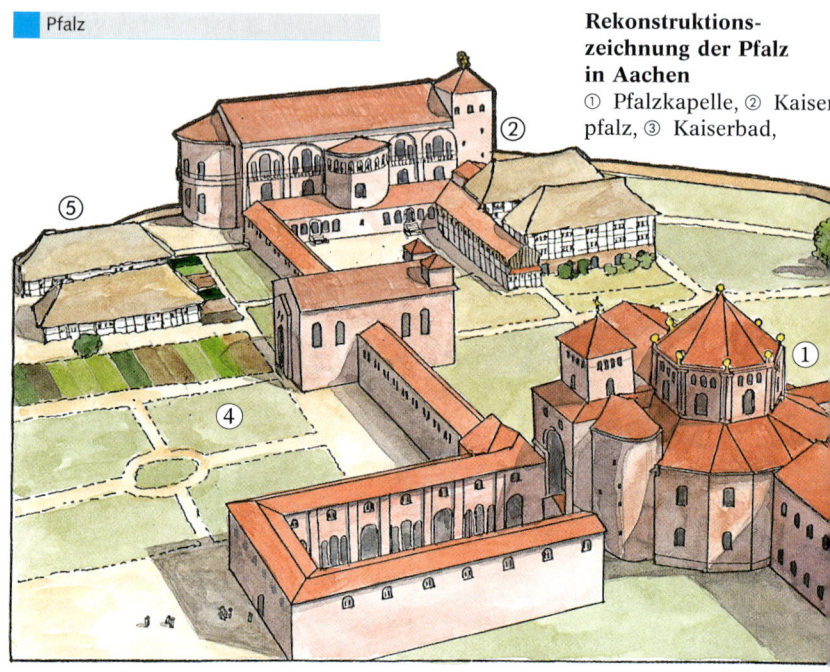

seiner Familie, seinen Beamten und Priestern durch sein Herrschaftsgebiet. Auf den
Pfalzen, die im ganzen Reichsgebiet ver-
streut lagen, übte er seine Herrschaft an Ort
und Stelle persönlich aus. Die Pfalzen waren zumeist gut befestigte große Höfe mit
Kirche, Wohngebäuden, Verwaltungs- und
Wirtschaftsgebäuden. Die Ernährung eines
großen Gefolges über längere Zeit war damals problematisch, sodass sich der Hof
nicht allzu lange auf einer Pfalz aufhalten
konnte.

Phalanx

Dicht geschlossene Schlachtlinie der schwer
bewaffneten griechischen Fußsoldaten (➡
Hopliten).
Die Phalanx wurde im Verlauf des 8. Jh. v.
Chr. in den griechischen Stadtstaaten eingeführt und bestand aus einem geschlossenen,
mehrere Glieder tiefen (Normaltiefe acht
Mann) Kriegerverband. Jeder Verband gliederte sich in Kolonnen, d. h. in Reihen von
vorn nach hinten. Bis ins 5. Jh. bestand die
Bewaffnung aus einem runden großen
Schild, Panzer, Helm, kurzen Beinschienen
und Wurflanze. Zur Zeit der Perserkriege kamen ein zweischneidiges Schwert und eine
Stoßlanze hinzu.
Der Nachteil der Phalanx war ihre relativ
große Schwerfälligkeit, weshalb PHILIP II.
von Makedonien (382–336 v. Chr.) sie durch
Einführung einer flexibleren Schlachtordnung reorganisierte.

Pharao

(ägypt. = Großes Haus)
Die Bezeichnung des ägyptischen Herrschers. Der Name wurde ursprünglich nur
für den königlichen Palast gebraucht und
ging später auf den König selbst über.

Philosophie

(griech. = Liebe zur Weisheit)
Das Streben nach Wahrheit, Wissen und Erkenntnis. Ein Philosoph versucht die Zusammenhänge und den Ursprung aller Dinge zu
ergründen. Dabei geht er kritisch und ohne

④ Gärten der Pfalz,
⑤ Wohnbezirk der Kauf-
leute, ⑥ Grenze des Pfalz-
bezirks

P

Vorurteile vor. Er forscht nach dem Sinn von
allem, befasst sich mit den Gesetzmäßigkei-
ten der Natur und untersucht die Stellung
des Menschen in der Welt. In Griechenland
entwickelte sich die Philosophie im 6. Jh.
v. Chr. und stand im 4. Jh. mit eigenen Philo-
sophenschulen in hoher Blüte. Als Grundlage aller Wissenschaften gewann die Philosophie größte Bedeutung. Zu den großen Philosophen der Antike zählen PLATON und
ARISTOTELES.

Phönizier
(Phöniker)

Im Altertum die Bewohner von *Phönizien,*
einem Küstenstreifen im östlichen Mittelmeer, der ungefähr dem heutigen *Libanon*
entsprach. Der Name bedeutet „Purpurland"
und geht zurück auf die kostbare Purpurfar-
be, die dort aus der Purpurschnecke gewonnen wurde.

Das fruchtbare Küstengebiet der Phönizier
war vom Hinterland durch den Antilibanon
abgeschirmt, sodass sich hier geschützte Häfen entwickeln konnten. Die Phönizier waren daher schon in alter Zeit als kühne Seefahrer und tüchtige Kaufleute bekannt, deren Handelsschiffe das ganze Mittelmeer
durchkreuzten. Dabei stützten sie sich auf
zahlreiche *Handelsfaktoreien* und *Kolonien,*
die an strategisch günstigen Plätzen des Mittelmeers gegründet wurden. Bevorzugt waren dabei Zypern, Sizilien, Sardinien, Süd-
spanien und Nordafrika.

Einige phönizische Kolonien entwickelten
sich zu großen Städten, die noch heute bestehen, wie *Malaga, Cadiz* oder *Palermo.* Die
berühmteste Kolonie war freilich ➡ Karthago, das die Phönizier um 800 v. Chr. in Nordafrika gründeten und das zu einer mächtigen Handelsmetropole und zur Rivalin
Roms aufstieg.

Seine größte Bedeutung erlangte das Volk
der Phönizier etwa zwischen 1200 und 300
v. Chr. In dieser Zeit entwickelten sich die
phönizischen Hafenstädte zu bedeutenden
Wirtschaftszentren, die am Handel zwischen
Kleinasien, Mesopotamien und Ägypten teilnahmen und Aktivitäten bis nach Spanien
und Afrika entfalteten. Gehandelt wurden

Pharao

Goldmaske des Pharao
Tutanchamun mit
Herrschaftszeichen.

P

vor allem Purpurstoffe, Metallwaren, Glas, Keramik, Öl und Wein. Besonders begehrt war das Zedernholz des Libanon, was freilich zum Raubbau und zur allmählichen Verkarstung führte.

Phönizien bildete keine politische Einheit, sondern zerfiel in mehrere *Stadtstaaten* unter eigenen Königen. Zu den wichtigsten zählten Tyros, Sidon, Byblos, Tripolis und Berytos, das heutige *Beirut*. Ratsversammlungen der Städte garantierten einen lockeren Zusammenhalt.

Verschiedentlich geriet Phönizien unter die Oberhoheit mächtiger vorderasiatischer Reiche wie z. B. das der ➡ Assyrer und der ➡ Perser. Das hatte kaum negative Auswirkungen, da sich die Stadtfürsten meist rechtzeitig unterwarfen, Tribute zahlten und ihre innenpolitische Unabhängigkeit bewahren konnten.

333 v. Chr. unterwarf sich Phönizien fast kampflos ALEXANDER DEM GROSSEN. Lediglich das im Meer liegende *Tyros* leistete 8 Monate Widerstand und konnte erst nach Aufschüttung eines Damms erobert werden. Danach versank Phönizien in Bedeutungslosigkeit und verschwand aus der Geschichte.

Ein wichtiges Erbe dieses alten Volks ist die phönizische *Konsonantenschrift* mit 22 Zeichen. Sie wurde im 9. Jh. v. Chr. von den Griechen übernommen und bildet die Grundlage fast aller heutigen Schriftsysteme.

Pilger

Ein Mensch, der sich aus religiösen Gründen auf eine Fahrt oder Wanderschaft begibt. Eine solche Reise, deren Ziel meist eine heilige Stätte ist, wird als *Wallfahrt* bezeichnet.

In der christlichen Kirche unternahm man schon früh derartige Wallfahrten nach *Jerusalem* mit dem Heiligen Grab, nach *Rom* mit dem Grab Petri oder zu anderen Orten mit Überresten von Märtyrern. Später waren besondere Gnadenorte der *Jungfrau Maria* das Ziel von Pilgern, ferner auch Stätten, an denen sich angeblich göttliche Wundertaten ereigneten.

Im Mittelalter benutzten die Wallfahrer bestimmte *Pilgerstraßen*. So führte z. B. der *Jakobsweg* von Zentralfrankreich über die Pyrenäen an das Grab des Apostels JAKOBUS im spanischen Wallfahrtsort *Santiago de Compostela*. Entlang dieser Pilgerstraße entstanden Herbergen und Hospitäler, ferner

Pilgerväter in Nordamerika auf dem Kirchgang (17. Jh.).

Pilgerväter

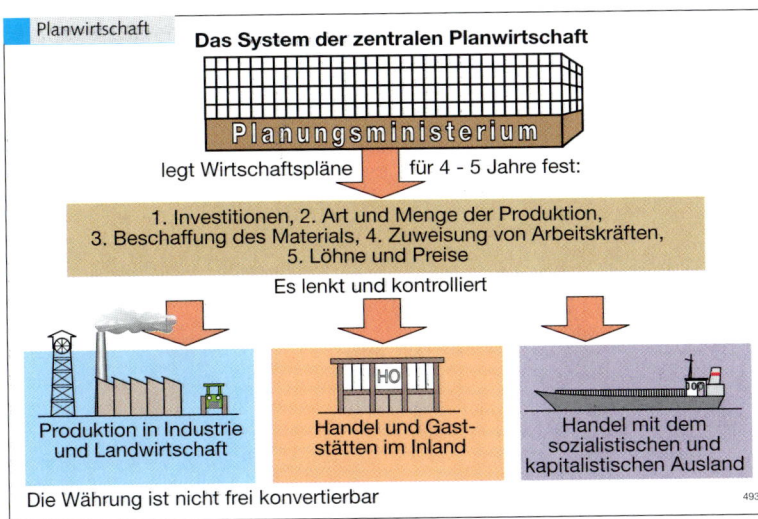

Das System der zentralen Planwirtschaft

Planwirtschaft

Planungsministerium

legt Wirtschaftspläne | für 4 - 5 Jahre fest:

1. Investitionen, 2. Art und Menge der Produktion,
3. Beschaffung des Materials, 4. Zuweisung von Arbeitskräften,
5. Löhne und Preise

Es lenkt und kontrolliert

Produktion in Industrie und Landwirtschaft

Handel und Gaststätten im Inland

Handel mit dem sozialistischen und kapitalistischen Ausland

Die Währung ist nicht frei konvertierbar

493G

Funktionsweise der Planwirtschaft.

P

gewaltige Kirchen, die wie in *Tours* oder *Limoges* die Macht des Glaubens demonstrierten.

Pilgerväter

(engl. = Pilgrim Fathers)

Die ersten ➡ puritanischen Siedler, die von England nach Nordamerika auswanderten, da sie in ihrer freien Religionsausübung behindert wurden. Am 16.9.1620 stachen sie mit der „*Mayflower*" von Plymouth in See und landeten am 21.11.1620 bei *Cape Cod* im heutigen Staat Massachusetts.

Vor der Landung schlossen die Männer den „*Mayflower-Compact*", eine Vereinbarung, in der sie sich zur Errichtung einer gesetzlichen Ordnung im neuen Land verpflichteten. Die von den Pilgervätern gegründete Siedlung *Plymouth* wurde zur Keimzelle *Neuenglands;* die Nachkommen der Pilgerväter bildeten eine einflussreiche Gruppe der amerikanischen Führungsschicht.

Pippinsche Schenkung s. Kirchenstaat

Planwirtschaft

Bezeichnung für ein Wirtschaftssystem, in dem der Staat die gesamte Volkswirtschaft lenkt und kontrolliert. Produktion, Verteilung von Waren und Preisfestsetzung erfolgen nach einem einheitlichen *Plan,* dessen Erfüllung eine zentrale Planbehörde überwacht. Ein Wettbewerb ist in diesem System nicht vorgesehen und das freie Spiel der Kräfte des Marktes zur Regulierung von Angebot, Nachfrage und Preisen außer Kraft gesetzt. Die Planwirtschaft, auch *Zentralverwaltungswirtschaft* genannt, ist vor allem in *sozialistischen* Staaten verbreitet. Das gegensätzliche Modell ist die ➡ Marktwirtschaft.

Plebejer

In der Frühzeit der römischen Republik die große Masse der Bürger ganz unterschiedlicher Herkunft, die von der Staatsführung ausgeschlossen waren. In den *Ständekämpfen* gegen die regierenden ➡ Patrizier erlangten sie schließlich die politische Gleichberechtigung und führenden Plebejerfamilien gelang der Aufstieg in den Adel (➡ Nobilität). Die Gleichsetzung des Begriffs Plebejer mit der sozialen Unterschicht wurde erst in der Kaiserzeit üblich.

Pogrom

(russ. = Zerstörung)

Bezeichnung für Ausschreitungen gegenüber ➡ Juden, die mit Plünderungen und Gewalttaten verbunden sind. Häufig werden sie von

Plünderung der Judengasse in Frankfurt/Main 1614. Der Kaiser ließ die Anführer hängen (zeitgenössisches Bild, 1633).

Pogrom

staatlichen Stellen organisiert oder zumindest stillschweigend gebilligt.

Judenpogrome lassen sich während des ganzen Mittelalters in vielen europäischen Staaten nachweisen. Während jüdische Gemeinden zunächst weitgehend ungestört leben konnten, änderte sich das mit Beginn der Kreuzzüge seit dem 12. Jh. Bekehrungseifer, Unbehagen über die fremde Lebensart oder Neid auf jüdischen Wohlstand führten zu blutigen Verfolgungen. Man verleumdete die Juden als Christusmörder, Pestbringer, Brunnenvergifter oder Hostienschänder, wobei oftmals fanatische Vertreter der Kirche den Ausschlag gaben. Jüdische Gemeinden konnten noch von Glück sagen, wenn man sie nur ausplünderte und aus ihrer Heimatstadt vertrieb. In anderen Fällen, die gut durch Quellen belegt sind, zündete man den Juden das Haus über dem Kopf an oder verbrannte sie bei lebendigem Leib auf dem Scheiterhaufen.

Schwere Pogrome ereigneten sich noch in jüngerer Zeit im zaristischen Russland, wo es unter dem Einfluss des ➡ Antisemitismus Ende des 19 Jh. zu blutigen Ausschreitungen kam, die bis in die Zeit des sowjetischen Bürgerkriegs (1918-1921) anhielten.

Auch die von den *Nationalsozialisten* am 9. November 1938 organisierte ➡ „Reichskristallnacht" war ein Pogrom.

Polis

Im antiken Griechenland eine Stadt einschließlich des umliegenden Landgebietes. Die Polis (Mz. = Poleis) war politischer und religiöser Mittelpunkt ihres Gebiets und Tagungsort des Rates und der ➡ Volksversammlung. Man spricht daher auch von einem Stadtstaat, obwohl viele Poleis kaum die Größe eines Dorfes überschritten.

Kennzeichnend für die Polis war ihr Streben nach politischer Selbstständigkeit und wirtschaftlicher Unabhängigkeit. Alle Fragen, welche die Staatsordung, die Religion oder die Kultur betrafen, sollten ohne Einmischung von außen geklärt werden. In diesem Zusammenhang gab es in Griechenland sowohl ➡ demokratisch als auch ➡ aristokratisch regierte Poleis, was von den Befugnissen der Staatsorgane und der Ausgestaltung des Bürgerrechts abhing.

Da jede Polis auf politische Selbstständigkeit und wirtschaftliche Unabhängigkeit bedacht war, kam es in der Antike zu keinem einheitlichen griechischen Staat.

Politik der offenen Tür

Der Begriff hängt eng mit dem → Dollarimperialismus zusammen. Da die USA ihre imperialistischen Ziele vorwiegend auf dem Wege wirtschaftlicher Durchdringung zu verwirklichen suchten, mussten sie entsprechende Voraussetzungen schaffen. Sie strebten daher die Öffnung der ausländischen Märkte und einen gleichberechtigten Zugang an.

Polnische Teilungen

Als das polnische Königsgeschlecht der JAGELLONEN 1572 ausstarb, wurde Polen zur Wahlmonarchie. Das führte allmählich zum Verlust seiner Machtstellung, da ausländische Mächte die Wahlen beeinflussten und sogar Fürsten fremder Staaten auf den Königsthron gelangten.

Zudem machte das Prinzip der Einstimmigkeit den polnischen Reichstag weitgehend beschlussunfähig, was zur Lähmung des staatlichen Lebens führte.

Als STANISLAW AUGUST PONIATOWSKI im Jahr 1764 zum König gewählt wurde, beabsichtigte er eine Reform der Verfassung. Dies verhinderte die russische Zarin KATHARINA II., da ihr ein schwaches Polen an Russlands Westgrenze nützlicher erschien.

Innenpolitischer Zwist führte schließlich zu einem Bürgerkrieg, in den die benachbarten Mächte eingriffen. So kam es 1772 zur *1. Teilung Polens*, in der das Land fast 30% seines Staatsgebiets einbüßte. Preußen konnte mit den geraubten Gebieten eine Landverbindung zwischen Brandenburg und Ostpreußen herstellen, Österreich gewann Galizien mit der Stadt Lemberg, Russland Teile Ostpolens.

Als der polnische Reichstag in den folgenden Jahren weitere Reformen beschloss und sogar eine vorbildliche Verfassung im Geist der Aufklärung verabschiedete, griffen Russland und Preußen erneut ein. Sie fürchteten das Überspringen von Ideen der *Französischen Revolution* und erzwangen 1793 die *2. Teilung Polens*. Preußen annektierte ein Gebiet, das bis kurz vor Warschau reichte, während Russland fast ganz Ostpolen besetzte.

Die Teilungen Polens 1772-1795

an:	Preußen	Rußland	Österreich
1772			
1793			
1795			

━━━ Polen vor den Teilungen (1772)

Zurück blieb ein nicht mehr lebensfähiges Polen, das 1794 von einem Aufstand der polnischen Bevölkerung unter Führung von KOSCIUSKO erschüttert wurde. Dies lieferte Österreich, Preußen und Russland den willkommenen Anlass zur 3. *Teilung Polens*, die den polnischen Staat auslöschte.

Die Vernichtung der politischen Existenz brach jedoch nicht das polnische Nationalbewusstsein, das unter der Fremdherrschaft der Teilungsmächte (1795–1918) lebendig blieb. Nach dem Ersten Weltkrieg erstand ein neuer polnischer Staat, der jedoch durch die Teilungspläne des → *Hitler-Stalin-Pakts* von 1939 Deutschland und Russland zum Opfer fiel. Nach 1945 entstand ein kommunistisches Polen unter sowjetischer Vorherrschaft, bis das Land nach Zusammenbruch des Ostblocks in den Kreis der demokratischen Nationen Europas zurückkehrte.

Popularen s. Optimaten

Potsdamer Konferenz

Vom 17.7.–2.8. 1945 traten die Regierungschefs der alliierten Siegermächte zur Konferenz von Potsdam zusammen um die deutsche Nachkriegsordnung zu beraten. TRUMAN (USA), STALIN (UdSSR) und CHURCHILL (Großbritannien) fassten hier wichtige Be-

Churchill, Truman und Stalin während einer Verhandlungspause auf der Potsdamer Konferenz, die vom 17. Juli bis zum 2. August auf Schloss Cecilienhof stattfand.

schlüsse, die im *Potsdamer Abkommen* vom 2. 8. 1945 verankert wurden:
Einsetzung eines ➡ Alliierten Kontrollrats, Entmilitarisierung, Entnazifizierung, Verfolgung von Kriegsverbrechern, Reparationszahlungen, Übertragung der Verwaltung der deutschen Ostgebiete jenseits der ➡ Oder-Neiße-Linie an Polen und die UdSSR (nördliches Ostpreußen), Ausweisung der deutschen Bevölkerung aus den Ostgebieten sowie aus den Staaten Osteuropas (insbesondere Polen und die Tschechoslowakei), Entflechtung der Wirtschaft, d. h. vor allem der Konzerne, Aufbau einer deutschen Selbstverwaltung nach demokratischen Grundsätzen. Die Beschlüsse der Potsdamer Konferenz bestimmten die Deutschlandpolitik nach 1945 entscheidend, wurden jedoch infolge des ausbrechenden ➡ Kalten Kriegs und der Gründung beider deutscher Staaten in vielen Bereichen bedeutungslos.

Prager Fenstersturz s. Dreißigjähriger Krieg

Pragmatische Sanktion
(pragmatisch = an einem bestimmten Ziel orientiert, Sanktion = grundlegendes Staatsgesetz)
Da Kaiser KARL VI. (reg. 1711–1740) ohne männliche Erben war, drohte mit ihm das Herrschergeschlecht der ➡ Habsburger auszusterben. Er erließ daher 1713 ein Gesetz, das auch die weibliche Erbfolge zuließ und seiner Tochter MARIA THERESIA die Thronfolge in den Ländern des Hauses Habsburg sichern sollte. Weiterhin verfügte das Gesetz die Unteilbarkeit des habsburgischen Besitzes.
In zähen Verhandlungen und durch große politische Zugeständnisse erreichte KARL VI. die Zustimmung der europäischen Großmächte zu dieser Nachfolgeregelung. Dennoch kam es nach seinem Tod zum *Österreichischen Erbfolgekrieg* (1741–1748), in dem MARIA THERESIA ihr Erbe weitgehend erfolgreich verteidigte.

Priesterkönig
In den meisten alten Hochkulturen war der König zugleich oberster Priester, in dessen

Podsdamer Konferenz

Auftrag die Priesterschaft die täglichen Kulthandlungen vollzog. Da die Vorstellung herrschte, die Götter seien Eigentümer des Landes, verwaltete der Priesterkönig als Stellvertreter der Götter allen Grund und Boden.

Prätor
(lat. der Vorangehende)
Ursprünglich war der Prätor wohl Heerführer des römischen Königs, doch wandelte sich sein Aufgabenbereich in der Zeit der Republik. Seit 367 v. Chr. waren Prätoren für die römische Gerichtsbarkeit zuständig und nach den ➡ Konsuln die ranghöchsten ➡ Magistrate.
Die Ausdehnung des römischen Staates führte zur Einsetzung eines zusätzlichen Fremden-Prätors, der für Prozesse mit Nichtbürgern verantwortlich war. Nach Ablauf ihres Amtsjahres erhielten Prätoren eine Position als Provinzstatthalter und nahmen danach einen Sitz im ➡ Senat ein. Durch die kaiserliche Rechtsprechung verloren die Prätoren ihre ursprüngliche Bedeutung.

Prätorianer
Die Leibwache der römischen Kaiser. Sie entwickelte sich aus der Garde der römischen Feldherrn und war seit Kaiser AUGUSTUS (reg. 31 v.–14 n. Chr.) die persönliche Schutztruppe der Herrscher.

Prinzipat

Die Prätorianer unterstanden dem Kommando von 2 Gardepräfekten, hatten eine Stärke von 10 000 Mann und waren ab 23 n. Chr. in Rom kaserniert. Gegenüber den ➡ Legionären waren sie wesentlich besser gestellt, da ihre Dienstzeit nur 16 Jahre betrug und sie als Elitetruppe den dreifachen Sold erhielten. Wiederholt griffen die Prätorianer in die Politik ein, indem sie Kaiser ausriefen.

Prinzipat

Der römische Kaiser Augustus nannte sich *Princeps* (= der Erste) um seine Stellung im Staat von Königtum und Diktatur abzugrenzen. Dadurch sollte die Vorstellung erweckt werden, er sei lediglich *„princeps civium"*, d. h. „erster Bürger des Staates". Diese Vorgehensweise hielt Augustus für sinnvoll, da bereits sein Vorgänger CAESAR wegen seines Strebens nach Alleinherrschaft einem Attentat zum Opfer gefallen war.

Tatsächlich besaß AUGUSTUS die alleinige Macht im Staat, obwohl er es für klug hielt,

die republikanischen Einrichtungen fortbestehen zu lassen. So bekleidete er Jahr für Jahr die höchste Position des Konsuls, hatte im Senat eine herausgehobene Stellung und wurde später zum obersten Priester Roms *(pontifex maximus)* erhoben. Seine Macht stützte er wie alle seine Nachfolger auf das Heer, dessen Oberbefehlshaber er war.

Diese neue monarchische Staatsform, mit der das römische *Kaisertum* beginnt, bezeichnet man als *Prinzipat*. Es ging Ende des 3. Jh. n. Chr. in eine absolute Kaiserherrschaft über, die man als ➡ *Dominat* bezeichnet.

Prohibition

Verbot des Staats alkoholische Getränke herzustellen oder zu verkaufen. In den USA wurde die Prohibition von 1920–33 durch Bundesgesetz eingeführt. Auslöser des Verbots war die konservative protestantischländliche Mittelschicht, die Alkoholgenuss als unmoralisch ansah und ihn als Quelle des Verbrechens betrachtete. Das Gesetz führte vor allem in den *Golden Twenties* zu illegaler Herstellung und gesetzwidrigem Verkauf von Alkohol und eröffnete eine neue Ära des organisierten Gangstertums. Die Prohibition fiel schließlich der ➡ Weltwirtschaftskrise und dem ➡ New Deal zum Opfer.

Proletariat

Im antiken Rom die unterste Bevölkerungsschicht ohne jeden Besitz. Im 19. Jh. ein durch den ➡ Marxismus geprägter Begriff für die im ➡ Kapitalismus entstandene Klasse der abhängigen Lohnarbeiter.

Nach KARL MARX hat der *Proletarier* allein seine Arbeitskraft zu verkaufen und ist daher von der ➡ Bourgeoisie abhängig, die die *Produktionsmittel* besitzt und den Arbeiter ausbeutet. Erst der ➡ Klassenkampf und die „Proletarische Revolution" beenden nach MARX die Unterdrückung.

Proletarier

Bezeichnung für die besitzlose Schicht römischer Bürger, die lediglich über eine „Nachkommenschaft" (lat. = proles) verfügten. Sie

Mit dieser 2 m hohen Marmorstatue ließ sich Augustus als siegreicher Feldherr und – barfuß – als Halbgott darstellen. Die Figur stand einst auf der Terrasse des Palastes der Livia, der Frau des Augustus, und wurde 1863 ausgegraben.

P

Das Magazin „Life"
von 1926

Prosperität

mussten keine Steuern zahlen und bis ins 1.
Jh. v. Chr. auch keinen Militärdienst leisten.
Die Proletarier entstammten dem verarmten
Bauernstand sowie der Unterschicht der rö-
mischen Stadtbevölkerung.

Prosperität („prosperity")
Konjktureller Aufschwung einer Volkswirtschaft. Im engeren Sinn Bezeichnung für
einen 1922 einsetzenden Wirtschaftsboom in
den USA. Massenfabrikation, Produktivitäts-
steigerungen und eine expandierende Kon-
sumgüterindustrie bewirkten einen rasanten
Wirtschaftsaufschwung, der durch die entstehende ➡ Konsumgesellschaft zusätzliche
Impulse erhielt. Insbesondere in den Großstädten entwickelten sich während dieser
Golden Twenties liberalere Lebensformen,
die auch nach Deutschland ausstrahlten.
Die Überproduktion führte jedoch zu einer
allmählichen Sättigung des Marktes und die
Ratengeschäfte und Investitionskredite zu einem aufgeblähten Kreditvolumen. Als zu
diesen Faktoren noch ein Spekulationsfieber
trat, kam es am 24. 10. 1929 *(„Schwarzer
Freitag")* zum Zusammenbruch der New
Yorker Börse.
Bankrotte Banken, Firmenpleiten und die
Massenarbeitslosigkeit lösten eine ➡ Welt-
wirtschaftskrise aus, die infolge der Verflech-

tung der Weltwirtschaft alle Industriestaaten
erfasste.

Protektorat
Schutzherrschaft eines Staates gegenüber einem anderen. Mit *Protektorat* wird auch der
abhängige Staat selbst bezeichnet. Völkerrechtlich bleibt er zwar selbstständig, tritt jedoch einige innen- und außenpolitische Befugnisse an die Schutzmacht ab.
In Wirklichkeit war die Errichtung von Pro-
tektoraten ein Instrument des europäischen
Kolonialismus, das meist als Vorwand zur
gänzlichen kolonialen Unterwerfung diente.
So waren z. B. *Marokko* und *Tunesien* französische, *Ägypten* und *Kuweit* britische Pro-
tektorate.
In Europa besetzten die Nationalsozialisten
im März 1939 die *Tschechoslowakei* und errichteten dort gewaltsam das „Protektorat
Böhmen und Mähren" als „Schutzgebiet" des
Deutschen Reichs.

Protektorat Böhmen und Mähren
s. Münchener Abkommen

Protestanten
Bezeichnung für alle Angehörigen evangeli-
scher Glaubensgemeinschaften, die aus der
➡ Reformation von Luther, Zwingli und
Calvin hervorgingen. Zum Protestantismus
zählen die großen Glaubengemeinschaften
der Lutheraner und der ➡ Reformierten mit
vielen nationalen und landeskirchlichen Or-
ganisationsformen.
Nach einem Beschluss des Reichstags zu
Speyer von 1529 sollten alle kirchlichen Reformen verboten werden und die Anhänger
Luthers der ➡ Reichsacht verfallen. Dagegen protestierten die reformierten Fürsten
und Städte aus Gewissensgründen. Von dieser *„Protestation"* leitet sich der Begriff her.
Die von Luther gebrauchte Bezeichnung
„evangelisch" setzte sich nur langsam durch.

Provinz
Die von Rom erworbenen Gebiete außerhalb Italiens hießen Provinzen. Sie erhielten
ein auf ihre politischen und kulturellen Verhältnisse abgestimmtes Provinzrecht *(lex*

Die Ausbreitung des Römischen Reiches

Rom um 264 v. Chr.	bis 121 v. Chr.	107 Jahr der Erwerbung
...verbungen	bis 44 v. Chr.	X wichtige Schlacht
bis 201 v. Chr.	bis 117 n. Chr.	···· Befestigungsanlage

provincialis) und wurden von *Statthaltern* verwaltet. Die Provinzbewohner galten als Untertanen ohne römisches Bürgerrecht und hatten Steuern und Tribute zu entrichten. Unter Kaiser AUGUSTUS wurde die Provinzialverwaltung reformiert. Es entstanden Provinziallandtage mit Beschwerderecht beim Kaiser und verschiedene Gesetze, die sich gegen die Ausbeutung der Provinzialen durch korrupte römische Beamte richteten.

Prytanie

(griech. = Obrigkeit)

Nach der Reform des KLEISTHENES 507 v. Chr. entstandener Ratsausschuss von 50 Mitgliedern, der die Regierung Athens für ein Zehntel des Jahres (36 Tage) übernahm. Aus seiner Mitte wurde ein Vorsitzender für je einen Tag gelost. Der Amtssitz der Prytanen – das *Prytaneion* – war ein repräsentatives Gebäude.

Ptolemäer

Als ALEXANDER DER GROSSE 323 v. Chr. starb, teilten seine Nachfolger, die ➡ *Diadochen*, das riesige Reich unter sich auf. Dabei erhielt der makedonische Feldherr PTOLEMÄUS (um 366–283 v. Chr), ein Jugendfreund Alexanders, Ägypten.

Er begründete die Herrscherdynastie der PTOLEMÄER, die bis zum Tode der Königin KLEOPATRA 30 v. Chr. in Ägypten regierten.

Die makedonischen Herrscher passten sich äußerlich der ägyptischen Kultur an, beanspruchten Göttlichkeit wie zuvor die Pharaonen und schufen einen straff organisierten Staat.

Da die PTOLEMÄER manche Wirtschaftszweige als Staatsmonopol betrieben, verfügten sie über ausreichende Finanzmittel. Damit bauten sie ihre Residenz *Alexandria* aus, machten die Stadt zum Mittelpunkt der Weltkultur des ➡ HELLENISMUS und förder-

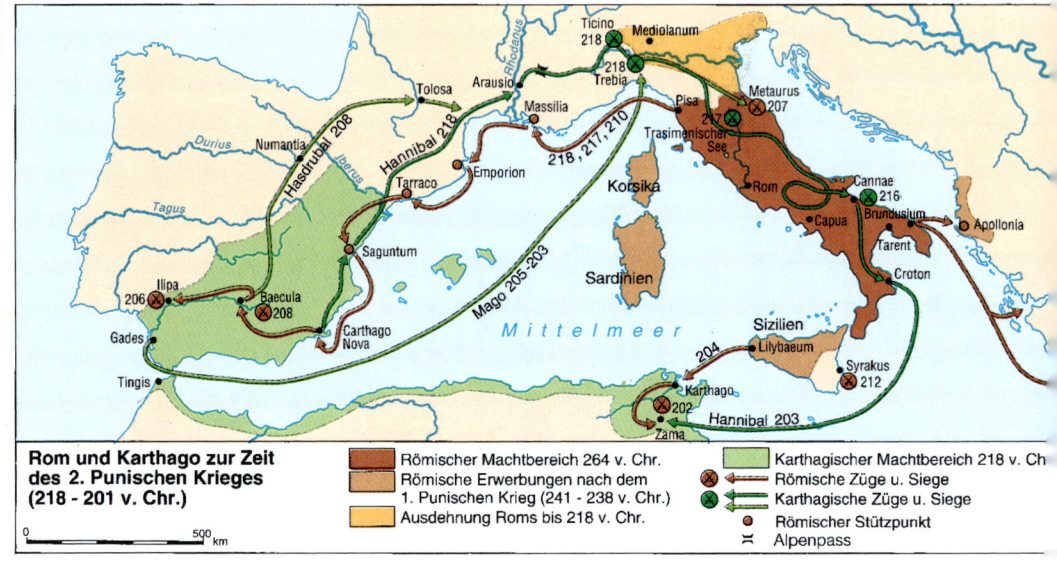

Rom und Karthago zur Zeit des 2. Punischen Krieges (218 - 201 v. Chr.)

Römischer Machtbereich 264 v. Chr.	Karthagischer Machtbereich 218 v. Chr.
Römische Erwerbungen nach dem 1. Punischen Krieg (241 - 238 v. Chr.)	Römische Züge u. Siege
Ausdehnung Roms bis 218 v. Chr.	Karthagische Züge u. Siege
	Römischer Stützpunkt
	Alpenpass

ten die Wissenschaften. Berühmt war z. B. die wissenschaftliche Akademie *(Museion)*, an der bekannte Gelehrte arbeiteten und die riesige *Bibliothek* von Alexandria, die später leider einem Brand zum Opfer fiel. Untereinander waren die Mitglieder des Herrscherhauses oft zerstritten, was zu Thronstreitigkeiten, Wirren und politisch motivierten Morden führte.

Punische Kriege

Die Römer bezeichneten die ➡ Phönizier und die zu ihnen zählenden Bewohner der nordafrikanischen Stadt ➡ Karthago als *Punier*. Solange Rom noch unbedeutend war und sich sein Machtbereich nicht mit dem Karthagos überschnitt, blieb das Verhältnis freundschaftlich. An *Sizilien* waren freilich beide Mächte interessiert und so löste ein unbedeutender Streit um die sizilianische Stadt Messina den *1. Punischen Krieg* (264–241 v. Chr.) aus.

Da die Römer auf Sizilien keine militärische Entscheidung erzwingen konnten, entschlossen sie sich zum Bau einer Kriegsflotte. Sie errang mehrere Seesiege, schließlich den kriegsentscheidenden 241 v. Chr. Karthago musste *Sizilien* an Rom abtreten und im

Jahr 238, geschwächt durch einen Söldneraufstand, auch die Inseln *Sardinien* und *Korsika* räumen.

Die neue strategische Situation zwang Karthago zur Änderung seiner Politik. Es baute seine Herrschaft in *Spanien* aus und erweiterte seinen Machtbereich bis zum *Ebro*. Dieser Fluss sollte vertragsgemäß die Grenze zwischen römischer und karthagischer Einflusssphäre bilden. Vor allem aber beutete Karthago die reichen spanischen Silbergruben der Sierra Morena aus, um seine Aufrüstung zu finanzieren. Die einsatzbereite Armee umfasste schließlich 50 000 Fußsoldaten, 6000 Reiter und 200 Elefanten.

Im Jahr 218 fühlte sich Karthago stark genug und sein Feldherr HANNIBAL (247–183) eröffnete mit der Überschreitung des *Ebro* und der Zerstörung der Stadt Sagunt den *2. Punischen Krieg* (218–201). Nach seinem berühmten Zug über die Alpen besiegte er die Römer in der Po-Ebene am *Ticinus*, an der *Trebia* sowie am *Trasimenischen See*. Im Jahr 216 brachte HANNIBAL den Römern in der Schlacht bei *Cannae* eine derart vernichtende Niederlage bei, dass ihr Schicksal besiegelt schien. Doch obwohl einige italienische Bundesgenossen von Rom abfielen,

Punische Kriege

Puritaner

(lat. purus = rein)

Bezeichnung für Anhänger des ➡ Calvinismus in England. Sie glaubten die reine Lehre des Evangeliums zu vertreten und lehnten alles ab, was nicht in der Bibel begründet war. Radikale Puritaner forderten ein demokratisches Gemeindeleben und die Abschaffung des Bischofsamtes.

Aufgrund der andauernden Verfolgungen wanderten etliche Puritaner nach Nordamerika aus (➡ Pilgerväter 1620), wo sie die Entwicklung *Neuenglands* und der späteren USA stark beeinflussten.

Pyramide

Auf viereckiger Grundlage aufgebautes, spitz zulaufendes steinernes Grabmal der Pharaonen in Ägypten.

Die älteste Pyramide ließ König DJOSER um 2600 v. Chr. durch seinen Baumeister IMHOTEP errichten. Dieser in *Sakkara* – einem Dorf westlich des alten Memphis – errichtete erste Monumentalbau Ägyptens ist noch eine *Stufenpyramide* auf rechteckigem Grundriss. Alle späteren Pyramiden haben quadratischen Grundriss und umkleidete Stufen.

Aus dem Alten Reich (um 2660–2160 v. Chr.) sind über 20 Hauptpyramiden – zum Teil mit kleinen Nebenpyramiden – für die Königinnen – erhalten. Hierzu zählt auch die um 2500 v. Chr. erbaute *Cheopspyramide,* die mit einer Höhe von 137 m (ursprünglich 146,6 m) Ägyptens größte Pyramide ist. Die um 2480 v. Chr. errichtete *Chefrenpyramide,* Ägyptens zweithöchste Pyramide, ist 136,5 m hoch. Eine im Jahr 1976 durchgeführte Suche mit Strahlendetektoren nach geheimen Kammern blieb erfolglos. Beide Pyramiden liegen bei *Gise,* einem Ort südlich von Kairo.

Aus dem Mittleren Reich (um 2040–1785 v. Chr.) sind zehn kleinere Pyramiden erhalten, die sich zwischen *Gise* und der Oase *Al-Faiyum* befinden.

Im Neuen Reich (1552–1070 v. Chr.) gab es keine Königspyramiden mehr. Da sich die Grabräuber, die bereits in der Pharaonenzeit ihr Unwesen trieben, auch von Fallgruben,

Hannibal (247–183 v. Chr.) blieb auch nach seiner Niederlage ein Feind der Römer. Noch im Exil in Syrien versuchte er einen neuen Krieg gegen Rom zu führen. Als ihm die Auslieferung an die Römer drohte, nahm er sich das Leben.

reichten Heer und Belagerungsgerät der Karthager nicht aus, die italienischen Städte zu erobern.

So zog sich der Krieg noch viele Jahre hin, bis schließlich der römische Feldherr PUBLIUS CORNELIUS SCIPIO (um 235–183) eine Wende herbeiführte. Er zwang die Karthager zur Räumung Spaniens und setzte 204 mit einer Flotte nach Afrika über. Dort kam es im Jahr 202 zur Entscheidungsschlacht bei *Zama,* die mit SCIPIOS Sieg endete.

Der Friedensvertrag vernichtete Karthagos Macht. Es musste seine Flotte bis auf 10 Schiffe ausliefern, den größten Teil seiner afrikanischen Besitzungen abtreten und durfte nur noch mit Roms Erlaubnis Krieg führen.

Trotz seiner Verluste gewann Karthago allmählich einen bescheidenen Wohlstand zurück, der Roms Furcht vor einem erneuten Aufstieg der Rivalin weckte. Als sich Karthago gegen Übergriffe des benachbarten Numiderfürsten MASSINISSA wehrte, benutzte Rom dies als Anlass zum 3. *Punischen Krieg* (149–146). Er endete mit Karthagos völliger Zerstörung und der Eingliederung seines Staatsgebiets als römische Provinz *Africa.* 44 n. Chr. entstand dort eine römische Kolonie gleichen Namens.

P

Die großen Pyramiden in Gise bei Kairo.

Geheimtüren und blinden Gängen nicht abschrecken ließen, gingen die Könige des Neuen Reichs zu geheimen *Felsgräbern* über. Sie befanden sich im „Tal der Könige" bei *Theben* und besaßen tief in den Fels gehauene Gänge und Grabkammern, die mit Malereien geschmückt waren. Hier lag auch das berühmte Grab des Pharaos TUT-ENCH-AMUN, das der britische Archäologe HOWARD CARTER 1922 in unversehrtem Zustand entdeckte.

Pyramidenbau. Die Arbeiter transportieren die Steinblöcke auf Rollen und Schlitten. Über eine Rampe ziehen sie die Quader nach oben und schichten sie stufenweise aufeinander.

Erbaut wurden die Pyramiden von der bäuerlichen Bevölkerung Ägyptens, die auf Anordnung der Pharaonen zum Arbeitsdienst eingezogen wurde. Es handelte sich also – entgegen früheren Vermutungen – nicht um Sklaven. Für die Bauarbeiten wählte man die Zeit der ➡ Nilschwelle, wo die Arbeit auf den Feldern ohnehin ruhte.

Religiös begründet wurde der Pyramidenbau mit der Notwendigkeit, den Körper des Gottkönigs zu bewahren. Von ihm gingen in der Vorstellungswelt der Ägypter auch nach dem Tode Kraftströme aus, die dem Wohl des Landes dienten.

Pyramide

Pyramide

Urkunden sind Dokumente für das Handeln der Menschen. Sie zählen zu den wichtigsten Quellen der Geschichte.

Quästor

(lat. = der Untersucher)

Zur Zeit der römischen Republik waren die Quästoren für das Finanzwesen, die Verwaltung der Staatskasse und den Einzug der Steuern verantwortlich. Mit der Ausdehnung des römischen Staates traten weitere Qästoren hinzu, die ihr Amt in den → Provinzen als oberste Gehilfen der Statthalter ausübten. Die Qästoren waren Jahresbeamte und nahmen innerhalb der → Magistrate die unterste Rangstufe ein.

Quellen

Überlieferungen, die uns Kenntnisse über die Vergangenheit oder geschichtliche Ereignisse vermitteln.

Eine besonders wichtige und verbreitete Form sind *schriftliche Quellen.* Sie umfassen Papyrus- und Pergamenthandschriften, Inschriften auf Stein, Metall oder Ton, ferner Bücher, Gesetze, Briefe, Urkunden oder Verträge.

Eine andere Form von Quellen sind Funde und Überreste, die man auch als *Sachquellen* bezeichnet. Hierzu zählen Gebrauchsgegenstände wie Werkzeug oder Hausrat, ferner Bauwerke, Kunstgegenstände oder Münzen. Je weiter wir in die Geschichte zurückgehen, desto intensiver müssen wir nach Sachquellen suchen: Tonscherben,

Mauerreste, Knochen, Grabbeigaben, Waffen usw. Diese Dinge werden sorgfältig von → *Archäologen* ausgegraben, interpretiert und zeitlich eingeordnet.

Eine unschätzbare Hilfe zur Erschließung der Vergangenheit sind *Bildquellen,* die stellenweise weit in die Menschheitsgeschichte zurückreichen. Dazu zählen: Gemälde und andere Bilder wie Holz-, Stahl- und Kupferstiche, Fotos, Karten, Filme und ähnliches. Als sehr informativ haben sich z. B. die reichen Malereien in ägyptischen Gräbern der Pharaonenzeit erwiesen oder auch die Höhlenmalereien in Spanien und Südfrankreich, die auf ein Alter von etwa 15 000–20 000 Jahre zurückblicken.

Zu den Quellen zählen schließlich auch mündliche Überlieferungen, Sagen oder alte Volksbräuche, aus denen Heimatforscher wichtige Rückschlüsse auf das Leben von Menschen früherer Zeiten ziehen können. Hier sind z. B. Ernte- und Hochzeitsbräuche, Volkstrachten, Prozessionen oder besondere Feste im Jahreslauf zu nennen.

Ramadan

Im → Islam ist der 9. Monat des muslimischen Mondjahres eine Fastenzeit. Vom Morgengrauen bis zum Sonnenuntergang sind Essen und Trinken, auch Rauchen, verboten. Die Nächte werden häufig zu Familienfes-

Walther Rathenau (1867–1922) schloss 1922 den Rapallo-Vertrag. Der Außenminister wurde von Nationalisten ermordet.

ten, Einladungen und religiösen Andachten genutzt. Den Abschluss dieser Zeit bildet das Fest des Fastenbrechens.

Rapallo-Vertrag

Am 16. 4. 1922 geschlossener Vertrag zwischen Deutschland, vertreten durch Außenminister Walther Rathenau, und der Sowjetunion. Er bestimmte den beiderseitigen Verzicht auf Kriegsentschädigungen und die Aufnahme diplomatischer Beziehungen. Ferner sah er eine Intensivierung der Wirtschaftsbeziehungen vor. Durch den Rapallo-Vertrag gelang es Deutschland, die Isolierung des *Versailler Vertrags* zu durchbrechen und eine größere politische Bewegungsfreiheit gegenüber Frankreich und England zu erlangen. Für die Sowjetunion bedeutete der Vertrag den Einbruch in die kapitalistische Staatenwelt sowie eine internationale Aufwertung.

Rassenlehre

Von den *Nationalsozialisten* verbreitete Rassentheorie, die wissenschaftlich unhaltbar und längst widerlegt ist. Im Zentrum stand die Behauptung, dass es eine hoch stehende „nordische Rasse" gäbe, welche zur Herrschaft über die „minderwertigen Rassen" berufen sei. Die zur nordisch-germanischen Rasse zählenden Menschen bezeichnete die Rassenlehre auch als ➡ Arier, ein aus dem indischen Sanskritwort *arya* = Edler abgeleiteter Begriff. Hierzu zählten besonders die Deutschen sowie alle Völker „arischer Abstammung".

Den größten Gegensatz zum Arier stellten nach dieser zweifelhaften „Lehre" die Juden dar. Die Nationalsozialisten schrieben ihnen alle nur erdenklich schlechten Eigenschaften zu, machten sie zum Symbol des Bösen und unterstellten ihnen die „Unterwanderung" der nordischen „Eliterasse". Damit wurde die Rassenlehre zum Hebel, um jüdische Menschen zu entrechten, zu verfolgen und millionenfach zu ermorden.

Den Boden hierfür bereiteten die ➡ *Nürnberger Rassegesetze* vom 15. September 1935 vor. Sie untersagten jede sexuelle Verbindung oder Eheschließung zwischen Juden

und Deutschen und bestraften „Rassenschande" mit Zuchthaus (*„Gesetz zum Schutze des deutschen Blutes"*). Bereits 1933 waren alle Beamte „nicht-arischer Abstammung" durch das *„Berufsbeamtengesetz"* vom Staatsdienst ausgeschlossen worden (➡ Antisemitismus, Arier, „Endlösung der Judenfrage", Juden, Nürnberger Gesetze, Reichskristallnacht).

Gemäß der so genannten Rassenlehre nahmen die Juden zwar die unterste Stufe ein, doch erklärten die Nationalsozialisten auch Schwarze, Sinti und Roma („Zigeuner"), Polen, Russen sowie alle anderen slawischen Völker zu „minderwertigen Rassen", die lediglich als Arbeitssklaven taugten.

Rat der Fünfhundert

Wichtiges Staatsorgan der attischen ➡ Demokratie, das von Kleisthenes begründet wurde. Der Rat hatte 500 Mitglieder, die jährlich durch das Los bestellt wurden. Ratsfähig war jeder Bürger Athens. Ein Gremium von 50 Ratsherren führte für jeweils 36 Tage die Regierungsgeschäfte. Der Rat bereitete die Sitzungen der ➡ Volksversammlung vor, überwachte die gesamte Verwaltung und leitete die Außenpolitik.

Räterepublik

Staatsform, die unterprivilegierte Bevölkerungsschichten (z. B. Arbeiter, Bauern, Soldaten) direkt an der Macht beteiligt. Gewählte Delegierte bilden einen Rat, der alle Entscheidungsbefugnisse besitzt und ausführende, gesetzgebende und richterliche Gewalt in seiner Hand vereinigt. Die ➡ Gewaltenteilung ist damit aufgehoben. Die Räte sind ihrer Wählerschaft direkt verantwortlich und jederzeit abwählbar. Das Rätesystem bildet somit ein Gegenmodell zur parlamentarischen Demokratie.

In Russland bildeten sich 1905 und während der ➡ Oktoberrevolution 1917 spontan *Räte* (russ. = ➡ Sowjets), die freilich später zu Herrschaftsinstrumenten der Kommunistischen Partei wurden. Während der ➡ Novemberrevolution 1918 kam es auch in Deutschland zur Bildung von Arbeiter- und Soldatenräten, die jedoch dem parlamentari-

Rationalisierung

Fließband in der Auto-
fabrik von Henry Ford
(1913). Es ermöglichte
Rationalisierung in
großem Stil und fand
weltweit Nachahmer.

schen System der ➡ Weimarer Republik weichen mussten.

Rationalisierung

Technische und organisatorische Maßnahmen zur Erhöhung der Wirtschaftlichkeit
und Produktivität eines Unternehmens. Ziel
ist die Steigerung des Unternehmergewinns
und der Erhalt der Wettbewerbsfähigkeit.
Hierzu sind folgende Maßnahmen denkbar:
Optimierung und Verkürzung der Arbeits-
abläufe, Einsatz modernerer Maschinen, Be-
schleunigung der Produktion und Senkung
der Produktionskosten, Senkung der Löhne,
Entlassung von Arbeitskräften.

Rationalismus

(lat. ratio = Vernunft)
Zur Zeit der ➡ Aufklärung vertraten Philosophen die Auffassung, dass die Welt allein
logischen Gesetzen folge und alle Zusammenhänge durch den Verstand und die Vernunft erklärbar seien (z. B. historische Entwicklungen und Prozesse, Kulturformen, Religion). Sie unterschätzten dabei die Macht
unbewusster seelischer Vorgänge, sodass der
reine Rationalismus im 19. Jh. vielfach Kritik erfuhr. Zu den wichtigen Vertretern des
Rationalismus zählen DESCARTES, SPINOZA
und LEIBNIZ.

Reaktion

Bezeichnung für politische Bestrebungen, alle durch die *Französische Revolution* ausgelösten fortschrittlichen Entwicklungen zurückzudrängen (➡ Liberalismus). In Deutschland ist dies besonders die Zeit von 1819–30
und 1850–58. Eine fortschrittsfeindliche Haltung, die überholte Verhältnisse verteidigt,
bezeichnet man als *reaktionär*.

Reconquista

(span. Wiedereroberung)
Im Jahr 711 überquerten die *Araber* die
Straße von Gibraltar, vernichteten das *Westgotenreich* und eroberten die Iberische Halbinsel. Nur im unwegsamen Norden konnte
sich eine Widerstandsbewegung halten, welche die christliche Rückeroberung einleitete.
Ausgangspunkt der Reconquista wurde das
718 im nordspanischen Bergland gegründete *Königreich Asturien*, aus dem später die
Königreiche *Leon*, *Kastilien* und *Aragon* hervorgingen. Sie nahmen den Jahrhunderte
währenden Kampf gegen die *Muslime* (in
Spanien auch ➡ Mauren genannt) auf, der
neben Erfolgen lange Phasen der Stagnation
kannte. Mitte des 13. Jh. stand ganz Spanien
unter christlicher Herrschaft. Lediglich im
Süden hielt sich noch das maurische *Königreich Granada*.

Martin Luther (Gemälde aus der Schule von Lucas Granach d. Ä., um 1545).

Spanien im 15. Jahrhundert
→ Vorstöße gegen die Araber während der Reconquista
1236 Jahr der Eroberung durch christliche Königreiche

Reformation

Als sich Isabella von Kastilien und Ferdinand von Aragon im Jahr 1469 vermählten, begründeten sie durch die Vereinigung ihrer Reiche den spanischen Gesamtstaat. Mit vereinter Macht eroberten sie 1492 das *Königreich Granada* und beseitigten damit den letzten muslimischen Stützpunkt auf spanischem Boden.

Reformation

Bezeichnung für den religiösen Umbruch Europas im 16. Jh., der zur Auflösung der kirchlichen Einheit des Abendlandes führte. Zu seinen Ursachen zählten kirchliche Missstände wie der unchristliche Lebenswandel vieler Geistlicher, die weit verbreitete → Simonie, die Verweltlichung der Kirche sowie der → Ablasshandel.
Eingeleitet wurde die Reformation durch die „Thesen" Martin Luthers (1517) und sie erfasste gegen den Widerstand der römischen Kirche rasch breite Bevölkerungsschichten. Da sich auch viele → Reichsstände der Reformation anschlossen, wurde die Reformbewegung zu einem politischen Machtfaktor.
Obwohl Karl V. als katholischer Kaiser die Reformation ablehnte, konnte er sie aus außenpolitischen Gründen nicht energisch bekämpfen. Die Auseinandersetzung mit Frankreich und das Vordringen der Türken machten ein Einvernehmen mit den protestantischen deutschen → Reichsfürsten erforderlich. Somit kam es zur religiösen Spaltung Deutschlands, in deren Verlauf die protestantischen → Landesherren in ihren Ländern die Reformation durchführten und evangelische → Landeskirchen errichteten.
Im *Schmalkaldischen Krieg* suchte Kaiser Karl V. noch einmal eine militärische Entscheidung herbeizuführen und besiegte das Heer der protestantischen Stände 1547 bei *Mühlberg* an der Elbe. Doch da die Kämpfe in anderen Teilen des Reichs andauerten und selbst katholische Fürsten keine kaiserliche Machtsteigerung wünschten, kam es mit dem → *Augsburger Religionsfrieden* 1555 zu einem Ausgleich. Das lutherische Bekenntnis wurde neben dem katholischen anerkannt und der Landesherr erhielt das Recht der freien Religionswahl. Seine Untertanen mussten ihm hierin folgen oder das Land verlassen.
Die Reformation setzte sich vor allem in Mittel- und Nordeuropa sowie England und Schottland durch. Unter den Reformatoren Calvin und Zwingli bildete sich dabei eine besonders strenge Glaubensrichtung heraus, die in der Schweiz ihren Anfang nahm und sich über Teile Westeuropas und später auch in Amerika ausbreitete (→ Reformierte). Der römischen Kirche gelang es, durch die Reformen des *Konzils von Trient* (1545 – 63) sowie der Tätigkeit der → Jesuiten er-

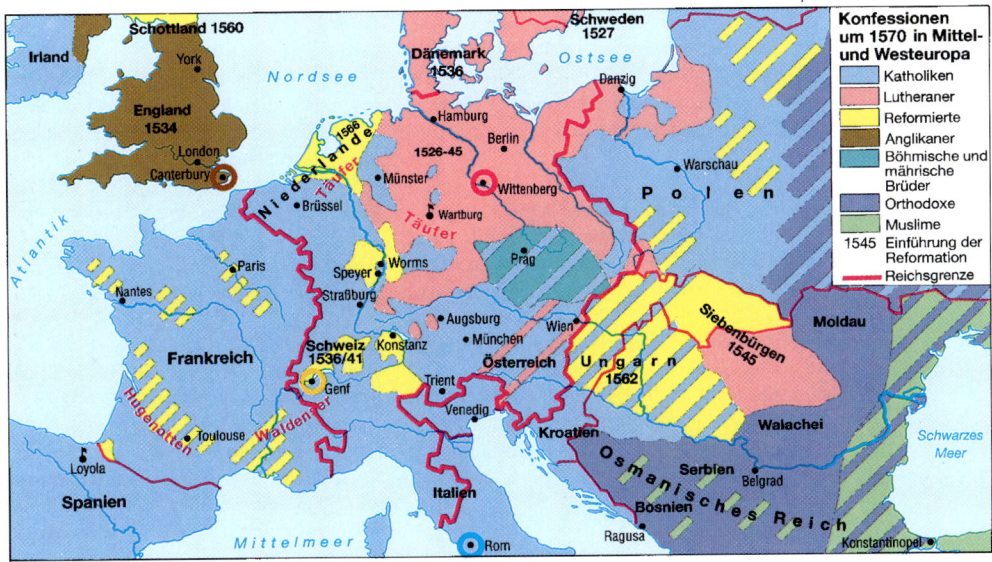

neut an Boden zu gewinnen (➡ Gegenreformation).

Reformierte, reformierte Kirche(n)

Die auf die Reformation von ZWINGLI (1484–1532) und CALVIN (1509–1564) zurückgehenden Kirchen und Glaubensgemeinschaften, die neben Lutheranern und ➡ Anglikanern den dritten Zweig des ➡ Protestantismus bilden.

Ursprünglich hatte die Bezeichnung „reformiert" die gleiche Bedeutung wie „lutherisch" und wurde in Frankreich im Gegensatz zu „katholisch" verwendet. Erst seit Ende des 16. Jh. verstand man darunter eine besondere Glaubensrichtung, die im ➡ Westfälischen Frieden 1648 als eigenständige *reformierte Konfession* anerkannt wurde. Seinen Ursprung hatte der reformierte Protestantismus in der Schweiz, wo die Reformation durch ZWINGLI in Zürich und CALVIN in Genf eingeführt wurde (➡ Calvinismus). Von hier aus verbreitete sich diese strengere Form des Protestantismus in Frankreich (➡ Hugenotten), in Teilen Deutschlands, in den Niederlanden, in England und Schottland sowie in Amerika, wo die *Presbyterianer* auf CALVIN zurückgehen (➡ Puritaner).

Von der Lehre LUTHERS unterscheidet sich die reformierte Lehre vor allem durch den Gedanken der *Prädestination* (lat. = Vorbestimmung). Danach offenbart bereits der irdische Erfolg eines Menschen, ob er zur Schar der von Gott Auserwählten zählt. Dieser Glaubenssatz entwickelte bei den Reformierten eine besondere wirtschaftliche Dynamik und förderte die Ausbildung des modernen Kapitalismus.

Reformierte

Calvin, 1509 in Noyon (Picardie) geboren, veröffentlichte nach seiner Flucht aus Frankreich 1536 in Basel seine Glaubenslehre, die „Unterweisung", in der er hier liest (zeitgenössischer Kupferstich).

Kennzeichnend für die reformierte Lehre sind schlicht ausgestattete Kirchen ohne Bilder und Altäre. Ferner eigenständige Kirchengemeinden, die sich ohne eine Kirchenhierarchie selbst verwalten.

Regal

(lat. iura regalia = königliches Recht)
Im Mittelalter verfügte ursprünglich allein der König über alle Hoheitsrechte im Reich, so vor allem das Zoll-, Münz-, Markt-, Berg- und Stromregal. Sie waren wesentlicher Bestandteil der königlichen Einkünfte und ihre Verleihung ein Mittel der Politik.
Als das Reich im späten Mittelalter in zahlreiche ➡ Territorien zerfiel, gelang es den ➡ Landesherren, die meisten Regalien an sich zu reißen. Dies führte zu einer Schwächung der Königsmacht.

Reichsacht

(althochdt. acht = Verfolgung)
Im Falle eines schweren Verbrechens konnte der Herrscher den Täter ächten. Der Geächtete wurde damit aus der Gemeinschaft ausgestoßen, verlor sein Eigentum und jeden Rechtsschutz – er war „vogelfrei". Wer ihm half, verfiel selbst der Acht. Wenn der Geächtete Gehorsam gegen Kaiser und Reich versprach, konnte er durch ein kaiserliches Gericht aus der Acht gelöst werden. Oft wurde die Reichsacht zusammen mit dem ➡ Kirchenbann ausgesprochen.

Reichsdeputationshauptschluss

Beschluss eines Reichstagsausschusses von 1803, durch den jene weltlichen Fürsten entschädigt wurden, die von der Abtretung des linken Rheinufers an Frankreich betroffen waren. Da dies nur auf Kosten anderer Landesherren geschehen konnte, wurden fast alle geistlichen Gebiete des Reichs ➡ säkularisiert, zahlreiche weltliche Reichsfürsten, Reichsstädte und alle Reichsritter ➡ mediatisiert.
Der unter dem Druck NAPOLEONS erfolgte Reichsdeputationshauptschluss gestaltete die seit dem Mittelalter nahezu unverändert gebliebene politische Landkarte Deutschlands gründlich um und beendete die deutsche Kleinstaaterei.

Reichsfürst

(ahd. furisto = der Vorderste)
Zu den Fürsten des Reichs zählten ursprünglich alle Adligen, die Inhaber hoher Reichsämter oder königliche Beamte waren. Im 12. Jahrhundert engte sich der Kreis der Großen jedoch ein und es bildete sich ein neuer *Reichsfürstenstand* heraus. Nur wer sein Lehen unmittelbar vom König erhielt *(Fürstenlehen)* war jetzt noch „Erster am Reich" und somit Reichsfürst (princeps imperii).
Hierzu zählten nicht nur *weltliche,* sondern auch zahlreiche *geistliche* Fürsten, sofern sie als ➡ Bischöfe oder ➡ Äbte Träger königlicher Lehen waren.
Auf dem Reichstag bildeten die Fürsten den Reichsfürstenrat (➡ Reichsstände). Von diesem Kreis hob sich allmählich die Gruppe der 7 ➡ Kurfürsten ab, die das Vorrecht der Königswahl besaßen.

Reichsgut

Das Krongut des alten Deutschen Reichs, über das der jeweilige deutsche König verfügen konnte. Die Einkünfte aus dem Reichsgut sollten dazu dienen, die Kosten der königlichen Hofhaltung zu decken.
Das im Reich weit verstreute Reichsgut lag vor allem im Südwesten und Westen, ging jedoch im späten Mittelalter bis auf geringe Reste verloren. Auf Reichsgut lagen z. B. die ➡ *Reichsstädte,* die allein dem König untertan waren, ferner die zahlreichen Reichsburgen oder Königspfalzen. Sie gelangten im Lauf der Zeit an die aufstrebenden *Landesfürsten* und gingen dem Reich somit verloren. Die Könige waren daher gezwungen, sich künftig auf ihre privaten Güter bzw. eine ➡ Hausmacht stützen. Verwaltet wurde das Reichsgut von *Reichsvögten.* Das waren *Dienstmannen* (➡ Ministeriale), die im Auftrag des Königs die Ländereien überwachten. Die Veräußerung von Reichsgut durch den König war seit 1281 an die Zustimmung der ➡ Kurfürsten gebunden.

Reichsinsignien

Herrschaftszeichen der deutschen Könige und Kaiser bis zum Ende des alten Reichs im Jahr 1806. Dazu zählten die im 10. Jh. entstandene Reichskrone, die Heilige Lanze, das Reichsschwert, Reichsapfel und Reichszepter, das Reichskreuz mit einem Splitter vom Kreuz Christi, das Reichsevangeliar sowie der aus Sizilien stammende golddurchwirkte Krönungsmantel. Diese Gegenstände waren unerlässlich für die Rechtmäßigkeit der Herrschaft und wurden dem König nach Krönung und Salbung im Aachener Dom überreicht. Sie sollten die Einheit von christlicher und weltlicher Herrschaft symbolisieren, wie es z.B. der Reichsapfel zeigt: Als Weltkugel mit dem aufgesetzten Kreuz ist er ein Sinnbild christlicher Weltherrschaft.

Ursprünglich wurden die Reichsinsignien auf Burg Trifels in der Pfalz aufbewahrt. Seit 1424 befanden sie sich in der Reichsstadt Nürnberg, wo sie bis 1523 jedes Jahr nach Ostern öffentlich ausgestellt wurden. Heute sind sie in der Schatzkammer der Wiener Hofburg zu besichtigen.

Reichskirchensystem

Die *ottonischen* und *salischen* Könige setzten Bischöfe, Äbte oder andere hochrangige Geistliche in hohe Staatsämter ein und übertrugen ihnen große Besitzungen. Durch diese Maßnahme wollten sie dem Machtanspruch der Stammesherzöge begegnen, die sich gegen die zentrale Reichsgewalt auflehnten. Die Reichskirche wurde auf diese Weise zur wichtigsten Stütze des Königtums,

Reichsinsignien

Die Reichskrone. Mit ihr ließen sich die deutschen Könige und Kaiser bis zum Ende des Reichs krönen. Der Spruch auf der Bildplatte lautet: „Perme reges regnant" – durch mich regieren die Könige.

bildete ein Gegengewicht zu den ➡ Herzögen und war Verfechterin der Reichseinheit. Erst der ➡ Investiturstreit stellte dieses System in Frage, da dem König die Investitur von Bischöfen entzogen wurde.

Reichskreise s. Reichsreform

Reichspogromnacht

Ein von den *Nationalsozialisten* inszeniertes *Pogrom* gegen die jüdische Bevölkerung

Reichskristallnacht

Verhaftung jüdischer Bürger 1938 in Baden-Baden. Die Masse schaut zu.

Die brennende Synagoge in der Oranienburger Straße in Berlin.

Reichspogromnacht

im Deutschen Reich, das eine neue Phase der Judenverfolgung einleitete.
In der Nacht vom 9. zum 10. November 1938 zerstörten nationalsozialistische Kolonnen etwa 7000 jüdische Geschäfte, setzten Synagogen in Brand und demolierten Wohnungen, Schulen und Betriebe. Im Verlauf des Pogroms wurden zahlreiche Juden misshandelt, 91 fanden den Tod, über 30 000 wurden ohne Rechtsgrundlage in so genannte „Schutzhaft" genommen, um ihre Auswanderung zu erpressen (➡ Nürnberger Gesetze, ➡ „Endlösung der Judenfrage").

Reichsreform

Im 15. und 16. Jh. unternommene Bemühungen, die Verfassung des Reichs umzugestalten. Während die ➡ Landesherren eine direkte Beteiligung an der Reichsregierung wünschten, erstrebten die Könige eine Stärkung der königlichen Zentralgewalt. Wegen der Unvereinbarkeit der Interessen scheiterten die Reformversuche.
Unter Kaiser MAXIMILIAN I. (reg. 1493–1519) wurde der Gedanke einer Reichsreform neu belebt. Die auf dem Wormser Reichstag 1495 gefassten Beschlüsse blieben jedoch im Ansatz stecken, da weder die ➡ Reichsstände noch der König Machteinbußen hinnehmen wollten.

Kaiser Maximilian I.

Zu den wichtigsten Bestimmungen des Reichstags zählten: die Aufhebung des Fehderechts und ein Ewiger ➡ Landfriede, die Errichtung eines vom König unabhängigen Reichskammergerichts (zunächst in Frankfurt/M., ab 1527 in Speyer, seit 1693 in Wetzlar) sowie die Erhebung einer allgemeinen Reichssteuer in Form des *Gemeinen Pfennigs*. Diese unmittelbare Kopfsteuer scheiterte wegen mangelnder organisatorischer Voraussetzungen und der Zahlungsunwilligkeit der Reichsstände. Das von den Ständen geforderte *Reichsregiment* – ein Ausschuss von Reichsfürsten, an deren Mitwirkung und Zustimmung der König gebunden sein sollte – hatte nur kurzen Bestand.
Nachhaltige Bedeutung erlangten hingegen die von MAXIMILIAN I. im Jahr 1500 geschaffenen sechs *Reichskreise*, deren Zahl sich später auf zehn erhöhte. Ihnen oblag die Wahrung des Landfriedens, Aufstellung und Unterhalt des Reichsheers, Vollstreckung der Urteile des Reichskammergerichts, die Erhebung von Reichssteuern sowie die Aufsicht über Münze und Zoll. Damit trugen die *Reichskreise* erheblich zur Vereinfachung der Reichsverwaltung bei und bildeten bis zum Ende des alten Reichs eine starke Klammer.

Reichsritter

Im alten Deutschen Reich der niedere Adel, der keinem Landesherrn unterworfen war, sondern unmittelbar dem König bzw. Kaiser unterstand. Eine große Zahl solcher Reichsritter gab es in Schwaben, Franken und dem Rheingebiet, wo sie in meist winzigen Territorien auf Rittergütern lebten. Sie hatten sich im Mittelalter zur *Freien Reichsritterschaft* zusammengeschlossen, die sich in 14 Kantone gliederte. 1805/06 wurden alle Reichsritter mit rund 1700 Rittergütern *mediatisiert*, das heißt der Hoheit größerer Landesherren unterworfen.

Reichsstädte

Städte, die auf Königs- oder ➡ Reichsgut lagen und dem König bzw. Kaiser unmittelbar unterstanden (reichsunmittelbare Städte). Sie waren nur ihm zu Abgaben und Diens-

R

ten verpflichtet und hatten keinen anderen Landesherrn über sich. Später erlangten weitere Städte ihre *Reichsunmittelbarkeit*, entweder durch Vertrag oder kaiserliche Verleihung, manche auch durch gewaltsame Verselbstständigung.

Seit dem 13. Jahrhundert durften Reichsstädte an Reichstagen teilnehmen und konstituierten sich dort Ende des 15. Jh. als 3. Kollegium (schwäbische und rheinische Städtebank). Den durch Napoleon ausgelösten Untergang des alten Reiches überstanden nur Bremen, Hamburg, Lübeck und Frankfurt als Freie Städte.

Reichsstatthalter

Im nationalsozialistischen Deutschland die ständigen Vertreter der Reichsregierung in den deutschen Ländern. Gemäß einem Gesetz von 1933 sollten sie als Aufsichtsorgan die Landesregierungen kontrollieren. Damit waren sie ein Element der ➡ Gleichschaltung und ebneten den Weg des Reichs zu einem zentralistischen Einheitsstaat. Das Amt des Reichsstatthalters nahmen in der Regel die zuständigen Gauleiter der NSDAP wahr.

Lediglich in Preußen bekleidete der Ministerpräsident diesen Posten.

Reichsstände

Politische Mächte im Deutschen Reich, die Sitz und Stimme im Reichstag besaßen. Hierzu zählten die geistlichen Reichsstände (z. B. ➡ Bischöfe, Äbte), die weltlichen Reichsstände (z. B. ➡ Herzöge, Grafen) sowie die ➡ Reichsstädte. Im ➡ Reichstag, den der König einberief, gliederten sich diese Reichsstände seit 1489 in 3 Gruppen (Kurien) auf: Kurfürstenrat, Fürstenrat und Reichsstädte. Das Stimmrecht dieser Kurien war unterschiedlich geregelt.

Reichstag

1) Gremium der weltlichen und geistlichen Fürsten (➡ Reichsstände) im „Heiligen Römischen Reich", dem später auch die ➡ Reichsstädte angehörten. Sie bildeten dort die 3 Kurien des *Kurfürstenrats, Fürstenrats* und der *Reichsstädte*. Der Reichstag wurde vom König bzw. Kaiser nach Bedarf in eine Bischofs- oder Reichsstadt einberufen. Von den dort getroffenen Entscheidungen war der Herrscher

Das Deutsche Reich im 16. Jh. (1580)

Habsburgische Lande
- Österreichische Linie
- Spanische Linie
- Erzbistümer Köln, Mainz und Trier
- Reichsstädte
- Über 300 weitere Territorien im Deutschen Reich
- Reichsgrenze

0 — 200 km

R

abhängig. Seit dem Jahr 1663 tagte der Reichstag permanent als Gesandtenkongress in *Regensburg* („Immerwährender Reichstag"). Mit der Auflösung des Reichs 1806 kam auch das Ende des Reichstags.

2) Die Volksvertretung im ➡ Norddeutschen Bund (1867–71) und im Deutschen Reich (1871–1918), die aus allgemeinen, gleichen und geheimen Wahlen hervorging. Frauen besaßen kein Wahlrecht. Der Reichstag übte gemeinsam mit dem ➡ Bundesrat die *Gesetzgebung* aus. Auf Beschluss des Bundesrats und mit Zustimmung des preußischen Königs, seit 1871 des Kaisers, konnte er jederzeit aufgelöst werden. Auf die Regierungsbildung hatte der Reichstag keinen Einfluss, da der *Reichskanzler* ohne seine Mitwirkung vom Kaiser ernannt oder entlassen wurde. Erst kurz vor Ende des Ersten Weltkriegs erfolgte unter dem Eindruck der ➡ Vierzehn Punkte von US-Präsident WILSON der Übergang zum parlamentarischen Regierungssystem (Oktoberverfassung, 28. 10. 1918). Wegen der 1918 ausbrechenden ➡ Novemberrevolution blieb diese Verfassungsreform jedoch ohne Auswirkungen.

3) Die auf der *Weimarer Verfassung* beruhende Volksvertretung im Deutschen Reich zwischen 1919 und 1933. Ausgehend vom Prinzip der Volkssouveränität und gebunden an die Grundrechte kam dem *Reichstag* und dem *Reichspräsidenten* als obersten Verfassungsorganen zentrale Bedeutung zu. Gewählt nach dem Verhältniswahlrecht beschloss der Reichstag die Gesetze und den Haushaltsplan, bestätigte Staatsverträge und entschied über Krieg oder Frieden. Die starke Stellung des auf sieben Jahre vom Volk gewählten Reichspräsidenten zeigte sich darin, dass er den Reichstag auflösen konnte und Reichskanzler und Reichsminister zurücktreten mussten, wenn er ihnen das Vertrauen entzog. Zudem konnte er ➡ Notverordnungen erlassen, die die verfassungsmäßigen Rechte des Reichstags stark einschränkten.

In den Krisenjahren der Weimarer Republik wurde der Reichstag durch links- und rechtsextreme Kräfte gelähmt, sodass ihm eine einheitliche politische Willensbildung nicht

mehr gelang. Die Nationalsozialisten setzten den Reichstag nach 1933 durch das ➡ Ermächtigungsgesetz und die ➡ Gleichschaltung praktisch außer Kraft, obwohl er während ihrer Gewaltherrschaft formell als Akklamationsorgan fortbestand.

Reichsunmittelbarkeit

Reichunmittelbar oder *reichsfrei* nannte man im Deutschen Reich des Mittelalters alle politischen Mächte, die unmittelbar Kaiser und Reich unterstanden. Dazu zählten Reichsfürsten, Reichsritter und Reichsstädte, in einigen Gegenden sogar Reichsdörfer, die über ausgedehnte Selbstverwaltung verfügten.

Reliquien

(lat. reliquiae = Überbleibsel)

Reste der Leiber von Heiligen oder auch Gegenstände, die angeblich aus dem Leben Christi stammen. So z. B. ein Nagel vom Kreuz Christi in der *Heiligen Lanze* des alten Reichs oder der *Heilige Rock* im Dom zu Trier. Die Reliquienverehrung ist für die Katholiken ein Zeichen des Glaubens an die Auferstehung und eine Gelegenheit zur Fürbitte.

Schon die christliche Urkirche sammelte Reliquien von *Märtyrern*, übertrug sie in Kirchen und sammelte sie am Altar. Als nach der Christianisierung unzählige Kirchen entstanden, strebten Kirchenstifter, Bischöfe und Priester nach dem Besitz kostbarer Reliquien. So kam es zu häufigen Teilungen der Überreste, vielfach auch zum Raub von Reliquien. Dabei sorgte man sich im Mittelalter oft nicht um ihre Echtheit, sodass erst spätere Kirchengesetze Missbräuche abstellten. Die Verehrung von Reliquien ist jedoch auch bei anderen Religionen zu finden. So z. B. im Buddhismus und Islam.

Renaissance

(franz. = Wiedergeburt)

Im 15. Jh. wandten sich viele Menschen der griechisch-römischen Vergangenheit zu und strebten eine Erneuerung der antiken Kunstformen an. In der ➡ Antike suchten sie Vorbilder für ihr Leben und trennten sich von

R

Reichstag

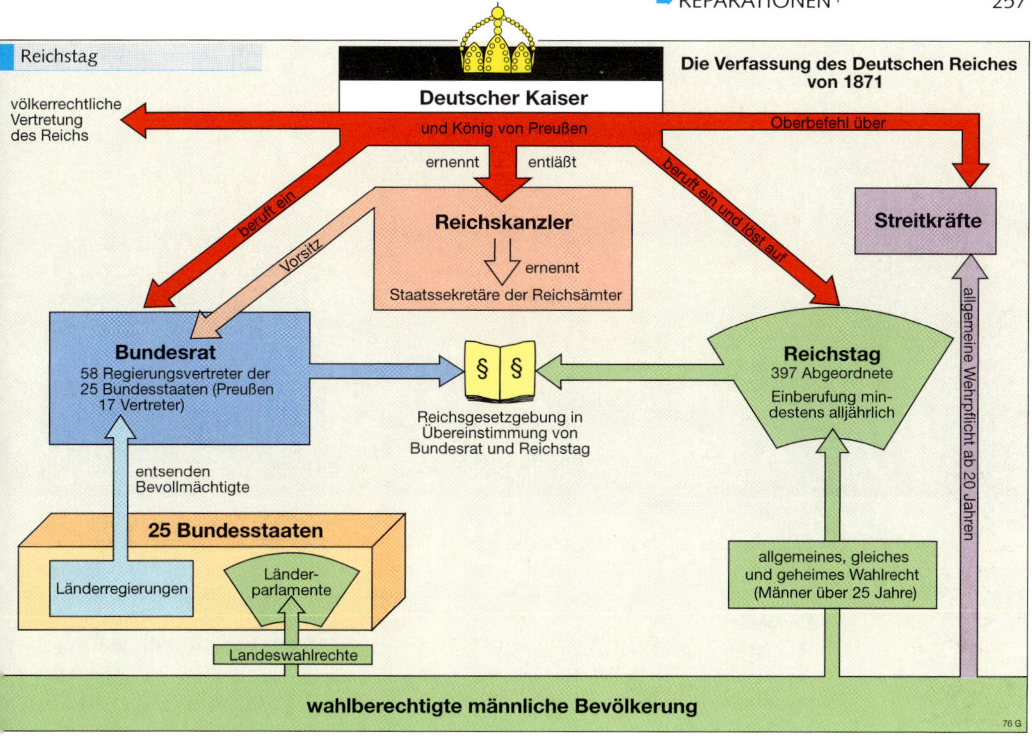

Die Verfassung des Deutschen Reiches von 1871

völkerrechtliche Vertretung des Reichs

Deutscher Kaiser
und König von Preußen

Oberbefehl über

beruft ein

ernennt   entläßt

beruft ein und löst auf

Reichskanzler

Vorsitz

ernennt

Staatssekretäre der Reichsämter

Streitkräfte

Bundesrat
58 Regierungsvertreter der 25 Bundesstaaten (Preußen 17 Vertreter)

§ §

Reichsgesetzgebung in Übereinstimmung von Bundesrat und Reichstag

Reichstag
397 Abgeordnete

Einberufung mindestens alljährlich

allgemeine Wehrpflicht ab 20 Jahren

entsenden Bevollmächtigte

25 Bundesstaaten

Länderregierungen

Länder- parlamente

allgemeines, gleiches und geheimes Wahlrecht (Männer über 25 Jahre)

Landeswahlrechte

wahlberechtigte männliche Bevölkerung

76 G

Renaissance

der kirchlich-religiösen Bevormundung des Mittelalters, das ihnen als finster und barbarisch erschien.

Das Geburtsland der Renaissance war Oberitalien, wo wohlhabende Städte wie *Florenz* oder *Mailand* das Aufblühen von Kunst und Kultur begünstigten. Der einzelne Mensch rückte in den Mittelpunkt des Interesses, sollte seine Fähigkeiten entfalten und durch eigenständiges Denken und Beobachten die Natur erkennen. Maler, Bildhauer, Dichter, Philosophen, Wissenschaftler und Forscher verbreiteten diese neuen Gedanken, deren geistige Grundlage der ➡ Humanismus bildete, in ganz Europa. Unterstützung fanden sie nicht nur bei Fürsten und kunstsinnigen Päpsten, sondern auch beim patrizischen Bürgertum der reichen Städte.

Reparationen

(lat. reparare = wiederherstellen)
Alle Leistungen, die einem besiegten Staat auferlegt werden, um die Kriegsschäden des

Perspektivische Sichtweise und individuelle Personengestaltung kennzeichnen die Malerei der Renaissance (Madonna mit Kind, Filippo Lippi, 1463).

Renaissance

Ponte Vecchio

Palazzo Vecchio

Santa Maria Novella

Arno

Blick auf Florenz, das Zentrum der Renaissance.

Siegerstaates zu beheben. Hierzu zählen Geld-, Sach- oder Dienstleistungen.

Republik
(aus lat. res publica = öffentliche Angelegenheit)
Staatsform, in der das Volk oder eine bestimmte Schicht des Volkes (z. B. der Adel) die Macht ausübt. So war z. B. das antike Athen eine demokratische Republik. Die römische Republik hingegen, die von adligen ➡ Patriziern und der ➡ Nobilität beherrscht wurde, war eine aristokratische Republik (Adelsrepublik). Heute bezeichnet der Begriff den Gegensatz zur Monarchie.

Résistance
(franz. = Widerstand)
Französische Widerstandsbewegung im 2. Weltkrieg gegen die deutsche Besatzungsmacht und die Kollaboration des *Vichy-Regimes* unter PÉTAIN.
Nach Frankreichs Zusammenbruch im Jahr 1940 errichtete Marschall PÉTAIN in *Vichy* im unbesetzten Süden ein autoritäres Regime, das mit den nationalsozialistischen Besatzern zusammenarbeitete. Zur gleichen Zeit bildete sich in London ein „Französisches Nationalkomitee" unter General DE GAULLE, das zur Fortsetzung des französischen Widerstands aufrief (Auslandsrésistance).

In Frankreich selbst entstanden bereits 1940 die Widerstandsgruppen des so genannten *Maquis* (franz. = Dickicht, Unterschlupf), die unwegsames Gelände als Operationsbasis benutzten. Später bildeten sich weitere Organisationen, von denen die kommunistische „Front National" mit den „Franc-Tireur et Partisans" die bedeutendste wurde. 1943 kam es zu einer engen Zusammenarbeit aller Résistancegruppen, was deren Schlagkraft bedeutend erhöhte.
Im Kampf gegen die deutschen Besatzer und auch durch Vergeltungsaktionen der SS erlitt die Résistance hohe Verluste, die auf etwa 300 000 Opfer geschätzt werden. So kam es z. B. 1944 im Ort *Oradour* zu einer Vergeltungsmaßnahme der SS, die als Repressalie die meisten der 1800 Einwohner des Dorfs ermordete. Der Ort selbst wurde niedergebrannt.

Restauration
Das Bemühen frühere Zustände wiederherzustellen. Der Begriff wird auf die Epoche zwischen 1815–1848 angewandt und umfasst die Bestrebungen der Politik, den vor der Französischen Revolution geltenden Ordnungsprinzipien erneut Geltung zu verschaffen.

Restitutionsedikt
Im Jahr 1629 von Kaiser FERDINAND II. verkündeter Erlass. Danach sollten alle seit dem

Vertrag von Passau 1552 von den Protestanten eingezogenen Stifte und Kirchengüter den Katholiken zurückgegeben (= restituiert) werden. Ferner sollten die *Reformierten* vom ➡ Augsburger Religionsfrieden (1555) ausgeschlossenen sein und die katholischen ➡ Reichsstände sollten in ihren Ländern Protestanten zum Katholizismus zurückzwingen dürfen.

Das Edikt des katholischen Kaisers sollte der ➡ Gegenreformation eine Grundlage bieten, wurde jedoch durch den ➡ Westfälischen Frieden wieder aufgehoben.

Reunionen
(von franz. réunion = Wiedervereinigung)
Im ➡ Westfälischen Frieden hatte Frankreich 1648 eine starke Machtposition erlangt und

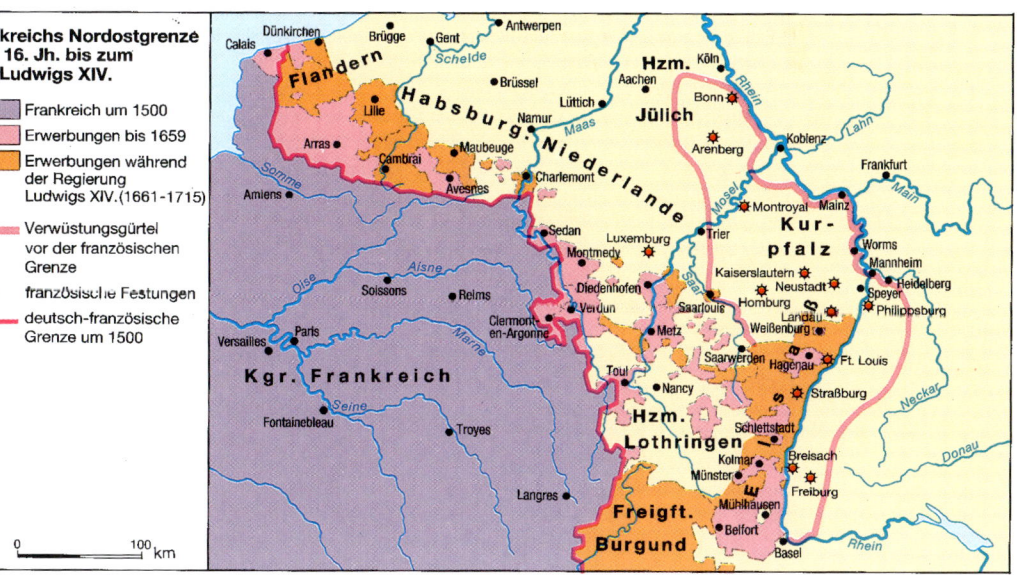

nkreichs Nordostgrenze n 16. Jh. bis zum d Ludwigs XIV.

- Frankreich um 1500
- Erwerbungen bis 1659
- Erwerbungen während der Regierung Ludwigs XIV. (1661–1715)
- Verwüstungsgürtel vor der französischen Grenze
- ✷ französische Festungen
- deutsch-französische Grenze um 1500

Die Revision des Vertrags von Versailles war eines der wichtigsten außenpolitischen Ziele der Weimarer Republik.

Revisionpolitik

die vormals deutschen Territorien *Metz, Toul* und *Verdun* endgültig an sich gerissen. Mit dieser französischen Vormachtstellung gab sich Ludwig XIV. jedoch nicht zufrieden, da er Frankreichs Ostgrenze bis zum Rhein vorschieben wollte. Er erhob daher ab 1679 auf alle Gebiete Anspruch, die irgendwann einmal mit Frankreich lehnsrechtlich verbunden waren oder in Verbindung mit den 1648 gewonnenen Territorien gestanden hatten. Zur Durchsetzung der Annexionen schuf der König so genannte *Reunionskammern* in Metz, Besançon, Breisach und Tournai. Ihnen oblag die Beweisführung darüber, welche Gebiete mit Frankreich „réuniert", d. h. „wiedervereinigt" werden sollten. Auf diese Weise bemächtigte sich Ludwig des *Elsass* und annektierte weite Teile der *Rheinpfalz* und *Luxemburgs* mit insgesamt 600 Herrschaften und Orten. Ohne den geringsten Rechtsvorwand raubte Frankreich schließlich 1681 die Reichsstadt *Straßburg.*
Obwohl die Reunionen auf heftigen Widerstand der Betroffenen stießen, griff der Kaiser nicht ein. Er musste das belagerte *Wien* im Jahr 1683 gegen die *Türken* verteidigen und konnte daher keine militärische Hilfe leisten.

Mit seinem Anspruch auf die *Kurpfalz* forderte Ludwig XIV. 1688 den *Pfälzischen Erbfolgekrieg* mit dem Reich heraus, der die Pfalz schwer verwüstete. Im *Frieden von Rijswijk* konnte Frankreich 1697 zwar *Straßburg* und die elsässischen Reunionen behaupten, musste jedoch auf die übrigen Gebietsgewinne verzichten.

Revisionspolitik
Politische Bestrebungen die darauf abzielen, einen bestehenden Zustand durch Verhandlungen oder andere Maßnahmen zu verändern. So betreiben z. B. die Staatsmänner der *Weimarer Republik* eine Revisionspolitik mit dem Ziel, die Bedingungen des *Versailler Vertrags* aufzuheben oder zu mildern.

Revolution
Gewaltsamer Umsturz der bestehenden Ordnung, der zu tiefgreifenden politischen und gesellschaftlichen Veränderungen führt. Sie wird von breiten Bevölkerungsschichten getragen im Gegensatz zum Staatsstreich oder Putsch, wo nur eine neue Führungsgruppe die Macht an sich reißt. Ein typisches Beispiel ist die *Französische Revolution* von 1789 oder die 1917 ausgebrochene *Russische Oktoberrevolution.*

Rezession
Eine Abschwungphase der Konjunktur, die meist mit erhöhter Arbeitslosigkeit und einem Rückgang des Bruttosozialprodukts verbunden ist.

RGW
Rat für gegenseitige Wirtschaftshilfe, auch COMECON (Council for Mutual Economic Assistance) genannt. 1949 von der Sowjetunion und 5 weiteren Ostblockstaaten gegründete Organisation, die als Reaktion auf den von der UdSSR abgelehnten ➡ Marshallplan entstand. Die DDR trat 1950 bei. Ziel des RGW war die wirtschaftliche Integration der Ostblockstaaten im Rahmen einer internationalen *sozialistischen Arbeitsteilung,* basierend auf der Koordination der einzelnen Volkswirtschaftspläne. Die Schwerfälligkeit der ➡ Planwirtschaften und die

RGW

Isolierung des RGW von der wettbewerbsorientierten Weltwirtschaft verhinderten jedoch einen Erfolg. Der Zerfall des Ostblocks und die Ausrichtung der osteuropäischen Staaten auf die ➡ Marktwirtschaft führten 1991 zur Auflösung des RGW.

Rheinbund

Im Jahr 1806 erklärten 16 Reichsfürsten ihren Austritt aus dem Reich und gründeten unter NAPOLEONS Schutz den Rheinbund. Der habsburgische Monarch FRANZ II. legte daraufhin die römisch-deutsche Kaiserwürde nieder und nannte sich nur noch „Kaiser von Österreich". Nach Napoleons Vorstellungen sollte der aus mittelgroßen Staaten gebildete Rheinbund ein Gegengewicht zu Österreich und Preußen bilden.

Rheinischer Städtebund s. Städtebünde

Ritter

(aus mittelhd. rîter = Reiter)
Um die Beweglichkeit der Fußheere zu erhöhen setzten die KAROLINGER im 8. Jh. berittene Krieger ein, die in schwerer Rüstung zu Fuß kämpften. Auf Grund der kostspieligen Ausrüstung waren jedoch nur die begüterten *Adligen* in der Lage den Ritterdienst zu leisten.
Als Besoldung teilte der *Lehnsherr* ein Ritterlehen aus, das zu vollem Kriegsdienst verpflichtete. Die Abgaben und Dienste der

DDR-Plakat von 1974 zum „Rat für gegenseitige Wirtschaftshilfe" (RGW).

R

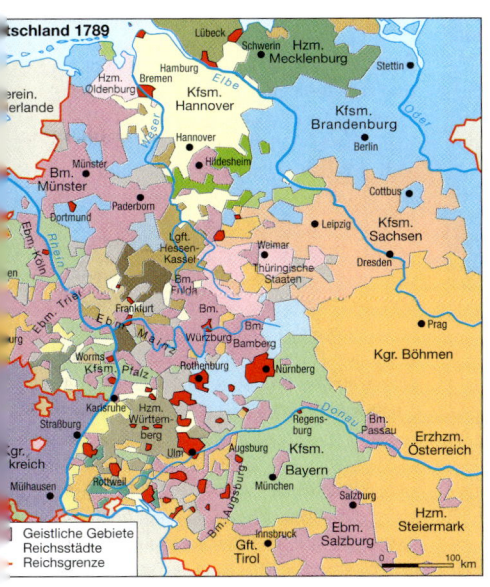

Mit der feierlichen Schwertleite wird der Knappe in den Ritterstand aufgenommen.

hörigen Bauern, die auf diesem *Lehen* (➡ Lehnswesen) wohnten, sicherten die Existenz des Ritters.

Da die Lehen bald erblich wurden, entwickelten sich die Ritter zu einem eigenen ➡ Stand mit besonderen Lebensformen und einer höfischen Kultur. Sie fand ihren Niederschlag in der Ausbildung ritterlicher Tugenden (Treue, Tapferkeit, christlicher Lebenswandel), im höfischen ➡ Minnesang, in der Ritterdichtung und im Turnier- und ➡ Fehdewesen.

Die Ausbildung zum Ritter begann mit dem *Pagendienst*, auf den im Alter von etwa 14 Jahren der Waffendienst des *Knappen* folgte. Die Erhebung zum Ritter erfolgte mit 21 Jahren durch die *Schwertleite* (➡ Ritterschlag). Die Dienstmannen der adligen Rit-

ter, die anfangs unfrei waren, verschmolzen später mit dem Ritterstand (➡ Ministeriale). Im späten Mittelalter verloren die Ritter infolge der aufkommenden Feuerwaffen und veränderter Militärtaktiken durch Fußheere an Bedeutung. Aus wirtschaftlicher Not entstand damals das Raubrittertum.

Ritterorden s. Orden

Ritterschlag
Meist wurde ein *Knappe* mit 21 Jahren zum *Ritter* geschlagen. Hierzu kniete er zwischen zwei adligen Zeugen nieder und empfing von seinem Herrn mit dem flachen Schwert einen leichten Schlag auf die Schultern. Danach erhielt er Helm, Schwert und Schild.

Durch diese feierliche Handlung, auch *Schwertleite* genannt, erwarb er wichtige Rechte. Zunächst wurde er *lehnsfähig*, d. h. er konnte nunmehr ein Ritterlehen von seinem Lehnsherrn empfangen. Weiterhin wurde er *turnierfähig*, d. h. er durfte künftig selbst an Turnieren teilnehmen. Zugleich galten für ihn nun aber auch die Pflichten des ➡ Ritters, wozu vor allem Treue, Tapferkeit und ein christlicher Lebenswandel zählten.

Dem Ritterschlag voraus ging meist ein kirchlicher *Schwertsegen*, bei dem der Knappe – durch Bad und Beichte „äußerlich und innerlich gereinigt" – in einem weißen Ge-

Ritterturnier, Buchmalerei aus der Manessischen Liderhandschrift.

Rokkoko

wand vor dem Priester niederkniete und von ihm die *Ritterweihe* erhielt. Anschließend blieb er allein in der Kirche und hielt, in Meditation versunken, die mehrstündige so genannte „Waffenwache".

Rokoko
(franz. rocaille = Muschelwerk)
Etwa um 1730 ging das ➡ Barock in eine graziöse Spätform über, die nach dem häufig verwendeten *Rocaille*-Ornament als Rokoko bezeichnet wird. Nicht mehr der schwere Prunk des Barock, der die fürstliche Repräsentation geprägt hatte, stand noch im Mittelpunkt. Vielmehr wollte man jetzt die unbeschwerte Lebensfreude betonen und das Heitere und Verspielte ins Zentrum stellen.
Um dies Ziel zu erreichen wurden die Räume mit reich verzierten Stuckdekorationen ausgestattet, die üppiges Rankenwerk und Muschelornamente enthielten. Kabinette und intime Räume in heiteren Pastellfarben verdrängten die ernste Feierlichkeit der großen Barocksäle, zierliche Möbel, Porzellan, Lüster und Spiegelwände betonten eine spielerische Leichtigkeit. Auch die Schlossgärten wurden in diesem Sinne umgestaltet und mit kleinen Tempeln, Putten, Grotten und Teichen versehen. In Schlössern wie *Sanssouci* oder *Schwetzingen* lässt sich das gut beobachten.

Bei den Kirchenbauten führte der Stil des Rokoko zu lichtdurchfluteten, farbensprühenden Innenräumen, die architektonische, plastische und malerische Elemente in sich vereinten. Bauten wie die *Wieskirche* in Süddeutschland sind dafür ein gutes Beispiel.
Das Rokoko währte bis etwa 1780 und wurde dann in Deutschland durch den der ➡ Antike verpflichteten erheblich strengeren Baustil des *Klassizismus* abgelöst.

Roll-back-Politik
Der amerikanische Außenminister J. F. DULLES entwarf 1950 ein Konzept, das eine Abkehr von der Politik der ➡ Eindämmung vorsah und stattdessen eine aktive Machtpolitik befürwortete. Gestützt auf ihre atomare Überlegenheit sollten die USA die Sowjetunion „zurückdrängen" *(roll back)* und die unter kommunistische Herrschaft geratenen Länder befreien (liberation). Das Kriegsrisiko wurde dabei in Kauf genommen. Im Gegensatz hierzu verfolgte Dulles jedoch sowohl beim *Aufstand* in der DDR (1953) als auch in der *Ungarn*- und *Suezkrise* (1956) eine vorsichtige, auf den Status quo gerichtete Politik.

Romanik
(von lat. romanus = römisch)
Der *romanische Baustil* umfasst etwa die Zeit von 900–1200. „Romanisch" heißt er, weil er überall den gewölbten Bogen der antiken römischen Bauten verwendet: an Türen und Fenstern, als Arkaden über Säulen und Pfeilern, bei den Gewölben und als Schmuck der Wände. Der *Rundbogen* ist geradezu das Erkennungsmerkmal der romanischen Baukunst. Außer dem Bogen übernahmen die Baumeister der Romanik von den Römern auch die Grundform der Kirchen: die ➡ *Basilika*. Eine Basilika ist eine Halle mit überhöhtem *Mittelschiff*, das von den niedrigeren *Seitenschiffen* durch Säulen oder Pfeiler getrennt ist.
Der Begriff „Romanik" ist insofern etwas irreführend, als die entscheidenden Impulse für ihre Entstehung von Deutschland ausgingen. Von hier aus verbreitete sich die Romanik über weite Teile Europas und wurde

Meißener Porzellanterrine.

R

Romanik

Der romanische Dom zu Speyer mit Blick von Osten.

zum ersten einheitlichen Baustil des christlichen ➡ Abendlandes.
Ab etwa 1200 folgte auf die Romanik der Baustil der ➡ Gotik, die sowohl architektonisch als auch von ihrer Baugesinnung her völlig unterschiedlich ist.

Romanisierung

Die Beeinflussung und Durchdringung eines Volks mit der römischen Kultur und der lateinischen Sprache zur Zeit des *Römischen Reichs*.
Als das Römische Reich nach Eroberung immer neuer Gebiete zu einem Weltreich aufgestiegen war, breitete sich seine überlegene Kultur und Zivilisation in allen Reichsteilen aus. In den eroberten Ländern gründeten die Römer zahlreiche Städte (➡ Kolonisation), Legionslager und ➡ Kastelle, von denen kulturelle und zivilisatorische Impulse ausgin-

gen. Sie beeindruckten Völker, die wie die ➡ Germanen noch im Naturzustand lebten, sehr nachhaltig und bildeten die Grundlage der *Romanisierung*.
Noch stärker erfasst von der Romanisierung wurden Völker wie die *Iberer* in Spanien oder die keltischen *Gallier* in Frankreich. Sie gaben sogar ihre eigene Sprache zu Gunsten des *Lateinischen* auf, das freilich einen volkstümlichen Einschlag erhielt und von vielen Lehnwörtern durchsetzt war. Solche Sprachen, die auf dem Boden des Römischen Reichs aus dem Lateinischen hervorgingen, nennt man *romanische Sprachen*.

Romantik

Von Deutschland ausgehende geistesgeschichtliche Bewegung, die etwa von 1790–1830 währte. Charakteristisch ist die Betonung des Gefühls, das Streben nach dem Träumerischen, Geheimnisvollen und Unendlichen. Die Suche nach der *Blauen Blume*, wie es der Dichter NOVALIS nannte, steht symbolhaft für diese Sehnsucht. Die Natur und die verklärte Welt des Mittelalters standen daher häufig im Zentrum von Künstlern der Romantik, besonders in der Malerei, Literatur und Musik. Die Rückbesinnung auf die Volksdichtung schuf zahlreiche Märchen, Lieder und Gedichte im Geist der Romantik. Bekannte Maler der Romantik sind z. B CASPAR DAVID FRIEDRICH und PHILIPP OTTO RUNGE, berühmte Dichter ACHIM VON ARNIM, CLEMENS VON BRENTANO oder JOSEPH VON EICHENDORFF. Von den Komponisten ist besonders CARL MARIA VON WEBER zu nennen, dessen Oper „Der Freischütz" eine ganze Skala von Waldstimmungen beschwört sowie schließlich die Liederdichter und Sinfoniker FRANZ SCHUBERT und ROBERT SCHUMANN.
Zahlreiche Themen und Vorstellungen der Romantik wirkten lange weiter und fanden auch außerhalb Deutschlands Nachahmer.

Römisches Recht

Etwa um 451 v. Chr. fassten die Römer erstmals Rechtsgrundsätze zusammen und stellten sie in Form von zwölf Bronzetafeln öffentlich auf. Diese *Zwölftafelgesetze* sollten

Romantik

Kreidefelsen auf Rügen von Caspar David Friedrich (1818).

Willkürmaßnahmen adliger Richter verhindern und den Bürgern Rechtssicherheit geben. Im Lauf der Zeit erfuhren diese Gesetze eine Weiterentwicklung durch Juristen, in die zunehmend auch Empfehlungen des Senats und kaiserliche Erlasse Eingang fanden. Der oströmische Kaiser JUSTINIAN ließ die verstreuten Gesetze zu einer Sammlung zusammenfassen, die 534 n. Chr. unter dem Namen *corpus juris civilis* erschien, was in etwa „Bürgerliches Gesetzbuch" heißt.

Das römische Recht bildet ein wichtiges Erbe der Antike, denn zahlreiche europäische Staaten haben in ihren Gesetzbüchern Gesetze verankert, die auf römische Rechtsgrundsätze zurückgehen.

Rosenkriege

Thronfolgekämpfe zwischen den englischen Herrscherhäusern LANCASTER (Wappenzeichen: rote Rose) und YORK (Wappenzeichen: weiße Rose) zwischen 1455–1485.

England wurde seit 1154 durch das Haus Plantagenet regiert. Es hatte sich im Lauf der Zeit geteilt, nämlich in eine regierende ältere Linie LANCASTER und eine jüngere Linie

Während der Kulturre-
volution bestimmten
Aufmärsche und Kam-
pagnen, Versammlun-
gen und Schulungen
den Tagesablauf der
Chinesen.

Rote Garden

YORK. Im Jahr 1455 erhob das Haus York jedoch selbst Ansprüche auf den englischen
Thron. Herzog Richard von York machte König HEINRICH VI. (reg. 1422–61) die Krone
streitig und stürzte England in eine Reihe
blutiger Bürgerkriege, die als *Rosenkriege* in
die Geschichte eingingen.
Mit EDWARD IV. gelangte 1461 das Haus
York auf den Thron. Versuche zur Rückge-
winnung scheiterten und endeten mit der
Vernichtung der Linie Lancaster. Mit König
RICHARD III. starb jedoch wenig später auch
das Haus York aus. Er fiel 1485 in der
Schlacht von Bosworth gegen Heinrich Tudor, der als HEINRICH VII. (reg. 1485–1509)
die neue Dynastie TUDOR begründete.
Die Zeit der Rosenkriege zog ganz England
in Mitleidenschaft. Besonders stark dezimiert wurde der Adel, der im Verlauf der
blutigen Auseinandersetzung entweder auf
dem Schlachtfeld oder aber durch Hinrichtung starb.

Rote Garden
Schüler- und Studentenverbände, die
während der *Großen Proletarischen Kulturrevolution* in der VR China aufgestellt wur-

den. Sie sollten auf Geheiß von Staatschef
MAO ZEDONG den Kampf gegen alle aufnehmen, die vom revolutionären kommunistischen Kurs abwichen. Damit begann 1966
eine Terroraktion gegen Parteifunktionäre,
Intellektuelle und vermeintliche Angehörige
der ➡ Bourgeosie, die entweder in Arbeitsla-
ger kamen oder totgeprügelt wurden. Da die
Entwicklung außer Kontrolle geriet, verkündete MAO ZEDONG 1969 das Ende aller Maßnahmen.

Rotes Kreuz
Unter dem Eindruck der *Schlacht von Solfe-
rino* (1859) regte der Schweizer HENRI
DUNANT 1863 die Bildung einer Hilfsorgani-
sation an, die bei der Pflege Verwundeter
Unterstützung leisten sollte. 1876 erhielt sie
den Namen „Internationales Komitee vom
Roten Kreuz", parallel dazu entstanden weitere nationale Rotkreuzgesellschaften.
Um dem Roten Kreuz ein ungehindertes Arbeiten zu ermöglichen kam es mit der *Genfer Konvention* von 1864 zu einem internationalen Abkommen, das später mehrfach
ergänzt und erweitert wurde. Die *Genfer
Konvention* – auch Rotkreuz-Konvention genannt – sieht den Schutz der Verwundeten,
Kriegsgefangenen und der Zivilbevölkerung
im Falle eines bewaffneten Konflikts vor.
Damit erhielt das Rote Kreuz als internationale Organisation eine völkerrechtliche Absicherung, die von nahezu allen Staaten der
Welt ratifiziert wurde.
Dachgesellschaft aller Rotkreuzverbände ist
das Internationale Rote Kreuz (IRK). Zu ihm
zählen nicht nur alle nationalen Gesellschaf-
ten wie das Deutsche Rote Kreuz (DRK), sondern auch die islamischen Organisationen
Roter Halbmond (Türkei) und Roter Löwe
(Iran).

Rückversicherungsvertrag
1887 zwischen dem Deutschen Reich und
Russland abgeschlossener geheimer Vertrag.
Er verpflichtete den jeweiligen Vertragspart-
ner zur Neutralität, falls Deutschland von
Frankreich oder Russland von Österreich an-
gegriffen würde. Im Rahmen des von BIS-
MARCK entworfenen Bündnissystems sollte

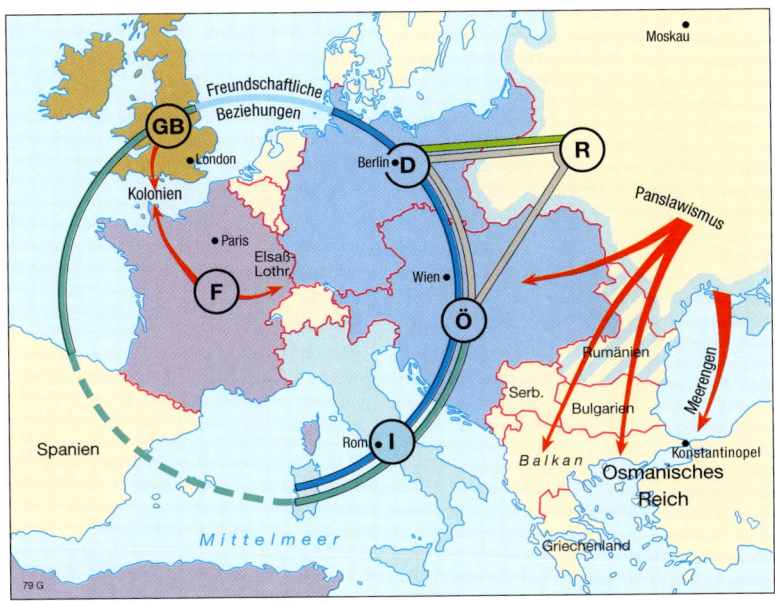

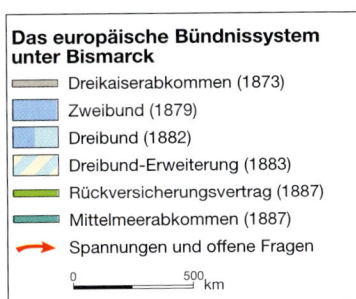

Das europäische Bündnissystem unter Bismarck

▭ Dreikaiserabkommen (1873)
▭ Zweibund (1879)
▭ Dreibund (1882)
▭ Dreibund-Erweiterung (1883)
▬ Rückversicherungsvertrag (1887)
▬ Mittelmeerabkommen (1887)
➡ Spannungen und offene Fragen

0 ____500____ km

Ruhrkampf

Ein französischer Soldat bewacht „Faustpfänder" wie diesen Kohlewaggon im Ruhrgebiet.

der Vertrag Frankreich isolieren und einen deutschen Zweifrontenkrieg verhindern.

Ruhrkampf

Am 11.1.1923 besetzten französische Trupen das Ruhrgebiet wegen eines geringfügigen Rückstands der deutschen Reparationslieferungen. Unter dem Vorwand, der ➡ Vertrag von Versailles sei verletzt, verhängten sie den Belagerungszustand und unterstellten die industrielle und staatliche Verwaltung des Ruhrgebiets ihrer Kontrolle. Nur zwei Tage später rief die Reichsregierung unter Zustimmung der Gewerkschaften zum passiven Widerstand auf, was zur Einstellung al-

ler Reparationslieferungen an Frankreich und zum Erliegen der Produktion im Ruhrgebiet führte. Die deutsche Bevölkerung fand sich zu einer Abwehrfront zusammen, erhielt aber außer einer Sympathiebekundung der englischen Labour Party und einer Protestnote der USA keine konkrete Unter-

Bei der Ausgrabung von Haithabu in Schleswig gefundener Runenstein, der als Gedenkstein für einen gefallenen Krieger errichtet wurde.

stützung. Im weiteren Verlauf des Ruhrkampfs, an dem sich inzwischen 100 000 französische Soldaten beteiligten, kam es zu Sabotageakten wie der Sprengung von Brücken und Eisenbahnanlagen. Die französische Regierung antwortete darauf mit Verhaftungen, Geiselnahmen und Todesurteilen. Da die Inflation das Deutsche Reich an den Rand des finanziellen Ruins brachte und die 2 Millionen Arbeitslose im Ruhrgebiet die Lage weiter verschärften, wurde der passive Widerstand am 26. 9. 1923 abgebrochen. Nach Regelung der Reparationsfrage im ➡ Dawes-Plan räumten die Franzosen im Jahr 1925 das Ruhrgebiet.

Runen
(altnord. run = Geheimnis, Rat)
Bezeichnung für die Schriftzeichen der ➡

Germanen in Nord- und Mitteleuropa, die seit dem 1. Jh. n. Chr. gebräuchlich waren. Die älteste Runenreihe bestand aus 24 Zeichen und wurde bis ins 8. Jh. n. Chr. benutzt. Der Ursprung der Runen ist noch umstritten, doch vermuten die Sprachforscher lateinische Alphabete als Vorbilder.
Die meisten der auf Holz, Stein oder Metall überlieferten Inschriften sind kurz und hatten magische Bedeutung, einige haben auch profanen Charakter. Die Germanen benutzten die Runen nicht zum Verfassen historischer oder literarischer Überlieferungen, sondern verwendeten sie für Weihe-, Gedenk- und Besitzinschriften. So findet man Runen nicht nur auf Waffen, Schmuck, Amuletten oder Kästchen, sondern auch auf Gedenksteinen und Felswänden.

Abgaben von Bauern im Mittelalter, Bild aus dem Sachsenspiegel (13. Jh.).

SA

(Sturmabteilung)
Militärisch organisierter Kampfverband der Nationalsozialisten. Die SA war bei Saalschlachten und Straßenkämpfen als Schlägertruppe gefürchtet, verlor jedoch nach Ausschaltung ihrer Führungsspitze an Bedeutung. HITLER nahm eine angebliche Verschwörung der SA-Führung unter ERNST RÖHM zum Anlass diesen Personenkreis in einer raschen Aktion 1934 zu ermorden *(Röhmputsch)*.

Sachsenspiegel

Bedeutendes Rechtsbuch des deutschen Mittelalters, das der sächsische Ritter EIKE VON REPGOW zwischen 1220 und 1235 in niederdeutscher Sprache verfasste.
Der landrechtliche Teil behandelt das Familien- und Erbrecht sowie alle Gebiete des Privat- und Strafrechts, wie es als ungeschriebenes Gewohnheitsrecht damals in Sachsen gebräuchlich war. Der lehnrechtliche Teil fasst die Rechte des Adels zusammen. Das Werk gewann bald gesetzesgleiches Ansehen, diente dem süddeutschen *Schwabenspiegel* als Vorbild und erlangte sogar in Teilen Polens, Ungarns und Russlands Geltung.

Säkularisation

Überführung von Kirchengut in weltlichen Besitz, d. h. seine Verstaatlichung. Zu einer umfassenden Säkularisation kam es in Frankreich durch die *Französische Revolution*, vor allem aber in Deutschland aufgrund des ➡ Reichsdeputationshauptschlusses von 1803: Sämtliche Territorien geistlicher Reichsfürsten – Bistümer, Abteien, Klöster – wurden aufgehoben und benachbarten weltlichen Reichsfürstentümern einverleibt.
Die *Säkularisation* leitete die bis dahin größte politische und territoriale Umgestaltung Deutschlands ein: 95 000 km² mit über 3 Millionen Bewohnern wechselten die Herrschaft. Im kulturellen Bereich ergaben sich äußerst negative Folgen, da die barbarische Verschleuderung wervollsten Kunstbesitzes irreparable Schäden anrichtete.

Sachsenspiegel

Bild einer Belehnung nach dem Sachsenspiegel, einem Rechtsbuch des 13. Jahrhunderts.

Salhof

Im Mittelalter die Bezeichnung für den Herrenhof eines ➡ Grundherrn. Unmittelbar zu ihm gehörte das *Salland*, das der Grundherr selbst bewirtschaftete.

Salier

Fränkisches Adelsgeschlecht, das im Raum von *Speyer* und *Worms* begütert war. Als die Familie der ➡ Ottonen mit König HEINRICH II. im Jahr 1024 ausstarb, ging die Krone durch Wahl an den Salier KONRAD II. über. Er festigte die Verbindung zwischen *Italien* und dem Reich und wurde 1027 in Rom zum Kaiser gekrönt. Im Jahr 1032 fiel ihm aufgrund von Erbverträgen das Königreich *Burgund* zu, das er mit Deutschland verband. Seit dieser Zeit setzte sich das „Heilige Römische Reich" aus *Deutschland, Italien* und *Burgund* zusammen. Unter KONRAD II. begann auch der Aufstieg der unfreien *Dienstmannen*, der ➡ Ministerialen, welche den machtbewussten Adel aus der Reichsverwaltung verdrängen sollten.
Konrads Sohn HEINRICH III. (reg. 1039–1056) förderte die kirchlichen Reformideen von ➡ Cluny und schützte die Klöster vor Übergriffen des Adels. Auf seinem Romzug 1046/47 ließ er drei rivalisierende Päpste absetzten und den Bamberger Bischof Siudger als CLEMENS II. zum Papst einsetzen. Zugleich sicherte HEINRICH III. auch die Ostgrenze des Reichs, indem er *Böhmen, Polen* und *Ungarn* zur Anerkennung der deutschen Lehnshoheit zwang.

Europa im Hochmittelalter (um 1000)

Heiliges Römisches Reich

- Deutsches Königreich
- Kgr. Burgund
- Kgr. Italien
- —— Reichsgrenze
- ⚑ Erzbistümer
- – – Grenzen der Erzbistümer
- + Kloster
- ⇨ Ausdehnungsrichtungen der christlich-abendländischen Welt
- ⚑ Griechisch-orthodoxer Metropolitensitz (Auswahl)
- ☾ Herrschaftszentren des Islams

Armagh · Irland · York · Kgr. England · London · Canterbury · Nordsee · Kgr. Dänemark · Lund · Ostsee · Slawen · Hamburg · Bremen · Hildesheim · Utrecht · Magdeburg · Gnesen · Hzm. Polen · Köln · Aachen · Fulda · Elbe · Oder · Trier · Mainz · Lorsch · Prag · Rouen · Reims · Paris · Metz · Regensburg · Kgr. Frankreich · Sens · Augsburg · Salzburg · St. Gallen · Gran · Kgr. Ungarn · Kalocsa · Tours · Bourges · Cluny · Besançon · Lyon · Aquileja · Mailand · Venedig · Ravenna · Kgr. Kroatien · Donau · Bordeaux · Auch · Narbonne · Arles · Aix · Genua · Pisa · Split · Adria · Kgr. Leon · Braga · Santiago · Kastilien · Navarra · Toledo · Reconquista · Barcelona · Korsika · Rom · Sardinien · Balearen · Benevent · Neapel · Salerno · Bari · Ragusa · Ochrida · Larisse · Bulgarien · Philippopel · Konstantinopel · Kalifat · Cordoba · Granada · Cordoba · Atlantik · Mittelmeer · Normannen · Palermo · Kreuzzüge · Byzantinisches Reich · Smyrna · Ephesus · Athen · Sizilien · Kreta · Reich der Ziriden · Kairuan

0 — 500 km

So stellten sich die Reformer einen König vor. Es handelt sich um ein Bild aus der Bibelhandschrift, die Heinrich IV. kurz vor Ausbruch des Investiturstreits dem Abt Wilhelm des süddeutschen Reformklosters Hirsau geschenkt hat.

Sein Sohn HEINRICH IV. (reg. 1053–1106) wuchs zunächst unter Vormundschaft auf. Sein Versuch, die königlichen Machtgrundlagen auszubauen, führte 1073 zu schweren Kämpfen in *Sachsen.* Als er den Mailänder Erzbischof eigenmächtig in sein Amt einsetzte, entzündete sich daran der ➡ *Investiturstreit* mit Papst GREGOR VII., der den König bannte. Zwar konnte sich HEINRICH durch den Gang nach *Canossa* 1077 vom Bann lösen, doch musste er sich gegenüber zwei Gegenkönigen behaupten. Auch die kommenden Jahre waren erfüllt von ständigen Kämpfen gegen aufständische Fürsten und unbeugsame Päpste. Am Ende seiner Regierungszeit erhoben sich beide Söhne gegen ihn. HEINRICH IV. wurde 1105 abgesetzt und starb wenig später.

HEINRICH V. (reg. 1106–1125) erreichte trotz seiner Erhebung gegen den Vater Anerkennung, da er sich auf die päpstliche Partei

Salier

stützte. Ebenso wie sein Vater beharrte er jedoch später auf der Einsetzung der Bischöfe durch den König, was den Investiturstreit fortsetzte. Die Begünstigung der *Ministerialen* und seine Territorialpolitik führten zu einem Aufstand der Fürsten, an dessen Spitze sich der Erzbischof von Mainz stellte. Es kam zu Verhandlungen mit Papst CALIXTUS II., die den Investiturstreit 1122 durch den Kompromiss des ➡ Wormser Konkordats bendeten. Mit HEINRICH V. erlosch das salische Kaisergeschlecht und es folgte die Dynastie der ➡ Staufer.

Sanktionen

(lat. sanctio = Strafbestimmung)
Militärische, wirtschaftliche oder politische Zwangsmaßnahmen, die einen Staat zwingen sollen, eingegangene Verpflichtungen einzuhalten. *Völkerbund* und UNO verhängten vielfach Sanktionen zur Verhinderung bewaffneter Konflikte, zur Friedenssicherung oder zur Erzwingung von ➡ Menschenrechten (z. B. gegen das bis 1994 während weiße ➡ Apartheidregime in Südafrika). Doch zeigten die meisten Sanktionen wenig Wirkung, da sie wegen der unterschiedlichen Interessenlage einzelner Staaten oder Mächtegruppen oft umgangen wurden. Ihre Anwendung ist daher wegen des zweifelhaften Erfolgs umstritten.

Sansculotten

(franz. = ohne Kniehosen)
In der Französischen Revolution Name für die Revolutionäre, die im Gegensatz zur aristokratischen Mode des ➡ Ancien Régime nicht *Culotten* (Kniehosen), sondern *Pantalons* (lange Hosen) trugen. Später bezeichnete man mit dem Ausdruck Sansculotten ganz allgemein Patrioten und Republikaner.

Satrap

(pers. = Reichsbeschützer)
Name der Statthalter im Persischen Reich. Die Satrapen setzten in den ihnen unterstellten Landesteilen (Satrapien) Steuern fest, sprachen Recht, stellten bewaffnete Aufgebote auf und sorgten für Ordnung.

Scherbengericht

(Ostrakismos; von gr. ostrakon = Tonscherbe)
Sobald ein Bürger Athens im Verdacht stand die ➡ Demokratie zu gefährden, konnte er durch ein Scherbengericht aus der Polis verbannt werden. Am Ostrakismos, den zuvor

Sanssculotten

Scherbengericht

Tonscherbe vom Scherbengericht mit dem Namen des Themistokles.

die ➡ Volksversammlung zu beschließen hatte, mussten mindestens 6000 Bürger teilnehmen. Zur Abstimmung schrieben sie den Namen der Person, die sie zu verbannen wünschten, auf eine Tonscherbe. Wer die meisten Stimmen erhielt, musste das Land für 10 Jahre verlassen. Der Verbannte behielt alle bürgerlichen Rechte und Ehren sowie sein Eigentum. Das Scherbengericht war somit keine Strafe für eine Verfehlung, sondern diente der Stabilität der Polis bei staatsgefährdenden innenpolitischen Auseinandersetzungen.

Schiiten

Nach den ➡ Sunniten die zweite Hauptkonfession des ➡ Islam, der etwa 8% der Muslime angehören. Die Schiiten bestreiten die Rechtmäßigkeit der sunnitischen ➡ Kalifen und erkennen allein die Nachfahren von Mohammeds Schwiegersohn ALI als legitime Führer der islamischen Welt an. Dieser Gegensatz hat zur Bezeichnung *Schiiten* geführt, denn arabisch „Schiat Ali" heißt übersetzt „Partei Alis". Weiterhin erkennen die Schiiten auch nicht die *„Sunna"* an, eine Schrift über das Leben und Wirken des Propheten MOHAMMED, nach der die *Sunniten* ihren Namen haben. Unter schiitischer Herrschaft steht der Iran, kleine Minderheiten gibt es im Irak, in Syrien und Pakistan.

Schisma

(griech. = Spaltung)
Bezeichnung für die Auflösung der Einheit der katholischen Kirche, die vor allem zwei Ereignisse betrifft:
Zum einen das *griechische* (morgenländische) *Schisma*. Es führte auf Grund unterschiedlicher Auffassungen vom Wesen Christi und der Stellung des römischen Papstes 1054 zur Spaltung in eine westlich-lateinische und östlich-griechische Kirche (➡ orthodoxe Kirche).
Zum anderen das große *abendländische Schisma* (1378–1417), das durch die Wahl mehrerer Gegenpäpste hervorgerufen wurde und erst durch das Konstanzer Konzil 1418 ein Ende fand.

Schlesische Kriege

Die vom preußischen König FRIEDRICH II. zwischen 1740 und 1763 gegen Österreich geführten Kriege um den Besitz Schlesiens.
Nach dem Tod Kaiser KARLS VI. im Jahr 1740 befand sich seine Tochter MARIA THERESIA in einer schwierigen Lage. Einige Mächte wie Bayern, Sachsen, Frankreich und Schweden bestritten trotz der ➡ Pragmatischen Sanktion ihre Erbfolge in den habsburgischen Landen und drohten mit Krieg. Diese Situation nutzte FRIEDRICH II. um zweifelhafte preußische Ansprüche aus dem 16. Jh. auf das österreichische Schlesien geltend zu

Schlesischer Krieg

machen. Unverzüglich fiel er 1740 in Schlesien ein, siegte in zwei Schlachten und zwang Österreich im Jahr 1742 zum Verzicht auf Schlesien *(Erster Schlesischer Krieg)*.
Parallel zu diesem Konflikt war 1741 der *Österreichische Erbfolgekrieg* ausgebrochen, in dem MARIA THERESIA ihr habsburgisches Erbe gegen eine Reihe europäischer Staaten verteidigen musste. Militärische Erfolge der Österreicher ließen FRIEDRICH II. um das soeben gewonnene Schlesien fürchten, sodass er den Krieg 1744 im Bündnis mit Frankreich erneut aufnahm.
1745 errang der Preußenkönig in der Entscheidungsschlacht bei *Hohenfriedberg* einen glänzenden Sieg gegen das zahlenmäßig weit überlegene österreichische Heer. Doch erst weitere Siege Preußens zwangen MARIA THERESIA im *Zweiten Schlesischen Krieg* zum Frieden. König FRIEDRICH II. sicherte sich erneut den Besitz Schlesiens und erkannte als Kompromiss den Gemahl MARIA THERESIAS, FRANZ I., als deutschen Kaiser an.
Der *Dritte Schlesische Krieg* ist eine – allerdings wenig gebräuchliche – Bezeichnung für den ➡ Siebenjährigen Krieg (1756–63).

Schlieffen-Plan

Als Ergebnis seiner strategischen Überlegungen legte Generalstabschef ALBERT VON SCHLIEFFEN (1833–1913) im Jahr 1905 einen

Der Schlieffen-Plan

- Deutsches Reich
- Frankreich
- Neutrale
- I – VII (Armeen) geplanter deutscher Vormarsch nach dem Schlieffen-Plan

Schmalkaldischer Krieg

Karl V. – der Sieger in der Schlacht von Mühlberg. Das Bild bringt den Triumph des Kaisers zum Ausdruck (Gemälde von Tizian, 1548).

Operationsplan vor. Darin ging er von einem *Zweifrontenkrieg* gegen Frankreich und Russland aus und empfahl dafür folgende Strategie.

Zunächst sollte die Masse des Heers im Westen eigesetzt werden und, unter Verletzung der Neutralität Belgiens und Luxemburgs, bis westlich von Paris vorstoßen. Dann sollten die Truppen – nach Süden und Osten abschwenkend – das französische Heer in einer großen Umfassungsschlacht vernichten. Im Osten sollte sich das deutsche Heer mit einem Mindestmaß an Truppen defensiv verhalten.

Der Plan wurde bei Ausbruch des ➡ Ersten Weltkriegs 1914 in abgewandelter Form realisiert, blieb jedoch wegen der im Westen rasch stockenden deutschen Offensive *(Stellungskrieg)* erfolglos.

Schmalkaldischer Bund

Auf dem Augsburger Reichstag von 1530 drohte Kaiser KARL V. den protestantischen Ständen die Reichsexekution und die Erneuerung des ➡ Wormser Edikts an. Daraufhin schlossen sich am 27. 2. 1531 zahlreiche protestantische Fürsten und Städte in der thüringischen Stadt *Schmalkalden* zu einem Bund zusammen.

Die Bundessatzung sah ein gemeinsames Bundesheer von 10 000 Fußsoldaten und 2000 Reitern vor, die Leitung des Bundes sollte halbjährlich wechseln. Der Schmalkaldische Bund entwickelte sich bald zu einem antihabsburgischen Machtfaktor und ermöglichte die friedliche Ausbreitung der Reformation.

Nach seinem Friedensschluss mit Frankreich entschloss sich KARL V. zur gewaltsamen Niederwerfung der Protestanten und begann 1546 den *Schmalkaldischen Krieg*. In der Schlacht bei *Mühlberg* errang das kaiserliche Heer 1547 den entscheidenden Sieg über die Schmalkaldener. Kurfürst JOHANN FRIEDRICH von Sachsen und Landgraf PHILIPP von Hessen, die beiden Führer der Protestanten, gerieten in Gefangenschaft.

Schmalkaldischer Krieg

s. Schmalkaldischer Bund

Scholastik

(lat. schola = Schule)

Bezeichnung für die *Philosophie* und *Theologie* des Mittelalters, wie sie sich zunächst an Kloster- und Domschulen, später dann an Universitäten entwickelte. Ziel der Scholastik war es, den Einklang von christlicher

S

Schrift

Offenbarungslehre mit menschlicher Vernunft und Wissenschaft zu beweisen. Sie
strebte also nicht nach absoluter Wahrheit,
sondern suchte den christlichen Glauben mit
wissenschaftlichen Argumenten zu unter-
mauern. Bibel und die Schriften der Kir-
chenlehrer bildeten daher das Fundament
der Scholastik.
In der *Frühscholastik* (9.–12 Jh.) ging es unter anderem um das Problem, in welchem
Verhältnis Theologie und Wissenschaft zu-
einander stehen sollten. Ob z. B. die Vernunft
(ratio) über die Wahrheit zu entscheiden habe, oder aber die kirchliche Autorität. Hauptvertreter dieser Epoche waren ALKUIN, HRA-
BANUS MAURUS, ANSELM VON CANTERBURY
und PETRUS ABALEARD.
In der *Hochscholastik* (13.– frühes 14. Jh.)
fand die geistige Auseinandersetzung mit
den Schriften des ARISTOTELES und der antiken Philosophie statt. Auch Werke arabischer und jüdischer Gelehrter, die durch
Kreuzzüge und Pilgerfahrten vom Heiligen
Land nach Europa gelangten, wurden analy-
siert und mit der christlichen Theologie ver-
glichen. Besonders THOMAS VON AQUIN und
ALBERTUS MAGNUS bemühten sich darum,
die philosophische Lehre des ARISTOTELES
mit christlichen Glaubensgrundsätzen in
Übereinstimmung zu bringen. Zentren der
Hochscholastik waren die Universitäten von
Paris, Bologna und *Oxford*. Bedeutsam für
diese Zeit wurde das Eintreten der Bettelor-
den – *Dominikaner* und *Franziskaner* – ins
wissenschaftliche Leben.
Während der *Spätscholastik* (spätes 14.–15
Jh.) verschärfte sich das Auseinanderklaffen

von wissenschaftlicher Erkenntnis und religiösen Glaubensgrundsätzen, was schließlich
zum Niedergang der Scholastik führte.
Hauptvertreter dieser Epoche war WILHELM
VON OCKHAM. Er vertrat die Meinung, dass
die Existenz Gottes nicht wissenschaftlich be-
wiesen, sondern nur geglaubt werden könne
und wurde für seine Lehren von der Kirche
gebannt. Der Zerfall der kirchlichen Autorität
bereitete schließlich den Boden für den ➡
Humanismus und die ➡ Reformation.

Schrift
Der Übergang von der Vorgeschichte zur Geschichte ist durch die Schrift gekennzeichnet. Von nun an gibt es schriftliche Quellen,
die über das Leben der Menschen, ihre religiösen Vorstellungen und über politische Ereignisse berichten.
Die ältesten Schriftzeichen entwickelten um
3000 v. Chr. die *Sumerer* und die *Ägypter*.
Während es sich hier vorwiegend um Bilder-
schriften handelte, schuf das Seefahrervolk
der *Phöniker* eine reine Konsonantenschrift,
die besser zu lesen und zu schreiben war.
Durch Handelskontakte gelangte sie zu den
Griechen, die sie zu einer eigenen Schrift mit
24 Buchstaben umformten. Aus diesem griechischen Alphabet ging schließlich das lateinische Alphabet hervor, das sich weltweit
verbreitete.

Schuldknechtschaft
In der Zeit der griechischen Antike konzentrierte sich der Landbesitz oft in den Händen weniger Großgrundbesitzer. Wenn
Kleinbauern finanziell von einem Großgrundbesitzer abhängig wurden und ihre
Schulden nicht bezahlen konnten, gerieten
sie in dessen Schuldknechtschaft. Das bedeutete, dass der Bauer wie ein Sklave auf
den Feldern des Herrn arbeiten musste oder
sogar mit seiner Familie in die Knechtschaft
verkauft wurde. SOLON verbot die Schuldknechtschaft in Athen 594 v. Chr. und sorgte
dafür, dass den Kleinbauern ihre Schulden
erlassen wurden.

Schwäbischer Städtebund
s. Städtebünde

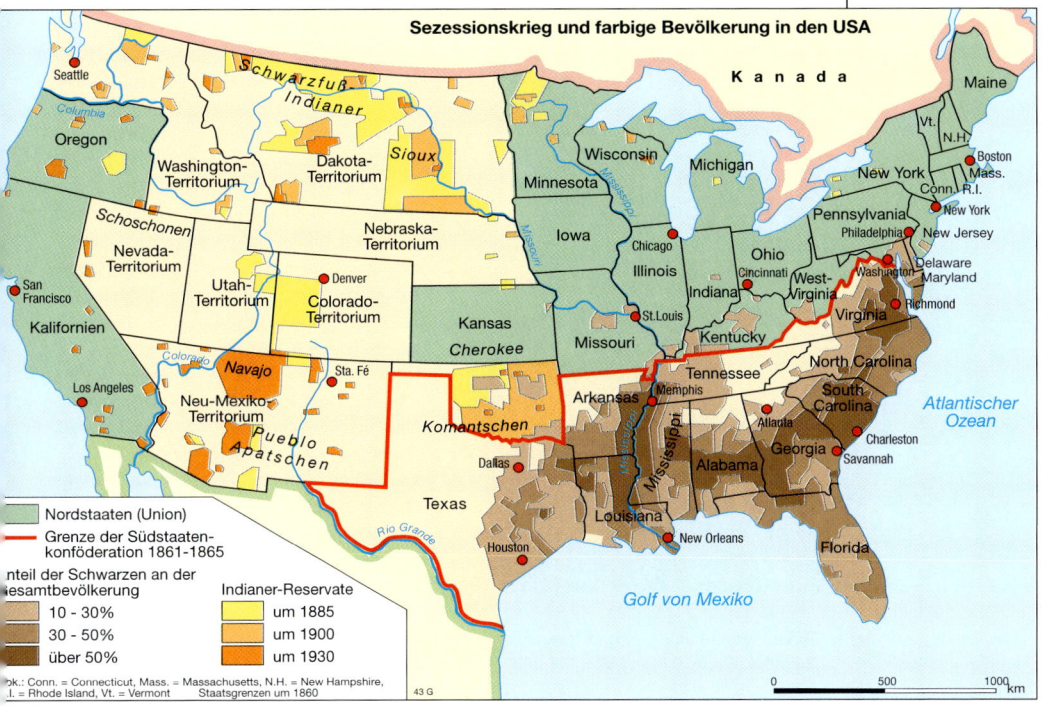

Sezessionskrieg und farbige Bevölkerung in den USA

Legende:

Nordstaaten (Union)

Grenze der Südstaaten-konföderation 1861-1865

Anteil der Schwarzen an der Gesamtbevölkerung
- 10 - 30%
- 30 - 50%
- über 50%

Indianer-Reservate
- um 1885
- um 1900
- um 1930

...ok.: Conn. = Connecticut, Mass. = Massachusetts, N.H. = New Hampshire, ...I. = Rhode Island, Vt. = Vermont   Staatsgrenzen um 1860

43 G

0   500   1000 km

Schwertleite s. Ritterschlag

Senat

Ursprünglich „Rat der Alten", in den zur Zeit der der römischen Republik vor allem ehemalige ➡ Magistrate auf Lebenszeit aufgenommen wurden. Aufgrund der Autorität und Erfahrung seiner *Senatoren* lenkte der Senat praktisch den Staat, obwohl seine Aufgaben gesetzlich nirgends festgelegt waren. Besonders im Gegensatz zu den jährlich wechselnden Beamten garantierte er eine kontinuierliche Staatsführung, bestimmte die Außenpolitik und beanspruchte ein Aufsichtsrecht über die staatliche Ordnung.

Auch heute gibt es Staaten mit parlamentarischem Zweikammersystem, welche die erste Kammer des Parlaments als „Senat" bezeichnen (vgl. den amerikanischen ➡ Kongress).

Separatismus

(lat. separare = trennen)

Bestrebungen, ein bestimmtes Gebiet oder eine Region aus seinem bisherigen Staatsverband zu lösen. Die Gründe dafür sind vielfältig: vom Staatsvolk abweichende ethnische Zugehörigkeit, fundamentale religiöse Unterschiede, Unterdrückung der kulturellen Eigenständigkeit, Verweigerung von Minderheitenrechten usw. Zu separatistischen Bestrebungen kam es z.B. 1919 und 1924 im *Rheinland,* wo von Frankreich unterstützte kleine Gruppen die „Rheinische Republik" ausriefen. Separatistenbewegungen gibt es auch in Spanien, wo die *Basken* einen eigenen Staat fordern, oder in der Türkei, wo die *Kurden* eine Abspaltung anstreben. Staaten wie die *Sowjetunion* oder *Jugoslawien* sind schließlich durch separatistische Bewegungen in viele Einzelstaaten zerfallen.

Sezessionskrieg

Amerikanischer Bürgerkrieg, verursacht durch den Gegensatz zwischen *Nord-* und

Siebenjähriger Krieg

Maria Theresia und Friedrich II. beim Schachspiel unter Aufsicht des Kriegsgottes Mars. Zeitgenössische Allegorie auf den Siebenjährigen Krieg.

Südstaaten in der *Sklavenfrage.* Während der landwirtschaftlich orientierte Süden mit seinen riesigen Plantagen auf die billige Arbeitskraft der Negersklaven nicht verzichten wollte, hatte der industrielle Norden bereits 1803 die Einfuhr von Sklaven verboten.

Der Konflikt begann 1861 nach Austritt *(Sezession)* der Südstaaten aus der Union und endete 1865 mit dem Sieg der Nordstaaten. Der blutige Bürgerkrieg kostete Hunderttausende das Leben, sicherte jedoch endgültig den Vorrang des Bundes vor dem Recht der Einzelstaaten. Während der Krieg dem Norden zu einem rasanten industriellen Aufschwung verhalf, bedeutete er für den Süden den totalen wirtschaftlichen und politischen Zusammenbruch.

Durch einen Verfassungszusatz wurde die Sklaverei 1865 im gesamten Unionsgebiet verboten, doch blieben Schwarze durch Sondergesetze und andere diskriminierende Maßnahmen weiterhin benachteiligt.

Siebenjähriger Krieg

(Dritter Schlesischer Krieg). Seit 1754 schwelte ein unerklärter Kolonialkrieg zwischen *England* und *Frankreich* in Nordame-

rika. Da ein Übergreifen auf Europa zu befürchten war, schloss England einen Bündnisvertrag mit *Preußen.* In diesem Vertrag verpflichteten sich die Engländer zur Zahlung einer finanziellen Unterstützung an Preußen, das dafür das mit der englischen Krone verbundene *Hannover* schützen sollte. Preußen wiederum fürchtete das feindselige *Russland* an seiner Ostgrenze und sah sich durch das Bündnis besser abgesichert.

Als Antwort auf diese Allianz schloss Frankreich ein Bündnis mit *Österreich,* das die in den → Schlesischen Kriegen an Preußen verlorene Provinz zurückzugewinnen hoffte. Dieser Koalition schloss sich neben *Russland* auch *Schweden* an, das Preußen Hinterpommern zu entreißen gedachte.

Angesichts der Kriegsvorbereitungen seiner Gegner entschloss sich der preußische König FRIEDRICH II. zu einem raschen Angriffskrieg.

Im August 1756 besetzte er das mit Österreich verbündete *Sachsen,* was ihm die Reichsexekution eintrug, drang 1757 bis Prag vor, musste aber Böhmen nach der Niederlage bei *Kolin* räumen. Während Russland in Ostpreußen und Schweden in Pommern einmarschierten, stellte sich der Preußenkönig weiteren Gegnern. Bei *Roßbach* besiegte er die Franzosen sowie die Reichsarmee, bei *Leuthen* die Österreicher, die Schlesien besetzt hatten. 1758 wurden die weit nach Süden vorgestoßenen Russen und Schweden zurückgedrängt und auf Ostpreußen bzw. Stralsund beschränkt.

Nachdem sich die militärische Lage bislang günstig für FRIEDRICH entwickelt hatte, erlitt die preußische Armee gegen die vereinigten Russen und Österreicher bei *Kunersdorf* eine vernichtende Niederlage (12.8.1759). 1760 schien Preußens Kapitulation bevorzustehen, denn trotz einiger Erfolge blieb seine Lage angesichts der erdrückenden gegnerischen Übermacht verzweifelt. Als schließlich 1761 die Hilfsgelder Englands ausblieben, das Frankreich in Nordamerika überwältigt hatte, schien Preußens Vernichtung unabwendbar.

Der Tod der russischen Zarin ELISABETH im Jahr 1762 bewahrte Preußen vor dem Unter-

Sklaven

Sklaven

Sklavenmarke mit der Inschrift: „Halte mich, wenn ich fliehe, und bring mich meinem Herrn Viventius auf dem Landsitz des Callistus zurück."

Beim Frisieren, beim Make-up und beim Ankleiden halfen Sklavinnen ihrer Herrin. Cremedöschen, Haarnadeln, Kämme und Spiegel waren damals ebenso beliebt wie heute.

gang. Ihr Nachfolger, der preußenfreundliche Zar PETER III., schloss sofort Frieden, dem sich wenig später Schweden anschloss. Nach dem Vorfrieden von *Fontainebleau* zwischen Frankreich und England gaben auch die Franzosen den Krieg in Deutschland auf. So kam es 1763 zum *Frieden von Hubertusburg* zwischen Preußen, Österreich und Sachsen, der den Gebietsstand vor Ausbruch des Kriegs (1756) unverändert wahrte. Trotz hoher Menschenverluste und verwüsteter Landschaften ging *Preußen* aus dem *Siebenjährigen Krieg* als europäische Großmacht hervor. Um die Vormachstellung im Deutschen Reich rivalisierte es künftig mit *Österreich*, das auf Schlesien endgültig verzichten musste.

Im Gegensatz zu diesen Mächten waren *Frankreich* und *England* zugleich in einen *Kolonialkrieg* auf allen Meeren verflochten. 1759 konnten die Briten in zwei Seeschlachten die französische Flotte vernichten und damit einen gewaltigen Vorteil erringen. In *Nordamerika* verdrängten sie die Franzosen aus Kanada, nahmen ihnen Louisiana östlich des Mississippi ab und eroberten auch die französischen Stützpunkte in *Indien* und *Afrika*. 1763 kam es zum *Frieden von Paris*, der Frankreichs Niederlage in Übersee besiegelte. Damit festigte England seine führende Rolle als Seemacht und legte mit dem Gewinn des französischen Kolonialbesitzes den Grundstein für das spätere britische Empire.

Simonie

Bezeichnung für den Handel mit geistlichen Würden und allgemein die Gewalt von Lai-

en über geistliche Ämter. Der Name rührt von einer Erzählung im Neuen Testament her, nach der sich der Jude SIMON MAGUS die Gabe der Wundertäterei zu erkaufen suchte.

Sippe

Eine Gruppe von Menschen, die auf Grund gemeinsamer Abstammung und Blutsverwandtschaft miteinander verbunden ist. Bei den Germanen war die Sippe eine Art der Großfamilie, die Frieden und Schutz bot und alle Rechtsverhältnisse bestimmte. Im Lauf des Mittelalters drängten staatliche und kirchliche Bindungen die Bedeutung der Sippe zurück.

Sklaven

In völliger rechtlicher Unfreiheit lebende Menschen, die als Eigentum ihres Herrn gelten und nach Belieben verkauft oder vermietet werden können, nennt man Sklaven. Den Ursprung der Sklaverei bilden menschliche Notlagen wie Krieg, Raub und Verschuldung. Der Sklave war frei verfügbares Eigentum seines Herrn und vererbte diesen Status auf seine Nachkommen. Sklaverei war bei den Völkern der Antike weit verbreitet und wir finden Sklaven im Bergbau und Handwerk, im Haushalt und Erziehungswesen, in der Landwirtschaft und Staatsverwaltung. Ihr Los war sehr unterschiedlich und hing vom Herrn und der Tätigkeit ab.

Mit den Entdeckungen und dem ➡ Kolonialismus wuchs die Sklaverei sprunghaft an. Sklavenhändler verschifften Schwarze vor allem von Afrika nach Amerika, wo angesichts der dezimierten Indianerbevölkerung ein Arbeitskräftemangel herrschte. Eingesetzt wurden sie besonders im Bergbau (Südamerika) und auf den großen Baumwoll-, Tabak- und Zuckerrohrplantagen im Süden der späteren USA und der Karibik.

Die Zahl der von den Europäern verschifften afrikanischen Sklaven ist schwer zu ermitteln und entsprechende Angaben sind stark schwankend. Man schätzt, dass zwischen dem 15. und 19. Jh. etwa 8–10 Millionen Sklaven nach Amerika verschleppt wurden, die damit ein Vielfaches der europäischen Einwanderer ausmachten. Zu diesen Zahlen müssen noch die Sklaven gezählt

werden, die in ihrer Heimat beim Widerstand gegen die Sklavenhändler starben oder die Überfahrt nach Amerika nicht überlebten. Forscher gehen davon aus, dass für jeden gefangenen und verkauften Afrikaner vier oder fünf weitere starben. Dementsprechend ist es nicht unrealistisch anzunehmen, dass Afrika als Folge des Sklavenhandels zwischen dem 15. und 19. Jh. etwa 40 bis 50 Millionen Menschen verloren hat. (Angaben nach: A. Cruz-Benedetti, Afroamerika, in: Amerika 1492–1992, Neue Welten – Neue Wirklichkeiten, S. 193, Braunschweig 1992)

Die Sklaverei in den *Südstaaten* der USA führte 1861 zum ➡ Sezessionskrieg, der die Unfreiheit der schwarzen Bevölkerung zumindest formal beendete (Verfassungszusatz von 1865).

Slawen

Eine zu den ➡ Indogermanen zählende große Völkergruppe, deren Urheimat in Osteuropa zwischen Weichsel und Dnjepr zu suchen ist.

Im 5. Jh. n. Chr. wanderte ein Teil der Slawen nach Südosteuropa und auf den Balkan. Aus ihnen gingen die *Südslawen* hervor, zu denen unter anderem Serben, Kroaten, Slowenen, Bulgaren und Makedonier zählen. Andere wandten sich nach Nordwesten, wo sie auch Gebiete besiedelten, welche die ➡ Germanen während der ➡ Völkerwanderung geräumt hatten. Zu diesen Völkern, die man unter dem Begriff *Westslawen* zusammenfasst, zählen vor allem Polen, Tschechen, Slowaken und Sorben.

Auch zahlreiche kleinere Slawenstämme, die früher östlich der Elbe *(Elbslawen)* und in Ostdeutschland saßen, gehören hierzu. Sie wurden im Verlauf der ➡ Ostsiedlung seit dem 12. Jh. von der deutschen Bevölkerung aufgesogen, haben aber in vielen Ortsnamen ihre Spuren hinterlassen. Zu diesen verschwundenen Slawenvölkern zählen z. B. die einst in Holstein und Mecklenburg ansässigen Obotriten, Liutizen und Polaben, weiterhin die Pomoranen, nach denen *Pommern*, oder die Lusitzer, nach denen die *Lausitz* benannt ist. Seine Identität wahren konnte das

Christianisiert wurden die Slawen überwiegend von der Ostkirche aus Byzanz. Ikonen wie diese des heiligen Nikolaus sind daher stark verbreitet.

Slawen

Soldatenhandel

noch heute in der Lausitz wohnende Volk der *Sorben*.

Die einst in ihren ursprünglichen Sitzen verbliebenen Slawenstämme rechnet man zur Gruppe der *Ostslawen*. Aus ihnen gingen im Verlauf des frühen Mittelalters die Völker der Russen, Ukrainer und Weißrussen hervor.

Die größte machtpolitische Bedeutung unter den slawischen Völkern erlangten die *Russen*. Nach Verschmelzung ihrer Führungsschicht mit den skandinavischen Warägern (➡ Wikinger) entstanden im 10. Jh. zahlreiche russische Fürstentümer, die Zar IWAN III. um 1500 zu einem Einheitsstaat verschmolz. Unter PETER DEM GROSSEN stieg Russland zur europäischen Großmacht und im 20. Jh. neben den USA zur Weltmacht auf.

Große Bedeutung für das Deutsche Reich des Mittelalters erlangten die *Tschechen*, deren Führung seit dem 10. Jh. bei der Fürstenfamilie der Přemysliden lag. Sie sorgten dafür, dass *Böhmen* in den Reichsverband aufgenommen wurde und erlangten 1198 Böhmens Erhebung zum Königreich und *Kurfürstentum*.

Christianisiert wurden die Süd- und Ostslawen von der griechischen Kirche aus *By-zanz*, sodass sie überwiegend der ➡ orthodoxen Kirche angehören. Polen und Tschechen hingegen wurden von Rom bzw. vom Deutschen Reich christianisiert und zählen zur römisch-katholischen Glaubensrichtung.

Soldatenhandel

Im 18. Jh. war es üblich, dass kleinere deutsche Landesfürsten ihre Soldaten gegen beträchtliche Summen ins Ausland vermieteten oder verkauften. Dort kämpften die deutschen Truppen im Dienst anderer Mächte – vor allem Spaniens, Frankreichs und Englands – an zahlreichen Kriegsfronten. Besondere Ausmaße nahm der Soldatenverkauf an die englische Krone während des nordamerikanischen Unabhängigkeitskriegs an, was schon damals die Vertreter der ➡ Aufklärung verurteilten.

Die Einnahmen aus dem Verkauf ihrer Untertanen verwendeten die Landesherren zur Begleichung ihrer Schulden und zur Finanzierung einer prunkvollen Hofhaltung. Besonders berüchtigt waren FRIEDRICH II. von Hessen-Kassel, KARL EUGEN von Württemberg sowie die Fürsten von Braunschweig, Anhalt-Zerbst und Brandenburg-Ansbach.

Soldatenhandel: Hessische Untertanen, vom Landgrafen an den britischen König vermietet, werden mit Schiffen nach Nordamerika transportiert.

Den Ausbruch einer Meuterei anlässlich der Einschiffung eines Truppenkontingents aus Ansbach-Bayreuth verarbeitete SCHILLER in seinem Stück *Kabale und Liebe.*

Soldatenkaiser

Bezeichnung für die mehr als 40 römischen Kaiser im 3. Jh. n. Chr. (besonders von 193–284 n. Chr.), die ihre Würde der Erhebung durch die Armee verdankten. Ihre Amtszeit war meist kurz, da die Soldaten beliebte Generäle zum Kaiser ausriefen, deren Eignung zum Herrscheramt aber unberücksichtigt ließen.

Sophisten

(griech. = Weisheitslehrer)
Im Griechenland des 5. Jh. v. Chr. waren die Sophisten umherziehende Gelehrte, die die Jugend gegen ein Entgelt in Rhetorik, Rechtskunde, Staatslehre sowie jeder Art von Lebensweisheit unterrichteten. Als Aufklärer verneinten sie die Existenz einer *absoluten Wahrheit*, wie PLATON und SOKRATES dies lehrten. Stattdessen behaupteten die Sophisten, jede Wahrheit sei das Produkt des menschlichen Geistes und damit *relativ*. Die kritische Position der Sophisten gegenüber Tradition und Religion trug entscheidend zur antiken Aufklärung bei.
Da die Sophisten auch Lehrer der Redekunst waren, wurde das Wort *sophistisch* oft abwertend im Sinne von „spitzfindig" oder „wortklauberisch" verwendet.

Souveränität

Die unbeschränkte Hoheitsgewalt eines Staates nach außen und nach innen. Die Souveränität findet ihre Grenzen am *Völkerrecht* und an den ➡ *Menschenrechten* des Einzelnen. Träger der Souveränität ist in einer absoluten Monarchie der Fürst, in einer demokratischen Republik oder einer parlamentarischen Monarchie hingegen das Volk (Volkssouveränität). Moderne Staatengemeinschaften wie die *Europäische Union* oder Sicherheitssysteme wie die NATO führen zu einer gewissen Einschränkung der Souveränität, da Hoheitsrechte auf Organe dieser Bündnisse übertragen werden. Beson-

ders zur Zeit des ➡ Imperialismus gab es auch halbsouveräne Staaten wie z. B. Marokko oder Tunesien, die wegen eines Schutzvertrags mit Frankreich Einschränkungen ihrer Souveränität hinnehmen mussten.

Sowjet

(russ. = Rat)
In der russischen ➡ *Oktoberrevolution* von 1917 bildeten sich – wie schon zuvor in der Revolution von 1905 – spontane Arbeiter-, Soldaten- und Bauernräte. Sie gerieten rasch unter den Einfluss der ➡ Bolschewisten, die mit dem „Rat der Volkskommissare" unter LENIN die Regierungsgewalt übernahmen. Im Jahr 1917 wurde die „Russische Sozialistische Föderative Sowjetrepublik" gegründet, 1922 konstituierte sich die „Union der Sozialistischen Sowjetrepubliken" (UdSSR). Dem Staatsaufbau lag seither das *Rätesystem* (➡ Räterepublik) zu Grunde, dessen Spitze der *Oberste Sowjet* bildete. Dieses Parlament wurde alle 4 Jahre gewählt, wobei die Bevölkerung lediglich den Kandidaten der Kommunistischen Partei und Vertretern der von ihr beherrschten Organisationen zustimmen konnte.

Soziale Frage

Bezeichnung für die ungelösten sozialen Probleme der Arbeiter im 19. Jh., die aufgrund der *Industrialisierung* (➡ Industrielle Revolution) entstanden waren. Hierzu zählten: Verelendung aufgrund niedriger Löhne und hoher Arbeitslosigkeit, extrem lange Arbeitszeiten und unzumutbare Arbeitsbedingungen, menschenunwürdige Wohnverhältnisse, schwere Frauen- und Kinderarbeit, nahezu uneingeschränkte Willkür des Arbeitgebers. Hinzu kam die fehlende Absicherung bei Krankheit, Arbeitsunfällen, Invalidität und im Alter.
Versuche zur Lösung der sozialen Frage kamen von einzelnen Unternehmern, der Kirche, vor allem jedoch durch die vom Staat seit 1883 eingeleitete *Sozialgesetzgebung*. Die Arbeiter selbst bemühten sich im Rahmen von ➡ Gewerkschaften und Arbeiterparteien (z. B. ➡ Allgemeiner Deutscher Arbeiterverein) um eine Durchsetzung ihrer In-

Soziale Frage

teressen und schufen mehrere Selbsthilfeorganisationen.

Soziale Marktwirtschaft
s. Marktwirtschaft

Sozialismus
Im 19. Jh. entstandene politische Bewegung, die bestehende gesellschaftliche Verhältnisse mit dem Ziel sozialer Gleichheit und Gerechtigkeit verändern will. Durch die Beseitigung des Privateigentums an den *Produktionsmitteln* (z. B. Fabriken, Maschinen) soll der Gegensatz zwischen Kapital und Arbeit aufgehoben und eine gerechtere Gesellschaftsordnung errichtet werden. Nach KARL MARX kann dies nur durch einen ➡ Klassenkampf erreicht werden, der mit dem „Sieg des Proletariats" endet. Im ➡ Marxismus ist der Sozialismus das Übergangsstadium vom ➡ Kapitalismus zum ➡ Kommunismus.
Seit dem Ende des 19. Jh. bildeten sich gemäßigte und radikale sozialistische Richtungen heraus, deren Ziele von einer Reform der kapitalistischen Wirtschaftsweise bis zum Umsturz der auf ihr bestehenden Gesellschaftsordnung reichen (➡ Klassenkampf).

Sozialistengesetz
Als 1878 auf Kaiser WILHELM I. zwei Attentatsversuche unternommen wurden, lastete BISMARCK dies völlig grundlos den Sozialdemokraten an. Er nutzte die Situation um im Reichstag ein Gesetz „gegen die gemeingefährlichen Bestrebungen der Sozialdemokratie" durchzusetzen, das mit 221 gegen 149 Stimmen angenommen wurde. Das Gesetz verbot alle sozialdemokratischen, sozialistischen oder kommunistischen Vereine, Versammlungen und Schriften und bedrohte „Agitatoren" mit Ausweisung aus dem Bezirk. Ziel war die Zerschlagung der sozialdemokratischen Organisationen und Gewerkschaften, wobei die Reichstagsfraktion der SPD unbehelligt blieb. Das bis 1890 während Gesetz erwies als Fehlschlag und sorgte für noch festeren Zusammenhalt der Sozialdemokratie, die aus dieser Auseinandersetzung gestärkt hervorging. Die Stimmenzahl von Wählern der SPD verdreifachte sich zwischen 1878 und 1890.

Sozialliberale Koalition
Bezeichnung für das 1969 zwischen der SPD und FDP geschlossene Regierungsbündnis, das die *Große Koalition* zwischen CDU und SPD ablöste. Die sozialliberale Koalition stand unter der Führung von Bundeskanzler WILLY BRANDT (SPD) und Außenminister WALTER SCHEEL (FDP), die mit den ➡ *Ostverträgen* ein neues deutschlandpolitisches Konzept verwirklichten. Es führte zu einer

Aussöhnung mit Polen: Bei seinem Besuch 1970 in Warschau kniete Willy Brandt vor dem Mahnmal des Warschauer Ghettos nieder. 1971 erhielt er für seine Ostpolitik den Friedensnobelpreis.

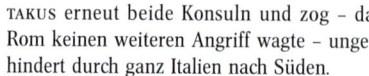

Sozialliberale Koalition

TAKUS erneut beide Konsuln und zog – da Rom keinen weiteren Angriff wagte – ungehindert durch ganz Italien nach Süden.

Erst dem römischen Feldherrn CRASSUS gelang es, das Sklavenheer zurückzudrängen und SPARTAKUS nach wechselvollen Kämpfen zu besiegen. Er fiel mit dem größten Teil seines Heeres in der Entscheidungsschlacht in Lukanien 71 v. Chr.; die Römer kreuzigten anschließend 6000 Gefangene an der Via Appia zwischen Rom und Capua.

Die Gestalt des SPARTAKUS erlangte schon in der Antike Bewunderung und fand sowohl in der neueren Literatur (Lessing, Hebbel, Grillparzer u. a.) als auch in der politischen Agitation (➜ Spartakusbund) sowie als Vorlage für Film und Musik bedeutende Nachwirkung.

Spartakusbund

Radikale Gruppe innerhalb der SPD, welche die Burgfriedenspolitik der Partei im 1. Weltkrieg ablehnte. Die Mitglieder konstituierten sich 1915 als „Gruppe Internationale" und bezeichneten sich später nach dem illegal erscheinenden Organ „Spartakusbriefe" als *Spartakusbund*. Führende Mitglieder waren ROSA LUXEMBURG (1870–1919) und KARL LIEBKNECHT (1871–1919).

Der Spartakusbund lehnte die These vom „Verteidigungskrieg Deutschlands" radikal ab und forderte einen sofortigen Kriegsabbruch. 1917 schloss er sich der *Unabhängigen Sozialdemokratischen Partei* (USPD) an, die sich von der SPD abgespalten hatte. Auch dort verfolgte der Spartakusbund eigene politische Vorstellungen, die insbesondere nach der russischen ➜ Oktoberrevolution auf einen revolutionären Umbruch in Deutschland zielten. In der ➜ Novemberrevolution von 1918 forderte er das ➜ Rätesystem und beteiligte sich maßgeblich an den Aufständen im Dezember 1918 und Januar 1919, in deren Folge ROSA LUXEMBURG und KARL LIEBKNECHT ermordet wurden.

Als sich zeigte, dass die Spartakisten mit ihren radikalen Forderungen auch innerhalb der USPD isoliert waren, gründeten sie am 30. 12. 1918 die *Kommunistische Partei Deutschlands* (KPD).

Rosa Luxemburg und Karl Liebknecht zählten zu den Gründern des Spartakusbundes. Nationalisten ermordeten beide 1919.

innerdeutschen Entspannung zwischen der Bundesrepublik und der DDR und verbesserte die Kontakte zu Polen und der Sowjetunion.

Neben der neuen *Ostpolitik* verwirklichte die sozialliberale Koalition eine Reihe wichtiger *Reformen*. Dazu zählten unter anderem ein Betriebsverfassungsgesetz und eine Hochschulreform.

Spartakus-Aufstand

Der nach seinem Anführer, dem aus Thrakien stammenden SPARTAKUS, benannte große Sklavenaufstand gegen die Römer in Italien, der von 73 bis 71 v. Chr. währte.

Der mit 70 weiteren Gefangenen aus einer Gladiatorenschule in *Capua* entflohene *Spartakus* vereinigte unter seiner Führung zahlreiche flüchtige Sklaven und schlug am Vesuv ein römisches Aufgebot. Als der Aufstand darauf ganz Unteritalien erfasste, entsandte Rom 72 v. Chr. zwei Konsuln gegen *Spartakus,* dessen Heer inzwischen auf 40 000 Mann gewachsen war. SPARTAKUS schlug die Truppen in zwei Schlachten, zog anschließend nach Oberitalien und besiegte dort eine weitere römische Armee. Nachdem die Aufständischen den Beschluss gefasst hatten in Italien zu bleiben, schlug SPAR-

Spartiaten

während die Franzosen in Süddeutschland erfolgreich waren. Spanien hingegen geriet in einen Bürgerkrieg, da Kastilien PHILIPP V. anerkannte, während die Katalanen den habsburgischen Gegenkönig – Erzherzog KARL – unterstützten. 1704 wendete sich das Kriegsglück zugunsten der Allianz. Die englische Flotte eroberte Gibraltar und ermöglichte die Landung KARLS in Barcelona. Siege des englischen Feldherrn MARLBOROUGH und Prinz EUGENS verdrängten die Franzosen aus Süddeutschland, Oberitalien und den spanischen Niederlanden.

Da England aber eine Vereinigung Spaniens und Österreichs unter den Habsburgern befürchtete und das europäische Gleichgewicht bedroht sah, löste sich die Große Allianz auf. 1713 kam es zum *Frieden von Utrecht,* der Österreich die spanischen Niederlande, Mailand, Mantua, Neapel und Sardinien zusprach. Der spanische Thron hingegen fiel an den Bourbonen PHILIPP V.

Als Kompensation für diesen Machtzuwachs erhielt England von Frankreich Kolonialbesitz in Nordamerika (Neuengland, Neuschottland, Hudsonbai) und von Spanien Gibraltar und Menorca.

Der spartanische Krieger hat sich in einen Umhang gehüllt (Bronzefigur um 500 v. Chr.).

Spanischer Erbfolgekrieg

Von 1701–1714 währende Auseinandersetzung um das Erbe des letzten spanischen Habsburgers KARL II. (1665–1700). Ansprüche auf die Nachfolge erhoben Kaiser LEOPOLD I. für Habsburg und König LUDWIG XIV. von Frankreich für das Haus Bourbon. Um der bereits zu seinen Lebzeiten von den Großmächten geplanten Aufteilung der spanischen Erblande entgegenzuwirken, setzte KARL II. den bayerischen Kurprinzen JOSEPH FERDINAND zum Erben ein. Als dieser 1699 starb, machte Karl den Enkel Ludwigs XIV., PHILIPP VON ANJOU, zum Alleinerben.

Entgegen vorherigen Abmachungen ließ LUDWIG XIV. gleich nach Karls Tod seinen Enkel als PHILIPP V. zum spanischen König ausrufen. Gegen die drohende Übermacht Frankreichs schlossen sich der deutsche Kaiser, England und Holland zu einer *Großen Allianz* zusammen, während auf Frankreichs Seite lediglich Bayern und Kurköln standen.

Der Krieg begann in Oberitalien, wo Prinz EUGEN VON SAVOYEN Mailand eroberte,

Spartiaten

Bezeichnung für die in der Hauptstadt *Sparta* lebenden *Vollbürger* des spartanischen Staates, im Gegensatz zu den umwohnenden ➡ Periöken. Sie mussten eine spartiatische Abstammung nachweisen und ein von Staatssklaven, den ➡ Heloten, bewirtschaftetes Stück Land besitzen. Seit dem 6. Jh. verstand sich diese kleine Bevölkerungsgruppe als Staatselite und durchlief aus Furcht vor Sklavenaufständen einen staatlich geregelten, militärisch ausgerichteten Lebensweg.

Nach dem 7. Lebensjahr wurden die jungen Spartiaten jahrgangsweise in Wohngemeinschaften erzogen. Sie galten mit 20 Jahren als Männer, besaßen als *Vollbürger* ab dem 30. Lebensjahr das Stimmrecht in der *Volksversammlung* und aktives Wahlrecht. Ihr Alltagsleben vollzog sich als Kriegerstand in Zelt- und Speisegemeinschaften. Jegliche Erwerbstätigkeit war ihnen verboten.

Im 5. Jh. v. Chr. betrug die Zahl der Spartiaten etwa 8000, womit sie innerhalb des gesamten spartanischen Staatsgebiets bei weitem in der Minderheit waren. Später sank ihre Zahl durch Kriegsverluste, Kinderarmut und Rückgang der Wirtschaft auf wenige Hundert, sodass auch Perioken und schließlich sogar Heloten als Hilfstruppen dienen mussten. Im Jahr 371 v. Chr. verlor Sparta nach der Schlacht bei *Leuktra* seine Vormachtstellung in Griechenland.

Sphinx

Fabelwesen aus Löwenkörper und Menschenkopf, das bei den Ägyptern die Macht des Pharao symbolisierte. Eine Sphinx (Mz. Sphingen) findet sich daher häufig als Wächter an Grabanlagen oder Tempeleingängen.

Spiritualien

(lat. res spirituales = heilige Dinge)
Die *geistlichen* Befugnisse und Aufgaben eines kirchlichen Amtes. Davon unterschieden sind die „Temporalien" (zeitliche Dinge), welche sich auf den Kirchenbesitz und die *weltlichen Hoheitsrechte* der Kirche beziehen. Im → Wormser Konkordat gab der Kaiser 1122 seinen Anspruch auf unumschränkte Kirchenhoheit auf und es kam zu einer Scheidung von *Spiritualien* und *Temporalien*. Die Einsetzung der Bischöfe in ihr kirchliches Amt (→ Investitur) lag nunmehr allein bei der Kirche, die Belehnung mit den Hoheitsrechten beim Kaiser.

SS *(Schutzstaffeln)*

Elite- und Terrororganisation der Nationalsozialisten, die im Jahr 1925 mit Sicherungsaufgaben der NSDAP und ihres „Führers" ADOLF HITLER betraut wurde. Unter der Leitung von HEINRICH HIMMLER stieg sie nach 1933 zum stärksten Machtfaktor im nationalsozialistischen Deutschland auf. Als HIMMLER 1936 zugleich Chef der Polizei wurde und die *Geheime Staatspolizei* (Gestapo) mit ihrem Spitzelsystem übernahm, verfügte die SS über die totale Macht im Staat. Während des 2. Weltkriegs übernahmen besondere SS-Verbände zunehmend militärische Aufgaben (Waffen-SS).

Stadt

Als Herrschaftsinstrument der Nationalsozialisten verübte die SS zahlreiche Verbrechen. Vor allem ist sie verantwortlich für die brutale Verfolgung politischer Gegner (→ Konzentrationslager) und den millionenfachen jüdischen Völkermord in den Vernichtungslagern (→ „Endlösung der Judenfrage").

Stadt

Größere Siedlung mit geschlossener Bebauung, die im Unterschiesd zum Dorf zentrale Funktionen für das Umland besitzt. So vor allem in den Bereichen Handel, Handwerk, Gewerbe, Kultur, Verkehr und Verwaltung. Häufig sind Städte auch kirchliche Mittelpunkte (z. B. Bischofssitz) oder – besonders in der Antike – Zentren bestimmter Kulte.
Der Ursprung der Stadtkulturen liegt in Vorderasien, wo mit *Jericho* (Palästina) bereits im 9. Jahrtausend v. Chr. die erste stadtähnliche Siedlung entstand. Frühe Städte entwickelten sich seit dem 5. Jahrtausend v. Chr.

S

auch in den dichter besiedelten Gebieten *Mesopotamiens* (z. B. Ur, Uruk, Eridu), im *Niltal* (z. B. Memphis, Theben) oder im Gebiet der ➡ *Induskultur* (z. B. Harappa, Mohenjo-Daro).

Die antiken *griechischen Stadtstaaten* (➡ Polis) wie Athen gewannen eine besondere Bedeutung für Europa, da sie die Idee der Selbstbestimmung (Autonomie) und oft auch den Gedanken der ➡ Demokratie zu verwirklichen suchten.

Römische Städte bzw. Kolonien (➡ Kolonisation) breiteten sich in allen von den Römern eroberten Gebieten aus, sodass es auch in *Germanien* zu Städtegründungen kam. Hier entstanden im Gebiet von Rhein, Mosel und Donau Verwaltungs- und Garnisonstädte, die sich an römische Legionslager oder ➡ Kastelle anlehnten (z. B. Mainz, Köln, Trier). Nach dem Untergang des Römischen Reichs und den Stürmen der Völkerwanderung verloren die Römerstädte zwar an Be-

deutung, doch als die Zeiten ruhiger wurden, erwachte hier am frühesten städtisches Leben. Oft waren die Römerstädte auch alte *Bischofssitze,* wo der Kirchenfürst nun eine *Pfalz* erbaute. Damit zog er Kaufleute und Handwerker an, die sich in der Nähe der zahlungskräftigen Kundschaft niederließen. In der Umgebung großer *Klöster* oder der Nähe mächtiger *Burgen* und *Pfalzen* wuchsen ebenfalls Städte heran. So ging die Stadt Essen aus einem Kloster hervor, dessen Abt ihr 1317 die ➡ Stadtrechte verlieh. Nürnberg hingegen entwickelte sich im Schutz einer Königsburg und erhielt von Kaiser HEINRICH IV. im Jahr 1062 das ➡ Marktrecht.

Anlass für eine Stadtbildung bot auch der Schnittpunkt wichtiger Handelsstraßen oder ein Flussübergang mittels Furt (z. B. Erfurt) oder Brücke (z. B. Saarbrücken). Städte wie Hamburg, Stralsund oder Bremen entstanden schließlich in vorteilhafter Küstenlage, wo ein geschützter Hafen die Schifffahrt be-

Die Stadt Ur, Handelsmetropole der Sumerer, erlebte um 2500 v. Chr. ihre erste Blütezeit.

Bürger einer mittelal-
terlichen Stadt bauen
eine Stadtmauer.

Stadt

günstigte. Oft wirkten aber auch mehrere der genannten Voraussetzungen bei der Entstehung einer *gewachsenen Stadt* zusammen.

Zu den gewachsenen Städten traten seit dem 11. Jh. zahlreiche *Gründungsstädte,* d. h. Orte, die vom König oder von geistlichen und weltlichen Fürsten planmäßig gegründet wurden. Große Aktivität entfalteten hier im 12. Jh. die STAUFER, die das *Reichsgut* mit einer Kette von Burgen und Städten überzogen, um dem Kaisertum eine Machtbasis zu sichern. Ihnen eiferten zahlreiche ➡ Landesherren nach, die ihr Territorium durch Städtegründungen ausbauten und sich als ➡ Stadtherren Einkünfte versprachen. So z. B. durch den *Marktzoll,* das *Münzrecht* oder die Einnahme von Mietzins für ausgegebene

Grundstücke. Um jedoch Kaufleute und Handwerker überhaupt zur Ansiedlung zu bewegen musste ihnen der Stadtherr besondere *Rechte* und *Privilegien* einräumen. So etwa ein gewisses Maß an Selbstverwaltung, eine eigene Gerichtsbarkeit und natürlich Schutz und Frieden. Beispiele für derartige Stadtgründungen sind *Freiburg,* das 1120 durch Herzog Konrad von Zähringen gegründet wurde, oder *Lübeck,* das der Sachsenherzog Heinrich der Löwe auf dem Boden einer zerstörten Vorgängerin 1159 neu gründete.

Auf die Menschen des Mittelalters übten Städte eine magische Anziehungskraft aus, denn sie verhießen ihren Bewohnern bislang unbekannte Rechte und Freiheiten. Besonders verlockend erschien den vielen Unfreien auf dem Land der Rechtssatz „Stadt-

Patrizier

Handwerkerfamilie im Mittelalter, Gemälde aus dem 15. Jh.

luft macht frei". Wer nämlich eine bestimmte Zeit in der Stadt gelebt hatte – meist „über Jahr und Tag" – , durfte von seinem Herrn nicht mehr zurückgefordert werden. Er war nun frei von allen Abhängigkeiten – ein Bürger unter Bürgern. Auf diese Weise konnte ein Unfreier zum Freien werden, konnte er aus eigener Kraft zu Ansehen und vielleicht auch zu Wohlstand kommen.

Diese Situation spiegelte sich in der rasch wachsenden Zahl von Städten wider. Gab es in Deutschland um 1150 etwa 200 Städte, so waren es im 15. Jh. bereits rund 4000, in denen etwa 20% der Bevölkerung lebte. Da die meisten Orte weniger als 2000 Einwohner zählten, galten solche mit mehr als 10 000 bereits als Großstädte. Hier einige Einwohnerzahlen von Städten im 15. Jh.: Köln:

Stadt

Die Stadt Lüneburg um 1440 zeigt die typischen Stadtmauern, Stadttore und Türme.

40 000; Lübeck: 25 000; Nürnberg: 23 000; Augsburg: 18 000; Braunschweig: 17 000; Hamburg: 14 000; Rostock: 12 000; Frankfurt/M: 10 000. Internationale Handelszentren wie *Florenz* oder *Paris* wirkten mit 95 000 bzw. 80 000 Einwohnern dagegen schon wie Megastädte.

Da ursprünglich nur der König über das ➡ Marktrecht verfügte, war er alleiniger ➡ Stadtherr. Schon früh verlieh er jedoch dieses ➡ Regal an die Landesfürsten, die damit ebenfalls in großer Zahl als Stadtherren auftraten. Die wirtschaftlichen und politischen Verhältnisse sowie die Beziehungen zwischen Stadtherr und ➡ Bürgern regelte das ➡ Stadtrecht. Doch waren die Bürger früh darauf bedacht, die Abhängigkeit vom Stadtherrn abzuschütteln und ihm so viele Rechte wie möglich zu entwinden. Meist nutzten sie Geldverlegenheiten der Fürsten um ihnen bestimmte Rechte für oft hohe Summen abzukaufen.

Besondere Achtung und große Unabhängigkeit genossen die ➡ *Reichsstädte*. Sie lagen oft auf *Reichsgut*, waren nur dem Kaiser untertan und dem Einfluss begehrlicher Landesherren weitgehend entzogen. Seit dem 13. Jh. durften die freien Reichsstädte an ➡ Reichstagen teilnehmen und bildeten dort neben den Kurfürsten und dem Reichsfürstenrat als drittes Kollegium die *Städtebank*. Zu dieser privilegierten Gruppe freier Städte zählten unter anderem Nürnberg, Frankfurt/M, Ulm, Hamburg oder Lübeck.

Im späten Mittelalter hatte sich die *Selbstverwaltung* der Städte allgemein durchge-

setzt, doch herrschten im Innern große soziale und politische Unterschiede. Die Oberschicht der ➡ *Patrizier,* die meist aus reichen Fernhandelskaufleuten bestand, bildete den *Rat* der Stadt und wählte aus ihren Reihen den *Bürgermeister.* Das forderte zunehmend den Protest der *Handwerker* heraus, die sich zu ➡ *Zünften* zusammengeschlossen hatten und eine Beteiligung am *Stadtregiment* forderten. Es kam daher in vielen Städten zu blutigen Unruhen, in deren Verlauf die *Zünfte* eine Beteiligung der Handwerker am Stadtrat erkämpften.

Damit herrschte aber noch längst keine Demokratie in den Städten, denn nicht alle Zünfte durften gleich viele Ratsmitglieder stellen und die nicht in Zünften organisierten *Frauen* sowie die *Unterschichten* blieben von jeder Mitwirkung ausgeschlossen. Aber der Kreis derer, die über die Geschicke der Stadt mitbestimmten, war größer geworden. Zu den städtischen *Unterschichten,* die kein *Bürgerrecht* genossen, gehörte etwa jeder dritte Einwohner. Zu ihnen zählten Handlanger und Tagelöhner, Dienstboten und Gesinde, Lehrlinge und Gesellen sowie alle unehelich Geborenen.

Noch darunter standen die „Unehrlichen Leute", d. h. solche, die ein „unehrliches" Gewerbe betrieben. Das waren Henker, Abdecker, Totengräber, Abortreiniger, Dirnen sowie fahrendes Volk und Spielleute. Sie wurden nicht wie die „ehrlichen Leute" auf dem Friedhof bestattet, sondern kamen in ein Grab außerhalb der Stadtmauern, in unmittelbarer Nähe der Selbstmörder. Außerhalb der städtischen Gesellschaft standen schließlich Bettler und Fremde sowie Juden und Zigeuner.

Am Ende des Mittelalters und zu Beginn der Neuzeit verloren die meisten Städte ihre Unabhängigkeit und mussten sich den Landesherren beugen. Diese beschnitten die Rechte

Stadt

Stadt

und Privilegien der Städte nach Gutdünken, gliederten sie fest in ihr Territorium ein und verpflichteten sie zur Steuerzahlung wie alle anderen Untertanen auch.

Seit der *Industrialisierung* Mitte des 19. Jh. begannen viele Städte rasch zu wachsen und vervielfachten oft in kurzer Zeit ihre Einwohnerzahl. Damals wuchsen Berlin und Hamburg zu Millionenstädten heran, während sich Frankfurt oder Nürnberg langsam der Marke von 300 000 Einwohnern näherten. Das enorme Wachstum der Industriestädte zeigt sich am Beispiel von Essen, das 1850 gerade 9 000 Einwohner zählte, die bis 1910 auf 295 000 anwuchsen. Das führte besonders in den Industriestädten zu Elendsvierteln, die der neue Vierte Stand – die *Arbeiterschaft* – bewohnte. Die Situation lässt sich gut mit Großstädten vergleichen, wie wir sie heute in manchen Industrieregionen Afrikas oder Lateinamerikas antreffen.

Spätestens Ende des 19. Jahrhunderts hatte sich die Lage jedoch so weit normalisiert, dass Elendshütten, morastige Straßenzüge und offene Kanalisation verschwanden, die eine Brutstätte für Seuchen bildeten. Die deutschen Städte begannen allmählich ihr heutiges Gesicht anzunehmen, wenn auch der Zweite Weltkrieg tiefe Wunden schlug.

Städtebünde

Zum Schutz ihrer Handelsinteressen oder zur Verteidigung ihrer Freiheiten gegenüber den aufstrebenden ➡ Landesherren schlossen sich Städte im späten Mittelalter zu Städtebünden zusammen.

Der bedeutendste dieser Zusammenschlüsse war die deutsche ➡ *Hanse*, die während ihrer Blütezeit im 14. und 15. Jh. über 100 Städte umfasste. Obwohl die Städte nur einen lockeren Bund bildeten, der einen friedlichen Handel garantieren sollte, stieg die

Im Jahr 1847 (Abb. oben) zeigte sich Dortmund noch völlig ländlich, umschlossen von Wiesen und Feldern. Bis 1880 (Abb. unten) hatte sich eine pulsierende Industriestadt entwickelt.

Städtebünde

S

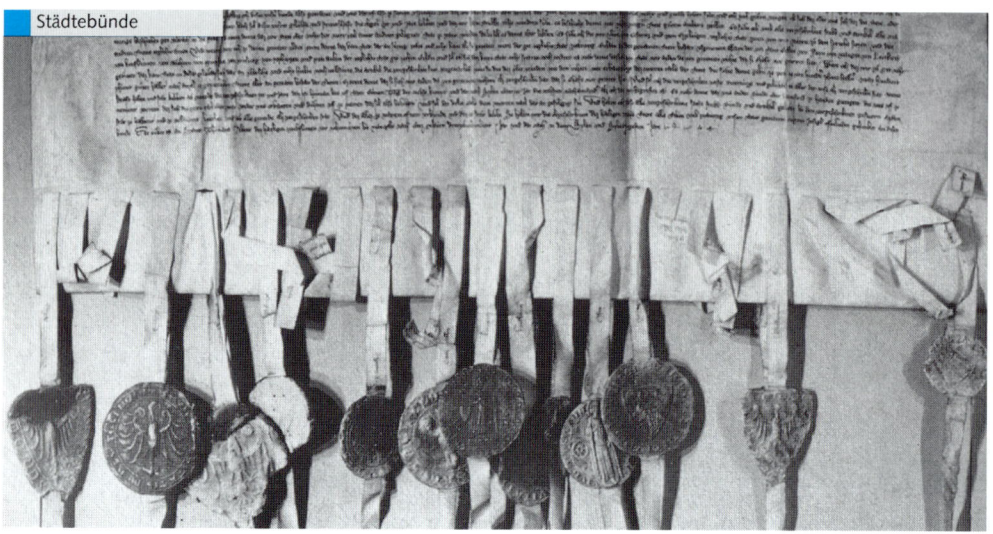

Urkunde des Schwäbischen Städtebundes vom 20. 12. 1377.

Hanse in Nordeuropa zu einem bedeutenden politischen Machtfaktor auf. Privilegien und Niederlassungen in zahlreichen Staaten sicherten ihr eine bevorzugte Stellung. Erst als die holländische und englische Konkurrenz erstarkte und die deutschen Landesfürsten die Macht der Städte beschnitten, sank im 16. Jh. der Stern der Hanse.

Angesichts der versagenden Reichsgewalt während der kaiserlosen Zeit (➡ Interregnum) gründeten die Städte Mainz und Worms 1254 den *Rheinischen Bund,* dem sich innerhalb von zwei Jahren über 70 Städte sowie zahlreiche weltliche und geistliche Fürsten anschlossen. Ziel dieser überregionalen Vereinigung war die Sicherung des ➡ *Landfriedens* sowie der Schutz von Besitz, Handel und Verkehr. Der Bund zerbrach bereits 1257, als es im Reich zur Doppelwahl von zwei Königen kam und man sich nicht auf eine gemeinsame Linie verständigen konnte. Ein neuer *Rheinischer Städtebund* schloss sich 1381 gegen Raubüberfälle der von Verarmung und sozialem Abstieg bedrohten Ritterschaft zusammen.

Um ihre Hausmachtpolitik zu finanzieren gingen die Kaiser dazu über, den freien ➡ *Reichsstädten* hohe Steuern aufzuerlegen oder sie an andere Landesherren zu verkau-

fen. Die ständige Gefahr verkauft oder verpfändet zu werden veranlasste 14 Städte Schwabens, sich 1376 zur Wahrung ihrer Unabhängigkeit zusammenzuschließen. Der *Schwäbische Städtebund* wurde zwar von Kaiser KARL IV. für rechtswidrig erklärt, konnte jedoch einige Zeit später die Zusage erreichen, dass Reichsstädte nicht dem Reich entfremdet werden sollten.

Der Bund, mit dem sich 1381 der *Rheinische Städtebund* vereinte, entwickelte sich zu einem bedeutenden politischen Faktor mit über 40 Mitgliedern. 1388 erlitt er in der *Schlacht bei Döffingen* eine schwere Niederlage gegen die Fürsten und musste sich 1389 nach Verkündung des *Reichslandfriedens* von Eger auflösen, der alle Städtebünde verbot.

Zur Gründung bedeutender Städtebündnisse ist es in der Neuzeit nicht mehr gekommen. Die Städte mussten sich der Macht der *Landesherren* unterwerfen und konnten selbst als *Reichsstädte* nur mühsam ihre Unabhängigkeit bewahren.

Stadtherr

Im Mittelalter ein weltlicher oder geistlicher Fürst (z. B. Graf, Herzog oder Bischof), dem der König die herrschaftliche Gewalt über eine Stadt verliehen hatte. Der Stadtherr be-

Stalinismus

ПУСТЬ ЗДРАВСТВУЕТ
И ПРОЦВЕТАЕТ НАША РОДИНА

saß vor allem das → *Marktrecht,* denn er war *Marktherr.* Damit verbunden war das *Zoll-* und *Münzrecht* (→ Regalien) sowie überhaupt das Recht, etwas in seiner Stadt zu gebieten oder zu verbieten. Weiterhin verfügte er über die niedere Gerichtsbarkeit. Seit dem 11. Jh. gelang es den Städten, die Rechte des Stadtherrn allmählich zu erwerben, was teils durch Vertrag, teils durch Gewalt geschah. Für den Erwerb solcher Rechte zahlten die Städte hohe Geldsummen, die den oft verschuldeten Fürsten gelegen kamen.

Auf *Reichsgut* gelegene Städte, die allein dem König bzw. Kaiser als Stadtherrn untertan waren, bezeichnet man als → *Reichsstädte.*

Stadtrecht

Als die Städte des Mittelalters entstanden, entwickelte sich eine Vielzahl von Rechtsvorschriften, die das Leben der Bürger untereinander sowie ihre Beziehungen zum → *Stadtherrn* regelten. Diese Summe von Rechten und Freiheiten bezeichnet man als Stadtrecht. Seine Grundlage bildete das vom Stadtherrn verliehene → *Marktrecht* sowie die von ihm gewährten *Privilegien.*

Oftmals übernahmen auch jüngere Städte das Recht einer älteren Stadt, sodass sich

Stadtrechtsfamilien bildeten. So fand z. B. das Lübecker und Magdeburger Stadtrecht große Verbreitung bei den neu gegründeten Städten, die im Rahmen der *Ostsiedlung* entstanden.

In vielen Städten galt der Rechtssatz „Stadtluft macht frei". Danach erlangte ein → Leibeigener oder → Höriger die persönliche Freiheit, wenn er seit „Jahr und Tag" in der Stadt lebte, ohne dass sein Herr ihn zurückgefordert hatte.

Stahlpakt

Am 22.5.1939 in Berlin geschlossener Bündnisvertrag zwischen dem nationalsozialistischen *Deutschland* und dem faschistischen *Italien.* Der Vertrag sah eine militärische Beistandspflicht in jedem Kriegsfall (also auch bei Angriffskriegen) und eine enge Zusammenarbeit in der Kriegswirtschaft vor. Ein geheimes Zusatzprotokoll regelte Details einer militärischen Kooperation. Der Stahlpakt richtete sich damit vor allem gegen die westlichen Demokratien und war von HITLER als Absicherung bei den unmittelbar bevorstehenden Militäroperationen gegen Polen gedacht.

Stalinismus

Von STALIN geprägtes Herrschaftssystem, das sich der Gewalt und des Terrors bediente, und von etwa 1927 bis zu STALINS Tod 1953 währte.

Der von STALIN propagierte „Aufbau des Sozialismus in *einem* Land" sollte vor allem die *Industrialisierung* vorantreiben und die Überreste des → *Kapitalismus* durch einen verschärften → *Klassenkampf* beseitigen. Die Folge war ein brutales Terrorregime, das seine Ziele mit Schauprozessen, Liquidierungen, Deportationen und „Säuberungen" durchsetzte, wobei STALIN einen ausgeprägten *Personenkult* inszenierte.

Stammesherzogtum s. Herzog

Stand, Stände

Die europäische Gesellschaft war bis zur Französischen Revolution unterteilt in Gruppen mit verschiedenen Rechten. Jeder

„Unsere Heimat soll blühen und gedeihen", Propagandaplakat um 1930 für Stalins Programm.

Stalinismus

Russische Zwangsarbeiter in einem der von Stalin eingerichteten Lager.

Die drei Stände: „Du bete demütig" (tu supplex ora), „du schütze" (tu protege) „und du arbeite" (tuque labora) – so teilt der segnende Christus auf dem Regenbogen den drei Ständen ihre Aufgabe zu (Holzschnitt von 1492).

Staufer

Vergoldete Bronzebüste Kaiser Friedrichs I. Die Mauerzinnen am unteren Rand symbolisieren Rom.

Mensch wurde in seinen gesellschaftlichen Stand hineingeboren. Diese strenge und verbindliche Rangordnung galt als gottgegeben. Die *Geistlichen* bildeten den ersten Stand (Lehrstand), die *Adligen* den zweiten (Wehrstand). Die große Masse der *Bauern* bildete den dritten Stand (Nährstand), zu dem später auch die ➡ *Bürger* in den ➡ *Städten* zählten. Außerhalb der Ständegesellschaft blieben sozial Verachtete (z.B. Henker, Spielleute, Gaukler, Dirnen) sowie die ➡ Juden. Seit der ➡ Französischen Revolution und den politischen und gesellschaftlichen Reformen des 19. Jh. verschwand diese Ständeordnung als gesellschaftliches Grundprinzip. Für die Arbeiterschaft kam im 19. Jh. die Bezeichnung „vierter Stand" auf.
Von einem Ständestaat spricht man, wenn die Vertreter bestimmter Stände an der Regierung beteiligt sind (➡ Landstände).

Ständestaat s. Landstände

Staufer
(Hohenstaufen)
Schwäbische Adelsfamilie, benannt nach ihrer Stammburg *Hohenstaufen* bei Göppingen. Nach den ➡ Ottonen und ➡ Saliern sind sie die dritte große Herrscherdynastie des mittelalterlichen Deutschen Reichs. Stets

treue Parteigänger der SALIER und mit ihnen verwandt, stiegen die Staufer 1079 zu schwäbischen Herzögen auf und erbten nach dem Aussterben der SALIER deren reiche Hausgüter.
1138 gelangten die Staufer mit KONRAD III., der sich gegen den Welfen HEINRICH DEN STOLZEN durchsetzte, auf den Königsthron. Da HEINRICH der Huldigung fern blieb wurde er geächtet und seine Herzogtümer *Sachsen* und *Bayern* an andere Fürsten vergeben. Der daraufhin offen ausbrechende Streit zwischen Staufern und Welfen wogte unentschieden hin und her und überdauerte die Regierungszeit KONRADS III.
Unter Konrads Neffen FRIEDRICH I. BARBAROSSA (reg. 1152–1190) erreichte das Geschlecht einen ersten Höhepunkt. Im Verlauf seiner langen Regierungszeit festigte FRIEDRICH I. das staufische Königtum in *Deutschland* und *Burgund* und erreichte durch Übertragung des Herzogtums *Bayern* an HEINRICH DEN LÖWEN einen Ausgleich mit den Welfen.
Auf seinen sechs Italienzügen, von denen der erste 1155 zu seiner Kaiserkrönung führte, suchte er die Reichsrechte in *Italien* zu sichern. Langjährige Auseinandersetzungen mit den nach Unabhängigkeit strebenden Städten der *Lombardei* sowie Papst ALEXAN-

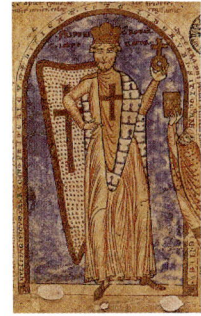

Friedrich I. Barbarossa
(um 1122–1190).

Europäische Mächte zur Zeit der Stauferkaiser (1152 - 1250)

- ▬ ▬ ▬ Grenze des Römisch-Deutschen Kaiserreichs
- Herrschaftsgebiet der Stauferkaiser
- ♪ Kaiserpfalzen/Reichsburgen
- ⊙ ● Lombardische Städte
- Grenze des Kgr. Frankreich
- Kronland der frz. Könige
- Besitzungen der engl. Könige in Frankreich
- Gebiet des Papstes (Kirchenstaat)
- Lehnshoheit des Papstes

DER III. konnten schließlich durch einen Kompromiss beigelegt werden. HEINRICH DER LÖWE, der seine Gefolgschaft bei einem Italienzug verweigert hatte, wurde in zwei Prozessen seiner Lehen enthoben. Damit verlor Friedrichs größter innenpolitischer Rivale seine Machtbasis.

Durch eine zielstrebige Hausmachtpolitik baute FRIEDRICH den süddeutschen Stauferbesitz aus und stützte sich bei der Reichsverwaltung auf den aufstrebenden Stand der ➡ Ministerialen. 1186 vermählte er seinen Sohn HEINRICH mit der normannischen Prinzessin KONSTANZE und bahnte damit die folgenschwere Verbindung der Staufer mit dem Normannenreich *Sizilien* an. Während des 3. Kreuzzugs ertrank FRIEDRICH I. 1189 im kleinasiatischen Fluss Saleph (heute: Göksu).

Schon den Zeitgenossen galt FRIEDRICH BARBAROSSA als Vorbild ritterlicher Gesinnung und Erneuerer des Reichs. So entstand noch im Mittelalter die Sage, der Kaiser ruhe im *Kyffhäuser* und würde dereinst zurückkehren, um das Reich glanzvoll aufzurichten.

Barbarossas Sohn HEINRICH VI. (reg. 1190–1197) musste sich zunächst gegen eine Fürstenopposition durchsetzen, die die rivalisierenden WELFEN im Bund mit *England* aufgestellt hatten. Um die Erbansprüche seiner Frau KONSTANZE, Erbin des normannischen Königreichs *Sizilien,* ungehindert durchzusetzen, söhnte sich der Kaiser mit HEINRICH DEM LÖWEN aus. 1194 eroberte er Unteritalien und ließ sich in *Palermo* zum König von *Sizilien* krönen. Kurz darauf gebar KONSTANZE, die er zur Regentin von Sizilien er-

S

Friedrich II. als König von Sizilien, Miniatur aus einem Lehrbuch über die Falkenjagd (13. Jh.).

nannte, den Thronerben Friedrich Roger, den späteren Kaiser FRIEDRICH II.

Mit HEINRICH VI. erreichte die Macht der Staufer ihren Höhepunkt, auch wenn sein Plan, das deutsche Königtum für sein Haus erblich zu machen, am Widerstand der Fürsten scheiterte.

Nach dem frühen Tod Heinrichs VI. flammte der welfisch-staufische Streit erneut auf und führte 1198 zu einer Doppelwahl zwischen Heinrichs Bruder, PHILIPP VON SCHWABEN, und dem Sohn Heinrichs des Löwen, OTTO VON BRAUNSCHWEIG. Nach Philipps Ermordung 1208 behauptete zunächst der Welfenkaiser OTTO IV. das Feld. Als er jedoch die staufische Italienpolitik fortführte, kam es zum Bruch mit Papst INNOZENZ III. Der bewog den jungen Staufer und sizilianischen Thronerben FRIEDRICH II. nach Deutschland zu ziehen, wo ihn die staufische Fürstenpartei 1212 zum König wählte.

FRIEDRICH II. wurde in Deutschland begeistert empfangen und setzte sich gegen seinen welfischen Widersacher durch, der 1218 unbeachtet und vereinsamt auf der Harzburg starb. 1220 empfing FRIEDRICH vom Papst in Rom die Kaiserkrone.

Die Unterstützung der deutschen Fürsten musste sich der Kaiser freilich durch Abtretung wichtiger Königsrechte erkaufen (Fürstenprivileg *„Statutum in favorum prinzipum"* von 1231). Damit legte er den Grundstein für den Aufstieg der ➤ Landesherren und ihrer fürstlichen ➤ Territorien zum Nachteil der königlichen Zentralgewalt. In *Sizilien* hingegen schuf FRIEDRICH II. einen straff zentralisierten finanzkräftigen Beamtenstaat, was er in seinen berühmten *Konstitutionen von Melfi* im Jahr 1231 verankerte.

Die steigende kaiserliche Machtfülle und FRIEDRICHS Vorgehen gegen die Städte der Lombardei führten zum Machtkampf mit dem Papst. INNOZENZ IV. erklärte den bereits exkommunizierten Kaiser auf dem *Konzil von Lyon* 1245 für abgesetzt und ließ in Deutschland die Gegenkönige HEINRICH RASPE und WILHELM VON HOLLAND wählen. Mit dem Tod FRIEDRICHS II. brach im Jahr 1250 die Staufermacht zusammen. Sein En-

Staufer

kel KONRADIN (1252–1268) zog 1267 nach Italien um seine Ansprüche auf das Königreich *Sizilien* geltend zu machen. Er wurde jedoch von KARL VON ANJOU geschlagen, den der Papst mit *Sizilien* belehnt hatte, und 1268 auf dem Marktplatz von Neapel öffentlich enthauptet. Damit erlosch das Haus der STAUFER.

Stehendes Heer

Im Mittelalter wurden Heere nur für einen Krieg aufgestellt, die Soldaten (Söldner, Landsknechte) anschließend entlassen. Seit dem 17. Jh. schufen die absolutistischen Herrscher jedoch Armeen, die auch in Friedenszeiten einsatzbereit unter Waffen standen. Innenpolitisch benutzten die Herrscher das Stehende Heer um unbotmäßige Stände auszuschalten, Aufstände niederzuschlagen und der zentralen Staatsgewalt in allen Regionen Geltung zu verschaffen. Damit wurde das Stehende Heer zum wichtigsten innen- und außenpolitischen Machtinstrument absoluter Fürsten.

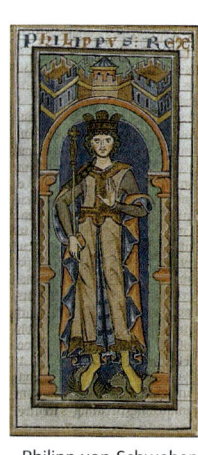

Philipp von Schwaben (um 1175–1208).

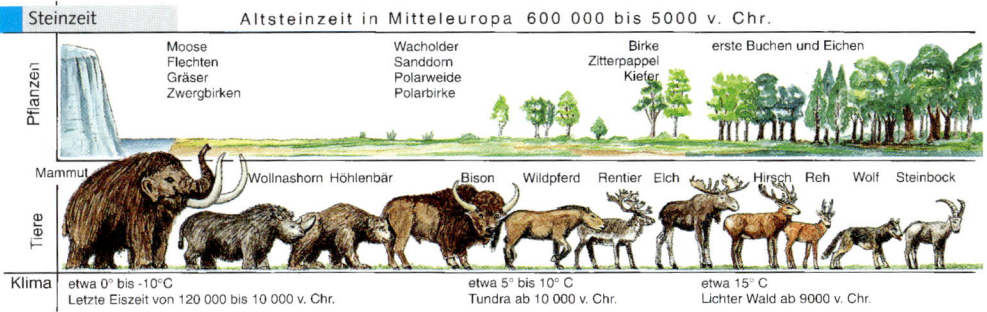

Steinzeit

Altsteinzeit in Mitteleuropa 600 000 bis 5000 v. Chr.

Pflanzen

Moose
Flechten
Gräser
Zwergbirken

Wacholder
Sanddorn
Polarweide
Polarbirke

Birke
Zitterpappel
Kiefer

erste Buchen und Eichen

Tiere

Mammut   Wollnashorn Höhlenbär   Bison Wildpferd Rentier Elch   Hirsch Reh Wolf Steinbock

Klima

etwa 0° bis -10°C	etwa 5° bis 10° C	etwa 15° C
Letzte Eiszeit von 120 000 bis 10 000 v. Chr.	Tundra ab 10 000 v. Chr.	Lichter Wald ab 9000 v. Chr.

Steinzeit

Älteste und längste Epoche der Vorgeschichte, benannt nach dem vorwiegend verwendeten Material für Waffen und Werkzeuge. Innerhalb der Steinzeit unterscheidet man zwei verschiedene Abschnitte: Die „Altsteinzeit" (etwa 2,5 Mio. Jahre – 8000 v. Chr.) und die „Jungsteinzeit" (etwa 8000–2500 v. Chr.). Während der *Altsteinzeit* lebten die Menschen als Jäger und Sammler in umherstreifenden → Horden zusammen. In der *Jung-*

steinzeit gingen sie zum → Ackerbau und zur Tierzucht über, gründeten Siedlungen und wurden sesshaft.

Die jungsteinzeitliche Lebensweise entstand um 8000 v. Chr. in *Vorderasien* und drang über Kleinasien allmählich nach Europa vor. Sie setzte in den verschiedenen Regionen also unterschiedlich ein und erreichte den Raum des heutigen Griechenlands im 6. Jahrtausend v. Chr. In Mitteleuropa gingen die Menschen erst um 5000 v. Chr. zur bäu-

Rekonstruktion eines Bauerndorfes um 5000 v. Chr., dessen Reste bei Köln-Lindenthal ausgegraben wurden.

Steinzeit

S

erlichen Lebensweise über (➡ *Bandkera-mik*), in Norddeutschland und Skandinavien noch erheblich später.

Stellungskrieg

Bei Ausbruch des ➡ Ersten Weltkriegs wollte die deutsche Generalität mehrere Armeen in einer weiträumigen Zangenbewegung auf Paris vorrücken lassen. Die starken Truppenverbände Frankreichs vereitelten jedoch diesen Plan und es kam 1915 zu einer Erstarrung der Westfront. Die gegnerischen Armeen gruben sich in Schützengräben ein, sodass Geländegewinne angesichts der stark befestigten Stellungen kaum noch möglich waren. Diese Kampfform bezeichnet man als Stellungskrieg.

Stift

(althochdt. stiften = begründen)
Fromme Adlige stifteten im Mittelalter Geld und Ländereien, um Männern oder Frauen die Gründung einer geistlichen Gemeinschaft zu ermöglichen. Auf dem Gelände wurde eine Kirche errichtet, weiterhin entstanden Unterkünfte. Dort lebten die Geistlichen in einer klosterähnlichen Gemeinschaft zusammen und verrichteten an ihrer Kirche

Den hohen Stand der sumerischen Kultur zeigt dieser goldene Stierkopf mit einem Bart aus Lapislazuli, der zu einer Harfe gehört. Er stammt aus den Königsgräbern von Ur.

(Stiftskirche) den *Chordienst.* Dazu zählten die täglichen gemeinsamen Gottesdienste im Chor der Kirche, die acht Chorgebete zu verschiedenen Tages- und Nachtzeiten sowie die Ausrichtung von Prozessionen an hohen Kirchenfesten. Ihren Lebensunterhalt bestritt die Gemeinschaft von den Abgaben, welche die Bauern für das ihnen verpachtete Land entrichten mussten.

Die *Stiftsherren* oder *Stiftsdamen* mussten zwar die Gebote der Ehelosigkeit und des Gehorsams befolgen, durften aber im Gegensatz zu Mönchen und Nonnen über ihr Eigentum und eine Wohnung in den Stiftsgebäuden verfügen. Bis zur Reformation gab es in Deutschland eine große Zahl von Stiften, die oft mit reichem Grundbesitz ausgestattet und finanziell gut gestellt waren. Häufig dienten sie auch der Versorgung unverheirateter Damen oder Herren aus adligen Familien.

Einige Stifte haben sich besonders in katholischen Gegenden bis heute erhalten. Weiterhin gibt es eine Reihe von Kirchen, die noch immer die Bezeichnung *Stiftskirche* tragen, obwohl es dort längst keine Stifte mehr gibt.

Stratege

Feldherr oder Flottenbefehlshaber in den griechischen Stadtstaaten. In Athen gab es ein Kollegium von 10 Strategen, die alljährlich von der ➡ Volksversammlung gewählt wurden. Die Möglichkeit einer unbeschränkten Wiederwahl eröffnete ihnen großen Einfluss auf die Politik, wie es die Biografie von PERIKLES zeigt. Er war ohne Unterbrechung 15-mal Stratege. Im ➡ Attischen Seebund erhielten die Strategen zusätzliche Befugnisse wie z. B. den Einzug der Tribute.

Streik

Die planmäßige Niederlegung der Arbeit durch eine größere Zahl von Arbeitnehmern um höhere Löhne oder bessere Arbeitsbedingungen vom Unternehmer zu erzwingen. Im 19. Jh. führten Arbeitsniederlegungen von Industriearbeitern zur Gründung von ➡ Gewerkschaften und der Streik wurde zum wichtigsten Mittel gewerkschaftlichen Forderungen Nachdruck zu verleihen. In Deutsch-

Symposion

Szene eines Gastmahls (Vasenbild aus Athen, 5. Jh. v. Chr.).

S

land waren Streiks bis 1918 verboten und strafbar. Heute ist das Streikrecht in fast allen Ländern anerkannt und ein wichtiger Bestandteil des demokratischen Rechtsstaats.

Sudetenkrise s. Münchener Abkommen

Sunniten
Bedeutendste Glaubensrichtung innerhalb des ➡ Islam, der etwa 92% aller Muslime angehören. Neben dem ➡ Koran erkennen sie auch die „*Sunna*" – eine Schrift über Leben und Wirken des Propheten MOHAMMED – als zweite Glaubensquelle an. Im Gegensatz zu den ➡ Schiiten, der zweiten Hauptkonfession des Islam, halten sie an der Rechtmäßigkeit der ➡ Kalifen fest.

Sumerer
Seit Ende des 4. Jahrtausends v. Chr. nachweisbares Volk im *Zweistromland* (Mesopotamien). Die Sumerer schufen dort eine Hochkultur, die sich auf unabhängige *Stadtstaaten* unter der Führung von ➡ Priesterkönigen stützte (z. B. Uruk, Ur, Eridu). Monumentale Tempel und Paläste, Wandmalereien, Reliefs von Tieren und Menschen sowie kleine Figuren sind Erzeugnisse sumerischer Kunst. Die Schmuck- und Waffenproduktion zeigt einen hohen Rang. Die Erfindung der *Keilschrift* geht auf sie zurück. Obwohl die Macht der Sumerer seit etwa 2000 v. Chr. zerfiel, legten sie die Grundlage für die weitere kulturelle Entwicklung des Zweistromlandes und des späteren *Babylonischen Reichs*.

Symposion
Fröhliches Trinkgelage bei den Griechen, das nach der Mahlzeit begann. Ehefrauen und Kinder waren davon ausgeschlossen.
Die festlich bekränzten Teilnehmer ruhten auf Liegen und brachten zunächst unter Gesang den Göttern ein Trankopfer dar. Ein „Vorsitzender" bestimmte den Verlauf der geselligen Unterhaltung sowie das Mischungsverhältnis des Weins. Die von Dienerinnen oder Dienern gereichten Trinkschalen mussten auf einen Zug geleert werden. Vasen vermitteln davon ein anschauliches Bild. Spiele, Rätsel oder philosophische Diskussionen zählten ebenso zum Symposion wie Tänzer, Gaukler oder freizügige Damen. Eine Trankspende an den Gott HERMES sowie ein fröhlicher Umzug der Zecher beschlossen das Gelage.
Da in der Polis eine Einrichtung wie unser modernes Wirtshaus fehlte, entsprach das *Symposion* dem Bedürfnis besonders der jüngeren Männer nach Gesellschaft.

Synode
(griech. = Zusammenkunft)
In der katholischen Kirche eine zur Beratung gemeinsamer Angelegenheiten zusammenkommende Kirchenversammlung. Der Name ist weitgehend gleichbedeutend mit dem ➡ Konzil.
In der evangelischen Kirche ist die Synode ein Organ der Selbstverwaltung, das unter anderem für die Kirchengesetzgebung und die Bestellung der leitenden Amtsträger zuständig ist.

Figur eines sumerischen Beamten mit dem typischen „Zottenrock" (2500 v. Chr.).

Römischer Tempel in Nîmes, Südfrankreich, 1. Jh. n. Chr.

Tempel

Tell
(arab. = Hügel)
Bezeichnung für Ruinenhügel in Vorderasien, die aus alten Siedlungsresten bestehen. Auf Grund des trockenen Klimas haben sie sich bis heute erhalten und sind in den weiten Ebenen gut sichtbar. Ihre Erforschung ist noch längst nicht abgeschlossen.

Tempel
Bei den Griechen und Römern das Haus einer Gottheit, das innerhalb eines heiligen Bezirks stand. Die Tempel dienten nur der Aufnahme des göttlichen Kultbildes und waren keine Versammlungsräume wie bei christlichen Gemeinden. Zum Opfer trafen sich die Gläubigen am Altar, der außerhalb des Tempels im heiligen Bezirk stand.

Modell des Tempelturms von Ur, der 2300 v. Chr. erbaut wurde und dem Stadtgott Nanna geweiht war.

Tempelturm
(Stufenturm)
Im Zweistromland entstanden seit dem 3. Jahrtausend v. Chr. Tempelbauten mit mehreren stufenähnlichen Terrassen. Auf der obersten Terrasse, zu der eine Freitreppe hinaufführte, befand sich der Hochtempel des Stadtgottes bzw. der Stadtgöttin. Der babylonische Name für solche Tempelbauten ist „Zikkurat" (die), eine auch heute oftmals verwendete Bezeichnung.

Territorium
(lat. terra = Land)
Die Herrschaft des Königs und der Großen im Reich erstreckte sich ursprünglich nicht auf das Land, sondern auf die Leute, die dort lebten. Im 12. und 13. Jh. änderte sich diese Herrschaftsauffassung. Der Adel strebte danach, seine zersplitterten Besitzungen und Rechte zusammenzufassen, schwächere Nachbarn zu verdrängen und ein geschlossenes Herrschaftsgebiet zu bilden. So entstanden zahlreiche Territorien im Reich, über die ➡ Herzöge, ➡ Grafen, ➡ Bischöfe und ➡ Äbte die Landeshoheit ausübten. Zugunsten dieser ➡ Landesherren verzichteten die Kaiser in verschiedenen Gesetzen auf wichtige Reichsrechte.

Terror
(lat. = Schrecken)
Gewalttätige Form des politischen Machtkampfs um jeden Widerstand durch Furcht zu ersticken. Er kann durch den Staat ausgeübt werden (Staatsterrorismus) oder von extremen Organisationen zum Sturz der Staats- oder Gesellschaftsordnung. Typische Beispiele sind die Schreckensherrschaft der ➡ Jakobiner während der Französischen Revolution 1793–94 oder der Terror unter den Herrschaftssystemen des Faschismus, Nationalsozialismus und Kommunismus.

Theater
Der Ursprung des europäischen Theaters liegt in *Griechenland,* wo es aus Festen zu Ehren des Gottes Dionysos hervorging. Gespielt wurde auf dem runden Tanzplatz des

Tempelturm

Theater

Reste eines antiken Theaters in der römischen Hafenstadt Ostia.

Chores *(Orchestra),* den ein halbkreisförmig ansteigender Zuschauerraum *(Theatron)* umschloss, der in einen Hang hineingebaut war. Als die Bedeutung der dramatischen Handlung wuchs, errichtete man am Rand der Orchestra eine bespielbare Bühnenwand, die *Skene.* Chor und Schauspieler trugen Masken, prunkvolle Gewänder sowie *Kothurne,* hohe Schaftstiefel mit besonders dicker Sohle.

Thermen
(griech. thermos = warm)
Antike Badeanlagen, seit dem 5. Jh. v. Chr. in Griechenland nachweisbar. Im Römischen Reich erhielten sie zentrale Bedeutung und entwickelten sich zu Stätten des Trainings, der Erholung und zu gesellschaftlichen Treffpunkten.
Die Thermen bestanden zumeist aus einem Auskleideraum, Warmlufträumen, Warm- und Schwitzbädern sowie einem Kaltbad. Hinzu kamen Massageräume sowie häufig eine Wandelhalle und Geschäfte.

Theten
Im antiken Athen die besitzlosen, auf Lohnarbeit angewiesenen Freien. Sie bildeten nach der Verfassung des SOLON von 594 v. Chr. die unterste Klasse der Bürger und durften nur an ➡ Volksversammlungen und Geschworenengerichten teilnehmen. Erst die

Verfassung des KLEISTHENES von 507 v. Chr. und weitere Reformen des PERIKLES ermöglichten ihnen den Zugang zu allen Ämtern. Künftig konnten sie also auch dem ➡ Rat der 500 angehören und sogar ➡ Archonten werden.

Thing
Die Volks-, Heeres- und Gerichtsversammlung der Germanen. Auf ihm wurden alle Rechtsangelegenheiten des Stammes behandelt und über Krieg und Frieden entschieden. Das Thing fand unter Vorsitz des Königs bzw. Stammesoberhauptes statt. Es musste unter freiem Himmel, zu einer bestimmten Zeit und an einem hergebrachten Ort (Thingstätte) abgehalten werden. Für alle Freien bestand die Pflicht in Waffen zu erscheinen.

Titoismus
Bezeichnung für eine Variante des Kommunismus, die vom jugoslawischen Staatschef TITO (1892–1980) vertreten wurde. Er postulierte das Recht eines jeden Volkes auf den eigenen Weg zum Sozialismus sowie die Gleichberechtigung der kommunistischen Parteien untereinander. Mit diesen ideologischen Vorstellungen begründete er die Unabhängigkeit seines Landes von der Sowjetunion und widersetzte sich ihrem Vormachtstreben. Gleichzeitig gewährte er der Wirt-

Josip Broz, genannt Tito (1892–1980).

schaft eine größere Selbstverwaltung und
betrieb eine vorsichtige Hinwendung zur
Marktwirtschaft in einigen ausgewählten
Wirtschaftssektoren (z. B. der Tourismus-
branche). Obwohl TITO mit seinem blockfrei-
en Kurs im Kalten Krieg sehr erfolgreich
war, brach der jugoslawische Staat bald nach
seinem Tod auseinander und löste sich nach
1991 im Verlauf eines Bürgerkriegs auf.

Toga

Charakteristisches Obergewand des freien
römischen Bürgers, das er über der ➡ Tunika trug. Der Wollstoff war als Halbkreis geschnitten, wurde über die linke Schulter, um
den Rücken herum und unter dem rechten
Arm hindurch über die Brust drapiert und
dann über die linke Schulter geworfen. Der
eine Zipfel hing dabei unterhalb des linken
Knies, der andere links auf dem Rücken. Die
rechte Schulter blieb frei und wurde erst in
der Kaiserzeit zuweilen bedeckt.
Der erwachsene Römer trug eine weiße Toga, die des Ritters besaß einen schmalen, die
des Senators einen breiten Purpurrand. Trau-
ernde und auch Angeklagte trugen eine dunkle bis schwarze Toga. Die Toga der Schlach-
tensieger, der Triumphatoren, war purpurn
und mit reichen Goldornamenten versehen.

Toleranz

(lat. tolerare = erdulden, erleiden)
Die Duldung von Menschen mit anderer
Überzeugung, besonders in religiösen oder
politischen Fragen. Die Vertreter der ➡ Aufklärung sahen in der Achtung vor dem Andersdenkenden einen entscheidenden Schritt
zum friedlichen Zusammenleben der Menschen. Sie kämpften gegen religiösen Fanatismus und forderten vom Staat Toleranz.

Toleranzedikt

In Mailand beschlossen die Kaiser KONSTAN-
TIN und LICINIUS im Jahr 313, den Christen
die gleichen Rechte wie anderen Kulten zu
gewähren. Diese Zusicherung enthielt vor allem die Freiheit des Gottesdienstes sowie die
Rückgabe der vom Staat eingezogenen Güter. Damit begann die rasche Ausbreitung des
Christentums im ganzen Römischen Reich.

Toga

Totalitarismus

(lat. totus = ganz)
Ein Herrschaftssystem, das die uneingeschränkte Gewalt über die von ihm beherrschten Menschen ausübt. Die totalitäre
Herrschaft erstreckt sich dabei nicht nur auf
den öffentlichen Sektor, sondern erfasst alle
persönlichen und gesellschaftlichen Lebensbereiche. Ziel des totalitären Staates ist die
Durchsetzung eines neuen Wertesystems
(Ideologie), dem die Bevölkerung wider-
spruchslos zu folgen hat.
Da dieser Anspruch nur gewaltsam durchzusetzen ist, entwickeln totalitäre Staaten
bestimmte Machtmittel und Strategien: Beseitigung des freiheitlich-demokratischen
Verfassungssystems; Missachtung der ➡
Menschenrechte; Konzentration der gesamten Staatsgewalt in den Händen einer
Machtgruppe (Staatspartei, ideologische „Bewegung" usw.); Terror gegen Einzelne oder
Gruppen, die sich entweder nicht fügen oder
als politische Gegner gelten; Gründung einer geheimen Staatspolizei mit nahezu un-
eingeschränkter Macht gegenüber Gegnern
des Systems; alleinige Verfügungsgewalt
über sämtliche Kommunikationsmittel; geistige Manipulation der Bevölkerung durch
Propaganda und ein systemkonform ausge-
richtetes Bildungssystem.
Totalitäre Staaten in diesem Sinne waren
das von HITLER geführte nationalsozialistische Deutschland (1933-1945) und die Sowjetunion unter STALIN (➡ Faschismus, Nationalsozialismus, Stalinismus).

Tragödie

(griech. tragodia = Bocksgesang)
Sie geht auf den griechischen *Dionysos-Kult*
zurück, wo mit Bocksfellen verkleidete
Satyrn den Opferaltar umtanzten und Chor-
lieder vortrugen. Um die Voraussetzung für
ein *dramatisches Spiel* zu schaffen wurde
um 500 v. Chr. ein Schauspieler eingeführt,
der dem Chor ein Ereignis berichtete. Der
Dichter AISCHYLOS (525–455 v. Chr.) führte
einen zweiten Schauspieler ein, SOPHOKLES
(497–406 v. Chr.) fügte einen dritten hinzu.
Auf diese Weise konnte sich nun ein span-
nungsreicher Dialog zwischen dem Chor
und mehreren Schauspielern entfalten, der
Fragen beantwortete und das Geschehen
deutete.
Aufführungen der Tragödien fanden anlässlich der *Großen Dionysien* in Athen, aber
auch an anderen Orten statt. Die Stoffe entstammten der griechischen *Mythologie* und
behandelten das unentrinnbare Schicksal
der Menschen und ihre tragische Ver-
strickung in Schuld und Leid. Der Mensch
und sein Verhältnis zu den Göttern war bei
allen antiken Tragödiendichtern das bestimmende Thema. Preisrichter verliehen seit
dem 5. Jh. v. Chr. Schauspielpreise.

Tragödie

Eine Fortentwicklung der Tragödie bewirkte
schließlich der in Athen geborene Dichter
EURIPIDES (485–406), der seinen Helden
auch menschliche Züge verlieh und erstmals
Frauen- und Sklavenrollen in die Tragödie
aufnahm.

Triere

(gr. = Dreiruderer)
Griechisches Kriegsschiff von rund 40 m
Länge, bemannt mit bis zu 170 Ruderern
und 50 Soldaten. Die Ruderer saßen auf je-

Tragödienmaske für
Schauspieler aus Bron-
ze (5. Jh. v. Chr.).

Griechische Triere, die
gerade ein feindliches
Schiff rammt. Die Ru-
derer saßen in drei Rei-
hen übereinander.

Triere

T

der Seite in 3 Reihen übereinander und bewegten die Ruderblätter nach Taktanzeige. Auf Grund ihres *Rammsporns* und ihrer Beweglichkeit waren Trieren eine gefürchtete Seewaffe.

Trikolore

Dreifarbige Nationalflagge Frankreichs, die aus der Kokarde der Aufständischen zu Beginn der Französischen Revolution abgeleitet wurde. Sie enthält die Pariser Stadtfarben Rot und Blau sowie das Weiß der Königsfamilie der BOURBONEN.

Kokarde aus der Zeit der Französischen Revolution.

Tripelentente
(Dreiverband)
1907 entstandene lose politische Verbindung zwischen Großbritannien, Frankreich und Russland. Sie basierte auf dem französisch-russischen *Zweibund* von 1894, der britisch-französischen ➡ Entente cordiale 1904 sowie dem britisch-russischen Ausgleich von 1907. Eine Ergänzung und Festigung erfuhr die Tripelentente 1911/12 durch wechselseitige militärische Abmachungen. Sie verschärfte damit die Isolierung Deutschlands und die Gefahr eines Zweifrontenkriegs für das Reich.

Triumvirat
(lat. = Dreimännerbund)
In Rom war es nicht unüblich, für verschiedene staatliche Aufgaben Dreimännerkollegien einzusetzen. Rein privater Natur war

Caesar, Pompeius und Crassus, die drei Begründer des Triumvirats von 60 v. Chr.

hingegen das Triumvirat von CAESAR, POMPEIUS und CRASSUS, das 60 v. Chr. zur Durchsetzung politischer Interessen gegründet wurde. Dieses Bündnis bildete die Grundlage für den späteren Aufstieg CAESARS an die Spitze des römischen Staates.

Troubadour

Französische ➡ Ritter des 12. und 13. Jh., die ihre kunstvollen Lieder selbst vertonten und bei Hof vortrugen. Die Troubadour-Dichtung entstand in der südfranzösischen Provençe und strahlte von dort vor allem nach Spanien, Deutschland (➡ Minnesang) und den Hof der STAUFER auf Sizilien aus. Im Zentrum der Dichtung stand die an strenge höfische Regeln gebundene Verehrung einer adligen und meist verheirateten Dame.

Truman-Doktrin

Außenpolitische Leitlinie der USA im ➡ Kalten Krieg, die auf einer Kongressbotschaft des amerikanischen Präsidenten HARRY S. TRUMAN (1945–1952) vom 12. März 1947 basierte. Unter dem Eindruck der sowjetischen Expansionspolitik versprachen die USA, „alle freien Völker zu unterstützen, die sich Unterjochungsversuchen durch bewaffnete Minderheiten oder auswärtigem Druck widersetzen". Diese ➡ Eindämmungspolitik der USA sollte von einer massiven Militär- und Wirtschaftshilfe begleitet werden und eine kommunistische Infiltration der westlichen Welt verhindern.

Triumvirat

Truman-Doktrin

Präsident Truman bei seiner Ansprache vor dem Kongress am 12. März 1947.

mit oder ohne Gürtel getragen. Die Tunika der Senatoren war lang und ohne Gürtel und besaß zwei Purpurstreifen als Verzierung. In spätantiker Zeit war die Tunika das überall gebräuchliche Einheitsgewand. Als Obergewand trug man die ➡ Toga.

Turnier

(altfranz. tournoi = Pferde im Kreis bewegen)

Um für den Fall eines Kriegseinsatzes in körperlich guter Verfassung zu sein veranstalteten die ➡ Ritter im Mittelalter Kampf- und Waffenspiele. Sie wurden meist zu Pferd und mit der Lanze ausgetragen und galten als Demonstration der vollkommenen Beherrschung von Pferd und Waffe. Als Turnierplatz diente meist der Burghof, der zu diesem Zweck mit einer dicken Strohschicht belegt wurde. Die Bezeichnung „Turnier" umfasst dabei sowohl die Gesamtheit der Kampfspiele als auch besondere Formen.

Beim *Tjost* (Zweikampf) erschienen die Gegner in voller Rüstung. Sie ritten mit stumpfen Lanzen gegeneinander an und versuchten sich aus dem Sattel zu heben oder eine bestimmte Stelle zu treffen. Beim *Buhurt* traten zwei Gruppen von Reitern gegeneinander an, die nur Schild und Lanze trugen. Sie versuchten ihre Gegner aus dem Sattel

Trust

Durch Fusion ehemals rechtlich selbstständiger Unternehmen entstandene Kapitalgesellschaft. Der Trust ist eine straffere Form des ➡ Konzerns und strebt – begünstigt durch seine Größe und enorme Kapitalmacht – eine ausschließliche Marktbeherrschung an. In den USA verhindert die *Antitrust-Gesetzgebung* eine derartige Marktbeherrschung, indem sie Trusts zur Aufspaltung zwingt. In Deutschland und der Europäischen Union kontrollieren *Antikartellbehörden* den Zusammenschluss von Unternehmen.

Tundra

Baumlose Zone mit niedrigen Temperaturen in den nördlichen Gebieten Russlands und Amerikas. Es gedeihen vor allem Strauchwerk, Moose, Flechten und Gras sowie eine der Umwelt angepasste Tierwelt (Rentier, Polarfuchs, Schneehase). Während der letzten Eiszeit bestanden weite Gebiete Europas aus Tundra.

Tunika

Einfaches hemdartiges Gewand aus Wolle oder Leinen, das die römischen Männer und Frauen direkt auf dem Körper trugen. Die anfangs ärmellose, später kurzärmelige Tunika reichte bis unter das Knie und wurde

Ritter kämpfen auf einem Turnier, Bild aus der Manessischen Liederhandschrift des 14. Jh.

T

zu stechen und dabei Körperbeherrschung und reiterliche Geschicklichkeit zu zeigen. Turniere fanden in Deutschland erstmals 1127 statt und lassen sich bis ins 16. Jh. verfolgen. Sie bildeten für den Adel im weiten Umkreis glanzvolle Höhepunkte und waren von Musik, Tanz, Gauklern und einem Festmahl umrahmt. Da die Turniere jedoch oft tödlich endeten, suchte die Kirche mehrfach ein Verbot zu erreichen, was freilich erfolglos blieb.

Tyrannis

Herrschaftsform in der griechischen → Antike, bei der ein Alleinherrscher *(Tyrann)* die politische Macht in einer Polis gewaltsam übernahm. Häufig wusste er beim Umsturz das Volk auf seiner Seite, das er zuvor durch Versprechungen gewonnen hatte. Seine Herrschaft stützte der Tyrann auf eine von ihm besoldete Söldnertruppe und einige Männer von Einfluss aus der Oberschicht, die an der Macht teilhaben wollten. Im Gegensatz zur modernen Diktatur griffen Tyrannen meist nicht in das Privatleben ihrer Untertanen ein.

Ultimatum

In der Diplomatie die an einen Staat gerichtete Forderung, eine bestimmte Bedingung zu erfüllen, wofür eine kurze Frist gesetzt wird. Bei Nichterfüllung werden Nachteile, Gewalt oder Krieg angedroht. Während beiden Weltkriegen Ultimaten vorangingen, sind derartige Gewaltdrohungen gemäß UN-Satzung völkerrechtswidrig.

Mit der Stephanskrone wurden die ungarischen Könige seit Stephan I. (um 975–1038) gekrönt.

Ungarn

Unabhängigkeitserklärung
(Declaration of Independence)

Seit 1765 kam es zu verstärkten Spannungen und Zusammenstößen zwischen dem englischen Mutterland und den 13 amerikanischen Kolonien (Stempelsteuer 1765, britischer Warenboykott, Boston-Massaker 1770, → Boston Tea Party 1773). Als eine Einigung mit dem Londoner Parlament nicht mehr möglich schien, beschloss der 2. Kontinentalkongress in Philadelphia 1775 den endgültigen Bruch mit England. Es kam zur Aufstellung einer Armee unter GEORGE WASHINGTON und zum offenen Ausbruch des Kriegs. Am 4.7.1776 verabschiedete der amerikanische Kongress die *Unabhängigkeitserklärung,* mit der sich die 13 Kolonien (fortan „Vereinigte Staaten von Amerika" genannt) von England lossagten.

Seine besondere Bedeutung erhielt das Dokument dadurch, dass sich die Kolonisten auf angeborene und unantastbare → Menschenrechte sowie die Souveränität des Volks beriefen. Als Grundlage dieser Auffassung dienten die Lehren der → Aufklärung (vgl. auch → Naturrecht).

Ungarn *(Magyaren)*

Finno-ugrisches Volk, das seine Sitze ursprünglich südlich des Ural hatte. Von dort traten sie im 8. Jh. eine lange Wanderung an, die sie entlang des Schwarzen Meers in die Donautiefebene führte, die sie seit 896 besetzten. Von dort aus unternahmen ungarische Reiterheere zahlreiche Raubzüge, die sie vor allem ins Frankenreich, nach Italien und sogar bis Spanien führten. 933 wurden die Ungarn von König HEINRICH I. bei Riade an der *Unstrut* besiegt. Erneut 955 von Kaiser OTTO I. auf dem *Lechfeld* bei Augsburg geschlagen, stellten sie ihre Plünderungszüge allmählich ein. STEPHAN I., der Heilige, trat schließlich zum Christentum über und ließ sich im Jahr 1001 mit einer von Papst SILVESTER II. verliehenen Krone („Stephanskrone") zum König krönen. STEPHAN I. vollendete den Ausbau der staatlichen und kirchlichen Organisation und fügte die Ungarn endgültig in den Kreis der abendländischen Völker ein.

U

Unabhängigkeitserklärung

Union

1608 geschlossenes Verteidigungsbündnis protestantischer Fürsten zur Abwehr von Übergriffen katholischer ➡ Reichsstände.

Ihr Führer war Kurfürst FRIEDRICH V. von der Pfalz. Als Gegenbündnis formierte sich 1609 die katholische *Liga* unter Führung des Herzogs MAXIMILIAN I. von Bayern, die als

Die Unabhängigkeitserklärung vom 4. Juli 1776.

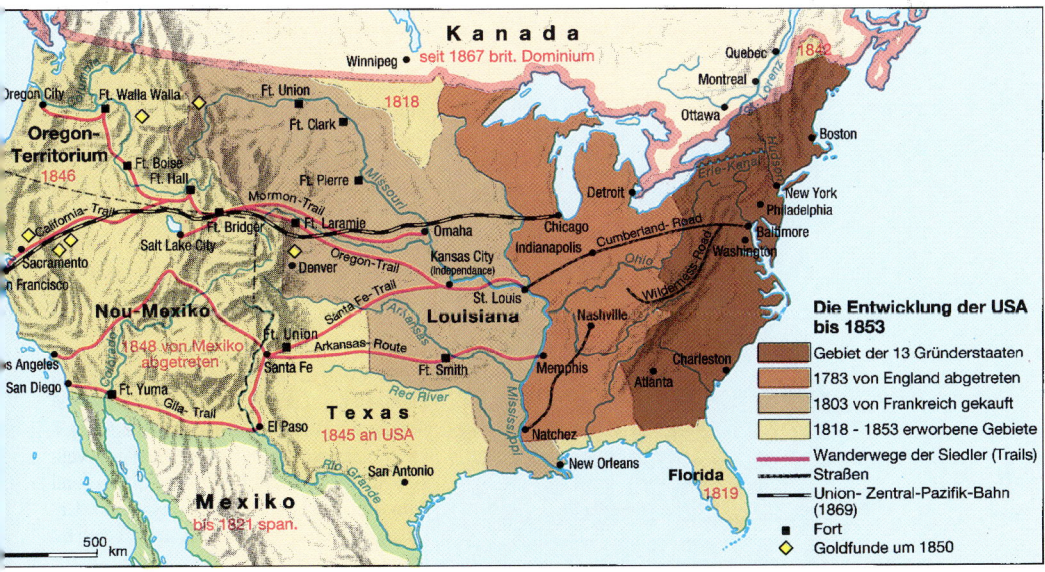

Die Entwicklung der USA bis 1853

- Gebiet der 13 Gründerstaaten
- 1783 von England abgetreten
- 1803 von Frankreich gekauft
- 1818 - 1853 erworbene Gebiete
- ▬▬ Wanderwege der Siedler (Trails)
- ┈┈┈ Straßen
- ▭ Union- Zentral-Pazifik-Bahn (1869)
- ■ Fort
- ◇ Goldfunde um 1850

Defensivpakt der Verteidigung des → Landfriedens und der katholischen Religion dienen sollte. Damit standen sich die gegnerischen Parteien gegenüber, deren Politik zehn Jahre später den 30-jährigen Krieg auslösen sollte.

Gleich zu Beginn des 30-jährigen Krieges erlitt FRIEDRICH V. eine vernichtende Niederlage in der Schlacht am *Weißen Berg* bei Prag (1620), die ihm der kaiserliche Feldherr TILLY beibrachte. Der „Winterkönig" musste fliehen und angesichts der militärischen Überlegenheit von Kaiser und Liga löste sich die Union 1621 auf. Die Liga bestand bis 1635.

Universität

(lat. universitas = Gesamtheit)

Der Begriff „Universitas" wurde erstmals im Jahr 1221 für die Gemeinschaft der Lehrer und Studenten verwendet, die am *„studium generale"*, wie damals die Lehrstätte hieß, arbeiteten. Nach dem Vorbild der im 12. Jh. gegründeten Universitäten von *Bologna* und *Paris* kam es in Europa zu zahlreichen weiteren Universitätsgründungen, die von Kaisern und Päpsten besondere Privilegien erhielten. So z. B. die Selbstverwaltung der Universität, eine eigene Gerichtsbarkeit und die Verleihung akademischer Grade. 1348 gründete Kaiser KARL IV. die erste deutsche

Aula einer Universität im 14. Jahrhundert.

Universität

Universität in *Prag*. Als deutsche Studenten wegen des abendländischen → Schismas Paris nicht mehr besuchen konnten, wurden die Universitäten *Heidelberg* (1385), *Köln* (1388) und *Erfurt* (1392) gegründet.

Jahrhundertelang unterrichteten die Professoren an den Universitäten in lateinischer Sprache, was sich erst ab dem 17. Jh. änderte. So fand die erste Vorlesung in deutscher Sprache im Jahr 1687 statt. Gelehrt wurde in vier Fakultäten, nämlich *Jura, Theologie, Medizin* und das verbindliche Grundstudium der *Artes liberales* („freie Künste"). Hierzu zählten 3 sprachliche Fächer (Grammatik, Rhetorik, Dialektik) und 4 mathematische (Arithmetik, Geometrie, Musik, Astronomie). Seit dem 18. Jh. bildeten die *Artes liberales* die philosophische Fakultät.

Unternehmer

Wer einen Gewerbebetrieb leitet und selbstständig nach außen vertritt, wird als Unternehmer bezeichnet. Dies trifft bereits auf die Verleger, Handwerksmeister oder Manufakturbesitzer der vorindustriellen Zeit zu.

Während der → Industriellen Revolution erlangten die Unternehmer als Leiter der entstehenden Industriebetriebe zunehmende Bedeutung, da sie die Wirtschaft entscheidend prägten und das Schicksal großer Bevölkerungsteile mitbestimmten.

Ursprünglich war der Unternehmer zugleich Eigentümer des *Kapitals* („Kapitalist") und damit Träger des Unternehmerrisikos. Später fielen Kapitalbesitz und leitende Tätigkeit häufig auseinander. Es entstanden Kapitalgesellschaften (z. B. *Aktiengesellschaften*), deren Kapital bei den *Aktionären* liegt, während die Leitung des Unternehmens angestellte „Manager" wahrnehmen.

Urstromtäler

Breite Talniederungen, die während der → Eiszeiten am Rande von Gletschern entstanden. In ihnen sammelten sich beim Abtauen die Schmelzwässer und flossen parallel zum Eisrand ab. Die Urstromtäler werden zum Teil von den heutigen Strömen und Flüssen benutzt, jedoch längst nicht mehr ausgefüllt.

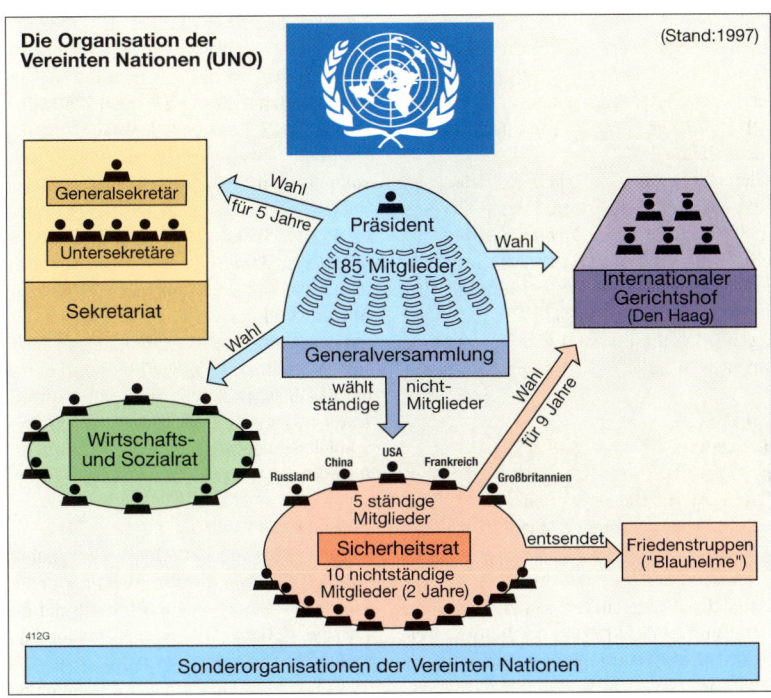

Hauptquartier der Uno in New York.

Vasall

(lat. vassus = Knecht)

Im Mittelalter eine andere Bezeichnung für den *Lehnsmann* (→ Lehnswesen). Der Freie begab sich in den Schutz eines mächtigen Herrn, erhielt von ihm ein Stück Land – ein *Lehen* – zum Unterhalt und verpflichtete sich dafür zu Rat und Hilfe. Man unterschied vom König unmittelbar belehnte *Kronvasallen*, die ihrerseits Lehen an *Untervasallen* (Aftervasallen) ausgaben. Die *Vasallität* begründete damit ein Treueverhältnis zwischen Herrn und Vasall, das beide verpflichtete.

Vereinte Nationen

(United Nations Organization, UNO)

Gestützt auf die → Atlantik-Charta gründeten 51 Nationen am 26. 6. 1945 in *San Francisco* die UNO. Die Organisation soll den Weltfrieden sichern und die Achtung der Menschenrechte gewährleisten.

Die UNO verfügt über fünf Hauptorgane: Zentrale Beratungsinstanz ist die *General-versammlung,* die aus den Vertretern der Mitgliedstaaten besteht. Sie wählt die nicht-ständigen Mitglieder des Sicherheitsrats, den Wirtschafts- und Sozialrat sowie den Generalsekretär. Ihre Entschließungen haben den Charakter von Empfehlungen.

Der *Sicherheitsrat* entscheidet über Maßnahmen zur Friedenssicherung. Er umfasst 5 ständige Mitglieder mit Vetorecht (USA, Russland, VR China, Großbritannien, Frankreich) sowie 10 nichtständige Mitglieder. Weitere Organe sind der *Wirtschafts- und Sozialrat,* der *Internationale Gerichtshof* in Den Haag sowie der *Generalsekretär* als ausführende Instanz. Zahlreiche Sonderorganisationen nehmen sich weiterer Aufgaben der UNO an, vor allem im Bereich der Entwicklungshilfe, der Bildung und Kultur sowie der Gesundheit.

Verfassung

(Konstitution)

Die politische Grundordnung eines Staates, die alle Regelungen über die *Staatsform,* die

V

Verleger

Herrschaftsausübung und die Bildung und Aufgaben der *Staatsorgane* enthält. Eine demokratische Verfassung wird durch eine verfassunggebende Versammlung (→ Nationalversammlung) entworfen und direkt dem Volk oder aber seinen gewählten Vertretern *(Parlament)* zur Abstimmung vorgelegt. Sie enthält das Prinzip der → Gewaltenteilung und das Mitbestimmungsrecht des Volkes.

Verleger
(Verlagssystem)
Ein reicher Kaufmann, der einem Handwerker die Rohstoffe „vorlegt" (= vorstreckt), die dieser dann zu Hause bearbeitet um Fertigwaren herzustellen. Er bekommt dafür einen Lohn, wird also vom selbstständigen Handwerker zum unselbstständigen Lohnarbeiter. Der Verleger sorgt für Arbeit, Rohstoffe, oft auch für das Werkzeug. Als Verleger betätigten sich besonders die großen Kaufmannsfamilien im 15. und 16. Jh. wie die FUGGER und WELSER in Augsburg oder die MEDICI in Florenz (→ Frühkapitalismus).

Vernichtungslager
s. Konzentrationslager

Verständigungsfrieden
Im 1. Weltkrieg entstandene Bezeichnung für einen Frieden, der auf einem Verhandlungskompromiss zwischen den Krieg führenden Staaten beruhen sollte. Insbesondere die SPD setzte sich für diese politische Zielvorstellung ein, während nationalistische Kreise einen „Siegfrieden" propagierten, der mit einer territorialen Zerstückelung der Kriegsgegner enden sollte.

Vertrag von Maastricht
Der in Maastricht geschlossene „Vertrag über die Europäische Union", der 1993 in Kraft trat, ergänzte die bisherige Europäische Gemeinschaft (EG) grundlegend. Neben der Vollendung des zollfreien Binnenmarktes sieht er eine vertiefte europäische Integration vor, die durch folgende Maßnahmen erreicht werden soll:
Errichtung einer Wirtschafts- und Währungsunion, gemeinsame Außen- und Sicherheitspolitik, Zusammenarbeit in der Innen- und Rechtspolitik, in der Umwelt- und Sozialpolitik. Fernziel ist neben der wirtschaftlichen auch die politische Integration, deren Form freilich umstritten ist.

Vertrag von Verdun
Streitigkeiten zwischen den fränkischen Herrschern Lothar I., Karl dem Kahlen und Ludwig dem Deutschen führten zur Teilung des Frankenreichs. 843 erfolgte nach langer Vorbereitung die Unterzeichnung des Teilungsvertrags in *Verdun*. Danach erhielt Lo-

Nach 843 (Vertrag von Verdun)

Vertrag von Versailles

Deutschland nach dem Ersten Weltkrieg

— Grenze des Deutschen Reiches 1920
Abtretungen sind in Flächenfarbe
der neuen Besitzerländer dargestellt

▨ Abstimmungsgebiete

68% Deutscher Stimmanteil

▨ Saargebiet 1920-35 unter
Verwaltung des Völkerbundes

▭ Besatzungszonen nach dem Versailler Vertrag

▭ Sanktionen und Einbrüche 1920-25

▬ Ostgrenze der entmilitarisierten Zone

O. = Oldenburg
S.-L. = Schaumburg-Lippe

0   50   100 km

67 G

THAR die Kaiserwürde und einen schmalen Gebietsstreifen, der von der Nordsee bis Italien reichte. Die Gebiete westlich dieses Mittelreichs fielen an KARL, die östlichen an LUDWIG. Obwohl der Vertrag von Verdun die Reichseinheit nicht auflösen wollte, bewirkte er den Zerfall in ein *Ost*- und *Westfränkisches Reich*, aus denen später *Deutschland* und *Frankreich* hervorgingen.

Das Reich Kaiser LOTHARS hatte hingegen wenig Bestand. Es zerfiel noch im 9. Jh. und viele seiner Gebietsteile wie z.B. *Lothringen* blieben Streitobjekt zwischen Frankreich und Deutschland.

Vertrag von Versailles

Am 28.6.1919 in *Versailles* unterzeichneter Friedensvertrag zwischen dem Deutschen Reich und den Alliierten, der den Ersten Weltkrieg beendete.

An der am 18.1.1919 eröffneten Friedenskonferenz nahmen nur die 32 alliierten und assoziierten Mächte teil, während die besiegten Staaten ausgeschlossen waren. Die Entscheidung lag bei den Großmächten USA (WILSON), Großbritannien (LLOYD GEORGE), Frankreich (CLEMENCEAU) sowie später Italien, die zusammen den „Rat der Vier" bildeten. Deutschland durfte sich lediglich schriftlich zu den Friedensbedingungen äußern, doch wurden seine Gegenvorschläge weitgehend abgelehnt. Viele sprachen daher von einem „Diktatfrieden", doch blieb der deutschen Nationalversammlung angesichts drohender Sanktionen nichts anderes übrig, als den *Versailler Vertrag* zu billigen. Im Einzelnen bestimmte er folgendes:

An *Polen* musste das Deutsche Reich die Provinzen Posen und Westpreußen abtreten, weiterhin Teile Oberschlesiens nach einer

Vertrag von Versailles

Die Unterzeichnung des Versailler Vertrags im Spiegelsaal von Versailles am 28. Juni 1919. Im Vordergrund unterzeichnen die deutschen Minister Hermann Müller und Johannes Bell.

Der amerikanische Präsident Wilson (1856–1924).

Volksabstimmung. Danzig wurde Freie Stadt, in der Polen wichtige Hafenrechte erhielt. *Frankreich* bekam Elsass-Lothringen zurück, das 1871 an Deutschland gefallen war. Im Saargebiet, dessen Bodenschätze Frankreich ausbeuten durfte, sollte 1935 eine Volksabstimmung über seinen Verbleib stattfinden. *Belgien* erhielt den kleinen Gebietsstreifen Eupen-Malmedy, Nordschleswig fiel nach einer Volksabstimmung an *Dänemark*. Abzutreten waren schließlich auch alle *Kolonien,* die als ➡ Mandatsgebiete dem ➡ Völkerbund unterstellt wurden.

Nach den Bestimmungen des Vertrags besetzten alliierte Truppen das *Rheinland,* womit sie ein Faustpfand in der Hand hielten. Die deutsche Armee wurde auf ein Berufsheer von 100 000 Mann verkleinert, schwere Artillerie, Panzer und Flugzeuge waren künftig verboten.

Weit tragende Bedeutung hatte *Artikel 231* des Versailler Vertrags, der Deutschland und seinen Verbündeten die *alleinige Kriegsschuld* aufbürdete. Er diente vor allem zur Begründung der gewaltigen *Reparationen,* die Deutschland in den nächsten Jahren leisten sollte, und deren Höhe erst später festgelegt wurde.

In Deutschland wurde das „Schanddiktat von Versailles" wegen der einseitigen Auslegung der ➡ Kriegsschuldfrage abgelehnt. Die Kriegsschuldfrage förderte die ➡ Dolchstoßlegende, gab rechtsradikalen Parteien wie den *Nationalsozialisten* Argumente an die Hand und entwickelte sich zu einer dauerhaften Belastung der ➡ Weimarer Republik.

Veteran
Bezeichnung für alle römischen Soldaten, die ihre Dienstzeit beendet hatten und ehrenvoll entlassen worden waren. Je nach Waffengattung und Verwendungszweck betrug die Dienstzeit in der Kaiserzeit 16–26 Jahre. Nach ihrer Verabschiedung erhielten die Veteranen einen Geldbetrag als Abfindung oder eine Zuteilung von Ackerland. Wer durch Geld abgefunden worden war kehrte entweder in die Heimat zurück oder blieb in einer Siedlung nahe dem letzten Dienstort wohnen.

Zur Sicherung der ➡ Provinzen und gefährdeter Grenzabschnitte wurden Veteranen auch in planmäßig angelegten *Militärkolonien* angesiedelt.

Vierzehn Punkte
Von US-Präsident WOODROW WILSON am 8. 1. 1918 formulierte Grundsätze einer Friedensordnung nach dem 1. Weltkrieg. Sie

US-Luftbasen
US-Marinebasen
US-Luftangriffe
(seit Febr. 1965)

Der Vietnamkrieg 1964–1973

Demokratische Republik Nordvietnam
Seit Herbst 1970 kommunistisch kontrolliert von
Vietcong
Pathet-Lao
Rote Khmer

0 100 200 km

Vietnam proklamierte und ihren Führer Ho-Chi-Minh zum Präsidenten machte, reagierte die französische Kolonialpolitik zunächst abwartend. Doch schon 1946 kam es zum offenen Konflikt, als sich die *Vietminh* einem Räumungsbefehl in Hanoi widersetzte und französische Kriegsschiffe beim Beschuss der Stadt 6000 Menschen töteten.

Der nun ausbrechende *Indochinakrieg* machte rasch deutlich, dass die französischen Einheiten den Vietminh-Truppen unterlegen waren, da diese Rückhalt in der Bevölkerung fanden und zunehmend Waffen aus China und der Sowjetunion erhielten. Der Westen empfand den Krieg in Vietnam künftig als Teil des Kampfes gegen den „Weltkommunismus", was zur so genannten *„Domino-Theorie"* führte: Nach einem kommunistischen Sieg in Vietnam, so behaupteten die Amerikaner, würden alle benachbarten Staaten dem Kommunismus zum Opfer fallen und Ausgangspunkt eines kommunistischen Flächenbrandes sein.

1953 hatte die *Vietminh* bereits weite Teile des Landes in ihrer Gewalt und zwang 1954 die französische Festung *Dien-Bien-Phu* zur Kapitulation. Das war das Ende der französischen Herrschaft in Indochina und es kam zur Teilung Vietnams entlang des 17. Breitengrades. Damit entstand ein kommunistisches *Nordvietnam* mit der Hauptstadt Hanoi und ein westlich orientiertes *Südvietnam* mit der Hauptstadt Saigon.

In der Bevölkerung fand das autoritäre Regime des Südens wenig Rückhalt, da es unter Korruption und Misswirtschaft litt. Die USA gewährten dem Land jedoch großzügige Unterstützung, verstärkten die Armee durch Rüstungslieferungen und Militärberater und bauten Südvietnam zu einem antikommunistischen Vorposten aus. Als Reaktion bildeten Oppositionsgruppen die *Nationale Front Südvietnams* (FNL), die neben einer Wiedervereinigung gemäßigte sozialistische Forderungen erhob und aus dem Norden Unterstützung erhielt. Nach der führenden kommunistischen Gruppe wurde diese Freiheitsbewegung auch als *Vietcong* bezeichnet, der beträchtlichen Einfluss in der Bevölkerung genoss.

Ho-Chi-Minh, Präsident Nordkoreas von 1954–1969, wurde zur Symbolfigur des Widerstands gegen den Machtanspruch der USA.

sollten die Krieg führenden Staaten zu einem maßvollen Frieden veranlassen, der auf demokratischen Prinzipien basierte und vor allem das *Selbstbestimmungsrecht* der Völker beachtete.

Wilson vermochte allerdings die „Vierzehn Punkte" gegenüber seinen Verbündeten nicht voll durchzusetzen und war zu erheblichen Kompromissen gezwungen. Vor allem bei der Frage der Reparationen, beim Selbstbestimmungsrecht der Völker und territorialen Veränderungen.

Vietnamkrieg

Nach dem Zweiten Weltkrieg versuchte Frankreich sein Kolonialreich in *Indochina* zu festigen, besaß aber nicht die Kraft zur Zerschlagung der Guerillaorganisationen. Als die kommunistische Freiheitsbewegung *Vietminh* 1945 die *Demokratische Republik*

Angriff der Amerikaner auf ein nordvietnamesisches Dorf mit Napalmbomben (8. Juni 1972).

Vietnamkrieg

Der Aufbau Nordvietnams vollzog sich nach Abzug der Franzosen mit chinesischer Unterstützung, wobei die radikale *Bodenreform* des Präsidenten Ho CHI MINH die Oberschicht enteignete und 100 000 Vietnamesen in den Süden trieb. In den folgenden Jahren wuchs auch die Zahl der Guerillakämpfer, die aus dem kommunistischen Norden nach Südvietnam einsickerten, sodass der *Vietcong* bald große Teile der abgelegenen ländlichen Gebiete beherrschte.

Im August 1964 nahmen die USA einen Zwischenfall im *Golf von Tongking* – die angebliche Attacke nordvietnamesischer Torpedoboote auf einen US-Zerstörer – zum Anlass für Vergeltungsschläge. Anfang 1965 landeten die ersten amerikanischen Bodentruppen in Südvietnam und die Luftwaffe begann mit der systematischen Bombardierung militärischer und wirtschaftlicher Ziele in Nordvietnam.

Der Krieg eskalierte und bald standen den etwa 230 000 Partisanen, die durch reguläre nordvietnamesische Einheiten verstärkt wurden, 540 000 Amerikaner gegenüber. Hinzu kam etwa die gleiche Zahl südvietnanesischer Truppen. 1968 begannen die Kommunisten ihre große Tet-Offensive (Neujahrsoffensive), die zu brutalen Vergeltungsschlägen der Amerikaner führte. Grausamkeiten von US-Einheiten gegenüber der Zivilbevölkerung (z. B. das Massaker von My Lai) riefen weltweite Empörung und Proteste gegenüber dem Engagement der USA in Vietnam hervor.

Schon zu diesem Zeitpunkt mussten die Amerikaner erkennen, dass der Krieg trotz ihrer gewaltigen Kriegsmaschinerie nicht zu gewinnen war. Der *Vietcong* fand Rückhalt in der Bevölkerung und erhielt moderne Waffen und Rüstungsgüter aus China und

Demonstration gegen den Vietnamkrieg 1969 in Washington.

Vietnamkrieg

US-Marineeinheiten verlassen 1973 vom Hafen Da Nang aus Vietnam.

der Sowjetunion. Im Dschungelkrieg konnten die US-Einheiten ihre materielle Überlegenheit nicht voll ausspielen und hinsichtlich der Geländekenntnis waren sie ohnehin im Nachteil.

Die Weltöffentlichkeit war gespalten, doch stand die Jugend vielfach auf der Seite der Nordvietnamesen, denen sie einen moralischen Bonus gegenüber den „imperialistischen" USA eingeräumte. Unter diesen Voraussetzungen nahmen die Amerikaner 1968 erste Friedensverhandlungen in Paris auf. Der Luftkrieg ging dennoch weiter und eine Großoffensive des *Vietcong* im Jahr 1972 beantworteten die Amerikaner mit verstärkten Bombardements auf Nordvietnam und einer Seeblockade.

Besonders den *Ho-Chi-Minh-Pfad* – eine durch den Dschungel laufende wichtige Versorgungsroute von Nord nach Süd – suchten die US-Bomber zu zerstören. Die amerikanischen Bodentruppen hatte der neue US-Präsident NIXON längst reduziert und weitgehend abgezogen.

1973 kam es nach fast fünfjährigen Verhandlungen zu einem Waffenstillstand, der die direkte Beteiligung der USA am Vietnamkrieg beendete. Zwischen den Vietnamesen ging der Kampf zwar weiter, doch konnte die südvietnamesische Armee den *Vietcong* nicht mehr aufhalten. Im April 1975 marschierten kommunistische Truppen in Saigon ein und im Juli 1975 wurden beide Landesteile als *Sozialistische Republik Vietnam* mit der Hauptstadt Hanoi wiedervereint.

Die Hauptlast des Vietnamkriegs musste die Zivilbevölkerung tragen, die 2 Millionen Tote zu beklagen hatte. Ferner kamen etwa 1,1 Millionen Soldaten ums Leben, darunter 50 000 US-Soldaten. Die US-Luftwaffe warf 7 Millionen Tonnen Bomben ab, etwa das dreifache der im gesamten Zweiten Weltkrieg niedergegangenen Bombenlast. Chemische Kampfstoffe hatten 24 000 Quadratkilometer des Landes langfristig verseucht. Durch das Pflanzengift *Agent Orange,* das die Amerikaner zur großflächigen Entlaubung des Dschungels einsetzten, kamen mehr als 50 000 Kinder mit Behinderungen zur Welt.

Der Krieg kostete Amerika 112 Milliarden Dollar, doch waren die moralischen Schäden viel gravierender. Der Vietnamkrieg diskreditierte nicht nur das Ansehen der USA für viele Jahre, sondern rief auch das „Trauma Vietnam" hervor, das bis heute nachwirkt.

Erstmals hatte eine kleine Nation die mächtigen USA in die Schranken verwiesen.

Vogt

(lat. advocatus = der Rechtsbeistand)

Amtsträger, der mit der Aufgabe betraut war, andere Personen und Institutionen zu schützen oder zu vertreten.

Schon im Römerreich und später auch im Reich des Mittelalters galt die Auffassung, dass sich die Kirche aller weltlichen Geschäfte zu enthalten habe. Kirchliche Institutionen wie *Bistümer, Klöster* und *Abteien* mussten daher der Einsetzung eines Vogts zustimmen, der ihre Interessen in weltlichen Belangen – z.B. vor Gericht – vertrat und ihnen militärischen Schutz gewährte. Solche *Schirmvogteien* wurden bald zu einem erbliches *Lehen* des Adels (➡ Lehnsherrschaft), dem die Vogtei zur Machterweiterung diente. Gegen diesen Missbrauch wandte sich die kirchliche Reformbewegung der ➡ Cluniazenser, denen es gelang, zahlreiche Abteien vom *Vogtzwang* zu befreien.

Neben solchen Kirchenvögten gab es auch weltliche Vögte. Sie waren im späten Mittelalter Verwaltungsbeamte eines ➡ Landesherrn und verwalteten die Bezirke, in die sein ➡ Territorium eingeteilt war. Für sie war in manchen Gegenden auch die Bezeichnung *Amtmann* üblich. In den ➡ Reichsstädten des Mittelalters, die allein dem König unterstanden, gab es einen vom König eingesetzten *Reichsvogt.* Er übte die hohe Gerichtsbarkeit aus und hatte weit reichende Rechte. Den meisten Reichsstädten gelang es aber, die Vogteirechte durch Kauf an sich zu bringen.

Völkerbund

Auf Anregung von US-Präsident WILSON wurde am 28.4.1919 die Satzung des Völkerbunds verabschiedet, die zugleich einen Bestandteil der *Pariser Friedensverträge* 1919/20 bildete.

Im Januar 1920 trat der Völkerbund zu seiner ersten Sitzung zusammen. Mitglieder waren anfangs die 32 Siegermächte des 1. Weltkriegs und 13 neutrale Staaten. Da die USA inzwischen zu ihrer traditionellen Politik des ➡ Isolationismus zurückgekehrt waren, traten sie dem Völkerbund nicht bei. Aufnahme fanden später noch weitere Mit-

Das Völkerbundpalais in Genf.

Das Völkerschlachtdenkmal bei Leipzig.

Völkerbund

glieder, so z.B. Deutschland (1926) und die Sowjetunion (1934).

Oberstes Organ war die in Genf tagende *Bundesversammlung,* in der jedes Mitglied eine Stimme besaß. Sie wählte die nichtständigen Mitglieder des *Völkerbundrats,* dem außerdem die ständigen Mitglieder angehörten: Großbritannien, Frankreich, Italien (bis 1937), Japan (bis 1933), Deutschland (1926–33) und die Sowjetunion (1934–39).

Der Völkerbund leistete Bedeutendes auf humanitärem Gebiet (Flüchtlingshilfe), vermochte jedoch der aggressiven Expansionspolitik Japans, Deutschlands und Italiens

Völkerschlachtdenkmal

Europa zur Zeit
Napoleons I. (1812)

Frankreich 1812
von Napoleoniden regierte Staaten
sonstige Vasallenstaaten Frankreichs
Napoleons Russlandfeldzug 1812
wichtige Schlacht

nach 1930 nicht Einhalt zu gebieten. 1945 traten die ➡ Vereinten Nationen (UNO) an die Stelle des Völkerbunds.

Völkerschlacht
(bei Leipzig)
Nach NAPOLEONS verlorenem Russlandfeldzug und dem Untergang der Grande Armée im Jahr 1812 kam es zu einer antifranzösischen Koalition, der die Großmächte Preußen, Österreich, Russland und England angehörten. Im Herbst 1813 sah sich der französische Kaiser drei alliierten Armeen gegenüber: der Böhmischen Hauptarmee unter SCHWARZENBERG, der Nordarmee unter BERNADOTTE und der Schlesischen Armee unter BLÜCHER.
Nach mehreren Scharmützeln gelang es den Alliierten, NAPOLEON bei Leipzig einzukesseln und ihn zur Entscheidungsschlacht zu stellen. Sie dauerte vom 16.–19.10.1813 und wurde von Zeitgenossen als *Völkerschlacht* bezeichnet, weil über eine halbe Million Soldaten aus zahlreichen Nationen an ihr teilnahmen. NAPOLEON erlitt in dem blutigen Ringen, dass 120 000 Tote forderte, eine vernichtende Niederlage, konnte aber über den Rhein nach Frankreich entkommen. Dennoch besiegelte die Völkerschlacht seinen Untergang, da er sich von dieser Niederlage – die dem Mythos der Unbesiegbarkeit endgültig ein Ende setzte – nicht mehr erholte.

Völkerwanderung
Im engeren Sinn die germanischen Völkerverschiebungen, die sich vom 4.– 6. Jh. n. Chr. in Europa vollzogen. Als Auslöser der Völkerwanderung gilt der Einbruch der ➡ Hunnen, die 375 das *Ostgotenreich* in Südrussland zerstörten und in die Donautief-

V

ebene vordrangen. Zahlreiche germanische Völker wurden von ihnen mitgerissen, verlagerten ihre Siedlungsgebiete oder suchten Schutz im Römischen Reich.

So durchzogen die *Westgoten* (➡ Goten) plündernd die Balkanhalbinsel, eroberten unter König ALARICH Rom (410) und ließen sich im Jahr 418 in Nordspanien und Südfrankreich um *Toulouse* nieder (Tolosanisches Reich). Nach einer vernichtenden Niederlage gegen die ➡ Franken zogen sie sich 507 ganz nach Spanien zurück. Erst im Jahr 711 wurde das *Westgotische Reich* durch arabische Invasoren unter dem Feldherrn TARIK aus Nordafrika vernichtet.

Die *Ostgoten* (➡ Goten) mussten den *Hunnen* nach Vernichtung ihres Reichs Gefolgschaft leisten. Erst die Schlacht auf den *Katalaunischen Feldern,* bei der die Hunnen im Jahr 451 vernichtend geschlagen wurden, gab ihnen die Freiheit zurück. In den Jahren 488–493 besetzten sie unter König THEODERICH Italien, vernichteten dort das Reich des

germanischen Heermeisters ODOAKER und machten *Ravenna* zu ihrer Hauptstadt. Die Regierung THEODERICHS führte Italien zu einer kulturellen und wirtschaftlichen Blüte, die jedoch mit seinem Tod 526 endete. Das Oströmische Reich eroberte unter den Feldherrn BELISAR und NARSES Italien zurück und vernichtete im Jahr 552 das *Ostgotenreich.*

Die *Burgunder* wanderten von ihren Sitzen zwischen Oder und Weichsel um 200 n. Chr. nach Westen und erreichten im 4. Jh. das Rheingebiet. Hier erhielten sie im Jahr 407 von Rom Gebiete um *Worms* und *Speyer* zugewiesen und errichteten unter König GUNDAHAR (dem König GUNTHER des Nibelungenliedes) ein kleines Reich. 436 wurden die Burgunder größtenteils von den *Hunnen* vernichtet (Kern des Nibelungenliedes), der Rest des Volks mit Unterstützung Roms am Westrand der Alpen angesiedelt. Noch heute trägt diese Landschaft ihren Namen: *Burgund.* Hier gelang ihnen ein erneuter Auf-

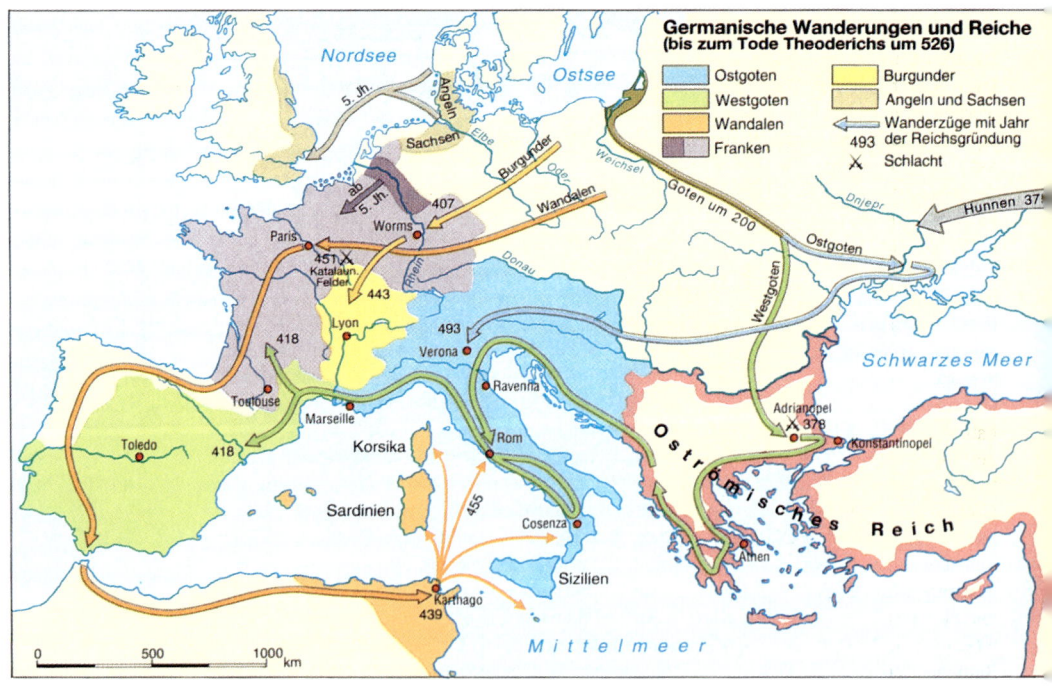

Germanische Wanderungen und Reiche
(bis zum Tode Theoderichs um 526)

- Ostgoten
- Westgoten
- Wandalen
- Franken
- Burgunder
- Angeln und Sachsen
- ⬅ Wanderzüge mit Jahr der Reichsgründung
  493
- X Schlacht

Nordsee
Ostsee
5. Jh.
Angeln
Elbe
Sachsen
Burgunder
Oder
Weichsel
ab 5. Jh.
407
Wandalen
Goten um 200
Dnjepr
Hunnen 37...
Paris
451 X Katalaun. Felder
Worms
Rhein
Donau
Ostgoten
Westgoten
443
Lyon
493
Verona
Schwarzes Meer
418
Ravenna
Toulouse
Marseille
Rom
Adrianopel
X 378
Konstantinopel
Toledo
418
Korsika
O s t r ö m i s c h e s   R e i c h
Sardinien
455
Cosenza
Athen
Sizilien
Karthago
439
M i t t e l m e e r

0   500   1000 km

Völkerwanderung

Palast Theoderichs auf einem Mosaik in Ravenna.

schwung, der erst 534 mit der Eroberung durch die *Franken* endete.

Den weitesten Weg aller Völker nahmen die ➡ *Wandalen*. Sie flohen vor den Hunnen aus dem heutigen Schlesien nach Westen, setzten 406 zusammen mit den *Alanen* und *Sueben* über den Rhein und zogen anschließend plündernd durch *Gallien*. Wenige Jahre später drangen sie in *Spanien* ein, wurden aber 418 in verlustreiche Kämpfe mit den *Westgoten* verwickelt, die ebenfalls auf Landsuche waren. Die Wandalen zogen daher weiter nach Gibraltar, setzten 429 unter König GEISERICH nach *Afrika* über und gründeten dort ein Reich mit der Hauptstadt *Karthago*. Der straff organisierte Staat gewann durch seine starke Flotte großen Einfluss im westlichen Mittelmeer und konnte Korsika, Sardinien, die Balearen und Teile Siziliens erobern (455 Plünderung Roms). Der religiöse Gegensatz zur einheimischen katholischen Bevölkerung, Einfälle der Berber sowie Thronstreitigkeiten schwächten freilich die Macht. 534 landete eine oströmische Flotte unter dem Feldherrn BELISAR und vernichtete das Wandalenreich.

Neben diesen Germanenreichen gab es noch weitere, die freilich geringere Bedeutung hatten. So z. B. das Reich der *Sueben* in Nordwestspanien, das der *Gepiden* im heutigen Rumänien oder das *Langobardenreich*, das

nach Vernichtung der Ostgoten in Italien entstand.

Alle Germanenreiche der Völkerwanderungszeit hatten keinen Bestand. Die zahlenmäßig schwachen Einwanderer fielen stärkeren Invasoren zum Opfer, konnten den Gegensatz zur einheimischen Bevölkerung nicht überbrücken, wurden rasch romanisiert und verloren ihre Identität.

Volksdemokratie
(Volksrepublik)

Bezeichnung für totalitäre ➡ Einparteienherrschaften, die von der *Sowjetunion* nach 1945 in den osteuropäischen Staaten ihres Machtbereichs errichtet wurden. Die Machtübernahme erfolgte dabei stets nach gleichem Muster: Moskautreue Kommunisten unterwanderten die demokratisch legitimierten Regierungen – vor allem auch Armee, Polizei und Geheimdienste – und passten den richtigen Zeitpunkt für einen *Staatsstreich* oder *Umsturz* ab. Während die Einrichtungen einer parlamentarischen Demokratie äußerlich fortbestanden, herrschte in Wirklichkeit die kommunistische Partei, die das gesamte gesellschaftliche und wirtschaftliche Leben bestimmte.

Zu den Merkmalen der Volksdemokratie zählen Vergesellschaftung bzw. Verstaatlichung der *Produktionsmittel* (➡ Kollektivierung, ➡ Planwirtschaft) und das Herrschaftsmonopol der kommunistischen Partei, der sich vielfach weitere Parteien im Rahmen eines Blocks unterordnen (➡ Einheitsliste). In der marxistisch-leninistischen Theorie sichert die Volksdemokratie den Übergang vom ➡ Kapitalismus zum ➡ Sozialismus.

Volkseigener Betrieb
(VEB)
Nach 1945 entstanden in der DDR aus enteigneten und verstaatlichten Betrieben die VEB. Mit dem Aufbau der Wirtschaft nach Kriegsende und der Durchsetzung der sozialistischen ➡ Planwirtschaft rückten sie ins Zentrum der SED-Planungen. Dabei war den VEB die Aufgabe zugedacht, das vom Staat zugeteilte Sach- und Barvermögen effizient zu nutzen und Erzeugnisse und Leistungen auf der Basis staatlicher Pläne zur Verfügung zu stellen. Somit entsprach die Bildung der VEB der vom ➡ Sozialismus angestrebten Vergesellschaftung der Produktionsmittel.

Volksgemeinschaft
In der Ideologie des ➡ Nationalsozialismus wurde stets die „schicksalhaft verbundene Volksgemeinschaft" beschworen, die über

Klassengegensätzen stehen und sich dem „Führer" unterordnen sollte. Da jedoch die Nationalsozialisten entschieden, wer zu ihr zählen sollte, war die Volksgemeinschaft nur ein Instrument zur Ausgrenzung von Minderheiten und zur Brandmarkung politischer Gegner.

Volksgericht
Die Einführung von Volksgerichten in Athen geht auf Solon zurück. Jeder über 30 Jahre alte Bürger konnte als Richter an der Verhandlung teilnehmen. Seit dem 5. Jh. v. Chr. wurden aus der Bürgerschaft jährlich 6 000 Volksrichter ausgelost. Bei Verhandlungen wurde das Urteil nach Anhörung der Parteien in geheimer Abstimmung gefällt. Für ihre Tätigkeit erhielten die Richter ➡ Diäten (Tagegelder). Vgl. auch ➡ Heliaia.

Volksfront
1935 beschloss die ➡ *Komintern,* eine politische Zusammenarbeit von Kommunisten, Sozialisten und anderen bürgerlichen Linken zu verwirklichen. Ziel war ein verstärkter Kampf gegen faschistische Bewegungen und Diktaturen. In Spanien und Frankreich konnte dies durch eine Regierungskoalition erreicht werden, während beim Widerstand in NS-Deutschland 1933–45 oder in der Emigration nur geringe Erfolge erzielt wurden.

Volkskommunen
Umfangreiche landwirtschaftliche Produktionskollektive in der VR China, die aus der Vereinigung zahlreicher bäuerlicher *Genossenschaften* hervorgingen. Sie entstanden seit 1958 auf Anordnung Mao Zedongs und sollten eine reine kommunistische Gesellschaftsordnung verwirklichen. Um dies zu erreichen sollte die bürgerliche Lebensform der Familie verschwinden und durch das gemeinschaftliche Leben im *Kollektiv* ersetzt werden. Wirtschaftliche Fehlschläge und Hungersnöte führten seit 1962 zu einer Reorganisation der Volkskommunen.

Volkssturm
Durch Erlass Hitlers vom 25. 9. 1944 gegründetes letztes Aufgebot zur Verteidigung

Solon (um 640–560 v. Chr.) schuf in Athen die Grundlagen einer demokratischen Gesellschaft.

Volksgericht

Volkskommune

des „Heimatbodens". Er sollte alle Männer zwischen 16 und 60 Jahren umfassen, die noch nicht zur Wehrmacht eingezogen waren. Kaum ausgebildet und unzureichend bewaffnet war der Volkssturm militärisch

völlig wertlos, forderte jedoch in unverantwortlicher Weise noch zahlreiche Tote. Die Anlage von Panzersperren oder Erdwällen stellte für die vorrückenden Truppen der Alliierten keinerlei Hindernis dar.

Dieses Propagandaplakat zeigt Bauern einer Volkskommune, die sich zur gegenseitigen Belehrung versammelt haben.

Volkssturm

Volkstribun
Um sich vor Übergriffen durch ➡ die Patrizier zu schützen wählten die ➡ Plebejer in Rom seit 490 v. Chr. Volkstribunen. Jeder der 10 Volkstribunen war unverletzlich und hatte ein *Vetorecht* (Einspruchsrecht) gegen jeden Magistrats- und Senatsbeschluss, sofern er den Interessen der Plebejer zuwiderlief. Seit der Kaiserzeit war das Amt entmachtet.

Volksversammlung
Die Versammlung aller stimmberechtigten ➡ Bürger eines Staates zur Wahrnehmung ihrer politischen Rechte. Sie war in den demokratischen griechischen Stadtstaaten der Antike die höchste politische Instanz und entschied über wichtige Staatsangelegenheiten (➡ *Ekklesia*). Die römischen Volksversammlungen (➡ *Komitien*) waren vielfäl-

Hitlerjunge und Volkssturmmann in einem Schützengraben in Berlin.

Das mögliche Lebensbild eines Vormenschen.

tig gegliedert und standen unter dem Einfluss der vermögenden Schicht.

Vorgeschichte

Die älteste Epoche der Menschheitsgeschichte, aus der keine *schriftlichen* Überlieferungen vorliegen. Zu den wichtigsten *Quellen* der Vorgeschichte zählen Kulturreste, die sich im Boden erhalten haben. So z. B. feststehende Denkmäler wie Ruinenstätten, Gräber, Siedlungsreste oder Wehranlagen. Wichtige Aufschlüsse geben alle beweglichen Gegenstände, die Menschen getragen oder benutzt haben. So z. B. Waffen, Werkzeuge, Schmuck, Tongefäße oder Wirtschaftsgeräte.

Wenn man eine zeitliche Abfolge nach den *Fundstoffen* (Leitmaterialien) vornimmt, lässt sich die Vorgeschichte z. B. folgendermaßen ordnen: Altsteinzeit, Jungsteinzeit (➡ Steinzeit), ➡ Bronzezeit, ➡ Eisenzeit. Die Ausgrabung und Erforschung dieser Bodenfunde ist Sache der ➡ Archäologie.

Vormärz

Die Zeit vom ➡ Wiener Kongress 1815 bis zur deutschen Revolution vom März 1848. Kennzeichnend für diese Epoche sind äußerer Friede und innenpolitische Ruhe, erzwungen durch die Beschränkung von Bürgerrechten (➡ Karlsbader Beschlüsse). Dennoch entwickelte sich im Vormärz eine liberale, demokratische und nationale Bewegung, getragen von einem Bürgertum, das schließlich politische Mitsprache beanspruchte.

Vormenschen

Bezeichnung für menschenähnliche Lebewesen, die sich in einem *Übergangsfeld* zwischen Menschenaffen und den ersten frühen Menschenformen befinden. Auf Grund bestimmter Körpermerkmale (z. B. größeres Hirnvolumen, aufrechter Gang) sind sie keine Affen mehr. Andererseits können sie wegen einiger affenähnlicher Merkmale (z. B. beim Gebiss oder Skelett) und wegen des fehlenden Werkzeuggebrauchs auch noch nicht als echte Menschen bezeichnet werden. Forscher vermuten, dass sich der Vormensch

Vormenschen

vor etwa 7–8 Millionen Jahren vom Stamm der Menschenaffen abspaltete und vor etwa 2,5 Millionen Jahren die Entwicklungsstufe des ➡ *Frühmenschen* erreichte.

Skelettreste von Vormenschen entdeckte man bisher nur in Afrika, sodass Forscher ihre Entstehung auf diesem Kontinent vermuten. Die ältesten Funde erreichen ein Alter von etwa 3,7 Millionen Jahren. Der wissenschaftliche Name dieser Vormenschengruppe lautet *Australopithecus* (lat. = „Südaffe") nach ihren Fundorten in Süd- und Ostafrika (vgl. auch ➡ Evolution des Menschen).

Vorortverträge

Sammelbezeichnung für die Friedensverträge, die Ende des 1. Weltkriegs zwischen den ➡ Alliierten und den ➡ Mittelmächten in Pariser Vororten geschlossen wurden. Hierzu zählen der ➡ Vertrag von *Versailles* mit dem Deutschen Reich (28. 6. 1919), der Vertrag von *St. Germain* mit Österreich (10. 9. 1919), der Vertrag von *Neuilly* mit Bulgarien (27. 11. 1919), der Vertrag von *Trianon* mit Ungarn (4. 6. 1920) und der Vertrag von *Sèvres* mit der Türkei (10. 8. 1920).

Die Alliierten betrachteten Österreich und Ungarn als Nachfolgestaaten der Donaumonarchie und machten sie somit als Besiegte haftbar. Alle übrigen Völker des Habsburgerstaates zählten sie hingegen zu den Siegern.

Währungsreform

Während der Inflationszeit stieg die Geldentwertung so rasch, dass die Notenbank ihre Geldscheine durch rote Aufdrucke umwertete.

W

Währungsreform

Die Wiederherstellung der Geldstabilität in einem Land nach vorheriger Zerrüttung der Währung, meist durch Inflation. Flankierende Maßnahmen sind die Einführung neuen Geldes sowie eine Reform der Wirtschaftspolitik.

Nach dem verlorenen Ersten Weltkrieg kam es in Deutschland auf Grund von Reparationen und einer desolaten Wirtschaft zu einer galoppierenden Inflation. Als der Wert der *Mark* im Jahr 1923 auf ein Billionstel seines Nennwerts sank, kam es mit der Schaffung der *Rentenmark* zu einer Währungsreform. Es galt nun ein festes Austauschverhältnis von 1 Rentenmark = 1 Billion Mark, wodurch die Wirtschaft zu Lasten der Sparer und Geldanleger rascher gesundete. 1924 wurde das Provisorium der Rentenmark durch *Reichsmark* (RM) ersetzt.

Auch der Zweite Weltkrieg hatte die umlaufende Geldmenge durch Rüstungs- und Kriegsfinanzierung derart aufgebläht, dass Deutschland eine Inflation drohte. 1948 kam es daher in den westlichen Besatzungszonen erneut zu einer Währungsreform. Die Reichsmark wurde durch die *Deutsche Mark* (DM) ersetzt, Sparguthaben und Bargeld im Verhältnis von 10 : 1 abgewertet. Von der neuen Währung erhielt jeder Bürger ein „Kopfgeld" in Höhe von 60 DM. Erneut hatte die Währungsreform die kleinen Sparer

Währungsreform

Staunend standen die Deutschen vor den schlagartig gefüllten Schaufenstern zum Stichtag der Währungsreform. Es schien sich zu lohnen, wieder hart zu arbeiten.

getroffen, denn Grundbesitz und Immobilien behielten ihren Wert.

Wegen unterschiedlicher Vorstellungen zwischen den Westmächten und der Sowjetunion kam es zu keiner gesamtdeutschen Währungsreform, was die Spaltung Deutschlands vertiefte. Schließlich nahm die Sowjetunion den Währungsstreit sogar zum Anlass für ihre ➡ Berlin-Blockade. Die Währungsreform trug zur wirtschaftlichen Gesundung Westdeutschlands wesentlich bei und ermöglichte das „Wirtschaftswunder" der Bundesrepublik in den 50er Jahren.

Waldenser

Die Anhänger des PETRUS WALDES, der als reicher Kaufmann im französichen Lyon leb-

Wandalen

te und sich um 1170 zur „apostolischen Armut" bekehrte. Er begründete eine in Armut lebende Laienbruderschaft, die eine Reform der Kirche anstrebte und ihre Ziele in öffentlichen Predigten vertrat. Dafür wurden die Waldenser bereits 1184 von Papst Lucius III. exkommuniziert. Die Vertreibung aus Lyon brachte die Waldenser mit anderen asketischen Strömungen in Verbindung (➡ Albigenser), die nachhaltigen Einfluss auf sie ausübten.

Die Forderungen der Waldenser wurden nun zunehmend radikaler. Sie verwarfen die Autorität der Kirche, lehnten Papsttum, Sakra-

dort aus breiteten sich einzelne Gruppen seit dem 13. Jh. in Süddeutschland, der Schweiz, Böhmen (wo sie sich mit den ➡ *Hussiten* verbanden), Polen und Ungarn aus.

Im 17. Jh. kam es in Italien zu erneuten blutigen Verfolgungen, die 1689 in einem bewaffneten Aufstand gipfelten. Als Folge wanderten Tausende von Waldensern nach Brandenburg, Württemberg, Baden und Hessen aus, wo sie sich später den lutherischen ➡ Landeskirchen anschlossen. Trotz der Verfolgungen leben noch heute etwa 20 000 von ihnen in den Alpentälern Savoyens und Piemonts.

Wandalen

Germanisches Volk, das zunächst in Schlesien und Westpolen siedelte und sich aus den Teilstämmen der *Hasdingen* und *Silingen* zusammensetzte. Der Einbruch der ➡ *Hunnen,* die 375 n. Chr. in Europa einfielen, zog auch die Wandalen in den Strudel der ➡ *Völkerwanderung.*

Auf ihrer Flucht nach Westen überquerten sie 406 zusammen mit den *Alanen* und *Sueben* den Rhein, durchzogen plündernd *Gallien* und und drangen 409 nach *Spanien* vor. Verlustreiche Kämpfe gegen die *Westgoten* (➡ Goten), die Spanien ebenfalls beanspruchten, veranlassten die Wandalen ihre Wanderung fortzusetzen. 429 brach König GEISE-RICH (reg. 428–477) mit 80 000 Wandalen nach Nordafrika auf und gründete auf römischem Boden ein eigenes Reich mit dem alten ➡ *Karthago* als Hauptstadt.

GEISERICH sorgte für einen straff organisierten und gut verwalteten Staat und konnte aufgrund seiner starken Flotte auch Sardinien, Korsika und die Balearen erobern. 455 unternahm er einen Flottenvorstoß nach *Rom,* das die Wandalen plünderten.

mente und Heiligenverehrung ab, verweigerten Kirchenablass, Eid, Kriegsdienst, Todesstrafe und den Zehnt. Allein Taufe, Abendmahl und Buße wurden als wahre Sakramente anerkannt. Von der ➡ *Inquisition* unerbittlich verfolgt, zogen sie sich in unwegsame Alpentäler Oberitaliens zurück. Von

W

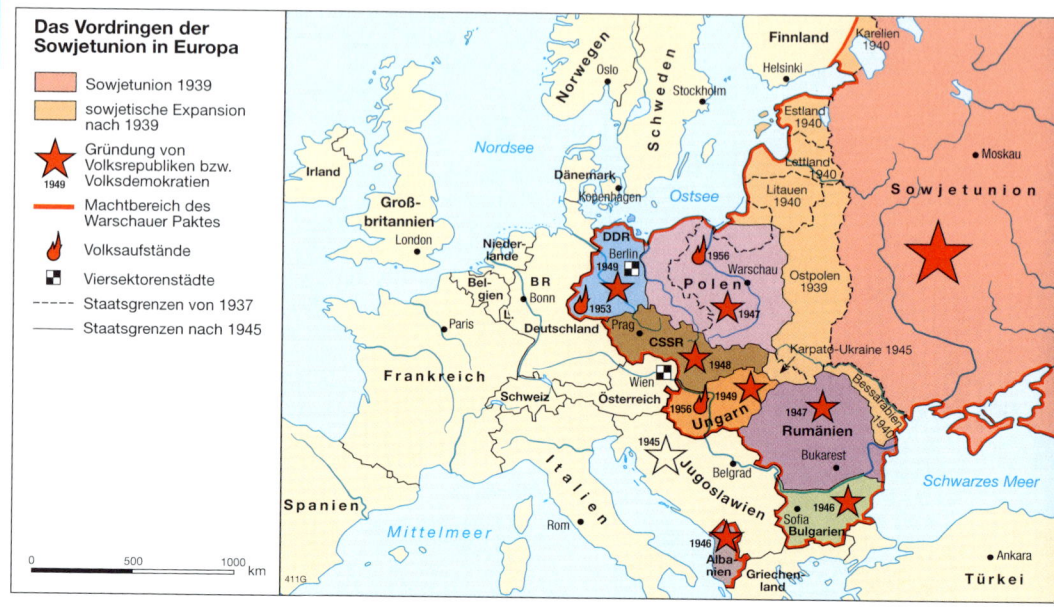

Das Vordringen der Sowjetunion in Europa

- Sowjetunion 1939
- sowjetische Expansion nach 1939
- ⭐ Gründung von Volksrepubliken bzw. Volksdemokratien
- Machtbereich des Warschauer Paktes
- 🔥 Volksaufstände
- ⬜ Viersektorenstädte
- ---- Staatsgrenzen von 1937
- ——— Staatsgrenzen nach 1945

0   500   1000 km

Der Warschauer Pakt und die Expansion der Sowjetunion.

Als strenge ➡ *Arianer* gerieten die Wandalen bald in einen unüberbrückbaren Gegensatz zur katholischen Bevölkerung und zur Kirche. Nach GEISERICHS Tod schwächten zudem Thronstreitigkeiten und Einfälle der Berber den Staat. So konnte *Byzanz* das Wandalenreich 534 durch den Feldherrn BELISAR vernichten und die Reste der wandalischen Bevölkerung aus Nordafrika vertreiben.

Warschauer Pakt

1955 in Warschau gegründetes Militärbündnis, dem 7 Ostblockstaaten unter Führung der Sowjetunion angehörten. Albanien trat 1968 aus. Der Pakt entstand als Reaktion der UdSSR auf den Beitritt der Bundesrepublik Deutschland zur ➡ NATO und beide Militärblöcke prägten nachhaltig den globalen Ost-West-Konflikt.

Der Warschauer Pakt erwies sich rasch als Herrschaftsinstrument der Sowjetunion, die mit seiner Billigung 1956 den *Volksaufstand* in *Ungarn* niederschlug. 1968 marschierten Truppen des Warschauer Pakts in die *Tschechoslowakei* ein und beendeten die Reformbewegung des „Prager Frühlings". Mit der

deutschen Vereinigung verließ 1990 die DDR den Warschauer Pakt, der sich nach Zerfall des Ostblocks 1991 auflöste.

Weberaufstand

Steigender Konkurrenzdruck durch die Industrialisierung sowie Billigimporte englischer Tuche brachten den schlesischen Hauswebern eine dramatische Verschlechterung ihrer Erwerbsbedingungen. Die jahrzehntelange Verelendung der brutal ausgebeuteten Weber führte schließlich im Juni 1844 zu Hungerrevolten in *Peterswaldau* und *Langenbielau*. Etwa 3000 Aufständische stürmten die Fabriken, zerschlugen Gebäude und Maschinen und vernichteten die Geschäftsbücher der verhassten Fabrikanten. Das Militär schlug den Aufstand blutig nieder, wobei 10 Weber getötet, andere schwer verletzt wurden. Ferner kam es vielfach zu Verhaftungen, die mit Zuchthausstrafen endeten. Der Weberaufstand hatte überregionale Bedeutung, weil sowohl der regierenden Oberschicht als auch den Arbeitern erstmals die Möglichkeit einer proletarischen Erhebung bewusst wurde.

W

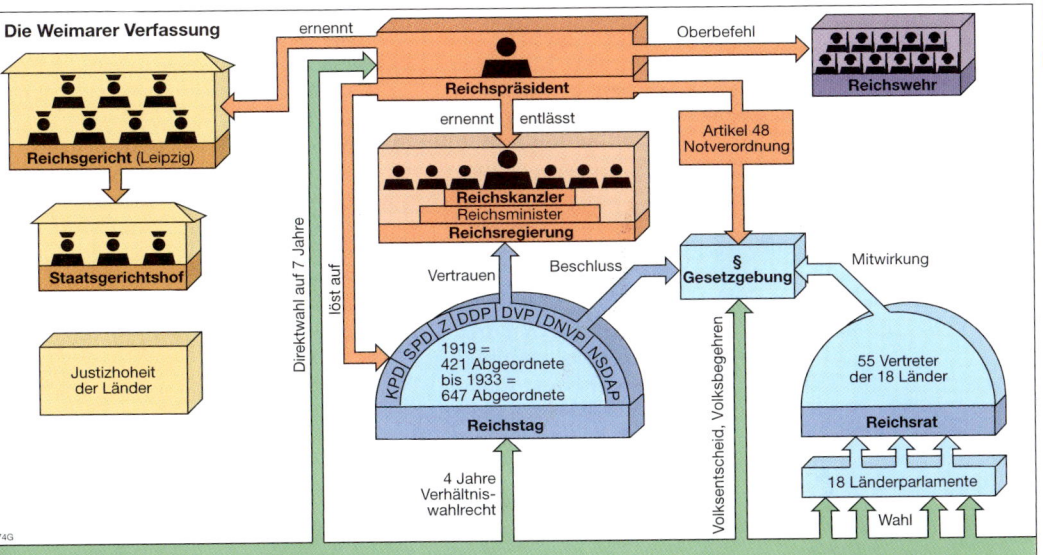

Die Weimarer Verfassung

ernennt

Reichspräsident

Oberbefehl

Reichswehr

ernennt entlässt

Reichsgericht (Leipzig)

Artikel 48
Notverordnung

Reichskanzler
Reichsminister
Reichsregierung

Staatsgerichtshof

Direktwahl auf 7 Jahre

löst auf

Vertrauen

Beschluss

§
Gesetzgebung

Mitwirkung

Justizhoheit
der Länder

KPD SPD Z DDP DVP DNVP NSDAP

1919 =
421 Abgeordnete
bis 1933 =
647 Abgeordnete

Reichstag

Volksentscheid, Volksbegehren

55 Vertreter
der 18 Länder

Reichsrat

4 Jahre
Verhältnis-
wahlrecht

18 Länderparlamente

Wahl

474G

Wahlberechtigte Staatsbürger über 20 Jahre (allgemeines, gleiches, unmittelbares und geheimes Wahlrecht)

GERHART HAUPTMANN behandelte das schlesische Weberelend in seinem 1892 erschienenen Drama „Die Weber", die Künstlerin KÄTHE KOLLWITZ verarbeitete das gleiche Thema in ihrem 1897 fertiggestellten Bilderzyklus „Ein Weberaufstand".

Weimarer Republik
Bezeichnung einer von 1919–1933 während den Epoche deutscher Geschichte, die nach dem ersten Tagungsort der verfassunggebenden *Nationalversammlung* 1919 benannt ist. Eingeleitet wurde die Weimarer Republik von der ➡ Novemberrevolution 1918, die zum Zusammenbruch des Kaiserreichs führte. Die *Weimarer Verfassung,* welche die Nationalversammlung 1919 verabschiedete, ersetzte die Monarchie durch eine *parlamentarische Republik.* Sie bestand bis 1933 und fiel dann der nationalsozialis-

Die Weimarer Verfassung.

Weberaufstand

Der Weberzug (Radierung von Käthe Kollwitz, 1900).

tischen Diktatur zum Opfer. Trotz wirtschaftlicher Not und politischer Gegensätze kam es in der Weimarer Republik zu bedeutenden kulturellen Leistungen, die sich frei von staatlicher Bevormundung entfalten konnten. Auch auf den Gebieten der Forschung und Wissenschaft wurde in vielen Bereichen Weltgeltung erreicht.

Weltwirtschaftskrise

Ende der 20er Jahre verschlechterten sich die Konjunkturdaten der USA. Die Gründe lagen in einer hohen *Überproduktion*, einem *Absatzrückgang* sowie einem aufgeblähten *Kreditvolumen*. Destabilisierend wirkten sich auch die Reparationszahlungen aus, die in die USA flossen, sowie die Schuldenlast, welche die europäischen Alliierten der USA noch aus der Zeit des Ersten Weltkriegs trugen. Dies führte am 24. Oktober 1929 („Schwarzer Freitag") zu einem Kurssturz an der New Yorker Börse, der eine weltweite Wirtschaftskrise auslöste.

Die sozialen Folgen der Weltwirtschaftskrise trugen erheblich zur politischen *Radikalisierung* bei und bewirkten in Deutschland ein Anwachsen des ➡ Nationalsozialismus. Massenarbeitslosigkeit und Verelendung breiter Bevölkerungsschichten diskreditierten nicht nur das kapitalistische Wirtschaftssystem, sondern auch die liberale Demokratie.

Weltwunder

Sieben Bau- und Kunstwerke, die seit der Zeit des ➡ Hellenismus wegen ihrer Größe und Pracht als „Wunder" gerühmt wurden.

Europa nach dem Ersten Weltkrieg (1918–1937).

Weltwunder

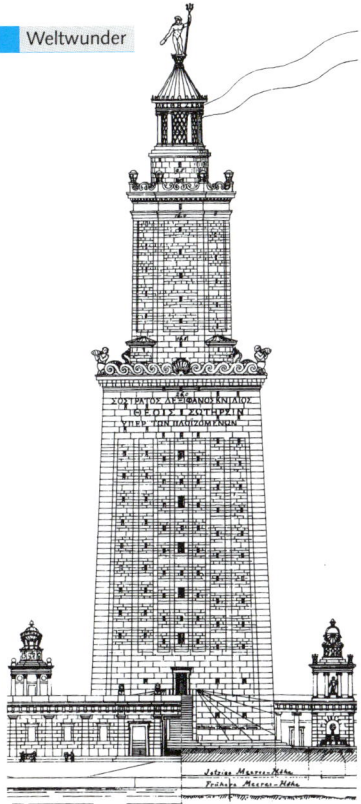

Hierzu zählen: die Pyramiden von Gise in Ägypten; die hängenden Gärten der SEMIRAMIS in Babylon; der Tempel der Göttin ARTEMIS in Ephesos; das Kultbild des Gottes ZEUS in Olympia, das der Bildhauer PHIDIAS schuf; das Grabmal des Königs MAUSOLOS in Halikarnassos an der Westküste Kleinasiens; die Bronzestatue des Sonnengottes HELIOS auf der griechischen Insel Rhodos, auch „Koloss von Rhodos" genannt; der Leuchtturm auf der Insel Pharos bei Alexandria.
In späterer Zeit gab es zahlreiche Versuche, diese Aufstellung abzuändern bzw. durch andere „Weltwunder" zu ergänzen.

Rekonstruktion des Leuchtturms Pharos von Alexandria nach überlieferten Berichten.

Wergeld
(mhd. Wer = Mann)
Nach altem germanischen Recht die Buße, die für die Tötung eines Freien vom Täter oder dessen ➡ Sippe gezahlt werden musste. Die Höhe des Wergeldes hing vom Stand des Getöteten und dem des Täters ab. Der Rechtsbrauch des Wergeldes erhielt sich noch bis ins 13. Jh.

Westfälischer Friede
Bezeichnung für die 1648 in *Münster* und *Osnabrück* abgeschlossenen Friedensverträge, die den *Dreißigjährigen Krieg* beendeten. Vertragsparteien waren der Kaiser und die

Westfälischer Friede

Gesandte beschwören 1648 in Münster den Westfälischen Frieden.

deutschen → Reichsstände sowie Frankreich und Schweden.

Die Friedensbestimmungen lockerten die Reichseinheit beträchtlich, da die Fürsten volle Landeshoheit erhielten und sogar Bündnisse mit ausländischen Mächten abschließen durften. Auch territorial erlitt das Reich schwere Einbußen. Schweden erhielt *Vorpommern,* das Erzbistum *Bremen* und das Bistum *Verden* als Reichslehen, Frankreich wurde im Besitz von *Metz, Toul* und *Verdun* bestätigt, die *Niederlande* und die *Schweiz* schieden endgültig aus dem Reichsverband aus.

Auf konfessionellem Gebiet wurde der → Augsburger Religionsfriede von 1555 bestätigt und auf die → Calvinisten als dritte Konfession ausgedehnt. Gültig blieb auch der Grundsatz „Cuius regio, eius religio" (Wes das Land, des der Glaube) und der Gebietsstand im Jahr 1624 für die Konfessionszugehörigkeit festgesetzt.

Der Westfälische Friede markiert mit diesen weit reichenden Veränderungen das Ende einer Epoche: Das „Heilige Römische Reich" versank in politische Ohnmacht und wurde von den aufsteigenden → *Territorien* der machtbewussten → *Landesherren* endgültig überflügelt.

Wiedertäufer

Religiöse Gemeinschaften in der Reformation, die nicht der von LUTHER und ZWINGLI ausgehenden Bewegung angehörten. Sie vertraten den Standpunkt, dass man erst als Erwachsener durch freie Entscheidung einer christlichen Gemeinde angehören könne. Aus diesem Grund lehnten sie die Kindertaufe ab und bestanden auf der Taufe Erwachsener, die mit einem Glaubensbekenntnis verbunden sein musste. Auf dieser Grundlage entstanden Gemeinden, die sich neben der (Wieder-)Taufe zu einem allgemeinen Priestertum, zur Unabhängigkeit vom Staat und von der Obrigkeit sowie zu einer umfassenden christlichen Lebensgemeinschaft aller Gläubigen bekannte.

Nachdem die erste Täufergemeinde 1523 in Zürich entstanden war, breiteten sich die Wiedertäufer rasch in Süd- und Westdeutsch-

land, Oberösterreich, Mähren und Ungarn aus. Zugleich begann ihre Verfolgung sowohl durch die protestantische als auch die katholische Obrigkeit, was vereinzelt zu revolutionären Ausbrüchen führte. So übernahm eine radikale Täufergemeinde 1534 die Macht im westfälischen *Münster* und errichtete mit dem „Neuen Reich Zion" ein Schreckensregiment, das erst ein Jahr später gestürzt werden konnte.

Zum Sammelbecken des Täufertums wurde seit dem 16. Jh. die Religionsgemeinschaft der *Mennoniten,* deren Name vom Täuferführer MENNO SIMONS (1496–1561) herrührt. Seit dem Ende des 17. Jh. setzte eine starke Auswanderung nach Nordamerika ein, wo noch heute der Schwerpunkt der *Mennoniten* liegt. Sie verwerfen die Kindertaufe, den staatlichen Zwang in Glaubensfragen, den Wehrdienst, den Eid und die Ehescheidung. Gegenwärtig gibt es etwa 550 000 getaufte Mitglieder.

Wiener Kongress

Vom September 1814 bis Juni 1815 versammelten sich Delegierte aller europäischen Mächte in *Wien,* um das Staatensystem Europas nach dem Sturz NAPOLEONS wiederherzustellen. Rund 200 Staaten, Herrschaften, Städte und Körperschaften waren vertreten, als der Wiener Kongress 1814 seine Beratungen eröffnete.

Wiener Kongress

Der österreichische Staatsmann Fürst von Metternich (1773–1859).

Revolutionen und Verfassungen in Europa (1814 – 48)

Absolute Monarchien

Konstitutionelle Monarchien:
Verfassungen nach 1814
Verfassungen 1830-47
Parlamentarische Monarchie
Republiken

Liberale und nationale Aufstände 1830/31

Liberale und nationale Aufstände 1848/49

Grenze des Deutschen Bundes 1815

0   100   200 km

Den Vorsitz führte der österreichische Außenminister Fürst METTERNICH, der den Kongress in weiten Teilen prägte. Bedeutenden Einfluss erlangten ferner der russische Kaiser ALEXANDER I., Preußens Bevollmächtigter Fürst HARDENBERG und Lord CASTLEREAGH aus Großbritannien. Beträchtliche Aktivitäten entwickelte auch Fürst TALLEYRAND, der die Interessen des besiegten Frankreichs mit großem diplomatischen Geschick vertrat.

Bestimmenden Einfluss auf die Politik der Großmächte hatten zunächst die Befürworter der ➡ Legitimität, welche für die Rechte der von NAPOLEON vertriebenen rechtmäßigen (= *legitimen)* Herrscherfamilien eintraten. Hierzu zählten vor allem die aus Frankreich, Spanien und Neapel vertriebenen BOURBONEN.

Ferner sollte dem Prinzip der ➡ Restauration Geltung verschafft werden. Das bedeutete die Rückkehr zu den politischen und gesellschaftlichen Verhältnissen vor der *Französischen Revolution,* auch wenn sich das nicht überall verwirklichen ließ. Verknüpft war damit die Abwehr revolutionärer, liberaler und nationaler Bewegungen, die in vielen europäischen Staaten ihre Forderungen erhoben.

Das politische Ergebnis des Wiener Kongresses stellte sich für die Großmächte folgendermaßen dar:

Österreich behielt seine Vormachtstellung in Oberitalien und auf dem Balkan. Es wuchs als Vielvölkerstaat aus Deutschland heraus, ohne jedoch auf seinen Führungsanspruch gegenüber Preußen im ➡ Deutschen Bund zu verzichten.

W

Preußen nahm künftig nicht nur im Osten, sondern auch im Westen eine starke Machtposition ein, wo es große Teile *Westfalens* und des *Rheinlands* erlangte. Es erhielt zudem beträchtliche Gebiete des napoleontreuen *Sachsens* zugesprochen, das auf ein Kerngebiet beschränkt wurde.

Russland verleibte sich den größten Teil Polens ein *(Kongresspolen)* und stieg zur führenden Kontinentalmacht auf.

Frankreich konnte trotz der Krieg stiftenden Rolle unter NAPOLEON seinen vorrevolutionären Besitzstand wahren und in den Kreis der europäischen Großmächte zurückkehren.

Großbritannien schließlich, das mit dem *Königreich Hannover* in Personalunion verbunden war, festigte seine Stellung als bedeutende Handels- und Kolonialmacht. Zugleich konnte es das *Gleichgewicht der Mächte* auf dem europäischen Kontinent wahren und damit ein Hauptziel englischer Diplomatie verwirklichen.

Diese fünf Mächte *(Pentarchie)* ermöglichten eine lange Periode des Friedens in Europa, auch wenn sie sich den liberalen, nationalen

Normannen während ihrer Überfahrt nach England im Jahr 1066, Szene aus dem Teppich von Bayeux.

und demokratischen Strömungen mit aller Kraft widersetzten.

Nicht mehr beleben ließ sich freilich das 1806 untergegangene „Heilige Römische Reich Deutscher Nation". An seine Stelle trat jetzt der ➡ Deutsche Bund mit den beiden Führungsmächten *Preußen* und *Österreich.*

Wikinger

Bewohner Skandinaviens, auch als *Normannen* (Nordmannen) und in Osteuropa als *Waräger* bezeichnet. Übervölkerung und Abenteuerlust trieben beutegierige Scharen von Wikingern im 8.–11. Jh. zu Plünderungs- und Eroberungszügen, auf denen sie die Küsten Europas heimsuchten. Auf schnellen hochseetüchtigen Kielbooten machten sie die Nord- und Ostsee unsicher, später auch den Atlantik und das Mittelmeer. Über die großen Flüsse stießen sie bald weit in das Land hinein und plünderten große Teile Englands, Frankreichs, Irlands und Norddeutschlands.

Im 9. Jh. eroberten dänische Wikinger, die man als *Normannen* bezeichnete, die nach ihnen benannte *Normandie*. Im Jahr 911

Wikinger

leisteten sie dem König von Frankreich den Lehnseid und eroberten unter WILHELM DEM EROBERER 1066 England. Ein anderer Zweig entriss den Arabern *Sizilien* und gründete im 11. Jh. einen *Normannenstaat* in Unteritalien.

Schwedische Wikinger, von den Slawen *Waräger* genannt, befuhren als kriegerische Fernkaufleute die großen Ströme Osteuropas und trieben Handel von der Ostsee bis Byzanz. Im 9. Jh. gründeten sie zwischen *Nowgorod* und *Kiew* eine Reihe von Herrschaften, die nach Verschmelzung mit Gebieten einheimischer slawischer Fürsten zur Keimzelle *Russlands* wurden.

Der Handelsraum der Wikinger umfasste ein riesiges Gebiet und erstreckte sich von Nordeuropa bis zum Orient. Als wichtigste von ihnen gegründete Handelsniederlassungen gelten *Birka* (im Mälarsee in Schweden) und *Haithabu* südlich des heutigen Schleswig. Beide Orte wurden durch Ausgrabungen genau untersucht, wobei die Archäologen reiche Funde machten. Dabei stellte sich heraus, dass die Wikinger vor allem mit Schmuck, Wein, Waffen, Gewürzen, Tuchen und Sklaven Handel trieben. Die Christianisierung der Wikinger führte im 11. Jh. zum allmählichen Erlöschen der gefürchteten Wikingerzüge.

Wirtschaftsliberalismus

Wirtschaftsordnung, die von den Grundsätzen des ➡ Liberalismus geprägt ist. Er beruht auf den Vorstellungen des Philosophen ADAM SMITH (1723–1790), der seine liberale Wirtschaftslehre 1776 in einem fundamentalen Werk veröffentlichte.

SMITH war der Überzeugung, dass dem Gemeinwohl am besten gedient sei, wenn der Einzelne ohne staatliche Beschränkung seine wirtschaftlichen Interessen verfolgen könne. Eine „unsichtbare Hand" lasse jeden das tun, was dem Wohl des Ganzen diene. Wesentliche Elemente dieser Lehre finden sich auch in der modernen Marktwirtschaft.

Etwa um 1830 bildete sich eine extreme Richtung des wirtschaftlichen Liberalismus heraus, die man nach einer aus *Manchester* stammenden Gruppe von Unternehmern als *„Manchestertum"* bezeichnet. Ihre Anhänger vertraten eine schrankenlose Wirtschaftsfreiheit, die sich lediglich am Egoismus und Gewinnstreben des Einzelnen als treibender Kraft orientierte und eine soziale Verpflichtung nicht kannte.

Wittelsbacher

Bayerisches Herrschergeschlecht, das aus den Grafen von Scheyern hervorging, und sich seit 1116 nach der *Burg Wittelsbach* bei Aichach nannte. Nach dem Sturz HEINRICHS DES LÖWEN wurde OTTO VON WITTELSBACH 1180 mit dem Herzogtum Bayern belehnt, das die Wittelsbacher ohne Unterbrechung bis 1918 regierten. Im 13. Jh. bauten sie Bayern zu einer geschlossenen Landesherrschaft aus und konnten 1214 die *Rheinpfalz* erwerben. So entstanden im 14. Jh. die beiden Hauptzweige der *bayerischen* und der *pfälzischen* Wittelsbacher.

Mit LUDWIG DEM BAYERN (reg. 1314 – 47) stellte die Familie erstmals einen Kaiser, der sich freilich erst in der *Schlacht bei Mühldorf* 1322 gegen seinen habsburgischen Konkurrenten durchsetzen konnte. Es war die letzte große Ritterschlacht des Mittelalters. In Italien sicherte Ludwig wichtige Reichsrechte, wobei er in eine heftige Auseinandersetzung mit dem Papsttum geriet. Durch seine ehrgeizige Hausmachtpolitik verlor er die Unterstützung der Fürsten, die kurz vor seinem Tod einen Gegenkönig aus dem Haus der ➡ LUXEMBURGER wählten. Große Bedeutung erlangte MAXIMILIAN I. (reg. 1597–1651), der das Bündnis der katholischen Liga gründete und Bayern zu einem Zentrum der ➡ Gegenreformation machte. MAXIMILIAN beteiligte sich kräftig am ➡ *Dreißigjährigen Krieg* und konnte 1623 eine Übertragung der Kurwürde von der calvinistisch pfälzischen Linie auf Bayern erreichen. Von 1742–45 stellten die Wittelsbacher mit KARL VII. ALBRECHT noch einmal einen deutschen Kaiser, doch zeigte sich hier, dass die bayerische Machtbasis für eine europäische Politik nicht ausreichte.

1777 erlosch die bayerische Hauptlinie und wurde vom pfälzischen Zweig der Wittelsbacher beerbt. Das führte zur Vereinigung Bay-

Maximilian I. Joseph wurde 1806 zum ersten König Bayerns gekrönt.

Wittelsbacher

Schloß Nymphenburg bei München. Es entstand in den Jahren 1664–1728 und war die Sommerresidenz der bayerischen Herrscher.

erns mit der *Kurpfalz* und bedeutete einen beträchtlichen Machtzuwachs. Der ➡ Reichsdeputationshauptschluss brachte Bayern 1803 einen gewaltigen Gebietszuwachs in Franken und Schwaben und den Wittelsbachern 1806 die Königswürde von NAPOLEONS Gnaden. Unter König LUDWIG I. (reg. 1825–48) kam es zum inneren Ausbau des Staates und zu einer kulturellen Blüte. Unter LUDWIG II. (reg. 1864–86) trat Bayern 1866 auf der Seite Österreichs in den Krieg gegen Preußen ein, musste aber nach der Niederlage die preußische Hegemonie anerkennen. Die Wittelsbacher regierten bis 1918

in Bayern und mussten nach Ausrufung der Republik durch den sozialdemokratischen Politiker KURT EISNER abdanken.

Wohlfahrtsausschuss

Exekutivorgan des französischen ➡ Konvents (1793–1795) und Terrorinstrument der jakobinischen Diktatur. Der Wohlfahrtsausschuss bestand aus zwölf Exekutivkommissaren, welche den Rang von Ministern hatten. Zu seinen führenden Mitgliedern zählten ROBESPIERRE, CARNOT und SAINT-JUST. Nach der Hinrichtung ROBESPIERRES 1795 und dem Ende der Terrorherrschaft *(Terreur)* wurde auch der Wohlfahrtsausschuss aufgelöst.

Wormser Edikt

1521 wurde MARTIN LUTHER vor den Wormser Reichstag geladen um seine Lehre zu erläutern. Nach dem Verhör, das in Gegenwart von Kaiser KARL V. stattfand, wurde er zum Widerruf aufgefordert. Als er sich weigerte erließ der Kaiser das Wormser Edikt, in dem über LUTHER, der Worms bereits verlassen hatte, die ➡ Reichsacht verhängt wurde. Das Edikt verbot ferner die Lektüre und Verbreitung von LUTHERS Schriften und unterwarf die Herstellung und den Vertrieb von Büchern der Zensur.

Robespierre (1758–1794)

Robespierre

Wormser Edikt

Luthers Verhör auf dem Wormser Reichstag (Buchtitel von 1521).

Wormser Konkordat

Im Jahr 1075 brach der ➡ Investiturstreit aus, in dem *König* und *Papst* um die Einsetzung der Bischöfe in ihr Amt stritten. Zugleich handelte es sich jedoch um die grundsätzliche Frage, ob der *weltlichen* oder *geistlichen* Gewalt der Vorrang gebühre. Der Streit wurde im Jahr 1122 durch das Wormser Konkordat beigelegt, das folgenden Kompromiss enthielt:

Der König verzichtete auf die Einsetzung *(Investitur)* der Bischöfe in ihr *geistliches* Amt mit Hirtenstab und Bischofsring. Er behielt jedoch das Recht, die Bischöfe in ihre *weltlichen* Herrschaftsrechte durch das Symbol des Zepters einzusetzen. Weiterhin gestattete der Papst dem König, bei Bischofswahlen innerhalb des Deutschen Reichs anwesend zu sein und bei Streitfällen die Wahl zu entscheiden.

Young-Plan

1930 in Paris verabschiedetes Abkommen zur Regelung der deutschen Reparationszahlungen, das den ➡ *Dawes-Plan* ablöste. Ausgearbeitet hatte ihn eine Sachverständigenkonferenz unter Vorsitz des amerikanischen Bankiers OWEN D. YOUNG, die 1929 zusammengetreten war. Der Plan setzte die endgültige Höhe der von Deutschland zu leistenden Reparationen auf 116 Milliarden Reichsmark fest, zahlbar in Raten innerhalb von 59 Jahren (also bis 1988!). Die jährlichen Verpflichtungen sollten zunächst nur 742 Millionen Reichsmark betragen, danach entsprechend steigen. Im Durchschnitt hätte die Jahresbelastung für Deutschland etwa 2 Milliarden Reichsmark betragen. Sofort bei Bekanntwerden des Young-Plans kam es zu Protesten der Bevölkerung, die vor allem HITLER und seiner NSDAP die Möglichkeit zur Profilierung und Hetze boten. Die Undurchführbarkeit des Young-Plans führte schon 1932 zur Konferenz von ➡ Lausanne.

Zensor

Im Jahr 366 v. Chr. per Gesetz gegründetes römisches Amt, das von zwei Beamten für eine Amtsdauer von 18 Monaten versehen wurde. Den Zensoren oblag die Aufstellung der Bürgerlisten zur Vermögensschätzung (= *Zensus,* daher der Name) und zur Festsetzung der Steuer. Ferner zählte zu ihren Aufgaben die Verpachtung der Einkünfte aus

Unter dem Bild von Theodor Herzl verliest David Ben Gurion, der spätere Ministerpräsident, am 14. Mai 1948 die Proklamationsurkunde des Staates Israel.

Zionismus

Steuern, Zöllen, Bergwerken und Staatsländereien an meistbietende Privatunternehmer sowie die Vergabe öffentlicher Aufträge an private Firmen.

Schließlich übten die römischen Zensoren eine Art Sittengerichtsbarkeit aus, die rechtlich zwar zulässiges, jedoch sittlich zu missbilligendes Verhalten ahndete. So z. B. im Familienleben gegenüber Kindern, Klienten oder Sklaven, luxuriöse Lebensführung und Amtsmissbrauch. Als den Zensoren im Jahr 312 v. Chr. auch die Führung der Senatorenliste übertragen wurde, konnten sie sogar einzelne Senatoren, die gegen die guten Sitten verstoßen hatten, aus dem Senat entfernen.

An Strafen stand den Zensoren die Heraufsetzung der Steuer oder die Versetzung in eine schlechtere Abteilung *(Tribus)* der Bürgerschaft zu Gebote. So z. B. die Einstufung des Bürgers unter die Grundbesitzlosen, was Ausschluss vom Wehrdienst und Verlust des Stimmrechts nach sich zog. In der Kaiserzeit verlor das Amt des Zensors rasch an Bedeutung und verschwand schließlich endgültig.

Zionismus

Von THEODOR HERZL (1860–1904) ins Leben gerufene Bewegung, welche die Errichtung eines jüdischen Staates in *Palästina* anstrebte. Ihren Namen erhielt die Bewegung nach dem *Berg Zion* in Jerusalem, auf dem einst der Tempel – das religiöse Zentrum aller ➡ Juden – gestanden hatte. Angesichts des wachsenden ➡ Antisemitismus, der im zaristischen Russland zu blutigen ➡ Pogromen geführt hatte, setzte sich HERZL statt der missglückten Anpassung für einen souveränen Judenstaat ein.

1897 erläuterte HERZL seine Pläne auf dem 1. Zionistischen Weltkongress in Basel und konnte sich dort gegenüber den orthodoxen Juden durchsetzen. Diese erhoben den Vorwurf, dass Nationalismus und ein weltlicher Judenstaat nicht mit den religiösen Geboten des ALTEN TESTAMENTS zu vereinbaren seien. 1917 wurde die ➡ *Balfour-Deklaration* veröffentlicht, in der die britische Regierung den Juden eine „nationale Heimstätte in Palästina" zusicherte. Dies hatte eine verstärkte jüdische Einwanderung nach Palästina zur Folge, das die Briten seit 1920 als ein

Zunft

Handwerk im Mittelalter: Bäcker, Schneider, Schmied (Holzschnitte von Jost Amman, 1568).

Z

➡ Mandatsgebiet des ➡ Völkerbundes verwalteten.

Obwohl sich der Widerstand der palästinensischen Araber gegen die jüdische Besiedlung verstärkte, kam es 1948 zur Gründung des souveränen Staates *Israel*. Damit war das 1897 von HERZL proklamierte Ziel der „Gründung eines Judenstaates" erreicht. Die Bemühungen des Zionismus konzentrieren sich seither auf die Stärkung der Beziehungen zwischen dem Staat Israel und der jüdischen Diaspora in aller Welt.

Zunft

In den mittelalterlichen ➡ Städten schlossen sich die Handwerker des gleichen Berufs zu einer Zunft zusammen um sich gegenseitig im Alter und bei Krankheit zu unterstützen. Später musste jeder Handwerksmeister einer Zunft beitreten, die – im Einverständnis mit der städtischen Obrigkeit – das Wirtschaftsleben lenkte und kontrollierte um den Handwerkern ein angemessenes und gerechtes Auskommen zu sichern.

Die Zunft regelte Qualitätsmerkmale und Preise, Ausbildung und Arbeitszeiten, Höchstzahl von Lehrlingen und Gesellen, Herstellungsmengen und Produktionsmethoden. Jeder Verstoß wurde hart bestraft. Aus Angst vor Konkurrenz durften die Handwerker nicht auf Vorrat arbeiten, sondern nur auf Bestellung. Diese strengen Regeln hemmten technische Neuerungen und die freie Entfaltung tüchtiger Handwerker.

Seit dem 13. Jh. kämpften die Zünfte gegen die Stadtherrschaft der ➡ Patrizier und setzten vielfach eine Aufnahme in den Rat der Städte durch.

Zweiter Weltkrieg

Mit dem deutschen Überfall auf Polen am 1. September 1939 entfesselte HITLER den Zweiten Weltkrieg. Durch den Abschluss des *deutsch-sowjetischen Nichtangriffspakts*

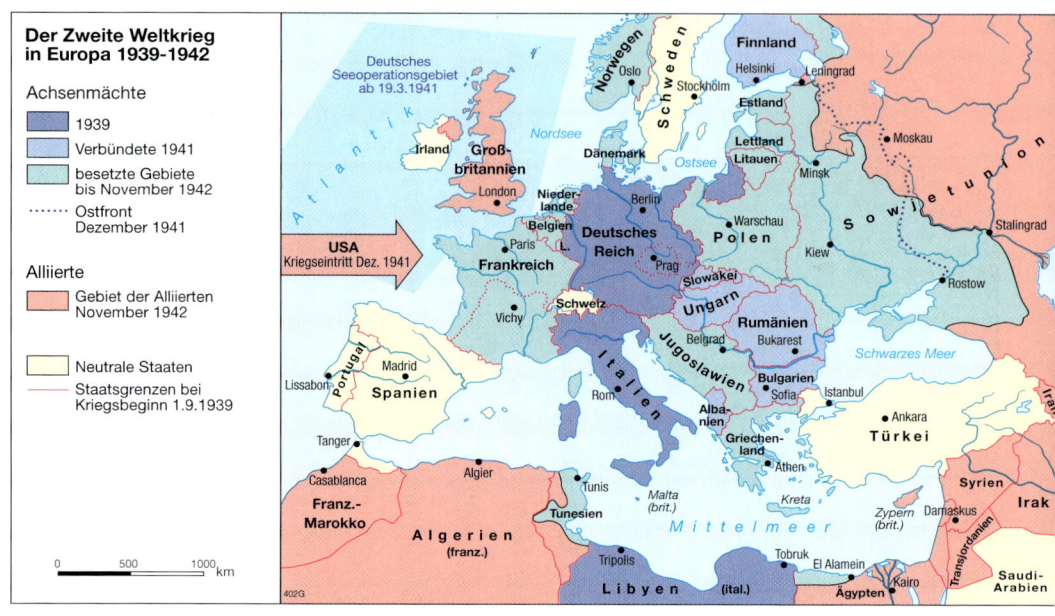

Der Zweite Weltkrieg in Europa 1939-1942

Achsenmächte
- 1939
- Verbündete 1941
- besetzte Gebiete bis November 1942
- ·········· Ostfront Dezember 1941

Alliierte
- Gebiet der Alliierten November 1942
- Neutrale Staaten
- Staatsgrenzen bei Kriegsbeginn 1.9.1939

0   500   1000 km

(auch Hitler-Stalin-Pakt genannt) vom 23. August 1939, der die Interessensphären beider Mächte in Ost- und Südosteuropa festlegte, vermied HITLER zwar die sofortige Bildung einer kriegsentscheidenden gegnerischen Koalition. Doch gelang es ihm nicht, Frankreich und Großbritannien aus dem Krieg herauszuhalten, die am 3. September 1939 mit einer Kriegserklärung antworteten. In der richtigen Annahme, dass der deutsche Rüstungsvorsprung bald verloren gehen würde und die Zeit gegen ihn arbeitete, entschloss sich HITLER für ein Konzept regional begrenzter, schnell ablaufender Feldzüge („Blitzkriege").

Da ein großer Teil der deutschen Heeres- und Luftwaffenstreitkräfte an der Ostgrenze konzentriert war, gelang die Eroberung Polens in kurzer Zeit. Einer Landung der Westmächte in Skandinavien, die Deutschland vom schwedischen Eisenerz abschneiden wollten, kam HITLER mit der Besetzung Dänemarks und Norwegens im April 1940 zuvor.

Da sich Großbritannien und Frankreich defensiv verhielten, begann Hitler im Mai 1940 den deutschen Feldzug im Westen, der die Neutralität Belgiens, Luxemburgs und der Niederlande missachtete und zur Besetzung der Länder führte. Im Juni 1940 musste Frankreich kapitulieren, und deutsche Truppen besetzten die Atlantikküste bis nach Spanien. Lediglich im unbesetzten Südfrankreich etablierte sich in *Vichy* ein autoritäres Regime unter Marschall PÉTAIN, das mit den Deutschen zusammenarbeitete. Es wurde jedoch von der französischen Exilregierung in London, an deren Spitze General DE GAULLE stand, wegen seiner Kollaboration mit den Nationalsozialisten bekämpft.

Den Plan einer Landung in England musste Hitler freilich aufgeben, da weder die Marine noch die Luftwaffe über die nötige Stärke für eine derartige Militäroperation verfügten.

Das faschistische Italien, dessen Diktator MUSSOLINI 1939 mit HITLER den ➡ Stahlpakt geschlossen hatte, trat erst 1940 in den Krieg ein. Zur Entlastung der erfolglosen italienischen Truppen entschloss sich HITLER im April 1941 zum Balkanfeldzug, der zur Kapitulation Jugoslawiens und Griechenlands führte. Bulgarien und Rumänien

Zweiter Weltkrieg

schlossen sich hingegen den Achsenmächten an. Im Juni wurde Kreta im Rahmen eines verlustreichen Luftlandeunternehmen erobert. Trotz zeitweiser Erfolge deutscher Truppen auch in Nordafrika unter ROMMEL scheiterte der Versuch, England von seiner dominierenden Stellung im Mittelmeerraum zu verdrängen.

Im Juni 1941 befahl HITLER den Überfall auf die Sowjetunion, wo sich unter dem Einfluss der nationalsozialistischen Weltanschauung ein brutaler Raub- und Vernichtungskrieg entwickelte. In der Erwartung eines sicheren Sieges planten die Nationalsozialisten schließlich die → „Endlösung der Judenfrage". Sie errichteten in den eroberten Ostgebieten zahlreiche Vernichtungslager und ermordeten dort etwa 6 Millionen Juden aus allen Teilen des besetzten Europas.

Der japanische Luftüberfall auf Pearl Harbor führte im Dezember 1941 zum Kriegseintritt der USA. Es standen sich nun die *Achsenmächte* – im wesentlichen Deutschland, Italien und Japan – und die „Anti-Hitler-Koalition" der *Alliierten* mit Großbritannien, den USA und der Sowjetunion gegenüber.

Da die japanische Bomberflotte fast alle amerikanischen Schlachtschiffe vernichtet hatte, konnten die USA zunächst nicht an der Atlantikfront eingreifen. Auch im Pazifik eroberte Japan in kurzer Zeit den gesamten südostasiatischen Raum und kam erst vor Indien und Australien zum stehen. Doch floss den europäischen Alliierten dank der gewaltigen Wirtschaftskraft der USA bereits jetzt ein steigender Strom von Rüstungs- und Versorgungsgütern zu.

Die See- und Luftschlacht bei den Midway-Inseln brach schließlich im Juni 1942 die militärische Überlegenheit der Japaner. Das führte in den Folgejahren zur Strategie des „Inselspringens", einem stetigen Vordringen der amerikanischen Streitkräfte in Richtung Japan.

Die militärische Wende brachte die verlorene Schlacht um Stalingrad im Jahr 1942, die zum Symbol für Deutschlands vernichtende Niederlage und für einen sinnlosen Gehorsam gegenüber HITLER wurde: 60 000 Soldaten starben auf dem Schlachtfeld, 110 000 gerieten in Gefangenschaft, von denen nur etwa 5000 überlebten.

Vormarsch deutscher Infanterie in der Sowjetunion, 1941.

Überlebende eines Luftangriffs auf Mannheim, 1943.

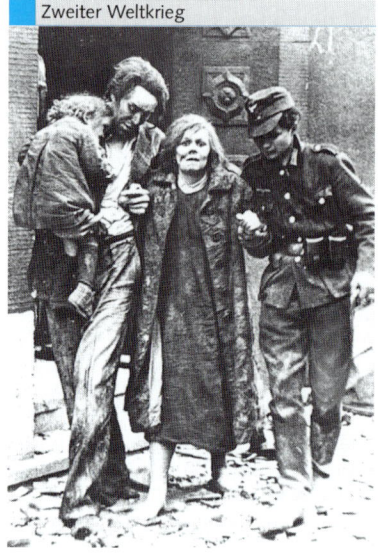

Zweiter Weltkrieg

Auf Grund ihrer personellen und materiellen Überlegenheit zwangen die Alliierten die Achsenmächte an allen Fronten zum Rückzug. Im Juni 1944 landeten die USA und Großbritannien mit 850 000 Soldaten in der Normandie und errichteten eine zweite Front. Bereits im August erreichten die alliierten Streitkräfte Paris und drangen unaufhaltsam gegen das Reichsgebiet vor. Letzte verzweifelte Verteidigungsanstrengungen forderten zahlreiche Opfer, konnten aber die

endgültige Niederlage nicht verhindern. Der Bombenhagel vernichtete die Städte, brachte der Zivilbevölkerung Tod und Obdachlosigkeit und unterbrach die Versorgung. Am 8. Mai 1945 erfolgte die *bedingungslose Kapitulation* der deutschen Wehrmacht, nachdem HITLER bereits im April 1945 im Bunker der Berliner Reichskanzlei Selbstmord begangen hatte.

Am 6. August 1945 warfen die Amerikaner, die inzwischen bis zu den japanischen Hauptinseln vorgedrungen waren, ihre erste Atombombe auf *Hiroshima* und einen Tag später auf *Nagasaki*. Daraufhin kapitulierte am 2. September 1945 auch Japan.

Wie mit dem besiegten Deutschland zu verfahren sei, hatten die Alliierten bereits in großen Zügen auf der Konferenz von ➡ Jalta im Februar 1945 besprochen. Im Detail wurden die dort getroffenen Rahmenvereinbarungen auf der ➡ Potsdamer Konferenz (17. Juli–2. August 1945) geklärt.

Zwölftafelgesetze

Früheste Niederschrift des römischen Rechts um 451/449 v. Chr. Die Ausarbeitung erfolgte durch ein vom Volk gewähltes Kollegium von zehn Patriziern. Die Zwölftafelgesetze wurden – vermutlich in Form bronzener Tafeln – auf dem Forum ausgestellt, gingen aber 387 v. Chr. bei der Belagerung durch die Kelten verloren. Sie bildeten die Grundlage des römischen Rechts.

Leichenverbrennung auf den Altmarkt in Dresden nach Bombenangriffen am 13./14. Februar 1945.

Seite 339: Sowjetische Soldaten hissen die Rote Fahne auf dem Berliner Reichstag (am 2. Mai 1945 nachgestellte Szene).

Z